U0617761

权威·前沿·原创

皮书系列为
"十二五""十三五""十四五"时期国家重点出版物出版专项规划项目

BLUE BOOK

智 库 成 果 出 版 与 传 播 平 台

长江中游城市群蓝皮书

BLUE BOOK OF URBAN AGGLOMERATION IN THE
MIDDLE REACHES OF THE YANGTZE RIVER

长江中游城市群高质量发展报告（2023）

REPORT ON THE HIGH QUALITY DEVELOPMENT OF URBAN AGGLOMERATION
IN THE MIDDLE REACHES OF THE YANGTZE RIVER (2023)

主　编／李　纲　杨刚强
副主编／董　克　吴　江　黄　颖　卢新元

社会科学文献出版社
SOCIAL SCIENCES ACADEMIC PRESS (CHINA)

图书在版编目（CIP）数据

长江中游城市群高质量发展报告 . 2023 / 李纲，杨
刚强主编；董克等副主编 . --北京：社会科学文献出
版社，2023.12
（长江中游城市群蓝皮书）
ISBN 978-7-5228-2949-4

Ⅰ.①长… Ⅱ.①李… ②杨… ③董… Ⅲ.①长江中
下游-城市群-发展-研究报告-2023 Ⅳ.
①F299.275

中国国家版本馆 CIP 数据核字（2023）第 245191 号

长江中游城市群蓝皮书
长江中游城市群高质量发展报告（2023）

主 编 / 李 纲 杨刚强
副主编 / 董 克 吴 江 黄 颖 卢新元

出 版 人 / 冀祥德
组稿编辑 / 任文武
责任编辑 / 张丽丽
文稿编辑 / 张 爽
责任编辑 / 王京美

出 版 / 社会科学文献出版社·城市和绿色发展分社（010）59367143
地址：北京市北三环中路甲 29 号院华龙大厦 邮编：100029
网址：www.ssap.com.cn
发 行 / 社会科学文献出版社（010）59367028
印 装 / 三河市东方印刷有限公司

规 格 / 开 本：787mm×1092mm 1/16
印 张：25 字 数：376 千字
版 次 / 2023 年 12 月第 1 版 2023 年 12 月第 1 次印刷
书 号 / ISBN 978-7-5228-2949-4
定 价 / 128.00 元

读者服务电话：4008918866

长江中游城市群蓝皮书
编委会

课题支撑与参与单位

本书得到以下项目资助：

国家自然科学基金创新研究群体项目"信息资源管理"（项目编号：71790612）；国家社会科学基金哲学社会科学领军人才项目"数智融合的国家智能情报体系建设研究"（项目编号：22VRC146）；国家自然科学基金青年科学基金项目"基于多源异构数据的新兴技术演化路径识别与预测研究"（项目编号：72004169）；湖北省技术创新专项（软科学研究类）"鄂湘赣三省协同创新机制与效能提升策略研究"（项目编号：2023EDA029）；国家重点研发计划"长江中游城市群综合科技服务平台研发与应用示范"（项目编号：2018YFB1404300）。

本书得到以下单位支持：

武汉大学数据智能研究院、武汉数据智能研究院、武汉大学信息资源研究中心、武汉大学长江经济带发展研究中心、武汉大学中国中部发展研究院。

特此致谢。

主要编撰者简介

李　纲　二级教授，博士生导师，国家自然科学基金创新研究群体项目（2018）首席专家，武汉大学学术委员会副主任、社会科学学部分委员会主任，教育部人文社科重点研究基地武汉大学信息资源研究中心主任，国家信息资源管理武汉研究基地主任，武汉大学数据智能研究院院长，武汉大学智慧城市研究中心主任，国家技术转移中部中心首席专家。兼任全国高校图书情报专业学位教指委秘书长、中国信息经济学会副理事长、中国科学技术情报学会常务理事、中国社会科学情报学会常务理事。担任《信息资源管理学报》主编，《情报学报》等刊物编委。曾任全国高校管理科学与工程类教学指导委员会委员、数字空间与社会治理智库联盟主席、湖北省电子商务学会理事长。长期从事信息管理与信息系统、信息资源管理、竞争情报与竞争战略、数字经济与区域协调发展等研究工作，先后主持国家自然科学基金创新研究群体项目、国家重点研发计划重点专项、国家自然科学基金重大项目、国家社会科学基金重大项目等。

杨刚强　武汉大学经济与管理学院副教授，博士生导师，武汉大学数据智能研究院研究员，武汉大学长江经济带发展研究中心主任，武汉大学中国中部发展研究院副院长，武汉大学珞珈青年学者，湖北省人大第十四届财经委员会财经咨询专家，杜克大学访问学者。长期从事数字经济与可持续发展、公共资源配置与区域协调发展等研究，先后主持多项国家社会科学基金、国家发改委、教育部项目，多项咨询决策建议获国家领导人、国家部委主要领导、省政府主要领导的批示，并被相关部门采纳。

董 克 南京大学数据管理创新研究中心研究员，博士生导师，武汉大学数据智能研究院副院长。兼任中国社会科学情报学会理事会理事，中国科学学与科技政策研究会科学计量学与信息计量学专业委员会委员。主要从事科技创新与技术分析、政策量化与信息计量、知识扩散与竞争情报等研究工作。先后主持国家自然科学基金项目、国家社会科学基金项目、国家重点研发计划重点专项子课题等，出版图书10余部，多项咨政建议获得国家领导人、省政府主要领导批示，并被相关部门采纳。

吴 江 二级教授，博士生导师，武汉大学信息管理学院副院长，武汉大学数据智能研究院副院长，武汉大学特聘教授，电子商务研究与发展中心主任。入选国家级人才计划、武汉大学人文社会科学杰出青年学者。兼任湖北省电子商务学会秘书长、中国科学技术情报学会健康信息学专委会副主任委员、中国优选法统筹法与经济数学研究会计算机模拟分会常务理事、中国系统工程学会数据科学与知识系统工程专业委员会常务委员、武汉市第十五届人民代表大会常务委员会咨询专家等。研究领域聚焦数字平台与科技赋能。在国内外发表学术研究论文120多篇，出版专著3部，主编教材2部，获国家发明专利授权5项。先后主持国家重点研发计划项目、教育部哲学社会科学研究重大课题攻关项目、国家自然科学基金重点项目、国家高端智库项目等。

黄 颖 武汉大学信息管理学院副教授，博士生导师，武汉大学数据智能研究院研究员，武汉大学科教管理与评价中心副主任，鲁汶大学客座研究员，全球技术挖掘虚拟论坛（GTM Forums）发起人之一，入选中国科协青年人才托举工程项目和湖北省"楚天学者"计划。担任 *Technological Forecasting and Social Change* 副主编，*Foresight* 中国区主编，*Profesional de la información* 等多本国际期刊编委，国际科学计量学与信息计量学学会（ISSI）终身会员。主要研究方向为科技文献计量、科技情报与科技评价、科技管理与科技政策，荣获中国科学技术情报学会青年情报科学家奖。

卢新元　华中师范大学信息管理学院教授、博士生导师、副院长。湖北省电子商务研究中心主任、湖北省电子商务学会副会长、湖北省数据治理与智能决策研究中心副主任、湖北省系统工程学会理事、中国优选法统筹法与经济数学研究会计算机模拟分会理事、中国系统工程学会信息系统（CNAIS）专业委员会第六届理事。美国佐治亚州立大学访问学者。主要从事知识管理与知识服务、信息系统、决策理论与方法等领域的教学与研究工作。主持国家社会科学基金重点项目1项、一般项目1项，国家自然科学基金面上项目2项，中央高校基本科研业务费项目3项；在国内外学术期刊上发表论文80余篇，出版学术专著与教材5部。

序　言

党的二十大擘画了以中国式现代化全面推进中华民族伟大复兴的宏伟蓝图，强调高质量发展是全面建设社会主义现代化国家的首要任务。"十四五"时期是我国"两个一百年"奋斗目标的历史交汇期，是实现科技自立自强和迈向科技强国的关键时期，是开启全面建设社会主义现代化国家新征程的重要战略机遇期。党的二十大关于加快构建新发展格局、着力推动高质量发展的重要部署，为创新驱动区域高质量发展提供了根本遵循。

创新是经济发展和社会数字化转型的源泉。随着全球科技发展日新月异，科技创新已成为各国获取经济、社会、军事竞争优势的关键，是我国新时代构建新发展格局、引领高质量发展的支柱性力量。技术变革是经济长期增长的引擎，数字技术渗透并重组了经济和社会的各个方面，重塑各地区的竞争优势和发展方式。但创新和技术变革的模式在行业和区域层面呈现明显的异质性，技术变革也体现出明显的定性特征（有偏技术变革或定向技术变革），需要制定有效的激励机制，以实现区域协调高质量发展目标。

科技创新是引领长江中游城市群高质量发展的关键要素。近年来，长江中游城市群积极整合科技创新资源，加快建设东湖科学城、湘江科学城、南昌未来科学城，奋力打造光谷科技创新走廊、湘江西岸科技创新走廊和赣江两岸科技创新走廊，积极培育和发展战略性新兴产业和未来产业，加快培育形成新的经济增长点。近年来，长江中游城市群发展环境显著改善，科技创新发展呈现新局面，信息技术创新产业发展呈现新格局，数字技术赋能乡村振兴取得新成效，协同创新效能提升，发展动能持续增强，对服务和支撑构

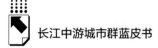

建新发展格局、促进全国经济高质量发展发挥了重要作用。

新一轮科技革命和产业变革深入发展，数字技术和数字要素向更深层次、更广领域渗透融合，为资源利用效率和生产力的提高带来了更大的潜力，深刻影响着区域高质量发展的实现路径，长江中游城市群高质量发展的微观基础发生了积极变化，呈现新的发展格局。在全面建设社会主义现代化国家的新时代，长江中游三省应完整、准确、全面贯彻新发展理念，坚持统筹发展和安全，坚持以高质量发展为主题，从区域协调发展的总体战略要求出发，着力加快转变发展方式、优化发展格局、改善发展环境、完善发展机制，协同推进长江中游城市群高质量发展，加快走出一条生态优先绿色发展的新路子，将湖北、湖南和江西三省打造为长江经济带发展和中部地区崛起的重要支撑、全国高质量发展的重要增长极、具有国际影响力的重要城市群。

《长江中游城市群高质量发展报告（2023）》是关于科技赋能高质量发展的新成果，它全面分析了长江中游城市群高质量发展取得的成效，从科技创新、数字技术赋能乡村振兴、信息技术应用创新、区域协同创新机制等方面，深入分析了推动长江中游城市群高质量发展的动力，提出了新发展阶段促进长江中游城市群协同高质量发展的一些新认识和新思路，进一步丰富了相关领域的研究，为塑造区域发展新动能新优势、有效促进区域高质量发展提供了一个样板。相信读者一定会从本书中有所收获和启示。

谨以此序祝贺《长江中游城市群高质量发展报告（2023）》出版。

马费成

武汉大学

摘　要

　　长江中游城市群是推动长江经济带发展、促进中部地区崛起的重点区域。自党的十八大以来，国务院相继批复《长江中游城市群发展规划》《长江中游城市群发展"十四五"实施方案》，为推动长江中游城市群高质量发展提供了根本遵循。长江中游各省认真贯彻落实国家重大区域战略，先后召开九届省会城市会商会、三次长江中游三省协同推动高质量发展座谈会，区域融合发展、产业协同发展、深化改革扩大开放、生态环境共治等方面的协同性不断增强，有效推动了长江中游城市群的协同发展。

　　随着新一轮科技革命和产业变革深入发展，长江中游城市群在科技创新、信创产业发展、数字乡村建设、协同创新机制完善等方面取得了显著成效，长江中游城市群发展环境显著改善，发展方式加快转变，发展动能持续增强，发展质量显著提升。2015~2022年长江中游城市群地区生产总值平均增速为6.93%，经济总量从2015年的6.10万亿元增长到2022年的10.43万亿元，经济总量分别占长江经济带和全国的18.63%和8.62%。长江中游城市群经济整体实力显著提升，一体化进程逐渐加快，辐射带动能力不断增强，成为中部地区经济发展的重要引擎。但从实际情况来看，进一步推动长江中游城市群高质量发展也面临一些问题，如数据要素的价值和潜力尚未充分释放、数字治理平台及共享机制尚不成熟、跨区域协同创新合作机制不健全、区域发展不平衡等。

　　在全面建设社会主义现代化国家的新时代，进一步推动长江中游城市群高质量发展，要完整、准确、全面贯彻新发展理念，坚持统筹发展和安全，加快数字技术创新,推动数字化与实体经济的深度融合,着力增强创新驱动新优势、着力优化城市群空间格局、着力深化改革扩大开放、着力推动绿色低碳发展、着力增加高质量公共品供给,健全区域协同创新合作新机制等,打造具有国际影响力的重要城市群,为服务全国构建新发展格局、支撑全国经济高质量发展、加快推进中国式现代化贡献更大力量。

关键词: 长江中游城市群 数字乡村 信创产业 协同创新机制 高质量发展

目 录 ↖↘

Ⅰ 总报告

Ⅱ 分报告

皮书数据库阅读**使用指南**

总 报 告

General Report

B.1

长江中游城市群高质量发展
实践与展望

李 纲 杨刚强 侯佳莹 高海霞 董建华*

摘 要： 长江中游城市群是推动长江经济带发展、促进中部地区崛起的重
点区域。自《长江中游城市群发展规划》实施以来，长江中游
城市群全面推进城乡统筹发展、基础设施互联互通、产业协同发
展、生态环境共保联治、公共服务共建共享等重点工作，发展环
境显著改善，发展方式加快转变，发展动能持续增强。当前，新
一轮科技革命和产业变革深入发展，数字技术和数字要素向更深
层次、更广领域渗透融合，加速了区域要素的有序流动，深刻影
响了区域高质量发展的实现路径。长江中游城市群高质量发展的

* 李纲，教授，武汉大学数据智能研究院院长，武汉大学信息资源研究中心主任，《信息资源
管理学报》主编，主要研究方向为信息管理与信息系统、信息资源管理、数字经济与区域协
调发展等；杨刚强，武汉大学经济与管理学院副教授，武汉大学数据智能研究院研究员，武
汉大学长江经济带发展研究中心主任，武汉大学中国中部发展研究院副院长，主要研究方向
为数字经济与可持续发展、公共资源配置与区域协调发展等；侯佳莹、高海霞、董建华，武
汉大学经济与管理学院在读硕士研究生。

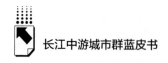

微观基础不断筑牢，发展环境不断优化，一体化进程不断加快，呈现新的发展格局。新发展阶段，长江中游三省协同推进长江中游城市群高质量发展，要坚持统筹发展和安全，着力增强创新驱动新优势、优化城市群空间格局、深化改革扩大开放、推动绿色低碳发展、增加高质量公共品供给等，打造具有国际影响力的重要城市群，为服务全国构建新发展格局、支撑全国经济高质量发展、加快推进中国式现代化贡献更大力量。

关键词： 长江中游城市群　高质量发展　协同创新机制

党的二十大报告指出，高质量发展是全面建设社会主义现代化国家的首要任务。长江中游城市群是推动长江经济带发展、促进中部地区崛起的重点区域。加快长江中游城市群高质量发展，对我国形成高质量发展的区域经济布局具有重要意义。自《长江中游城市群发展规划》实施以来，湖北、湖南、江西三省全面推进城乡一体化、基础设施建设、产业协同发展、生态环境共保联治、公共服务共建共享等重点工作，长江中游城市群发展环境显著改善，发展方式转变加快，发展动能持续增强，但也面临不少突出问题。在高质量发展的新阶段，长江中游三省应充分发挥比较优势，着力破解发展难题，协同推进高质量发展，打造具有国际影响力的重要城市群，为支撑全国经济高质量发展、加快推进中国式现代化贡献更大力量。

一　长江中游城市群高质量发展历程与成就

（一）长江中游城市群高质量发展历程

1. 国家高度重视长江中游城市群发展

我国历来高度重视促进区域协调发展。20 世纪 90 年代中后期，东部地区与中西部地区间的经济发展差距进一步扩大，如何缩小区域差距、促进区域协调发展成为国家关注的重点。国家实施了西部大开发、东北地区等老工业基地振兴、促进中部地区崛起等战略，深入实施了京津冀协同发展、长江经济带发展、粤港澳大湾区建设、长三角一体化发展、黄河流域生态保护和高质量发展等重大国家战略，有效促进了区域协调发展。

2010 年 12 月，国务院印发的《全国主体功能区规划》将"长江中游地区"列为"国家重点开发区域"，长江中游地区包括以武汉城市圈、长株潭城市群和鄱阳湖生态经济区为主体的广大地区。2015 年 4 月，国家发展和改革委员会印发《长江中游城市群发展规划》，要求将长江中游城市群建设成长江经济带重要支撑和具有一定国际影响力的城市群，并将长江中游城市群定位为中国经济新增长极、中西部新型城镇化先行区、内陆开放合作示范区、"两型"社会建设引领区。① 2016 年 9 月，《长江经济带发展规划纲要》提出打造长江经济带"一轴、两翼、三极、多点"的新发展格局。② 作为长江经济带发展的重点区域，长江中游城市群需增强武汉、长沙、南昌等中心城市功能，促进三大城市之间的资源优势互补、产业分工协作、城市互动合作，加强湖泊、湿地和耕地保护，提升城市群综合竞争力和对外开放水平。③ 2018 年 11 月，《中共中央　国务院关于建立更加有效的区域协调发展新机制的意见》指出，要充分发挥长江经济带横跨东、中、西三大板块的

①《长江中游城市群发展规划》（发改地区〔2015〕738 号），国家发展和改革委员会网站，2015
年 4 月 13 日，https：//www.ndrc.gov.cn/xxgk/zcfb/tz/201504/t20150416_963800.html。

② "一轴" 指以长江黄金水道为依托，发挥上海、武汉、重庆的核心作用，以沿江主要城镇
为节点，构建沿江绿色发展轴。"两翼" 指发挥长江主轴线的辐射带动作用，向南北两侧
腹地延伸拓展，提升南北两翼支撑力。南翼以沪瑞运输通道为依托，北翼以沪蓉运输通道
为依托，促进交通互联互通，加强对长江重要支流的保护，增强省会城市、重要节点城市
人口和产业集聚能力，夯实长江经济带的发展基础。"三极" 指以长江三角洲城市群、长
江中游城市群、成渝城市群为主体，发挥其辐射带动作用打造长江经济带三大增长极。
"多点" 指发挥三大城市群以外地级城市的支撑作用，以资源环境承载力为基础，不断完
善城市功能，发展优势产业，建设特色城市，加强与中心城市的经济联系与互动，带动地
区经济发展。

③《推动长江经济带发展领导小组办公室负责人就长江经济带发展有关问题答记者问》，中国政
府网，2016 年 9 月 11 日，https：//www.gov.cn/xinwen/2016-09/11/content_5107449.htm。

区位优势，以共抓大保护、不搞大开发为导向，以生态优先、绿色发展为引领，依托长江黄金水道，推动长江上、中、下游地区协调发展和沿江地区高质量发展。① 2022 年 2 月，国务院批复的《长江中游城市群发展"十四五"实施方案》明确提出，要以培育发展现代化都市圈为引领，优化多中心网络化城市群结构，提升综合承载能力，在全国统一大市场中发挥空间枢纽作用，打造长江经济带发展和中部地区崛起的重要支撑、全国高质量发展的重要增长极、具有国际影响力的重要城市群。②

国家出台的一系列推动长江中游城市群发展的规划和政策，为推动长江中游城市群高质量发展提供了根本遵循。近年来，长江中游城市群高质量发展取得实质性进展，其经济总量占全国比重进一步提升，发展态势日趋向好。进入"十四五"时期，我国开启全面建设社会主义现代化国家新征程，加快推进长江中游城市群高质量发展，有利于为加快长江经济带发展、促进中部地区崛起和全国高质量发展提供支撑。

2. 鄂湘赣三省积极推进长江中游城市群发展

长江中游地区人文相亲、优势互补，区域协同发展的内生动力不断增强。2012 年 2 月，鄂湘赣三省签署了《加快构建长江中游城市集群战略合作框架协议》，加快促进中部地区崛起。党的十八大以来，长江中游三省已举行九届省会城市会商会、三次长江中游三省协同推动高质量发展座谈会，会议层级和取得的成效显著提升，有效推动了长江中游地区的协同发展。

长江中游城市群省会城市会商会围绕工作重点，相继签署了《武汉共识》《长沙宣言》《合肥纲要》《南昌行动》，以及《长江中游城市群省会城市新区发展合作框架协议》《长江中游城市群省会城市共建科技服务资源共享平台合作协议》《长江中游城市群省会城市高质量协同发展行动方案》

---

① 《中共中央　国务院关于建立更加有效的区域协调发展新机制的意见》，中国政府网，2018 年 11 月 29 日，https://www.gov.cn/zhengce/2018-11/29/content_ 5344537.htm。
② 《长江中游城市群发展"十四五"实施方案》（发改规划〔2022〕266 号），国家发展和改革委员会网站，2022 年 2 月 15 日，https://www.ndrc.gov.cn/xxgk/zcfb/tz/202203/t2022 0315_ 1319307.html。

《长江中游城市群省会城市与观察员城市合作重点事项》《长江三角洲城市经济协调会与长江中游城市群城市协调会合作联动机制框架协议》《长江中游城市群省会城市科技合作协议》《长江中游城市群省会城市合作行动计划（2023—2025 年）》等一系列相关合作文件，协同发展的领域不断拓展，协同发展的举措不断细化，协同发展的成效不断凸显（见表1）。

长江中游三省聚焦协同推进高质量发展，相继签署了《长江中游三省协同推动高质量发展行动计划》《长江中游三省省会城市深化合作方案》《长江中游三省"通平修"绿色发展先行区建设框架协议》《长江中游三省文化旅游深化合作方案》《洞庭湖生态经济区五市深化协作工作方案》《九江市、黄石市、鄂州市、黄冈市人民政府关于深化跨江合作推进区域融合发展的框架协议》《发挥西部陆海新通道及中老铁路作用融入共建"一带一路"新格局的协议》《长江中游三省畅通商品流通合作协议》《长江中游三省畅通产业链供应链合作协议》等一系列合作文件，深化了长江中游三省在区域融合发展、产业协同发展、深化改革扩大开放、生态环境共治等方面的路径与举措，协同打造全国重要经济增长极。

党的十八大以来，长江中游三省认真贯彻落实国家重大区域战略，奋力推进长江中游城市群高质量发展，中心城市综合实力和发展能级不断提升，城市群综合立体交通网基本形成，产业和创新基础不断夯实，绿色发展持续深化，长江流域生态环境协同治理取得明显成效，对外开放格局稳步优化，协同发展水平获得提升。

表 1　长江中游三省召开的部分会议与签署的文件

会议时间	会议名称	会议签署的文件
2012 年 2 月	长江中游城市集群三省会商会	《加快构建长江中游城市集群战略合作框架协议》
2013 年 2 月	长江中游城市群省会城市首届会商会	《武汉共识》

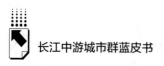

续表

会议时间	会议名称	会议签署的文件
2014 年 2 月	长江中游城市群省会城市第二届会商会	《长沙宣言》
2015 年 2 月	长江中游城市群省会城市第三届会商会	《合肥纲要》
2016 年 3 月	长江中游城市群省会城市第四届会商会	《南昌行动》
2017 年 4 月	长江中游城市群省会城市第五届会商会	《长江中游城市群省会城市合作行动计划（2017—2020)》
2018 年 9 月	长江中游城市群省会城市第六届会商会	《长江中游城市群建设近期合作重点事项》《长江中游城市群省会城市新区发展合作框架协议》《长江中游城市群省会城市共建科技服务资源共享平台合作协议》
2019 年 12 月	长江中游城市群省会城市第七届会商会	《长江中游城市群省会城市高质量协同发展行动方案》《长江中游城市群省会城市与观察员城市合作重点事项》《长江三角洲城市经济协调会与长江中游城市群城市协调会合作联动机制框架协议》《长江中游城市群省会城市科技合作协议》
2020 年 12 月	长江中游城市群省会城市第八届会商会	《长江中游城市群建设 2021 年合作重点事项》《长江中游城市群省会城市与观察员城市 2021 年合作重点事项》等
2023 年 2 月	长江中游城市群省会城市第九届会商会	《长江中游城市群省会城市合作行动计划（2023—2025年）》《长江中游城市群 2023 年重点合作事项》《长江中游城市群省会城市"一码通域"合作框架协议》《长江中游城市群省会城市法律服务异地协作框架协议》等
2021 年 9 月	长江中游三省协同推动高质量发展座谈会	《长江中游三省协同推动高质量发展行动计划》《长江中游三省省会城市深化合作方案》《长江中游三省"通平修"绿色发展先行区建设框架协议》《长江中游三省文化旅游深化合作方案》《洞庭湖生态经济区五市深化协作工作方案》等合作文件
2022 年 12 月	长江中游三省协同推动高质量发展座谈会	《发挥西部陆海新通道及中老铁路作用融入共建"一带一路"新格局的协议》《长江中游三省畅通商品流通合作协议》《长江中游三省畅通产业链供应链合作协议》《长江中游三省省会城市重点合作事项》等 14 个合作协议
2023 年 11 月	长江中游三省协同推动高质量发展座谈会	《长江中游三省商务协同发展合作协议》《长江中游三省反不正当竞争协调联动机制合作协议》《长江中游三省防震减灾合作协议》等 10 项合作协议

资料来源：根据湖北省人民政府、湖南省人民政府和江西省人民政府网站公开信息整理。

3. 长江中游城市群高质量发展目标不断提升

随着我国区域协调发展战略、区域重大战略的实施，区域发展呈现新格局，促进区域协调发展的路径不断优化，长江中游城市群发展的战略定位和发展目标也不断提升。

作为国家促进中部地区崛起战略的重点区域，长江中游城市群一体化发展有利于跨区域整合优化资源要素，探索城市群和新型城镇化发展的新路径新模式，引导和带动中部地区加快发展，协同打造经济新支撑带等。2015年《长江中游城市群发展规划》明确指出，长江中游城市群的战略定位为中国经济新增长极、中西部新型城镇化先行区、内陆开放合作示范区、"两型"社会建设引领区。随着《长江中游城市群发展规划》的深入实施，长江中游城市群的整体经济实力显著增强，协同高质量发展迈上新台阶。2022年长江中游城市群地区生产总值达到 10.43 万亿元，占中部地区的比重为39.13%；长江中游三省地区生产总值达到 13.45 万亿元，占全国的比重为11.12%。这为巩固中部地区"三基地一枢纽"战略定位，[1] 推动中部地区向更高水平和更高质量发展阶段迈进提供了重要支撑。

长江中游城市群是长江经济带"一轴、两翼、三极、多点"空间格局的重要组成部分，是长江经济带三大增长极之一。推动长江经济带发展，是以习近平同志为核心的党中央做出的重大决策，是关系国家发展全局的重大战略。习近平总书记先后四次主持召开座谈会并发表重要讲话，分别做出了重要的决策部署："当前和今后相当长一个时期，要把修复长江生态环境摆在压倒性位置，共抓大保护，不搞大开发"[2]；"新形势下，推动长江经济带发展，关键是要正确把握整体推进和重点突破、生态环境保护和经济发展、总体谋划和久久为功、破除旧动能和培育新动能、自身发展和协同发展等关

---

① "三基地一枢纽"战略定位，即中部地区是全国重要粮食生产基地、能源原材料基地、现代装备制造及高技术产业基地和综合交通运输枢纽。

② 《习近平在推动长江经济带发展座谈会上强调 走生态优先绿色发展之路 让中华民族母亲河永葆生机活力》，中国政府网，2016 年 1 月 7 日，https：//www.gov.cn/xinwen/2016-01/07/content_ 5031289. htm。

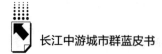
系"①；"推动长江经济带高质量发展，使长江经济带成为我国生态优先绿色发展主战场、畅通国内国际双循环主动脉、引领经济高质量发展主力军"②；"毫不动摇坚持共抓大保护、不搞大开发，在高水平保护上下更大功夫。要坚持创新引领发展，把长江经济带的科研优势、人才优势转化为发展优势，积极开辟发展新领域新赛道，塑造发展新动能新优势。要更好联通国内国际两个市场、用好两种资源。要坚持把强化区域协同融通作为着力点，稳步推进生态共同体和利益共同体建设，促进区域协调发展。要统筹好发展和安全，在维护国家粮食安全、能源安全、重要产业链供应链安全、水安全等方面发挥更大作用，以一域之稳为全局之安作出贡献"③。习近平总书记发表的重要讲话，为长江经济带发展掌舵、谋篇布局，也为长江中游城市群高质量发展提供了根本遵循。党的二十大报告明确将推进长江经济带发展作为加快构建新发展格局、着力推动高质量发展的重点任务，④ 为长江中游城市群更好发挥比较优势，实现更高水平协同发展指明了方向。在高质量发展的新阶段，长江中游城市群面临比以往更高的要求，肩负加快推进建设重要先进制造业基地、打造具有核心竞争力的科技创新高地、构筑内陆地区开放高地、创建绿色发展先行区、培育高品质生活宜居地的使命，要加快走出一条生态优先绿色发展的新路子，成为长江经济带发展和中部地区崛起的重要支撑、全国高质量发展的重要增长极、具有国际影响力的重要城市群，⑤ 在构建新发展格局过程中发挥更大作用，在全国高质量发展中更好发挥"压舱石"作用。

①　习近平：《在深入推动长江经济带发展座谈会上的讲话》，《求是》2019 年第 17 期。

②　《习近平主持召开全面推动长江经济带发展座谈会并发表重要讲话》，中国政府网，2020 年 11 月 15 日，https://www.gov.cn/xinwen/2020-11/15/content_ 5561711. htm。

③　《习近平主持召开进一步推动长江经济带高质量发展座谈会强调：进一步推动长江经济带高质量发展　更好支撑和服务中国式现代化》，中国政府网，2023 年 10 月 12 日，https://www.gov.cn/yaowen/liebiao/202310/content_ 6908721. htm。

④　郑栅洁：《深入学习贯彻习近平总书记关于推动长江经济带发展重要论述精神　奋力谱写长江经济带高质量发展新篇章》，《习近平经济思想研究》（2023 年增刊），第 24～31 页。

⑤　《长江中游城市群发展"十四五"实施方案》，国家发展和改革委员会网站，2022 年 2 月 15 日，https://www.ndrc.gov.cn/xxgk/zcfb/tz/202203/t20220315_ 13193 07_ ext. html。

（二）长江中游城市群高质量发展成就

1. 长江中游经济整体实力持续增强

自 2015 年以来，长江中游城市群经济整体实力显著提升，一体化进程逐渐加快，辐射带动能力不断增强，长江中游城市群成为中部地区经济发展的重要引擎。2015 ~ 2022 年长江中游城市群地区生产总值平均增速为 6.93%，地区生产总值从 2015 年的 6.10 万亿元增长到 2022 年的 10.43 万亿元（见图 1），截至 2022 年，长江中游城市群的经济总量占长江经济带和全国的比重分别为 18.63%、8.62%。2020 年受新冠肺炎疫情的影响，长江中游城市群经济出现负增长。2020 年中央出台支持湖北经济社会发展一揽子政策，有效促进了地区经济社会发展的全面恢复。2021 年长江中游城市群经济增速达到 13.05%，是 2015 年《长江中游城市群发展规划》实施以来的最高水平。2022 年长江中游三省经济总量占全国比重达到 11.12%，占长江经济带比重上升至 24%，长江中游城市群绿色高质量协同发展取得新成效。就人均地区生产总值而言，长江中游三省从 2015 年的 4.42 万元增加到 2022 年的 7.89 万元。长江中游三省居民收入稳步增长，城乡居民收入差距持续缩小。2022 年长江中游三省人均可支配收入为 33123 元，比上年增长 6.35%。按常住地分，城镇居民人均可支配收入达到 44541 元，比上年增长 5.36%；农村居民人均可支配收入达到 19730 元，比上年增长 7.16%；城乡居民人均可支配收入比为 2.26，比上年降低 0.04，比 2015 年降低 0.17。

2. 创新引领高质量发展成效显著

长江中游三省加快实施创新驱动战略，积极推进科技成果转化，协同创新效能不断提升，这为长江中游城市群高质量发展提供了有力支撑。长江中游三省全社会研究与试验发展（R&D）经费支出由 2015 年的 1147.59 亿元增加到 2022 年的 3553.26 亿元（见图 2），占长江中游三省地区生产总值的比重由 1.52% 提高到 2.64%；国内专利申请授权数由 2015 年的 9.7 万件增加到 2022 年的 32.36 万件，是 2015 年的 3 倍多；技术市场合同成交额由 2015 年的 959.25 亿元提高到 2022 年的 6320.66 亿元，是 2015 年的 6.59 倍。

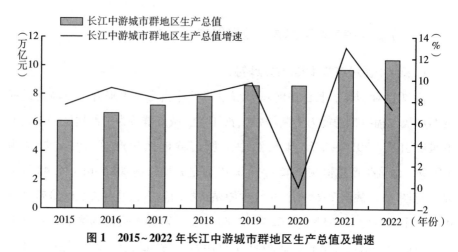

图1　2015～2022年长江中游城市群地区生产总值及增速

资料来源：中经网统计数据库。

**图2　2015～2022年长江中游三省R&D经费支出、技术市场合同
成交额、国内专利申请授权数**

资料来源：中经网统计数据库。

长江中游城市群坚持创新引领，加快科技创新平台建设，科技创新走廊加快形成。具体体现在以下几方面。一是共性优势学科集群加快发展。长江中游城市群在化学科学、材料工程、物理科学、生物科学、地球科学与环境学、临床医学、环境工程、计算机与信息科学、基础医学等学科领域优势突出，在新材料、高端装备制造、节能环保、新能源、生物医药等研究领域科

研实力强。此外，跨学科、跨行业合作成果竞相涌现，为长江中游城市群科技创新发展贡献了重要力量。二是科技创新平台建设成效显著。长江中游城市群东湖科学城、湘江科学城、南昌未来科学城建设取得积极进展，光谷科技创新大走廊、湘江西岸科技创新走廊建设取得明显成效，武汉成为继北京、上海、粤港澳和成渝之后，国家战略布局的第五个科技创新中心，长江中游城市群逐渐形成了多层次全方位的区域创新格局。2022 年湖北、湖南和江西区域综合科技创新水平分别居全国第 8 位、第 13 位和第 16 位。[①] 长江中游城市群依托武汉东湖新技术开发区、武汉东湖国家自主创新示范区、长沙高新技术产业开发区、南昌高新技术产业开发区、鄱阳湖国家自主创新示范区等国家级高新区和国家自主创新示范区，不断增强自主创新能力，有效推动了光电子信息产业、高端装备制造业、生物医药等新兴产业发展，为推动长江中游城市群高质量发展注入强劲动力。三是长江中游城市群协同创新机制不断完善，协同创新效能大幅提升。自 2015 年以来，长江中游三省协同创新能力呈现不断提升的趋势。特别是 2019 年以来，长江中游城市群区域创新协同度显著上升，创新协同度由 2019 年的 0.0190 上升至 2021 年的 0.0697。长江中游城市群区域协同创新的能力不断提升，为推动长江中游城市群创新资源优化配置、引领与支撑高质量发展起到重要作用。

3. 产业转型升级加快推进

近年来长江中游城市群加快产业结构调整步伐，现代产业集群建设取得明显成效。一是长江中游城市群产业结构不断优化升级。三次产业结构从 2015 年的 9.24∶50.80∶39.96 优化为 2021 年的 7.91∶41.13∶50.96，产业结构从"二三一"转变为"三二一"（见图 3）。

二是传统产业加快转型升级。长江中游城市群完整、准确、全面贯彻新发展理念，加快产业绿色化、数字化、智能化转型，稳步推进产业转移，深入推进企业"上云用数赋智"，加快推进工业互联网、数字商务、智慧农业

---

① 中国科学技术发展战略研究院：《中国区域科技创新评价报告 2022》，科学技术文献出版社，2023。

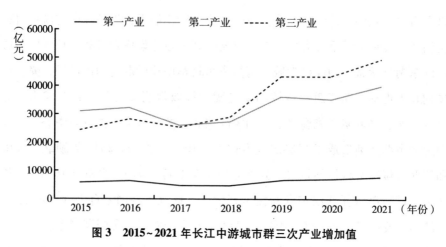

图3 2015~2021年长江中游城市群三次产业增加值

资料来源：中经网统计数据库。

发展，传统产业转型升级成效明显，经济创新力、产业竞争力显著提升。如2022年湖北深入推进"技改提能、制造焕新"行动，实施亿元以上技改项目2469个，完成投资3332亿元，新增国家级制造业单项冠军12家，新增国家级专精特新"小巨人"企业303家。① 湖南实施产业链供应链提升工程，新增国家制造业单项冠军企业（产品）21家（个）、专精特新"小巨人"企业174家。②

三是现代产业集群建设成效明显。长江中游城市群新一代信息技术、高端装备制造、新材料、生物医药、节能环保、新能源等战略性新兴产业发展迅速，形成了光电子信息、先进装备制造、生物医药等具有区域特色的优势产业集群。2022年长江中游三省规模以上工业增加值平均增长7.1%，高于全国平均增速3.6个百分点；高新技术制造业增加值平均增长18.9%（见表2），高于全国平均增速11.47个百分点。

---

① 《2023年湖北省人民政府工作报告》，湖北省人民政府网站，2023年1月31日，http：//www.hubei.gov.cn/zwgk/hbyw/hbywqb/202301/t20230131_ 4501158.shtml。

② 《2023年湖南省人民政府工作报告》，湖南省人民政府网站，2023年1月28日，http：//www.hunan.gov.cn/hnszf/szf/zfgzbg/202301/t20230128_ 29191509.html。

表 2　2022 年长江中游三省高新技术产业增加值增长情况

单位：%，个百分点

省份	规模以上工业增加值比上年增长	高新技术制造业增加值比上年增长	高新技术制造业增加值占规模以上工业增加值的比重	高新技术制造业增加值占规模以上工业增加值的比重比上年增长
湖北	7.0	21.7	12.1	1.2
湖南	7.2	18.0	13.9	0.9
江西	7.1	16.9	40.5	2.0

资料来源：《湖北省 2022 年国民经济和社会发展统计公报》《湖南省 2022 年国民经济和社会发展统计公报》《江西省 2022 年国民经济和社会发展统计公报》。

湖北省以科技创新引领全面创新，促进创新链与产业链深度融合，突破性发展光电子信息、高端装备、生命健康、新能源与智能网联汽车、北斗等五大优势产业，① 新兴产业规模持续扩大，能级持续提升，日益成为引领工业经济高质量发展的新引擎。湖南省发展战略性新兴产业融合集群，巩固中小航空发动机及航空航天装备产业领先地位，提升新材料、生物医药、节能环保产业核心竞争力，电子信息、新能源汽车等产业发展成效显著。② 江西省加快建设国家有色金属、航空等装备制造、新能源、新材料、中医药等重要产业基地，加快构建"2+6+N"现代化产业体系，③ 着力壮大新业态新模式、推动现代服务业和先进制造业深度融合发展。截至目前，在全国布局的 198 个创新型产业集群中，长江中游三省有 34 个（见表 3），其中湖北拥有的创新型产业集群数量居全国第三。

---

① 《2023 年湖北省人民政府工作报告》，湖北省人民政府网站，2023 年 1 月 31 日，http：//www.hubei.gov.cn/zwgk/hbyw/hbywqb/202301/t20230131_ 4501158.shtml。

② 《2023 年湖南省人民政府工作报告》，湖南省人民政府网站，2023 年 1 月 28 日，http：//www.hunan.gov.cn/hnszf/szf/zfgzbg/202301/t20230128_ 29191509.html。

③ 《传统产业优化升级活力迸发，江西省累计培育省级专精特新中小企业 4579 家》，江西省工业和信息化厅网站，2023 年 5 月 30 日，http：//gxt.jiangxi.gov.cn/art/2023/5/30/art_ 51877_ 4478172.html。

表 3　长江中游三省创新型产业集群

	创新型产业集群	聚焦核心产业
湖北	武汉东湖高新区新型电子元器件及设备制造创新型产业集群、黄石大冶湖高新区高效节能通用设备制造创新型产业集群、荆州高新区重大成套设备制造创新型产业集群、咸宁高新区先进无机非金属材料创新型产业集群、襄阳高新区航空装备制造创新型产业集群、孝感高新区（应城）生物农业创新型产业集群、随州移动应急装备创新型产业集群、仙桃高新区非织造布创新型产业集群、黄石先进电子元器件创新型产业集群、孝感高新区高端装备制造创新型产业集群、武汉东湖高新区国家地球空间信息及应用服务创新型产业集群、襄阳新能源汽车关键部件创新型产业集群、荆门城市矿产资源循环利用创新型产业集群、咸宁智能机电创新型产业集群、十堰商用车及部件创新型产业集群、天门生物医药产业集群	光电子信息、高端装备制造、新材料、生物医药等
湖南	长沙高新区下一代信息网络创新型产业集群、郴州高新区先进有色金属材料创新型产业集群、衡阳高新区下一代信息网络创新型产业集群、岳阳临港高新区智能制造装备创新型产业集群、常德重大成套设备制造创新型产业集群、湘潭风能产业创新型产业集群、娄底建筑工程机械制造创新型产业集群、长沙电力智能控制与设备创新型产业集群、株洲轨道交通装备制造创新型产业集群、湘潭先进矿山装备制造创新型产业集群	智能制造、高端装备制造、信息产业等
江西	南昌高新区新型计算机及信息终端设备制造创新型产业集群、赣州高新区稀土新材料制造创新型产业集群、吉安数字视听创新型产业集群、鹰潭高新区移动物联网创新型产业集群、南昌高新区中成药产业创新型产业集群、景德镇直升机制造创新型产业集群、新余动力电池创新型产业集群、抚州生物医药创新型产业集群	集成电路、生物医药、新材料等

资料来源：根据《科技部关于认定第一批创新型产业集群试点的通知》《关于开展 2021 年度创新型产业集群试点（培育）的通知》《科技部关于开展第三批创新型产业集群试点的通知》等整理。

4. 数字经济成为增长新引擎

长江中游城市群加快推动数字经济和实体经济深度融合，数字产业化和产业数字化进程加快，推动产业向价值链高端迈进，这有效促进了长江中游城市群经济高质量发展。一是数字基础设施建设进程加快。截至 2022 年底，湖北省累计建成 5G 基站 10.9 万个；湖南省已建成 5G 基站超 8.9 万个，每万人拥有 5G 基站数超 13 个，5G 物联网终端用户超 4100 万个，年均增长率达 141%。① 江西省移动电话基站总数达 31.4 万个，同比增长 11.5%。5G 基站总数达 6.5 万个，

---

① 《2022 年湖南省移动互联网产业发展年度报告》，湖南省工业和信息化厅网站，2023 年 1 月 20 日，http://gxt.hunan.gov.cn/xxgk_ 71033/tzgg/202301/t20230120_ 29190131.html。

比上年净增 2.8 万个。① 武汉超算中心、三峡东岳庙数据中心等一批新基建标志性项目建成启用，算力数据中心规模居中部第一。长沙、南昌国家级互联网骨干直联点开通运行，国家超级计算长沙中心算力达到 200PF，居国内领先地位②。二是数字产业快速成长。2022 年，长江中游三省数字经济增加值突破 4.9 万亿元，占三省地区生产总值比重达 46.98%。其中，湖北省数字经济增加值达到 2.4 万亿元，对经济增长贡献率超过 60%；湖南和江西数字经济增加值分别突破 1.5 万亿元和 1 万亿元，对经济增长的贡献率分别超过 30% 和 35%。三是公共服务数字化深入推进。长江中游三省加快推进数字政府建设，建立了各具特色的数字化政务服务平台，如"鄂汇办""湘易办""赣服通""赣政通"，都被纳入全国一体化政务服务平台，实现了"一网通办""一事联办""跨省通办"，"互联网+政务服务"取得显著成效。目前，长江中游三省省会城市间超过 100 项政务事项实现跨市通办。智慧城市和数字乡村建设加快推进，数字惠民水平大幅提升。

5. 生态环境质量明显改善

长江中游城市群坚持以生态优先、绿色发展为引领，聚焦"一心两湖四江五屏多点"生态格局，③ 筑牢生态安全屏障，生态环境质量显著改善。一是长江中游水生态环境治理取得新成效。2022 年长江湖北出境断面总磷浓度比 2016 年下降 33.6%，全面整治江河排污口 12480 个，污水处理厂实现乡镇全覆盖，城市污水处理率达 96% 以上，地级以上城市建成区黑臭水体全部消除。④ 长江干流湖南段和"四水"干流 131 个断面水质全部达到

① 《去年我省 5G 用户数增速居全国第三》，江西省人民政府网站，2023 年 2 月 5 日，http：//www.jiangxi.gov.cn/art/2023/2/5/art_393_4348255.html。

② 《2023 年湖南省政府工作报告》，湖南省人民政府网站，2023 年 1 月 28 日，http：//www.hunan.gov.cn/hnszf/szf/zfgzbg/202301/t20230128_29191509.html。

③ "一心"，即以幕阜山和罗霄山为主体打造城市群"绿心"；"两湖"，即加强鄱阳湖、洞庭湖保护；"四江"，即指长江、汉江、湘江、赣江治理；"五屏"，指筑牢大别山、大巴山、雪峰山、怀玉山、武夷山生态屏障；"多点"指强化以国家公园为主体的自然保护地体系建设。

④ 王忠林：《深入贯彻落实党的二十大精神 奋力谱写长江经济带高质量发展荆楚篇章》，《习近平经济思想研究》（2023 年增刊）。

或优于Ⅱ类，洞庭湖总磷平均浓度下降至0.06毫克/升，主要河流和湖库综合治理正有序推进。[①] 江西地表水监测断面（点位）水质优良比例为93.6%，比2015年提高12.6个百分点，长江干流江西段、赣江干流断面水质均达到Ⅱ类标准。[②] 二是长江中游生态修复效果显著。长江中游三省坚决落实"十年禁渔"，全面落实河湖林长制，加快推进长江生态廊道、河湖生态廊道建设。2015~2021年长江中游城市群共完成造林面积755万公顷，占全国总造林面积的15.75%。2022年湖北沿江造林绿化84万亩，洪湖等五大湖泊退还湖245平方公里，全省森林覆盖率达42%，湿地保有量达到1.45万平方公里。[③] 湖南森林覆盖率达59.98%，湿地保护率居全国前列。[④] 江西全省森林覆盖率稳定在63.1%，稳居全国第2位。三是长江中游城市群降碳减污成效显著。自2015年以来，长江中游三省碳排放量增速放缓。2021年长江中游三省碳排放总量为91734万吨，较2015年减少61464万吨，较2017年减少60582万吨（见图4）。2022年，湖北省单位地区生产总值能耗、碳排放量分别累计下降30%、40%，淘汰过剩水泥产能290万吨，清洁能源装机占比达到61.8%；[⑤] 湖南省单位地区生产总值能耗强度累计下降7.0%，规模以上工业单位增加值能耗累计下降13.1%，六大高能耗行业单位增加值能耗占规模以上工业单位增加值能耗的比重比2020年下降2.0个百分点；[⑥] 江西省规模以上工业单位增加值能耗同比下降3.4%，降幅比2021年同期

① 毛伟明：《牢记嘱托　不负使命　在推动长江经济带高质量发展中彰显湖南新担当》，《习近平经济思想研究》（2023年增刊）。

② 叶建春：《以党的二十大精神为指引　奋力描绘长江经济带发展"赣鄱画卷"》，《习近平经济思想研究》（2023年增刊）。

③ 王忠林：《深入贯彻落实党的二十大精神　奋力谱写长江经济带高质量发展荆楚篇章》，《习近平经济思想研究》（2023年增刊）。

④ 毛伟明：《牢记嘱托　不负使命　在推动长江经济带高质量发展中彰显湖南新担当》，《习近平经济思想研究》（2023年增刊）。

⑤ 王忠林：《深入贯彻落实党的二十大精神　奋力谱写长江经济带高质量发展荆楚篇章》，《习近平经济思想研究》（2023年增刊）。

⑥ 《湖南加快绿色低碳循环经济发展　2022年，全省单位GDP能耗强度累计下降7%》，《湖南日报》2023年7月30日。

收窄 4.2 个百分点。其中，六大高耗能行业单位增加值能耗同比下降
3.2%，降幅收窄 1.2 个百分点。①

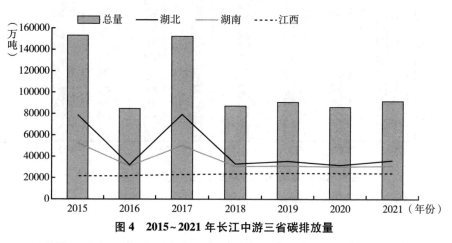

图 4　2015～2021 年长江中游三省碳排放量

资料来源：中国碳核算数据库（CEADs）。

6. 城镇化率提高、城市群发展格局基本形成

长江中游城市群农业转移人口市民化有序推进，以人为核心的新型城镇
化建设取得显著成效。2022 年末长江中游三省常住总人口为 16976 万人，平
均城镇化率达 62.28%，比 2015 年提高 8.9 个百分点，但低于 65.22% 的全国
平均水平（见图 5）。

长江中游城市群加快构建以中心城市带动都市圈、都市圈引领城市群、
城市群支撑区域协调发展的"中心城市—都市圈—城市群"空间动力机制，
构建"三核三圈三带多节点"② 空间格局。2022 年，《长株潭都市圈发展规
划》《武汉都市圈发展规划》先后获国家发展和改革委员会正式批复，都市
圈同城化建设进程加快，南昌都市圈培育建设取得新成效；襄阳、宜昌、岳

---

① 《解读：2022 年全省能源统计数据》，江西省统计局网站，2023 年 1 月 28 日，http：//
tjj. jiangxi. gov. cn/art/2023/1/28/art_ 40939 _ 4375396. html？eqid = 82bd3f3b000841c1000
0000000664336d83。

② "三核"指湖北、湖南、江西三省的省会城市武汉、长沙、南昌，"三圈"指武汉城市圈、
环长株潭城市群、环鄱阳湖城市群，"三带"指京广城镇带、沿江—京九城镇带、沪昆城
镇带。

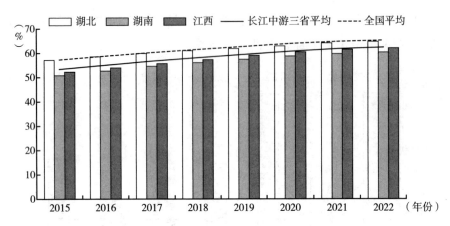

图5 2015~2022年长江中游三省和全国平均城镇化率

资料来源：中经网统计数据库。

阳、衡阳等省域副中心城市实力不断增强，荆门、荆州、常德、益阳、景德镇、抚州等节点城市差异化发展态势强劲。长江中游城市群发展进程加快，人口和经济集聚能力进一步增强，发展的空间格局不断优化。

7. 区域合作与开放进程加快推进

长江中游三省以扩大开放拓展发展空间为引领，不断优化生产力布局，协同推进长江中游城市群联动发展，推进高水平对外开放，以大开放促进大发展。一是规划政策体系不断完善。《长江中游城市群发展"十四五"实施方案》印发实施，长江中游三省也各自出台了实施方案；围绕区域合作、产业发展、公共服务共建共享、生态环境治理等领域，一系列政策文件陆续出台实施。如在长江流域协同治理方面，三省持续开展长江流域协同治理的立法与实践工作，共同签署《长江中游湖泊保护与生态修复联合宣言》，保障长江流域生态安全。在海关协作方面，武汉、南昌、长沙三地海关共同签署首个跨省级协调工作机制协议，推动三地实现"联合执法、共建共享、互认互助"。[1] 二是深化战略对接。长江中游城市群结合自身比较优势，深

---

① 《湘鄂赣三地海关携手打造内陆开放平台》，南昌海关，2022年5月13日，http://nanchang. customs. gov. cn/changsha_ customs/508916/508921/4350441/index. html。

化与京津冀、长三角、粤港澳、成渝等区域的合作，加强在生态环境保护、现代产业体系构建、基本公共服务共建共享等方面的合作，在区域合作上取得新成效。三是加快开放型经济发展。依托中欧班列、"空中丝绸之路"等，积极建设对外贸易和物流大通道，与"一带一路"共建国家经贸合作取得显著进展。依托自由贸易试验区、内陆开放型经济试验区，加快推进制度型开放，打造形成一批双向开放平台，内陆开放型经济高地建设成绩显著。长江中游城市群中开通中欧班列的城市数量不断增加，国际产能和装备制造合作务实推进。

长江中游城市群进出口总额呈不断增长的趋势，全方位开放格局基本形成。2022年长江中游三省外贸进出口总额达1.98万亿元，是2015年的2.72倍，占全国的比重由2015年的2.97%提升到2022年的4.73%。其中，湖北的进出口总额从2015年的0.28万亿元增加到2022年的0.61万亿元；湖南的进出口总额从2015年的0.18万亿元增加到2022年的0.70万亿元；江西的进出口总额从2015年的0.26万亿元增加到2022年的0.66万亿元（见图6）。

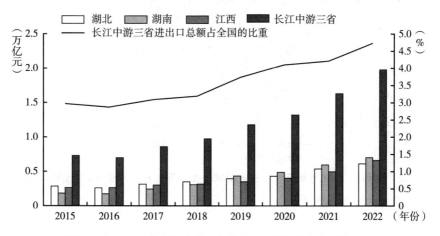

图6　2015~2022年长江中游三省进出口总额及其占全国的比重

资料来源：中经网统计数据库。

8. 公共服务一体化进程稳步推进

长江中游城市群加快公共服务共建共享，区域公共服务水平显著提升。自

2015 年以来，长江中游三省持续增加基本公共服务领域的支出。其中，教育支出占一般预算支出的比重最高，平均水平高于 15.9%；其次为社会保障和就业支出占比，由 2015 年的 13.22% 上升到 2021 年的 16.16%（见图 7）。医疗卫生支出、科学技术支出、文化体育与传媒支出大幅增加，长江中游三省基本公共服务供给水平大幅提升，基本公共服务均衡性和可及性不断提高。特别是湖北新冠肺炎疫情防控取得重大战略成果，应对突发事件的公共服务能力和水平大幅提高。目前，长江中游三省已在社会保险关系转移、养老金领取、异地就医门诊费用跨省结算，以及放宽户籍限制、住房公积金异地互认等多个领域不断深化合作。公共安全风险防控系统也逐渐完善，正逐步推进建成武汉国家华中区域应急救援中心，跨界毗邻地区按可达性统筹"119"火警应急服务。①

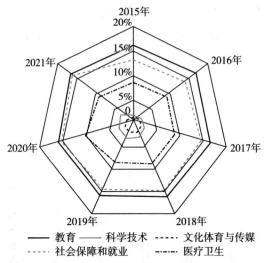

图 7　2015~2021 年长江中游三省基本公共服务支出占一般预算支出的比重

资料来源：国家统计局。

9. 基础设施通达程度进一步提高

长江中游城市群加快推进基础设施互联互通重大项目工程，不断完善铁

---

① 《长江中游城市群发展"十四五"实施方案》（发改规划〔2022〕266 号），国家发展和改革委员会网站，2022 年 2 月 15 日，https://www.ndrc.gov.cn/xxgk/zcfb/tz/202203/t20220315_1319307_ ext. html。

路、机场、港口功能。长江中游三省围绕国家综合交通网络布局，依托京津冀—粤港澳主轴、长三角—成渝主轴、福银通道等国家综合运输大通道，统筹推进轨道、公路、港航、机场等交通设施建设，加快推进陆海大通道、航空运输大通道建设，积极完善现代化高质量国家综合立体交通网，积极融入"全国 123 出行交通圈""全球 123 快货物流圈"。[①] 截至 2022 年底，长江中游三省高速铁路运营总里程达 6441 公里，占全国的比重为 15%；高速公路总里程达 21659 公里，占全国的比重为 12.2%。在全国"八纵八横"高速铁路网中，长江中游三省有"三纵三横"6 条高铁线路。[②]

二　长江中游城市群高质量发展协调机制创新

自《长江中游城市群发展规划》实施以来，湖北、湖南和江西三省协同推进基础设施建设、现代产业体系建设、生态环境保护、公共服务共建共享等重点任务，加快推进长江中游城市群一体化，高质量发展取得了显著成效。长江中游城市群协同发展不断走深走实，一个重要的方面在于区域协调机制的不断创新和完善。长江中游三省构建了以省际联席会议为决策主体，以各领域合作协议为协同载体，以协同发展联合办公室为执行机构的决策层、协调层、执行层上下贯通的推进体系，在生态保护、公共服务、数字经济、产业发展、开放合作等领域探索建立了城市群合作联动的协调机制，持续深入推进长江中游三省高质量协同发展。

（一）深化生态环保合作机制，共担"双碳"目标新使命

长江中游城市群是长江经济带发展的重点区域，也是我国重要的生态功能区。长江中游三省深化生态环境保护合作机制，增强区域共治能力，坚定

---

①　"全国 123 出行交通圈"：都市区 1 小时通勤，城市群 2 小时通达，全国主要城市 3 小时覆盖。"全球 123 快货物流圈"：中国国内 1 天送达，周边国家 2 天送达，全球主要城市 3 天送达。

②　《长江中游三省抱团冲刺全国重要增长极》，湖南省发展和改革委员会网站，2023 年 7 月 26 日，http://fgw.hunan.gov.cn/fgw/tslm_77952/mtgz/202307/t20230726_29411226.html。

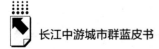

走"生态优先、绿色发展"之路，协同推进长江流域保护、绿色低碳转型，致力实现"双碳"目标等。

一是深入推进长江流域生态保护。依托长江经济带形成的"1+3"省际区域协商合作机制，长江中游三省签署了《湖泊保护与生态修复联合宣言》《区域检察协作服务意见以及跨界环境污染纠纷处置和应急联动框架协议》，协同推进重大项目工程，积极打造生态长江"中游样本"。长江中游三省坚定贯彻落实《中华人民共和国长江保护法》，协同推进长江水环境治理及长江经济带生态环境保护修复，实施污染治理"4+1"工程①，加大"三磷"污染防治力度，筑牢长江"十年禁渔"的严密防线。长江中游三省通过加强沟通协调、信息共享、协作执法等手段，共同构建"成本共担、效益共享、合作共治"的流域保护治理新机制。二是深化生态保护补偿机制。长江中游三省积极探索流域横向生态补偿机制，通过建立联席会议制度，协商推进流域保护与治理。如 2019 年，湖南、江西签订流域横向生态保护协议，以位于江西省萍乡市与湖南省株洲市交界处的金鱼石断面水质为依据进行流域横向生态补偿。2023 年，湖北、湖南签订协议，以长江干流跨省界荆江口、城陵矶（右岸）断面 12 个月水质类别为依据，测算全年补偿资金。三是探索"双碳"合作机制。长江中游三省联合召开长江中游城市群碳达峰与碳中和峰会，从产业低碳协同推进、能源结构协同转型、技术创新协同共享、交易市场协同运行、低碳生活协同创造五方面深化合作，助力形成节约资源和保护环境的产业结构、生产方式、生活方式、空间格局。截至 2022 年底，长江中游城市群拥有 9 个国家级低碳城市试点，占全国试点城市总量的 11.11%。此外，长江中游三省共建长江中游生态绿心，建立排污权、用能权、水权交易制度，健全"污染者付费+第三方治理"等机制。

（二）完善公共服务共建共享机制，着力推动公共服务均等化

党的二十大报告指出要"着力解决好人民群众急难愁盼问题，健全基本公共服务体系，提高公共服务水平，增强均衡性和可及性，扎实推进共同富裕"。

---

① 城镇污水垃圾处理、化工污染治理、农业面源污染治理、船舶污染治理及尾矿库污染治理。

满足人民群众对美好生活的需求，不断提升公共服务质量，这既是长江中游城市群经济社会发展的重要基础和保障，也是城市群高质量发展的重要体现。

长江中游三省通过建立基本公共服务共享机制，充分发挥武汉、长沙、南昌省会城市的引领作用，着力打造共建共享平台，着力推进基本公共服务均等化。近年来，长江中游三省签订了《长江中游城市群省会城市"一码通域"合作框架协议》《长江中游城市群省会城市合作行动计划（2023—2025 年）》等文件，在医疗服务、教育教学等方面加强区际合作。一是打造医疗合作平台。通过建立专科联盟、组建医联体等形式共享优势医疗资源，推动医疗信息互通互联，实现跨省异地就医直接结算；推进基本医疗保险关系转移接续"跨省通办"、定点医药机构管理"跨省协办"等，加快建立跨城乡跨区域流转衔接制度。二是打造教育就业资源共享平台。长江中游三省加快推进高校之间开展联合办学、课程互选、学分互认、学科共建等多种形式的校际交流与合作模式，鼓励院校与企业跨地区合作，共同举办"中三角"区域协同发展网络招聘会，推动毕业生就业信息实现共享。三是积极打造便民服务平台。长江中游三省积极开展公积金合作，已有 20 多个城市参与公积金异地互认互贷、转移接续、信息共享等业务。同时积极探索"区块链+公共资源交易"应用，打造长江中游城市群公共资源交易区块链服务平台——长江链，不断破除省际行政壁垒。

（三）构建区域协同创新机制，推进产业协同发展

习近平总书记指出"科技自立自强是国家强盛之基、安全之要"，"在科技自立自强上取得更大进展，不断提升我国发展独立性、自主性、安全性，催生更多新技术新产业，开辟经济发展的新领域新赛道，形成国际竞争新优势"[1]，"加快建设以实体经济为支撑的现代化产业体系"[2]。长江中游

---

[1] 《习近平在湖北武汉考察时强调　把科技的命脉牢牢掌握在自己手中　不断提升我国发展独立性自主性安全性》，人民网，2022 年 6 月 29 日，http：//politics. people. com. cn/n1/2022/0629/c1024-32460500. html。

[2] 《习近平主持召开二十届中央财经委员会第一次会议强调　加快建设以实体经济为支撑的现代化产业体系　以人口高质量发展支撑中国式现代化》，环球网，2023 年 5 月 5 日，https：//china. huanqiu. com/article/4Cm2EXgVhs0。

城市群光电子信息、装备制造、生物医药等产业竞争优势明显，通过建立长江中游城市群产业协同发展机制，加快推动长江中游城市群构建以战略性新兴产业为引领、以制造业为主导、以现代服务业为驱动力的现代产业体系。

一是促进产业协同创新。长江中游城市群推进"三区"①和"三走廊"②合作对接，深入探索区域协同创新机制。近年来，长江中游三省签署了《长江中游鄂湘赣三省区域协同创新合作框架协议》《长江中游城市群科技服务联盟合作框架协议》等协议，成立了长江中游城市群科技成果转化促进联盟、协同创新联盟、新型研发机构战略联盟，不断推动形成"研发+转化"产业分工模式。围绕国家重大战略需求，加强技术协同攻关，建立关键核心技术攻关协作机制，开展相应研究，共享研究成果。二是构建推进产业互补融合发展机制。长江中游三省通过产业合作论坛以及协同推进高质量发展座谈会等，在"联合推进核心技术攻关，推动产业链条协同合作，培育形成产业集群廊带及产业集中区"等方面达成共识。长江中游三省依托自身产业基础和比较优势，明确产业分工，通过重点产业间的相互合作，协同打造光电子信息、大健康、高端芯片等先进制造业产业集群，着力在新能源汽车、航空航天、生物制药等领域促进相互融合、功能互补，提升产业链供应链安全稳定性。目前，长江中游城市群拥有 32 个创新型产业集群和 29 个国家级高新技术产业开发区，数量分别占全国总数的 21.3%和 17.2%。

（四）完善区域协调发展机制，协同优化城市群空间格局

习近平总书记指出："我国经济发展的空间结构正在发生深刻变化，中心城市和城市群正在成为承载发展要素的主要空间形式。"③ 党的二十大报告强调，要构建优势互补、高质量发展的区域经济布局和空间体系。长江中游三省牢固树立"一盘棋"思想，充分发挥中心城市引领作用，培育发展

---

① 湖北武汉东湖国家自主创新示范区、湖南长株潭国家自主创新示范区、江西鄱阳湖国家自主创新示范区。
② 光谷科技创新大走廊、长株潭科技创新走廊、赣江两岸科创大走廊。
③ 习近平：《推动形成优势互补高质量发展的区域经济布局》，《求是》2019 年第 24 期。

现代都市圈，统筹推动区域协调发展，积极打造具有国际影响力的重要城市群。

一是协同推进省会城市合作发展。近年来，长江中游三省依托长江中游省会城市会商会，不断完善工作推进机制，相继签署了省会城市合作行动计划，增加观察员城市，加快推进科技创新、交通枢纽建设、公共服务、产业融合、生态环境、体制机制等领域的协同。二是协同推进城市群发展。长江中游三省依托长江中游城市群城市协调会合作联动机制，全面落实《长江中游城市群发展规划》《长江中游城市群发展"十四五"实施方案》《长江经济带发展规划纲要》《长江中游三省协同推动高质量发展行动计划》，积极优化省域区域战略，为推动省际联动合作和长江中游城市群协同发展奠定坚实基础。湖北加快建设全国构建新发展格局先行区，大力发展武汉都市圈、襄阳都市圈和宜荆荆都市圈；湖南立足"一带一部"区位优势，① 提升"强省会"带动力，推进长株潭都市圈同城化高质量发展，提升副中心支撑力，提升区域板块发展力；江西积极实施省会城市引领战略，加快南昌都市圈发展，推动南昌与赣江新区、九江、抚州及毗邻省会地区深度融合，引领带动全省区域经济协调发展。三省依托省内区域布局，深化省际联动合作，加强武汉、南昌都市圈、长株潭都市圈之间的深度联结，强化区域交通互联互通、能源协同互济、产业协作互补、环境协同共治、科技协同互助。② 三是协同推进省际交界地区发展。长江中游三省围绕加快省际交界地区发展，积极加强机制、产业、设施、生态、政策等对接，深化"通平修"绿色发展先行区、龙凤经济协作示范区等建设，深入推进湘赣边区域合作，有效提升了省际交界地区发展的活力。

---

① 2013 年 11 月习近平总书记在湖南考察时指出，湖南要"发挥作为东部沿海地区和中西部地区过渡带、长江开放经济带和沿海开放经济带结合部的区位优势，抓住产业梯度转移和国家支持中西部地区发展的重大机遇，提高经济整体素质和竞争力，加快形成结构合理、方式优化、区域协调、城乡一体的发展新格局"。

② 毛伟明：《牢记嘱托 不负使命 在推动长江经济带高质量发展中彰显湖南新担当》，《习近平经济思想研究》（2023 年增刊）。

（五）深化区域开放合作机制，打造内陆开放高地

习近平总书记指出，要正确处理全面深化改革"五大关系"，坚定不移全面深化改革开放[①]。"十四五"规划提出，要"提升区域合作层次和水平"，"完善区域合作与利益调节机制"。长江中游地区城市积极探索区域协调发展的体制机制，开放合作不断走向深入。一是积极融入"一带一路"建设。长江中游三省依托长江黄金水道、京广京九等多条铁路干线，以及亚欧国际铁路货运大通道、东盟国际大通道等国际贸易通道，充分发挥湖北、湖南自由贸易试验区和江西内陆开放型经济试验区的优势，积极融入"一带一路"建设。二是加强与长三角的合作。长江中游城市群充分发挥承上启下、通江达海的作用，积极推进与长三角的合作。如湖北通过定期召开长三角地区湖北办事机构及商会组织负责人联席会议，推动开展学习先进经验及招商引资等工作；湖南通过成立湖南—长三角产业转移综合服务中心，为承接长三角地区产业转移、招商引资提供了服务平台；江西上饶和景德镇等城市与浙江和安徽毗邻，积极承接长三角产业转移，同时江西注重打造赣浙边际合作（衢饶）示范区，促进赣皖苏湘四省（市）合作等，积极融入长三角合作。三是推进与粤港澳地区的合作。湖北省政府与香港特区政府召开"鄂港合作会议"，建立鄂港合作会议机制，并在多个合作领域达成协议，为湖北经济高质量发展注入新的动力；湖南省举办"湖南—粤港澳大湾区投资贸易洽谈周"，洽谈对接相应项目，并将之纳入省级签约项目；自2002年起，江西连续19年在粤港澳地区举办经贸合作活动，不断丰富相应内容，在交通基础设施、文旅产业等方面都有了较深入的合作。

---

① 《立足新发展阶段 贯彻新发展理念 努力建设全国构建新发展格局先行区 奋进全面建设社会主义现代化新征程——在中国共产党湖北省第十二次代表大会上的报告》，人民网，2022 年 6 月 27 日，http：//hb. people. com. cn/n2/2022/0627/c194063 - 40012582. html。

三 长江中游城市群高质量发展面临的挑战

党的二十大明确提出，高质量发展是全面建设社会主义现代化国家的首要任务。随着新一轮科技革命和产业变革加速发展，长江经济带生态环境保护和全面绿色转型持续深化，中部地区加快崛起，开创新局面，长江中游城市群高质量发展面临难得的历史机遇。但同时长江中游城市群在协同发展水平、绿色低碳转型、数字化变革、鄂湘赣边区跨区域合作以及对外开放等方面仍然存在一些短板，城市群高质量发展也面临着一些新的挑战。

（一）城市群协同发展水平有待进一步提高

一是城市群空间结构体系有待优化，中心城市与次级城市之间发展不平衡问题较为突出。从城市空间格局来看，长江中游城市群三大都市圈均呈现出核心—边缘的结构特征，具有鲜明的网络层级性①，武汉、长沙以及南昌三大中心城市在城市群（圈）中"一家独大"，存在明显的"虹吸现象"，对周边城市的辐射带动作用不足，外围次级城市发展相对缓慢。2022年武汉、长沙和南昌地区生产总值占所在都市圈的比重分别为40.91%、37.35%和26.15%，分别是其所在城市群（圈）GDP排第二位城市的3.24倍、2.96倍和1.79倍②。长江中游城市群有待进一步统筹好"强核培育"和"强核辐射"的关系，围绕长江中游城市群"三核三圈三带多节点"空间布局规划，构建完善合理、空间有序的城市群网络结构。二是一体化发展水平仍有较大的提升空间。作为跨区域的城市群，长江中游城市群科技创新合作网络、产业联动等整体呈现出省内合作较强、省际合作较弱的特点，城市群一体化协同发展格局有待加强。三是新型基础设施互联互通有待推进。新型基础设施是长江中游城市群合作联动的基础与保障。目前，长江中游城市群

① 朱翔等：《构筑中部地区高质量协调发展的新格局》，《地理学报》2022年第12期。
② 数据来源于各地级市《2022年国民经济和社会发展统计公报》以及市政府网站。

在诸如大数据中心、第五代移动通信、工业互联网、区块链等信息通信技术和数字化、智慧化平台建设方面投资规模相对较小，城市群内部三大都市圈之间新型数字基础设施网络的互联互通进程有待加快推进。

（二）经济韧性仍需进一步加强

当前我国发展面临的外部环境正在发生深刻复杂的变化，高质量的发展需要有强韧的经济体系作为支撑[①]。近些年来，在新冠肺炎疫情等"黑天鹅"事件的冲击之下，长江中游城市群暴露出安全韧性发展水平不高[②]等问题，一定程度上制约着城市群的高质量发展。一是产业链供应链韧性有待增强。党的二十大报告明确指出，要坚持统筹发展和安全，补齐短板、锻造长板，形成具有更强创新力、更高附加值、更安全可靠的产业链供应链。当前，长江中游城市群部分重点产业缺乏完整的供应链体系，在外部环境发生重大变化时，面临着产业链循环中断的风险。二是有核心竞争能力的产业相对较少。相较于长三角城市群和粤港澳大湾区，长江中游城市群钢铁、汽车等传统制造业转型升级进程有待推进，产业核心竞争能力亟待提高，电子信息、高端装备制造、生物医药等优势产业有待加速集聚，以提升集群化发展水平，推动产业价值链向中高端迈进，实现产业基础高级化和产业链现代化。三是区域协同创新能力有待进一步提升。长江中游城市群协同创新能力不足，亟须加快推进光谷、湘江西岸和赣江两岸三条科技创新走廊建设，进一步促进城市群数据、知识、技术等创新要素流动，打造区域科技创新高地。

（三）绿色低碳转型任重而道远

党的二十大报告明确指出，"推动经济社会发展绿色化、低碳化是实现

---

① 李诗音、苏欣怡、符安平：《长江中游城市群经济韧性对高质量发展的影响》，《经济地理》2022年第10期。

② 《长江中游城市群发展"十四五"实施方案》（发改规划〔2022〕266号），国家发展和改革委员会网站，2022年2月15日，https://www.ndrc.gov.cn/xxgk/zcfb/tz/202203/t20220315_1319307_ext.html。

高质量发展的关键环节"。当前我国仍然面临污染物排放量大、面广、环境污染重的问题，生态环境成为现阶段高质量发展的突出短板[1]。作为长江经济带生态环境保护的关键区域，长江中游城市群一直承担着实现绿色发展的重要任务。目前，长江中游城市群面临诸多挑战。一是产业绿色转型相对滞后。建材、石化以及钢铁等重点高能耗高污染产业绿色化改造进展较为缓慢，传统模式增长惯性使得短期内减污降碳面临较大压力。2021年长江中游城市群每亿元产值所产生的工业颗粒物、工业二氧化硫以及工业氮氧化物等主要污染物排放量分别为2.47吨、1.68吨和3.01吨，远高于同期长江三角洲城市群每亿元产值所产生的污染物排放量，分别是其同期水平的2.49倍、2.1倍和1.76倍[2]，长江中游城市群亟待加快推进重点行业绿色转型。二是区域生态环境协同治理机制有待加强。围绕长江流域生态环境跨区域治理，长江中游城市群在水环境综合治理以及跨区域生态产品补偿等方面取得了一定的积极进展，但同时部分地区环境基础设施欠账过多、流域污染治理基础尚不牢固、流域生态联防联控机制应对突发环境事件的能力较弱，区域间生态环境协同治理效能尚未充分发挥，网络化治理机制有待进一步构建，多元主体力量有待整合，协作共治有待深入推进[3]。

（四）数字化变革有待加速

伴随着全球数字化浪潮，基于数字技术赋能，实现经济社会的数字化转型成为当前城市群构筑竞争新优势，实现高质量发展的必然选择。目前长江中游城市群在数字产业化、产业数字化和社会数字化治理等方面尚有较大的提升空间。一是数字核心产业规模相对较小，亟待培育数字经济引领功能。2022年长江中游城市群中除位居数字经济一线城市行列的武汉和长沙以及位居数字经济二线城市行列的南昌外，其余城市均位于数字经济三线及以下

---

[1] 张军扩等：《高质量发展的目标要求和战略路径》，《管理世界》2019年第7期。

[2] 资料来源：相关年份《中国城市统计年鉴》和中国研究数据服务平台（CNRDS）。

[3] 罗志高、杨继瑞：《长江经济带生态环境网络化治理框架构建》，《改革》2019年第1期。

城市行列①，长江中游城市群仍有待进一步扩大数字核心产业规模，强化数字经济核心引领功能。二是产业数字化转型面临阻碍。长江中游城市群工业数字化基础设施建设相对滞后，数据中心、云计算等方面的建设与长江三角洲等国内发达地区相比还存在较大差距。三是数字化治理能力仍需进一步加强。长江中游城市群应用数字技术参与政府公共治理已取得一定的成效，但相较于长江三角洲等先进地区，长江中游城市群在数字化治理的深度和广度层面仍有较大的提升空间，需要在支撑城市公共服务、实现城市群内部数据共享和数字共治等方面进一步发力，深入推进数字政府建设。

（五）湘鄂赣边区跨区域合作需要深入推进

长江中游三省交界地区有山川、平原、河流等多样化的地理特征，包含生态安全、粮食安全、能源安全等重要功能区，既有革命老区、民族地区，也有省域经济融合度高的地区，是省域治理最为复杂的地区。长江中游三省在省际交界地区已经建立了"通平修"合作示范区、龙凤经济协作示范区、湘赣边区域合作示范区等功能平台，在产业发展、基本公共服务均等化等方面取得了一定成效，但在合作机制、社会治理等方面依然存在短板。在高质量发展新阶段，迫切需要进一步加快要素跨区域流动和高效配置，健全有效的合作机制。

（六）对外开放成为高质量发展的突出短板

《长江中游城市群发展"十四五"实施方案》将长江中游城市群在全国对外开放格局中的地位确定为"内陆地区改革开放高地"。相较于长三角、粤港澳以及成渝双城经济圈等地区，长江中游城市群尚未形成全方位、高水平的对外开放格局，开放程度相对较低，对外开放成为当前城市群高质量发展的突出短板。2022年长江中游三省外商投资企业进出口总额占全国比重仅为1.85%（见图8），比2015年提高0.11个百分点。2019年以来，湖南外商投资企业进出口总额占全国比重呈现下降的趋势。新发展阶段，长江中游三省有待进一步深度

---

① 中国电子信息产业发展研究院（CCID）：《2022年中国数字经济发展研究报告》，2022年7月。

融入"一带一路"建设，发挥中欧班列运营质效，促进区域口岸通关一体化，加快推进金融体系与国际标准接轨，统一协调城市群内部不同区域对外开放政策，营造良好的外资营商环境，推动长江中游城市群高水平对外开放。

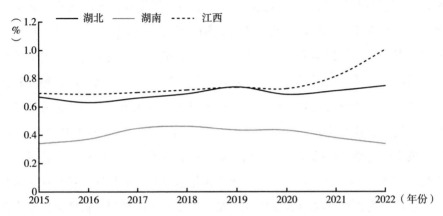

图 8　2015~2022 年长江中游三省外商投资企业进出口总额占全国比重

资料来源：国家统计局。

四　长江中游城市群高质量发展思路与建议

党的二十大擘画了以中国式现代化全面推进中华民族伟大复兴的宏伟蓝图，强调高质量发展是全面建设社会主义现代化国家的首要任务。当前，新一轮科技革命和产业变革深入发展，数字技术和数字要素向更深层次、更广领域渗透融合，加速了区域要素的变革，深刻影响着区域高质量发展的实现路径。在全面建设社会主义现代化国家的新时代，长江中游城市群高质量发展的微观基础发生了积极变化，呈现新的发展格局。协同推进长江中游城市群高质量发展，必须从区域协调发展的总体战略要求出发，坚持以高质量发展为主题，统筹发展和安全，着力加快发展方式转变、着力优化发展格局、着力完善发展机制，着力完善发展环境，在服务和支撑构建新发展格局中发挥更大作用，在全国高质量发展中更好发挥"压舱石"作用，为全面建设社会主义现代化国家做出更大贡献。

（一）增强创新驱动新优势，培育高质量发展新动能

习近平总书记在主持召开进一步推动长江经济带高质量发展座谈会时强调，"要坚持创新引领发展，把长江经济带的科研优势、人才优势转化为发展优势，积极开辟发展新领域新赛道，塑造发展新动能新优势"①。长江中游城市群应以科技创新为第一动力，塑造创新驱动发展新动能。一是共建长江中游城市群科技创新高地。充分发挥长江中游人才、科教、产业等比较优势，共建区域创新共同体，高标准建设国家实验室和国家重点实验室，加快推动关键核心技术攻关，协同打造原始创新策源地、战略科技力量聚集地、创新成果转化地、高端人才聚集地。加强创新政策协同，建设区域技术交易市场合作平台，鼓励建立国家科技成果转化示范区，加快推动科技成果转化和产业化，促进产学研用深度融合。高质量推动武汉东湖、长株潭以及鄱阳湖国家自主创新示范区联动建设，鼓励光谷科创大走廊与湘江西岸科创走廊、赣江两岸科创大走廊深入合作，共享先进科技设施与仪器，培育新兴科技力量。聚焦生物制药、集成电路、人工智能等领域组建区域创新合作平台，实现关键技术联合攻关，提高区域创新能力。二是协同打造长江中游城市群先进制造业集群。依托武汉东湖、湖南长沙等国家级高新技术产业开发区、自主创新示范区，以及湘江新区、赣江新区等，强化战略科技力量，突破性发展光电子信息、高端装备制造、航空航天、生物医药、新材料等产业，打造具有国际竞争力的产业集群，优化产业链区域布局，提升产业链供应链现代化水平。三是加快推进长江中游城市群数字经济发展。适度超前部署数字基础设施，实现长江中游城市群数字基础设施的融合融通。加快推进产业数字化转型，推动新一代信息技术与制造业融合发展，加快制造业数字化转型发展行动、实施工业互联网创新发展战略、打造智能制造工程，提升传统产业数字化、智能化、绿色化转型水平，提升传统产业支撑能力。加快

---

① 《习近平主持召开进一步推动长江经济带高质量发展座谈会强调：进一步推动长江经济带高质量发展 更好支撑和服务中国式现代化》，中国政府网，2023 年 10 月 12 日，https：//www. gov. cn/yaowen/liebiao/202310/content_ 6908721. htm。

培育壮大云计算、大数据、区块链、工业软件等数字产业，打造世界一流光通信产业集群、智能终端产业集群、特色集成电路产业集群、智能网联新能源汽车产业集群等。① 四是健全长江中游城市群协同创新机制。加快健全包括政府、科研院校、企业和非政府组织四类主体的系统协同创新机制，跨区域协同创新要素融合机制和体系，健全政府推进、技术研发、推广、转化和生产经营等协同创新配套机制体系，打造以科技中介服务为纽带的区域协同创新服务体系，健全区域协同创新合作利益共享机制。

（二）优化城市群空间格局，打造区域协同发展新样板

党的二十大报告指出，要构建优势互补、高质量发展的区域经济布局和国土空间体系。习近平总书记指出，要正确把握自身发展和协同发展的关系。长江中游城市群应聚焦形成"三核三圈三带多节点"的空间格局目标，坚持协同联动发展。一是提高都市圈综合承载能力。大力建设武汉、南昌、襄阳、长株潭、宜荆荆等都市圈，完善都市圈空间结构和功能，形成便捷高效、产业配套、生活共享的都市圈，全方位增强都市圈发展韧性以及风险防控能力。二是优化城市群内城市发展的融合能力。完善城市群城市体系，推动实现城市群内各城市功能分工明确、差异化发展、产业融合、资源和公共服务共享等，扩大城市群内地级城市的规模，增强产业集聚能力。三是发挥城市群内先行功能平台的辐射带动作用。充分发挥长江中游城市群在自贸区、经济技术开发区、高新技术产业园区、国家级新区、海关保税区等方面的比较优势，积极进行领先超前试验，优化投资环境，发挥其对集聚要素、体制创新和培育新的增长极的作用。四是提升城镇带互通协作水平。依托京广通道、沿江—京九成通道，推动武汉、长株潭以及南昌都市圈协同发展，提升区域要素聚集能力，积极稳妥推进智慧城市建设，构建大中小城市和小城镇协调发展的城镇格局。五是加快

---

① 《关于数字经济发展情况的报告——2022 年 10 月 28 日在第十三届全国人民代表大会常务委员会第三十七次会议上》，国家发展和改革委员会网站，2022 年 11 月 16 日，https://www.ndrc.gov.cn/fzggw/wld/hlf/lddt/202211/t20221116_1341446.html。

推进数字乡村建设。加快完善长江中游地区乡村基础设施建设，不断提升农业农村信息化的支持能力，推动生产经营管理、农业科技、农业经济的数字化应用，不断推进乡村治理数字化，发展乡村信息服务，壮大乡村特色产业，培育乡村数字经济，协同推动数字乡村产业新业态新模式的发展，提高村民的幸福感和满足感。

（三）深化改革扩大开放，共建高标准市场体系

党的二十大报告指出，要推进高水平对外开放。习近平总书记指出，要构筑高水平对外开放新高地，统筹沿海沿江沿边和内陆开放，加快培育更多内陆开放高地，提升沿边开放水平，实现高质量引进来和高水平走出去。长江中游城市群要充分发挥陆海内外联动、东西双向互济对外开放的综合优势，打造国内大循环战略支点、国内国际双循环战略枢纽。一是促进要素自由流动。深化要素市场化改革，着力完善长江中游城市群的人才、土地、数据等要素市场体系，积极融入全国统一大市场。共建统一的市场、行政处罚规则，探索建立市场准入异地同标机制，健全市场监管执法机制。二是优化营商环境。加快完善数字政府服务体系，促进高频政务服务事项一事联办、群内通办，定期发布跨省通办事项清单，推动城市群内部事务无差别办理，实现长江中游城市群跨部门之间业务协同办理，实现信息共享。三是打造全国重要物流枢纽。依托长江中游城市群综合立体交通网络，完善内外联通、多向拓展的物流通道建设，着力打造国家级物流枢纽，布局省级物流枢纽，以交通带流通保畅通。四是共建内陆高水平对外开放平台。增强长江中游城市群在自贸区、经济试验区、海关保税区等方面的比较优势，推动新区、开发区、国际合作园区等高效协同开放，促进开放口岸、跨境电商综合试验区提档升级。加强与长三角、粤港澳地区的交流合作，提升长江中游城市群开放水平。依托长江黄金水道和沿江铁路，优化畅通东西向开放通道，积极融入"一带一路"建设，深化与欧盟、东盟等地区的经贸合作，构筑内陆高水平对外开放新高地。

（四）加快现代化基础设施建设，协同提高内外联动能力

一是要加快长江中游城市群综合交通运输体系建设。习近平总书记强调，要建设更多更先进的航空枢纽、更完善的综合交通运输系统，加快建设交通强国。党的二十大就建设"交通强国"提出了明确的要求，并做了具体的部署。长江中游城市群要充分发挥背靠长江黄金水道和作为综合交通枢纽的优势，加快构建综合立体交通走廊，优化多层次轨道交通体系，完善省会城市轨道交通网络，畅通省际高速公路。推进长江流域航道整治，提升水运主通道航运能力，促进沿江港口协同发展，协同推进铁路强通道、航空扩能级、公路提品质、水运挖潜力，推进水铁公空多式联运。二是强化能源保障和水利建设。党的二十大报告指出，"深入推进能源革命""加强能源产供储销体系建设，确保能源安全"。长江中游地区是我国重要的能源基地，要坚持统筹发展和安全，加快推动能源科技实现高水平自立自强，加强特高压电网以及油气输送网络建设，扩充煤炭等能源应急储备，积极引入区域外部电力，保障城市群能源供应。深入推进跨区域调水工程，提升城市群供水安全保障能力。大力发展光伏、风力发电、氢能等非化石能源。三是协同共建新型数字基础设施。习近平总书记指出，要加快新型基础设施建设，加强战略布局，加快建设高速泛在、天地一体、云网融合、智能敏捷、绿色低碳、安全可控的智能化综合性数字信息基础设施，打通经济社会发展的信息"大动脉"。长江中游城市群要适度超前部署新型基础设施建设，加强5G网络建设，提升千兆光纤覆盖率，优化大数据中心建设布局。推进传统基础设施数字化改造，加强信息基础设施安全防护能力。

（五）推动绿色低碳发展，协同建设生态文明高地

习近平总书记指出，推进长江经济带发展，前提是坚持生态优先，把修复长江生态环境摆在压倒性位置。从长远看，推动长江经济带高质量发展，根本上依赖于长江流域高质量的生态环境。长江中游是长江经济带的重要组成部分，推进长江中游高质量发展要增强大保护的战略定力，坚持系统观

念，深入推进生态文明建设，以修复长江生态环境为重点，构建绿色低碳的生产生活方式，协同推进降碳、减污、扩绿、增长。一是协同共建多元共生的生态系统。加强对鄱阳湖、洞庭湖等重点湖泊的保护，深入推进长江经济带"共抓大保护"和"五河两岸一湖一江"全流域治理，统筹推进山水林田草沙一体化保护和综合治理，坚决抓好长江"十年禁渔"，筑牢生态安全屏障。二是协同推进长江水环境治理。统筹水安全设施建设与农业灌溉水利建设、统筹水环境保护和城乡人居环境建设，加强长江中游河湖生态保护和污染源治理。长江中游三省协同加强环境污染联防联控，健全突发环境事件应急响应机制，开展跨区域联合环境执法。三是完善生态产品价值实现机制。深入推进抚州国家生态产品价值实现机制试点和全国林业改革发展综合试点工作。开展生态产品信息普查和动态监测，积极推进长江中游生态产品总值核算，探索建立生态资产评估制度。加快排污权、用水权、碳排放等市场化交易。完善长江流域生态保护补偿机制。四是推进绿色低碳发展。加快推动发展方式绿色转型，聚焦钢铁、建材、石化等高耗能行业，遏制高能耗高排放项目的盲目发展。着力构建减污降碳的激励约束机制。积极参与双碳试点建设，推动生活方式和消费方式向绿色低碳方向转变。

（六）增强高质量公共品供给，协同增进民生福祉

习近平总书记指出，要提高人民收入水平，加大就业、教育、社保、医疗投入力度，促进便利共享，扎实推进共同富裕。党的二十大报告指出，必须坚持在发展中保障和改善民生，鼓励共同奋斗创造美好生活。长江中游城市群应紧扣公共服务供需新格局，聚焦短板弱项，加大政策和资金保障力度，加快公共教育、医疗卫生、社会服务、文化旅游、体育健身等领域重点项目建设，努力提升公共服务质量和水平，更好地满足人民群众日益增长的美好生活需要。

一是加强顶层设计，完善公共服务供给体系。聚焦党的二十大对增进民生福祉做出的重要部署，以实现共同富裕为价值目标，以"健标准、补短板、提效能"为核心导向，加强长江中游三省基本公共服务、非基本公共

服务和生活服务体系建设，推进教育、医疗卫生、就业、养老等各项公共服务政策迭代升级。同时，要按照公共服务保障水平与经济社会发展水平同频共振的要求，强化三省在基本公共服务增项、提标、扩面等方面的动态调整。二是推动基本公共服务便利共享。在强化普惠性、基础性、兜底性民生建设的基础上，精准识别不同区域、人群、年龄对基本公共服务的需求，着力解决不同人群基本公共服务的差异化问题。控制和缩小各地基本公共服务人均经费差距，通过专项减免、定向补贴、定向援助等手段，减轻进城务工农民在教育、医疗、居住等领域的支出。加强对困难群体的就业兜底帮扶，稳步提高保障标准和服务水平。三是推动城乡区域公共服务资源的均衡配置。加快推动长江中游城市群实现城乡公共服务标准统一、制度并轨，要制定城乡公共服务资源配置事项清单，进一步细化实施标准，推进县乡村基本公共服务全覆盖和一体化。重点推进长江中游三省公共服务资源协同配置。提升长江中游产粮大县、资源输出城市、重要生态功能区等基本公共服务统筹层级，加强教育医疗领域合作，推动跨区域便利共享高品质教育、医疗、文化等公共资源。四是加快推进公共服务的标准化和数字化。长江中游城市群各城市应积极打造高水平的数字基础设施，推动数字技术的全方位渗透或融合，推进教育教学、体育健身、医疗健康、文化服务等领域数字化，强化就业、社保、养老、托育、助残等重点民生领域社会服务供需对接，提高公共服务资源数字化供给和网络化服务水平。统筹推进智慧城市和数字乡村融合发展，加快远程教育、远程医疗等远程服务基础设施建设，把城市优质公共服务资源延伸到农村和偏远地区。五是高度重视省际交界地区公共服务合作联动。长江中游三省之间，以及长江中游三省与其他省份交界地区是基本公共服务短板最为突出的地区。应把促进省际交界地区公共服务合作联动提升到重要位置，以龙凤、通平修等省际交界合作区为典型示范，制定基本公共服务一体化规划，强化责任分工和阶段性重点工作，促进这类地区以互利互惠、共商共建共享为原则展开多种形式的合作，协力推动长江中游省际交界地区基本公共服务一体化。六是强化公共安全风险防控。加快健全长江中游城市群全生命周期公共卫生服务体系、医疗服务体系、医疗保障体系、药品供应保障体系以及重大疫情防控与应急管理体系，围绕可能出现的重大环境污染、生产安全、自然灾害等突发安全事件，构建跨区域全周期的指挥、救援、保障应急体系，共建突发自然灾害和安全事故应急处置机制。优化应急公共品供给的空间布局，形成分级、分层的公共品供给基地和区域中心。基于平战结合、跨部门跨区域、上下联动的系统预警机制、协调机制，构建全方位全周期应急公共品"网络化"供给模式，全面提升长江中游城市群应急保障能力。

参考文献

习近平：《在深入推动长江经济带发展座谈会上的讲话》，《求是》2019 年第 17 期。

习近平：《推动形成优势互补高质量发展的区域经济布局》，《求是》2019 年第 24 期。

《中华人民共和国国民经济和社会发展第十四个五年规划和 2035 年远景目标纲要》，人民出版社，2021。

郑栅洁：《深入学习贯彻习近平总书记关于推动长江经济带发展重要论述精神　奋力谱写长江经济带高质量发展新篇章》，《习近平经济思想研究》（2023 年增刊）。

王忠林：《深入贯彻落实党的二十大精神　奋力谱写长江经济带高质量发展荆楚篇章》，《习近平经济思想研究》（2023 年增刊）。

毛伟明：《牢记嘱托　不负使命　在推动长江经济带高质量发展中彰显湖南新担当》，《习近平经济思想研究》（2023 年增刊）。

叶建春：《以党的二十大精神为指引　奋力描绘长江经济带发展"赣鄱画卷"》，《习近平经济思想研究》（2023 年增刊）。

朱翔等：《构筑中部地区高质量协调发展的新格局》，《地理学报》2022 年第 12 期。

李诗音、苏欣怡、符安平：《长江中游城市群经济韧性对高质量发展的影响》，《经济地理》2022 年第 10 期。

张军扩等：《高质量发展的目标要求和战略路径》，《管理世界》2019 年第 7 期。

罗志高、杨继瑞：《长江经济带生态环境网络化治理框架构建》，《改革》2019 年第 1 期。

《2022 年中国数字经济发展研究报告》，中国电子信息产业发展研究院（CCID），2022 年 7 月。

中国科学技术发展战略研究院：《中国区域科技创新评价报告 2022》，科学技术文献出版社，2023。

《立足新发展阶段　贯彻新发展理念　努力建设全国构建新发展格局先行区　奋进全面建设社会主义现代化新征程——在中国共产党湖北省第十二次代表大会上的报告》，人民网，2022 年 6 月 27 日，http：//hb. people. com. cn/n2/2022/0627/c194063 - 40012582. html。

《关于数字经济发展情况的报告——2022 年 10 月 28 日在第十三届全国人民代表大会常务委员会第三十七次会议上》，国家发展和改革委员会网站，2022 年 11 月 16 日，https：//www. ndrc. gov. cn/fzggw/wld/hlf/lddt/202211/t20221116_ 1341446. html。

《中共中央　国务院关于建立更加有效的区域协调发展新机制的意见》，中国政府网，2018 年 11 月 29 日，https：//www. gov. cn/xinwen/2018-11/29/content_ 5344537. htm。

《长江中游城市群发展规划》，国家发展和改革委员会网站，2015 年 4 月 13 日，https：//www. ndrc. gov. cn/xwdt/ztzl/xxczhjs/ghzc/201605/t20160512_ 971938. html。

《长江中游城市群发展"十四五"实施方案》（发改规划〔2022〕266 号），国家发展和改革委员会网站，2022 年 2 月 15 日，https：//www. ndrc. gov. cn/xxgk/zcfb/tz/202203/t20220315_ 1319307_ ext. html。

《2023 年湖北省人民政府工作报告》，湖北省人民政府网站，2023 年 1 月 31 日，http：//www. hubei. gov. cn/zwgk/hbyw/hbywqb/202301/t20230131_ 4501158. shtml。

《2023 年湖南省人民政府工作报告》，湖南省人民政府网站，2023 年 1 月 28 日，http：//www. hunan. gov. cn/hnszf/szf/zfgzbg/202301/t20230128_ 29191509. html。

《2023 年江西省人民政府工作报告》，政策库网，2023 年 1 月 31 日，https：//heec. cahe. edu. cn/news/zhengce/17142. html。

《湖北省 2022 年国民经济和社会发展计划执行情况与 2023 年国民经济和社会发展计划（草案）的审查报告》，湖北省人民政府网站，2023 年 1 月 18 日，http：//www. hubei. gov. cn/zwgk/hbyw/hbywqb/202301/t20230118_ 4492810. shtml。

《关于湖南省 2022 年国民经济和社会发展计划执行情况与 2023 年计划草案的报告》，湖南省人民政府网站，2023 年 1 月 31 日，http：//hunan. gov. cn/hnszf/hnyw/sy/hnyw1/202301/t20230131_ 29211500. html。

《关于江西省 2022 年国民经济和社会发展计划执行情况与 2023 年国民经济和社会发展计划草案的报告》，江西省人民政府网站，2023 年 1 月 31 日，http：//www. jiangxi. gov. cn/art/2023/1/31/art_ 396_ 4343951. html。

分 报 告
Sub-report

B.2
长江中游城市群科技创新
发展态势分析[*]

黄颖 虞逸飞 舒欣 张琳[**]

摘　要： 随着全球化不断深入，国际竞争正日益聚焦于创新带来的发展动力。以整合不同城市创新要素为代表的城市群建设逐渐成为各国实现区域协同发展的重要途径。立足"十四五"时期全面建设社会主义现代化国家和推动长江中游城市群协同发展的新征程，本报告选择长江中游城市群的 31 个城市作为研究对象，以学术文献和专利文献这两个重要科技信息数据源为基础，系统刻画长江中游城市群的科技创新态势，以期为长江中游城市群实现更高水平协同发展提供决策参考。研究发现，近年来，

---

[*] 本报告系国家自然科学基金青年科学基金项目"基于多源异构数据的新兴技术演化路径识别与预测研究"（项目批准号：72004169）研究成果。

[**] 黄颖，武汉大学信息管理学院副教授，博士生导师，主要研究方向为科技计量与科技管理；虞逸飞，武汉大学信息管理学院博士研究生，主要研究方向为科技计量与科技管理；舒欣，武汉大学信息管理学院本科生，主要研究方向为科技计量与科技管理；张琳，武汉大学信息管理学院教授，博士生导师，主要研究方向为科学计量学与科技管理。

长江中游城市群科技创新发展提质增效呈现新局面，但是区域发展不平衡现象仍然突出，其中湖北省的综合科技创新能力遥遥领先。此外，尽管长江中游城市群在科技创新领域取得显著成就，整体高质量发展动力不足，以国内大循环为主体、国内国际双循环相互促进的新发展格局尚未全面形成。而就科技创新合作而言，省会城市的核心地位突出，但是对周边城市辐射带动不足，省际联动创新亟须寻找突破点。因此，长江中游城市群不仅需要推动各区域优势产业协同发展，促进横向错位发展、纵向分工协作，从而形成优势互补的高质量发展格局，而且要进一步强化武汉、长沙、南昌的中心城市地位，充分发挥省会辐射作用，努力把省会优势转化为全省优势。在此基础上，不断拓宽国际视野，继续坚持"引进来"和"走出去"相结合的策略，为构建以国内大循环为主体、国内国际双循环相互促进的新发展格局指引方向。

关键词： 科技创新　创新合作网络　区域协同　长江中游城市群

为充分发挥城市群的引领作用，我国建立了五大国家级城市群。目前，被认为最具发展潜力之一的长江中游城市群正处于高速发展阶段，对于贯彻中部崛起战略具有至关重要的支撑作用。长江中游城市群横跨湖北、湖南、江西三省，是促进长江经济带发展、推动中部地区崛起、巩固"两横三纵"城镇化战略格局的关键地带，在我国经济社会发展中具有举足轻重的地位。自2015年《长江中游城市群发展规划》① 实施以来，长江中游城市群发展动能持续增强，综合实力显著提升。《长江中游城市群发展"十四五"实

---

① 《国家发展改革委关于印发长江中游城市群发展规划的通知》（发改地区〔2015〕738号），中华人民共和国国家发展和改革委员会网站，2015年4月13日，https://www.ndrc.gov.cn/xwdt/ztzl/xxczhjs/ghzc/201605/t20160512_971938.html。

施方案》① 进一步指出，长江中游城市群要坚持创新驱动发展，推动高质量发展，坚持协同联动、共建共享，彰显三省优势和特色，以培育发展现代化都市圈为引领，优化多中心网络化城市群结构，打造长江经济带发展和中部地区崛起的重要支撑、全国高质量发展的重要增长极、具有国际影响力的重要城市群。为深入贯彻落实党中央、国务院关于长江中游城市群发展的重大战略部署，湖北省、湖南省和江西省政府相继出台实施方案，倡导建立健全协同推进机制，强化政策统筹、一体推进，确保各项目标任务顺利实现。因此，考虑到这一背景和政策方向，深入研究长江中游城市群科技创新的发展趋势，描绘各城市在科技创新合作中的不同角色及其演化，将有助于更清晰地理解长江中游城市群发展的基础和潜力，也有利于构建更加良好的协同创新发展环境。

一　长江中游城市群科技创新总体态势

（一）长江中游城市群的学术创新总体态势

1. 学术创新产出

学术创新产出成果量与质的积累集中体现了学术创新的规模和水平。从学术论文的产出规模和增长态势来看，学术创新发展提质增效呈现新局面。在本报告中，选取被 Web of Science（WoS）核心合集中的科学引文索引扩展版（Science Citation Index-Expanded，SCIE）、社会科学引文索引（Social Science Citation Index，SSCI）、艺术与人文科学引文索引（Arts & Humanities Citation Index，A&HCI）和新兴引文索引（Emerging Sources Citation Index，ESCI）等数据库收录的研究论文（Article）和综述论文（Review）作为学术论文数据的分析基础（在本报告中，若无特殊说明，

---

① 《国家发展改革委关于印发长江中游城市群发展"十四五"实施方案的通知》（发改规划〔2022〕266号），中国政府网，2022年2月15日，https：//www.gov.cn/zhengce/zhengceku/2022-03/16/content_ 5679303. htm。

数据范围都同此界定）。如图1所示，2013～2022年长江中游城市群31个地级市的学术论文数量呈现稳定增长态势，2022年总数达95307篇，较2021年增加4612篇，较2019年增加25598篇。从增长率来看，2020～2022年受新冠疫情影响，长江中游城市群的学术论文数量增长率有所下降，但增量仍达13752篇。同时，近10年学术论文平均增长率高达16.36%。由此可见，长江中游城市群已成为我国创新发展的重要增长极。

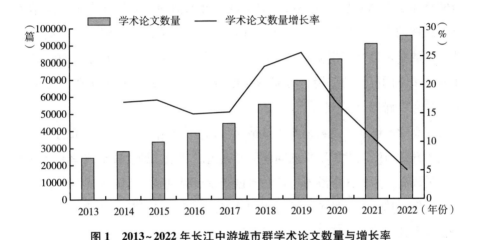

图1　2013～2022年长江中游城市群学术论文数量与增长率

资料来源：Web of Science。

从城市群来看，2013～2022年，湖北省以302001篇学术论文位居榜首，其领先地位不言而喻，其次为湖南省和江西省，分别发表论文192588篇和69628篇。此外，近10年发表学术论文数达5000篇以上的城市有7个，其中武汉、宜昌、荆州属于湖北省，长沙、湘潭、衡阳属于湖南省，南昌属于江西省。而论文数量在500篇以下的城市有5个，其中鄂州、潜江、仙桃、天门属于湖北省，鹰潭属于江西省。

WoS核心合集收录的论文具有较高的学术质量，可以从一定程度上反映待评估对象的学术创新水平。2013～2022年湖北、湖南、江西三省的学术论文数量呈稳定增长态势，2022年分别增长至49463篇、33034篇和

12810篇，可见长江中游城市群学术创新实力不断迈上新台阶。相较于处于其他位置的作者，通讯作者往往是对论文做出实质性贡献最大的研究者，扮演着研究主导人和成果责任人的重要角色。如图2所示，湖北、湖南、江西三省的通讯作者论文数逐年增加，学术创新发展成效日益显著。为揭示学术论文的整体质量和学术影响，本报告进一步测算了2013～2022年各省份的高被引论文和排名前10%的论文情况。整体上看，湖北省不仅具有最多的高被引论文，其排名前10%的论文数量也是最多的，表明湖北省的整体学术创新水平处于长江中游城市群的前列，对长江中游地区学术创新发展的支撑、辐射作用日益显现。从增长态势来看，湖北、湖南、江西三省的学术论文产出质量在2013～2019年呈上升态势，而在2020～2022年发生了不同程度的下滑，可能是受疫情影响，区域合作范围受限、部分科研项目停滞等。

综观学术创新产出数量及质量情况可知，长江中游城市群学术创新成果量质齐升，但区域发展不平衡问题同样突出。其中，湖北省整体学术创新产出质量较高，为长江中游城市群学术创新发展提供了有力支撑；湖南省综合实力不俗，其创新成果被广泛传播和分享；江西省高质量论文偏少，其自主创新能力较为薄弱，还需进一步提升综合实力。

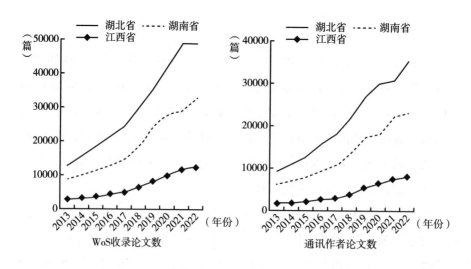

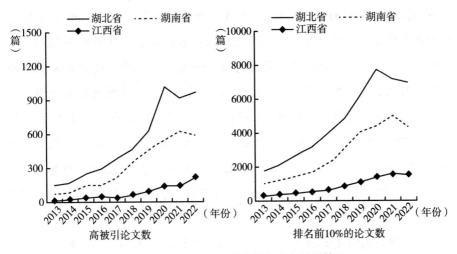

图2 长江中游城市群学术创新产出质量情况

资料来源：InCites。

从城市角度来看，2013~2022年，武汉、长沙、南昌三个省会城市的学术论文数量位居前三，分别为276124篇、155542篇和58314篇，共占据长江中游地区学术论文总量的87%，表明省会城市较好地发挥了区域学术创新发展引领作用，对长江中游地区学术创新发展的核心支撑和辐射作用日益显著。近年来，随着长江中游城市群科创资源优势的进一步扩大，湖北省推出了"一主引领、两翼驱动、全域协同"区域发展战略，湖南省提出了"一圈引领、两轴驱动、三区协同"区域发展战略，江西省提出了"一核十城多链"区域创新体系，为各省发掘学术潜能、激励创新发展提供了重要指引。

考察各地区学术创新成果在全球范围内的影响力和贡献度，可以有效评估学术创新水平。篇均被引频次是测度论文学术影响力的重要指标，通过统计不同城市产出论文的篇均被引频次发现，仙桃的篇均被引频次最高，为132.49，其次为鄂州（33.40）、黄冈（22.82）、抚州（21.35）和武汉（20.08），具体如表1所示。

H指数是美国加利福尼亚大学圣地亚哥分校的物理学家约翰·赫希

（John-Hirsch）在 2005 年提出的一个衡量学者发文和被引水平的综合指标，将学者所发表的全部论文按被引次数从高到低排序后，其中有 H 篇论文至少被引了 H 次，该值即可用来衡量学术创新成果影响力。统计发现，31 座城市的 H 指数平均值为 70，说明长江中游城市群的学术成果得到了世界各地研究人员的广泛引用。其中，武汉、长沙、南昌的 H 指数处于领先地位，分别为 381、289、179，可见省会城市学术产出水平较高。但 H 指数高于平均值的城市仅有武汉、长沙、南昌、湘潭、株洲、衡阳、宜昌 7 座城市，占比仅为 22.6%，说明长江中游城市群总体学术创新发展质量仍有较大提升空间。

学科规范化引文影响力（CNCI）是一个排除了出版年、学科领域与文献类型作用的无偏影响力指标，在进行不同规模、不同学科混合的论文集比较时更具优势。如表 1 所示，包括仙桃、鄂州、黄冈和益阳在内的 22 座城市的 CNCI 指数大于 1，表明以上城市论文的被引表现高于全球平均水平，其中仙桃的 CNCI 指数最高，达 7.75。湖北省仙桃市于 2022 年通过科技部首批国家创新型县（市）验收，成为首批国家验收的 47 个创新型县（市）之一。在创新加持之下，仙桃学术创新能力持续提升，创新生态不断完善，成为湖北省经济社会高质量发展的新引擎和新动能。此外，鄂州、黄冈、益阳和天门也拥有较高的 CNCI 指数，体现了上述城市在学术创新影响力上的发展潜力。

表 1　长江中游城市群学术论文被引情况

城市	省份	总被引频次		篇均被引频次		H 指数		CNCI 指数	
		数量	排名	数量	排名	数值	排名	数值	排名
武汉	湖北	5546221	1	20.08	5	381	1	1.34	7
长沙	湖南	2918843	2	18.76	6	289	2	1.33	8
南昌	江西	471117	3	11.23	24	179	3	1.21	14
湘潭	湖南	251551	4	15.43	14	121	4	1.13	19
宜昌	湖北	117560	5	15.79	11	84	7	1.24	12
衡阳	湖南	117259	6	12.16	23	87	6	1.01	22
荆州	湖北	74683	7	12.24	22	67	9	1.12	20

城市	省份	总被引频次		篇均被引频次		H 指数		CNCI 指数	
		数量	排名	数量	排名	数值	排名	数值	排名
株洲	湖南	74458	8	15.78	12	89	5	1.14	18
黄石	湖北	53296	9	15.89	10	68	8	1.23	13
抚州	江西	42574	10	21.35	4	24	27	1.51	6
黄冈	湖北	37933	11	22.82	3	54	12	1.72	3
襄阳	湖北	37649	12	13.57	17	61	10	1.16	16
常德	湖南	27067	13	13.08	20	56	11	1.00	23
岳阳	湖南	25926	14	13.36	18	51	14	1.07	21
咸宁	湖北	23400	15	13.18	19	46	17	1.15	17
孝感	湖北	22544	16	17.13	8	52	13	1.28	11
九江	江西	22254	17	9.30	29	45	18	0.93	26
景德镇	江西	22101	18	13.81	15	48	16	0.93	26
益阳	湖南	18305	19	12.69	21	51	14	1.68	4
吉安	江西	15645	20	10.71	26	45	18	0.84	28
荆门	湖北	14609	21	15.46	13	34	22	1.31	10
仙桃	湖北	13911	22	132.49	1	9	31	7.75	1
萍乡	江西	9598	23	11.19	25	35	21	0.94	25
宜春	江西	9374	24	10.21	27	38	20	0.84	28
娄底	湖南	9163	25	9.99	28	33	23	0.97	24
上饶	江西	8657	26	7.14	31	31	24	0.77	31
鄂州	湖北	6580	27	33.40	2	15	28	2.27	2
新余	江西	4996	28	8.14	30	27	26	0.81	30
鹰潭	江西	4766	29	17.65	7	29	25	1.32	9
潜江	湖北	1925	30	15.91	9	15	28	1.18	15
天门	湖北	1369	31	13.69	16	12	30	1.55	5

资料来源：InCites。

2. 学术创新布局

为从宏观层面把握长江中游城市群学术创新统筹布局情况，本报告采用经济合作与发展组织（OECD）发布的科学和技术领域（FOS）分类方案。基于 OECD 一级分类的学科领域包括自然科学、工程与技术、医学与健康科学、农业与兽医科学、社会科学、人文与艺术 6 个学科门类，在每个学科门类内部又有若干个二级学科门类。

从产出规模看，2013~2022 年，长江中游城市群的学术创新成果主要集中于自然科学、工程与技术、医学与健康科学三大学科门类，总量之和分别为 336575 篇、235997 篇、105721 篇（见图 3）。相较之下，农业与兽医科学、社会科学、人文与艺术领域的学术论文数量偏少，其总量仅有 30107 篇、20316 篇和 1418 篇，该现象与长江中游城市群的优势产业集群发展密切相关。长江中游城市群是我国传统的老工业基地，工业基础雄厚，制造业发达，在装备制造、汽车及交通运输设备制造业、冶金工业、石油化工产业、家电产业等应用科学领域实力较强。同时，随着新一代信息技术、新材料、生物医药、节能环保、新能源等领域迅速发展，以创新性和突破性为显著特征的高新技术领域已成为学术创新发展的重要载体与动力之源。近年来，长江中游城市群十分重视科技创新，发展成效显著，不仅获批 3 个国家级自主创新示范区（湖北武汉东湖国家自主创新示范区、湖南长株潭国家自主创新示范区、江西鄱阳湖国家自主创新示范区），且规模还在持续扩大。

从历年发展态势看，湖北、湖南、江西 3 省在六大学科门类中的学术创新成果整体呈上升趋势，说明近 10 年以上研究方向的发展态势良好，拥有较为完整的产学研链条，形成了具有地域特色的研究布局。

从空间分布结构看，整体而言，长江中游城市群学术创新的主力军是湖北省，其在六大学科门类中的领先地位突出，其次是湖南省和江西省。具体来看，2013~2022 年，湖北省的学术创新成果主要分布于自然科学（186760 篇）和工程与技术（124379 篇），湖南省主要分布于自然科学（108326 篇）和工程与技术（86544 篇），江西省同样分布于自然科学（41489 篇）和工程与技术（25074 篇）。由此可见，长江中游城市群目前已形成一体化的发展格局和各具特色、优势互补的学术创新模式，在一定程度上有效激发了学术创新活力。

对于一个特定的主题研究领域而言，从中观层面识别具有高影响力的核心学科类别有助于更好地揭示该主题领域下的主要研究对象。① 本报告基于 OECD 二级分类统计了长江中游城市群细分学科领域的学术论文数量，具体如表 2 所示。

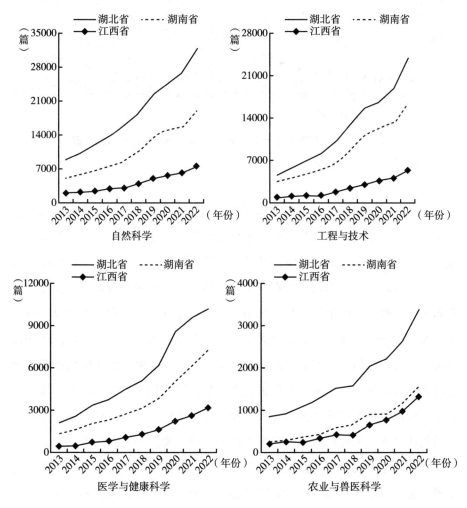

① 叶春蕾：《基于 Web of Science 学科分类的主题研究领域跨学科态势分析方法研究》，《图书情报工作》2018 年第 2 期。

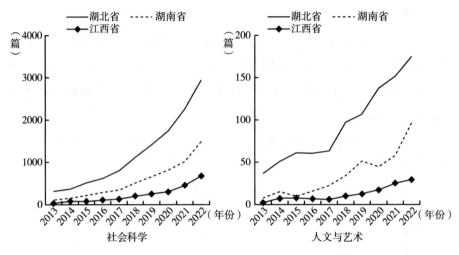

图3 长江中游城市群基于OECD一级分类的学科领域布局情况

资料来源：Web of Science。

依托已形成的庞大市场和资源要素向周围地区集聚的辐射效应，长江中游城市群形成了共性优势学科集群发展的态势，在化学科学、材料工程、物理科学、生物科学、地球科学与环境学、临床医学、环境工程、计算机与信息科学、基础医学等学科领域存在突出优势。长江中游城市群是全国除京津冀和长三角地区外的第三大科教基地，科教资源密集、研发实力雄厚，包括武汉大学、华中科技大学、湖南大学、中南大学、南昌大学等知名高校和科研机构，在新材料、高端装备制造、节能环保、新能源、生物医药等研究领域科研实力较强。近年来，为促进更多科技成果转化为现实生产力，长江中游城市群高度重视产学研融合发展，积极开展高校、科研机构和企业之间的协同创新合作，为高校和科研院所的优势学科发展提供强大内生动力。

从区域分布情况看，湖北、湖南、江西三省在资源禀赋和学科布局方面呈现一定的同质化特征，但在具体优势学科领域上仍具有内在差异性和结构互补性。因此，长江中游城市群具有共性优势学科错位发展的基础和条件，推动各区域优势学科协同发展，有利于形成优势互补的高质量发展布局，培育更多高精尖人才。

表2　长江中游城市群基于OECD二级分类的学科领域学术论文数量

单位：篇

序号	三省合计		湖北省		湖南省		江西省	
	学科类别	数量	学科类别	数量	学科类别	数量	学科类别	数量
1	化学科学	101790	化学科学	53853	化学科学	35357	化学科学	15502
2	材料工程	77723	地球科学与环境学	41597	材料工程	32179	生物科学	8865
3	物理科学	69189	生物科学	39628	物理科学	25438	材料工程	8851
4	生物科学	64568	材料工程	39026	临床医学	19879	物理科学	8204
5	地球科学与环境学	60589	物理科学	38023	生物科学	18186	临床医学	7629
6	临床医学	53755	环境工程	33127	电气工程、电子工程、信息工程	17723	地球科学与环境学	5936
7	环境工程	52087	临床医学	28520	环境工程	16506	其他工程与技术	5793
8	电气工程、电子工程、信息工程	45908	电气工程、电子工程、信息工程	25575	地球科学与环境学	15434	基础医学	5145
9	其他工程与技术	42578	其他工程与技术	24164	其他工程与技术	13932	环境工程	4411
10	计算机与信息科学	33725	基础医学	18236	计算机与信息科学	13754	电气工程、电子工程、信息工程	3993
11	基础医学	33519	计算机与信息科学	17704	基础医学	11141	计算机与信息科学	3413
12	数学	24122	纳米技术	12095	机械工程	10527	数学	3365
13	机械工程	22471	数学	11066	数学	10425	其他农业科学	2795
14	纳米技术	21382	机械工程	10775	纳米技术	7763	纳米技术	2143
15	其他自然科学	16284	其他自然科学	9859	土木工程	6484	医学生物技术	1959
16	化学工程	15913	化学工程	8758	化学工程	5777	化学工程	1865
17	土木工程	14628	卫生科学	7905	其他自然科学	5273	农业、林业、渔业	1814

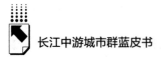
续表

序号	三省合计		湖北省		湖南省		江西省	
	学科类别	数量	学科类别	数量	学科类别	数量	学科类别	数量
18	卫生科学	13452	土木工程	7828	医学生物技术	4539	其他自然科学	1755
19	医学生物技术	13372	医学生物技术	7278	卫生科学	4362	机械工程	1740
20	其他农业科学	10437	农业生物技术	6569	环境生物技术	3232	卫生科学	1697
21	农业、林业、渔业	10157	农业、林业、渔业	6186	经济学和管理学	2913	环境生物技术	1455
22	环境生物技术	10144	环境生物技术	5767	其他农业科学	2602	农业生物技术	1290
23	农业生物技术	9476	其他农业科学	5321	农业、林业、渔业	2542	经济学和管理学	1111
24	经济学和管理学	8699	经济学和管理学	4960	农业生物技术	1970	土木工程	854
25	社会经济地理学	5473	社会经济地理学	3553	医学工程	1676	社会经济地理学	654
26	医学工程	4512	医学工程	2402	社会经济地理学	1458	医学工程	567
27	心理学与认知科学	3420	工业生物技术	1936	心理学与认知科学	1097	心理学与认知科学	518
28	工业生物技术	3286	心理学与认知科学	1908	工业生物技术	992	工业生物技术	445
29	兽医学	2291	兽医学	1424	兽医学	651	动物和乳制品科学	343
30	动物和乳制品科学	1500	媒体与传播	1135	动物和乳制品科学	592	兽医学	302
31	媒体与传播	1341	教育学	659	其他医学	398	其他医学	134
32	教育学	975	动物和乳制品科学	620	其他社会科学	354	教育学	104
33	其他社会科学	945	其他社会科学	513	教育学	238	其他社会科学	102
34	其他医学	884	社会学	463	社会学	177	社会学	84
35	社会学	711	语言与文学	454	媒体与传播	166	媒体与传播	72

序号	三省合计		湖北省		湖南省		江西省	
	学科类别	数量	学科类别	数量	学科类别	数量	学科类别	数量
36	语言与文学	656	其他医学	368	语言与文学	158	政治学	53
37	政治学	456	政治学	289	宗教和伦理学	135	语言与文学	50
38	宗教和伦理学	424	宗教和伦理学	274	政治学	123	历史与考古学	43
39	法学	255	法学	204	法学	44	宗教和伦理学	18
40	历史与考古学	206	历史与考古学	136	艺术	40	艺术	11
41	艺术	102	艺术	56	历史与考古学	33	其他人文科学	10
42	其他人文科学	72	其他人文科学	52	其他人文科学	11	法学	7

注：由于三省之间存在合作，故存在一篇文献同时被计入多个省份的情况。
资料来源：Web of Science。

　　根据各个城市基于 OECD 二级分类的学科领域学术论文数量，本报告计算出长江中游城市群之间的学科相似度，如图 4 所示。统计发现，多数城市之间的学科相似度超过 80%。以武汉为例，武汉与长沙、南昌、湘潭等 23 座城市之间的学科相似度超过 85%，仅与天门之间的学科相似度低于 50%。此外，长沙、南昌、湘潭、宜昌、荆州等城市之间的学科相似度也较高，说明这些城市之间竞争激烈，同时合作空间较大。相较之下，潜江、仙桃、天门与湘潭、株洲、景德镇之间的学科相似度处于较低水平，在 20%~30%，甚至低至 16.8%。一方面，相较武汉、长沙和南昌这些发展迅速且综合实力较强的城市，潜江、仙桃、天门等城市起步较晚、发育尚不成熟，其学术创新协同合作水平较低，一定程度上存在合作深度不足、区域割裂的现象。另一方面，高梯度城市之间的优势学科集群已自成体系，相互之间联系密切且存在一定的同质化竞争，

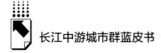

阻碍了人才、技术、知识等要素的流动，对低梯度城市的引领作用和辐射效果有限。

从整体布局情况来看，长江中游城市群的学科相似度达到了较高水平，说明其本质是以区域一体化方式协同推进学科发展水平的整体提升。自2021年6月《长江中游鄂湘赣三省区域协同创新合作框架协议》签署发布①，湖北、湖南、江西三省深化科技创新合作，在区域创新联动、加强技术协同攻关、共享科技创新资源、促进科技成果转化、强化科技创新创业、对接科技金融服务、携手国际与区域合作创新七个领域加强协作，致力于形成协同创新的命运共同体。在宏观政策的引导下，企业、高校等多方联动的积极性大幅提升，有效盘活了区域科技资源，营造了浓厚的创新氛围，推动了学术创新发展。

为更清晰地展示长江中游城市群学术论文的学科分布情况，本报告基于WoS分类（Web of Science Categories）统计各省主要学科领域的学术论文数量，如表3所示。长江中游城市群的学术论文共包含251个学科，其中材料科学，跨学科领域的论文数量占比最大（占比为10.70%）；其次是工程，电气和电子，占比为6.56%；此外，长江中游城市群还致力于物理学，应用；化学，跨学科；环境科学等自然科学领域以及能源和燃料、纳米科学和纳米技术与计算机科学，信息系统等新兴学科领域。优势学科之间协同发展趋势明显，形成了以材料科学，跨学科；计算机科学，信息系统为中心的优势学科集群。同时，生物化学与分子生物学、肿瘤学以及医学，研究和试验等共性学科的发文量较多，可见其联系较为紧密，更加体现了长江中游城市群共性优势学科集群发展的趋势。综合来看，长江中游城市群的学科来源较为广泛，学科资源较为集中，主要涉及材料科学，跨学科以及计算机科学，信息系统领域。这一学科分布格局不仅丰富了该地区的知识体系，也为相关领域的合作与发展提供了有力支持。

---

① 《鄂湘赣三省打造长江中游城市群协同创新共同体》，中国新闻网，2021年6月23日，https：//www.chinanews.com/cj/2021/06-23/9505527.shtml。

	武汉	长沙	南昌	湘潭	衡阳	宜昌	荆州	株洲	黄石	襄阳	九江	常德	岳阳	吉安	咸宁	黄冈	景德镇	益阳	孝感	上饶	宜春	荆门	娄底	萍乡	新余	抚州	鹰潭	鄂州	潜江	仙桃	天门
武汉	100.0%																														
长沙	97.3%	100.0%																													
南昌	96.2%	95.7%	100.0%																												
湘潭	86.5%	90.3%	87.3%	100.0%																											
衡阳	90.4%	90.9%	94.8%	77.4%	100.0%																										
宜昌	98.4%	97.1%	97.2%	86.2%	92.9%	100.0%																									
荆州	83.6%	79.6%	86.4%	58.4%	86.0%	84.4%	100.0%																								
株洲	86.2%	93.0%	85.8%	95.0%	84.7%	86.3%	60.8%	100.0%																							
黄石	94.0%	95.7%	96.4%	92.7%	91.5%	95.5%	84.7%	90.0%	100.0%																						
襄阳	88.2%	90.8%	94.1%	74.2%	96.0%	92.0%	91.6%	77.2%	90.0%	100.0%																					
九江	97.1%	96.9%	96.5%	83.1%	94.7%	96.5%	85.7%	84.1%	96.0%	88.5%	100.0%																				
常德	92.3%	93.1%	96.4%	82.1%	96.1%	93.3%	88.2%	92.3%	94.5%	94.5%	92.3%	100.0%																			
岳阳	94.5%	95.9%	96.8%	92.4%	96.4%	96.4%	89.7%	96.0%	94.5%	91.2%	97.0%	93.5%	100.0%																		
吉安	91.7%	92.3%	96.6%	83.2%	93.7%	92.8%	83.0%	93.6%	93.7%	91.7%	93.5%	93.0%	95.3%	100.0%																	
咸宁	91.0%	92.4%	96.7%	83.2%	96.7%	92.4%	89.2%	86.9%	93.8%	89.6%	96.9%	96.9%	95.3%	96.9%	100.0%																
黄冈	93.1%	91.8%	98.1%	86.0%	90.5%	94.0%	87.7%	83.0%	93.0%	90.3%	93.5%	93.0%	96.0%	96.0%	96.0%	100.0%															
景德镇	79.1%	86.4%	78.3%	94.3%	68.4%	77.4%	54.3%	94.6%	84.4%	83.5%	82.1%	77.0%	80.1%	87.5%	80.7%	75.8%	100.0%														
益阳	89.2%	91.3%	87.6%	88.9%	88.9%	91.6%	69.9%	91.1%	94.6%	83.5%	83.5%	87.6%	81.9%	86.8%	83.3%	84.5%	84.5%	100.0%													
孝感	82.3%	94.2%	86.8%	93.5%	89.9%	92.2%	79.7%	88.7%	80.5%	80.5%	83.7%	93.0%	91.9%	93.0%	86.6%	72.8%	88.7%	92.3%	100.0%												
上饶	85.9%	86.8%	89.8%	92.2%	97.1%	78.0%	80.5%	78.0%	95.0%	83.7%	95.4%	93.9%	90.6%	96.3%	82.9%	83.5%	82.9%	77.3%	92.1%	100.0%											
宜春	91.4%	92.0%	97.1%	96.7%	94.5%	81.1%	89.3%	81.1%	97.0%	95.4%	97.3%	94.3%	97.3%	90.3%	74.5%	88.7%	93.9%	85.6%	90.9%	89.0%	100.0%										
荆门	76.5%	78.2%	85.5%	58.1%	91.0%	81.7%	96.5%	61.9%	80.6%	83.5%	79.9%	83.6%	80.6%	87.6%	52.2%	63.1%	82.9%	77.1%	85.6%	77.1%	89.0%	100.0%									
娄底	94.6%	97.9%	93.3%	88.8%	87.3%	82.3%	87.0%	96.5%	93.0%	78.1%	92.8%	89.1%	91.7%	86.7%	90.7%	88.6%	90.7%	79.1%	80.9%	87.7%	96.6%	74.1%	100.0%								
萍乡	88.3%	91.6%	86.0%	84.0%	77.5%	58.1%	62.1%	89.7%	85.4%	78.1%	82.2%	85.4%	84.8%	82.6%	67.8%	82.2%	80.9%	78.9%	82.6%	96.6%	76.7%	76.2%	96.6%	100.0%							
新余	90.6%	89.5%	96.5%	78.8%	94.0%	75.5%	86.7%	62.1%	95.1%	93.4%	95.1%	94.2%	94.8%	95.0%	82.2%	70.2%	87.7%	80.0%	71.8%	80.0%	77.8%	52.1%	71.8%	56.9%	100.0%						
抚州	86.1%	79.7%	81.3%	63.6%	95.7%	75.3%	76.2%	86.7%	75.5%	73.4%	82.9%	82.2%	72.6%	77.6%	64.0%	85.6%	77.6%	69.2%	67.2%	96.5%	69.2%	52.1%	71.8%	30.6%	62.9%	100.0%					
鹰潭	86.1%	71.7%	77.3%	41.7%	76.0%	56.8%	86.3%	51.3%	67.4%	72.5%	74.0%	71.0%	71.3%	69.2%	42.8%	55.4%	64.5%	69.2%	67.2%	77.8%	69.2%	52.1%	71.8%	30.6%	67.8%	78.8%	100.0%				
鄂州	72.1%	56.8%	59.4%	32.6%	86.3%	60.4%	49.7%	30.9%	51.3%	89.4%	74.0%	81.0%	71.0%	63.4%	42.8%	53.4%	47.4%	63.3%	83.2%	69.2%	63.3%	92.7%	69.1%	57.2%	41.3%	62.5%	68.2%	100.0%			
潜江	67.4%	56.8%	60.4%	59.4%	66.5%	66.5%	58.5%	30.9%	55.2%	89.0%	62.9%	51.4%	45.4%	55.2%	25.5%	46.6%	47.2%	49.7%	89.0%	53.6%	66.1%	89.0%	49.7%	49.7%	65.2%	78.8%	65.2%	65.2%	100.0%		
仙桃	52.3%	52.5%	59.4%	20.8%	60.4%	66.5%	58.5%	29.1%	48.0%	78.5%	62.9%	62.8%	52.3%	62.8%	22.8%	40.6%	54.9%	49.7%	62.8%	54.9%	67.8%	89.0%	50.7%	56.9%	32.7%	67.8%	52.5%	92.0%	62.1%	100.0%	
天门	47.5%	49.9%	54.2%	16.8%	48.6%	52.6%	65.6%	29.1%	43.7%	58.9%	46.9%	59.2%	45.6%	46.9%	19.8%	30.8%	40.6%	50.7%	61.4%	50.7%	61.4%	86.9%	76.4%	56.9%	30.6%	62.9%	46.4%	46.9%	61.1%	96.6%	100.0%

图 4 长江中游城市群基于 OECD 二级分类的学科相似度矩阵

资料来源：Web of Science。

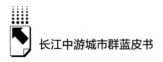
表3 长江中游城市群基于WoS分类的学科领域学术论文数量

单位：篇

序号	三省合计		湖北省		湖南省		江西省	
	学科类别	数量	学科类别	数量	学科类别	数量	学科类别	数量
1	材料科学，跨学科	60374	材料科学，跨学科	31268	材料科学，跨学科	24131	材料科学，跨学科	6815
2	工程，电气和电子	37039	工程，电气和电子	20902	工程，电气和电子	14009	化学，跨学科	4006
3	物理学，应用	32867	环境科学	19308	物理学，应用	12172	化学，物理	3938
4	化学，物理	32377	物理学，应用	18043	化学，物理	11689	物理学，应用	3627
5	化学，跨学科	29955	化学，物理	17708	化学，跨学科	10327	环境科学	3329
6	环境科学	29811	化学，跨学科	16540	冶金和冶金工程学	9342	工程，电气和电子	3188
7	纳米科学和纳米技术	21382	能源和燃料	12851	环境科学	8309	生物化学与分子生物学	2638
8	能源和燃料	20058	纳米科学和纳米技术	12095	纳米科学和纳米技术	7763	食品科学和技术	2525
9	生物化学与分子生物学	18163	地球科学，跨学科	11402	肿瘤学	6272	肿瘤学	2456
10	肿瘤学	16971	生物化学与分子生物学	10891	能源和燃料	6186	纳米科学和纳米技术	2143
11	多学科科学	16284	多学科科学	9859	计算机科学，信息系统	6162	药理学和药剂学	2103
12	工程，化学	15913	肿瘤学	8871	工程，化学	5777	化学，分析	2073
13	冶金和冶金工程学	15901	工程，化学	8758	工程，市政	5558	医学，研究和试验	1959
14	计算机科学，信息系统	15285	光学	8741	物理学，凝聚态物质	5393	光学	1915
15	光学	15232	计算机科学，信息系统	8010	化学，分析	5356	工程，化学	1865
16	地球科学，跨学科	14752	物理学，凝聚态物质	7376	多学科科学	5273	化学，应用	1838
17	物理学，凝聚态物质	14102	医学，研究和试验	7278	生物化学与分子生物学	5136	多学科科学	1755

序号	三省合计		湖北省		湖南省		江西省	
	学科类别	数量	学科类别	数量	学科类别	数量	学科类别	数量
18	化学,分析	13752	细胞生物学	6856	电信	5075	物理学,凝聚态物质	1728
19	医学,研究和试验	13372	工程,市政	6773	光学	4974	冶金和冶金工程学	1695
20	工程,市政	12575	化学,分析	6670	数学,应用	4778	能源和燃料	1659

资料来源：Web of Science。

为进一步探究长江中游城市群学术创新的主要研究主题，本报告引入 InCites 平台推出的基于论文引用的分类体系——引文主题（Citation Topics）。引文主题分析基于已发表论文的相互引用关系，利用算法将相关文献汇聚到一起，形成离散的相关文献集群，这些文献集群构成了引文主题的核心，独立于单篇文献的主题和内容，代表着作者相互积极引用对方论文的领域。基于引文的中观和微观主题分类，可探析长江中游城市群学术论文在具体研究领域的主题分布。

论文产出数量排名前五的中观主题依次是电化学（18357 篇）、岩土工程（9238 篇）、冶金工程（9054 篇）、光催化剂（8692 篇）、作物学（8444 篇），具体如表 4 所示。值得关注的是，电化学主题以较大优势位居榜首，近年来，电化学储能行业作为构建新型电力系统、支撑新能源大规模应用和推动"双碳"目标实现的重要基础和条件，实现了快速发展。从微观主题看，超级电容器涉及论文数量最高，达 6584 篇。"十四五"征程开启，我国明确"双碳"目标愿景，统筹推进资源节约循环利用和生态环境保护，超级电容器作为一项能量存储技术，拥有快速充放电、长寿命等优点，在电子、交通、工业等领域具有广阔的应用前景。此外，光催化作用、岩石力学、MicroRNAs、氧还原反应、适体、长链非编码 RNA、锂电池等引文主题也具有较高的热度，以上主题主要集中在生物技术、新材料技术、新能源技术等领域。随着《长江中游城市群发展规划》的批复和落地实施，以及

《中华人民共和国国民经济和社会发展第十四个五年规划和2035年远景目标纲要》的提出，长江中游城市群开展新一轮科技革命，快速推进高质量发展，在物质科学、生命科学等领域不断取得重大原创性突破，信息技术、新材料技术、新能源技术、生物技术、制造技术等领域的颠覆性技术不断涌现，人工智能、区块链等新兴科技崭露头角。

表4 长江中游城市群不同引文主题的学术论文数量

单位：篇

序号	中观主题	论文数量	序号	微观主题	论文数量
1	电化学	18357	1	超级电容器	6584
2	岩土工程	9238	2	光催化作用	4757
3	冶金工程	9054	3	岩石力学	3546
4	光催化剂	8692	4	MicroRNAs	3363
5	作物学	8444	5	氧还原反应	3343
6	长链非编码基因	8137	6	适体	3207
7	地球化学、地球物理学与地质学	7668	7	长链非编码RNA	2897
8	合成	7500	8	锂电池	2820
9	分子与细胞生物学——癌症、自噬与凋亡	7139	9	地球化学	2781
10	电力系统与电动汽车	6833	10	交互耦合	2704
11	计算机视觉与图形	6805	11	吸附作用	2607
12	免疫学	6729	12	抗压强度	2509
13	植物化学物	6393	13	二硫化钼（化学物质）	2494
14	二维材料	5719	14	化学传感器	2177
15	水处理	5655	15	锂硫电池	2068
16	普通病毒学	5615	16	归一化植被指数	2017
17	纳米粒子	5585	17	金属有机骨架材料	2009
18	土壤学	5515	18	钙钛矿太阳能电池	1985
19	遥感	5301	19	石墨烯	1975
20	机械学	5171	20	深度学习	1844

资料来源：InCites。

3. 学术创新协作

合作论文数量指由两个及以上作者合著的论文数量，从合作论文的视角可以描绘创新主体参与科研合作网络的概貌，有效评估创新主体的学术创新协作水平。从国内合作情况看，2013~2022年湖北、湖南、江西三省的国内合作论文数量之和分别为142420篇、94542篇、38838篇，合作密切程度逐年上升。其中，湖北省表现尤为突出，其国内合作论文数量于2022年达26970篇，较2021年增加2101篇，较2020年增加6552篇（见图5）。近年来，湖北省大力促进创新发展，省内聚焦于重点产业，注重优势特色产业发展，同时持续加强产学研用合作，为湖北省的高水平、引领性原创成果取得重大突破创造了有力的条件和机遇。此外，湖南省的国内合作论文数也较高，说明其广泛参与国内学术创新合作网络。

科研全球化进程使得国际化合作成为当前科研基本形式之一，从国际合作情况看，整体产出数量排名仍是湖北省（82799篇）、湖南省（44069篇）、江西省（12870篇），三省的国际合作论文数量在2013~2019年稳步上升，却在2020~2022年明显减少，可能是受到新冠疫情的影响（见图5）。

在现代科学技术的发展过程中，重大技术发现不再是单一领域的产物，不同领域间技术的交叉与融合日益成为驱动创新发展的关键因素。对科研合作而言，跨领域合作既是重要机遇，也是全新挑战，对促进科研机构学术创新水平的提升具有重要意义。横向合作论文指有同行业合作者的论文，可以从侧面反映创新主体跨领域合作的程度。从论文产出规模看，相较于国内合作与国际合作，湖北、湖南和江西三省的横向合作论文数都较少，分别占总合作论文数的3.07%、2.15%和1.46%。近年来，长江中游城市群致力于国家重大战略需求和重点研发方向，凭借各区域的优势资源和力量，为地区和国家的合作创新注入源源不断的活力，推动学术领域的蓬勃发展。

自中部崛起战略实施后，长江中游城市群协同发展进程提速，湖北、湖南、江西三省"中三角"合作机制逐步形成，相继出台《武汉共识》《长沙宣言》《南昌行动》《长江中游四省会城市人才发展合作框架协议》等一系

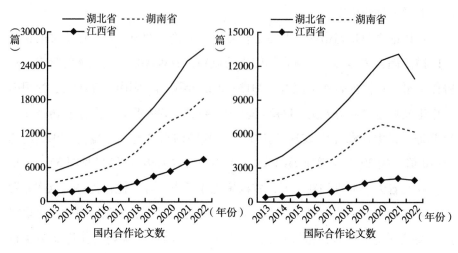

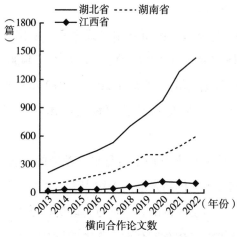

图5 长江中游城市群国内、国际、横向合作论文情况

资料来源：InCites。

列重要框架协议和具体合作文件。① 特别需要指出的是，三省在科技创新和产业协同方面致力于打造在全球有影响力的创新策源地和产业创新发展高地，先后出台了多项政策举措，积极推进国际友城资源共享。综观近10年

---

① 刘忠艳等：《长江经济带人才集聚水平测度及时空演变研究——基于价值链视角》，《科技进步与对策》2021年第2期。

长江中游城市群的合作论文情况，长江中游城市群学术创新目前仍以国内合作为主，国际合作还有较大的提升空间。

本报告依据合作论文数量绘制了2013~2022年长江中游城市群学术创新合作网络，如图6所示。总体而言，2013~2022年，各城市之间都建立起广泛的合作关系，但城市之间在合作范围和合作强度等方面还存在显著差异。此外，网络中存在明显的核心—边缘结构，以武汉、长沙、南昌为主的核心城市在网络中发挥着重要的辐射引领作用，带动了合作范围的扩展和合作内容的深化。

从城市的合作范围来看，武汉的合作范围最为广泛，与其他20座城市进行了知识交流与共享，且武汉发表论文数量居31座城市首位，一方面与其自身强大的科创能力息息相关，另一方面得益于其重视学术创新合作与交流等。其次，长沙、南昌、湘潭、衡阳和宜昌的合作范围也较为广泛。整体上看，长江中游城市群的合作关系更多建立在省内城市之间，省际合作仍有欠缺。由于受到一定的客观因素影响，省内合作更容易实现，同时其在促进经济增长、资源优化、知识交流、基础设施建设和社会服务水平提升等方面发挥积极作用，有助于提高整个地区的经济发展水平和居民生活质量。然而，省际合作对推动整个国家的可持续发展具有重要意义，在未来的学术创新合作网络中应得到进一步加强。

从城市的合作强度来看，省际合作方面，三省省会武汉、长沙与南昌之间最为密切；省内合作方面，武汉与本省的宜昌、荆州，长沙与本省的湘潭、衡阳以及南昌与本省的九江、萍乡合作也较为密切。此外，抚州、益阳、鄂州和鹰潭等城市由于合作论文数量较少处于合作网络的边缘。整体来看，长江中游城市群需进一步加强省际的高质量合作，促进区域学术创新发展，争取早日形成省内省外双循环相互促进的发展格局。

从动态视角来看，2013~2017年，各城市之间已存在学术合作现象，其中较明显的有武汉与长沙、武汉与南昌、长沙与湘潭。2018年后，网络中不断涌现新的合作节点，使得网络规模持续扩展，呈现蔓延的态势。2018~2022年，合作现象更加频繁地出现在已有节点之间，武汉、长沙、南昌等主要城市发挥了关键的引领作用，形成了较强的辐射效应。这一发展趋势进一步加强了城市间的学术交流与合作，有望推动知识共享和人才流动，以促进创新发展和社会进步。

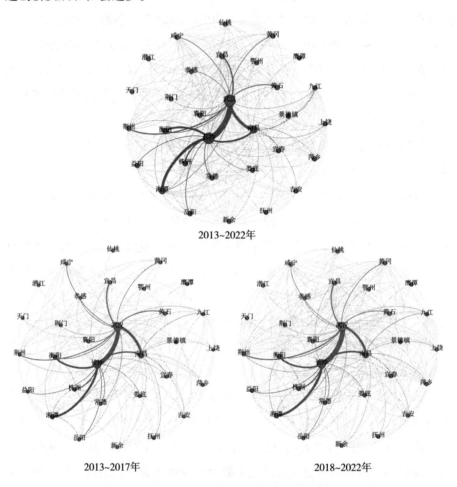

图6 2013~2022年长江中游城市群学术创新合作网络

说明：节点大小表示城市间合作论文数量的多少；连线的粗细程度表示城市之间的合作强度，以合作论文数量来衡量。

在社会网络分析中，中心度（Centrality）是衡量节点在网络中的重要性和影响力的指标。其中，点度中心度指网络中某个点与其他节点直接相连的情况，某城市的点度中心度越高代表城市在网络中拥有更强的连接能力；中介中心度测量的是该点与其他点进行交流合作的控制能力；接近中心度考察的是一个点与其他节点之间的距离，点与点之间距离的拉近，有利于节点间合作交流与信息传递，也更容易受到其他节点的影响；[1] 特征向量中心度可以测量与其连接的节点的重要性。因此，本报告采用以上4个指标测量长江中游城市群各城市在学术创新合作网络中的重要程度。

综合4种中心度指标来看，武汉、宜昌的学术创新合作表现突出，在长江中游城市群学术创新合作网络中处于核心位置，具备卓越的影响力和控制力。长沙、南昌、衡阳和荆州的中介中心度均在0.02及以上，点度中心度也在0.90及以上，在整个网络中扮演着关键角色。在综合排名前八的城市中，湖北省占据5席，湖南省占据2席，江西省占据1席。湖北省和湖南省的城市学术创新能力突出，对其他城市有较大的影响力和约束作用。而娄底、上饶、常德、益阳、仙桃、天门、鄂州、抚州、鹰潭和潜江的中介中心度为0，其中4个属于湖北省，3个属于湖南省，3个属于江西省，从侧面说明了湖北省与湖南省内部学术创新发展呈现两极分化的特征，而江西省的整体创新能力较为薄弱，处于受牵制的弱势地位，具体情况如表5所示。

结构洞用来测度居于中间位置的节点是否在网络中处于重要位置，主要根据有效规模、效率、限制度、等级度4个指标进行测度。[2] 结构洞是连接非冗余因素的必要存在，网络非冗余因素越多、有效规模越大，信息和资源等的流通效率就越高，网络中各城市之间进行技术创新交流合作也就越自由；同理，效率越高，城市在网络中的技术创新行动就越高效；限制度越高，表示城市在网络中展开行动将受到更多的约束；等级度越高，说明城市在网络中的地位越高，更倾向于网络的中心位置。

如表5所示，2013~2022年长江中游城市群中武汉、长沙和南昌的有效规模在19以上，效率值在0.65以上，不仅自身行动高效，还能够加强网络

---

[1] 刘军：《整体网分析：UCINET软件实用指南》，格致出版社，2014。

[2] Ronald Burt, *The Social Structure of Competition* (Cambridge：Harvard university press, 1993), pp. 65-103.

中其他节点之间的联系和信息传递。宜昌、衡阳和新余等城市的结构洞指数也较高，说明其具备一定的实力。限制度达到1.00以上的城市有潜江、鹰潭和抚州，说明这些城市在合作网络中更易受到其他城市的限制，需要提升其科技创新能力，使其把握向上发展的主动权。在长江中游城市群学术创新合作网络中，武汉、长沙和南昌更容易处于结构洞位置，它们可以与多个群体联系获取广泛多源的信息，在整合不同信息的基础上占据先发优势，从而具备更强的创造力和控制力。而处于结构洞边缘的城市，如潜江、鹰潭等，应加强与其他城市的联系以建立更加紧密的合作网络，并找准适当时机借力实现跃级发展。

表5　2013~2022年长江中游城市群学术创新合作网络中心度和结构洞指标

城市	中心度				结构洞			
	点度中心度	中介中心度	接近中心度	特征向量中心度	有效规模	效率	限制度	等级度
武汉	1.00	0.04	1.00	1.00	24.21	0.81	0.33	0.65
宜昌	1.00	0.04	1.00	1.00	16.72	0.56	0.90	0.78
长沙	0.97	0.03	0.97	0.99	21.98	0.76	0.36	0.64
南昌	0.97	0.03	0.97	0.99	19.07	0.66	0.61	0.72
衡阳	0.90	0.02	0.91	0.94	17.23	0.64	0.89	0.74
荆州	0.90	0.02	0.91	0.93	14.76	0.55	0.90	0.77
黄石	0.83	0.01	0.86	0.90	12.91	0.52	0.94	0.77
黄冈	0.83	0.02	0.86	0.87	13.21	0.53	0.94	0.77
萍乡	0.83	0.02	0.86	0.87	16.62	0.67	0.83	0.66
咸宁	0.80	0.01	0.83	0.84	11.69	0.49	0.94	0.77
湘潭	0.77	0.01	0.81	0.85	14.24	0.62	0.92	0.76
株洲	0.77	0.01	0.81	0.86	14.56	0.63	0.93	0.73
襄阳	0.77	0.01	0.81	0.83	12.03	0.52	0.91	0.76
岳阳	0.77	0.01	0.81	0.85	15.08	0.66	0.83	0.69
宜春	0.77	0.01	0.81	0.83	14.69	0.64	0.76	0.61
九江	0.73	0.01	0.79	0.81	13.63	0.62	0.81	0.63
新余	0.73	0.01	0.79	0.81	15.30	0.70	0.75	0.62
孝感	0.70	0.01	0.77	0.75	9.91	0.47	0.96	0.77
荆门	0.70	0.01	0.77	0.76	11.96	0.57	0.87	0.74

续表

城市	中心度				结构洞			
	点度中心度	中介中心度	接近中心度	特征向量中心度	有效规模	效率	限制度	等级度
景德镇	0.67	0.01	0.75	0.74	13.94	0.70	0.70	0.58
娄底	0.63	0.00	0.73	0.72	11.01	0.58	0.96	0.72
吉安	0.60	0.01	0.71	0.64	11.44	0.64	0.83	0.61
上饶	0.60	0.00	0.71	0.68	11.17	0.62	0.85	0.63
常德	0.57	0.00	0.70	0.66	9.49	0.56	0.91	0.68
益阳	0.53	0.00	0.68	0.62	9.19	0.57	0.99	0.71
仙桃	0.53	0.00	0.68	0.57	10.29	0.64	0.81	0.69
天门	0.50	0.00	0.67	0.56	8.52	0.57	0.84	0.70
鄂州	0.40	0.00	0.63	0.46	4.46	0.37	0.97	0.70
抚州	0.37	0.00	0.61	0.43	5.68	0.52	1.05	0.58
鹰潭	0.30	0.00	0.59	0.36	4.73	0.53	1.10	0.53
潜江	0.30	0.00	0.59	0.32	2.53	0.28	1.15	0.66

4. 学术创新主体

学术创新成果产出数量可以有效衡量创新主体的科研实力和研发效率。长江中游城市群所含学术论文数量排名前三十的机构如表6所示。学术创新主体以高校为主，包括华中科技大学、中南大学、武汉大学、湖南大学、南昌大学、武汉理工大学等一众高校。由此可见，高校作为学术创新的主要策源地，是科技第一生产力和人才第一资源的重要结合点，以高水平研究成果支撑科技创新发展，以此激发知识创造的内在动力，全面提升长江中游城市群的创新能力。

从区域分布看，在长江中游城市群学术创新产出数量排名前三十的机构中，有14家来自湖北省，其中12家来自武汉，还有2家分别来自荆州和宜昌。近10年，湖北省深入实施创新驱动发展战略，持续推动科技创新高质量发展。同时，湖北省还拥有一批高水平的科研院校，如华中科技大学、武汉大学等，这些机构在材料科学、生物医药、光电子信息等领域取得了丰硕成果。总的来说，湖北省在学术创新领域表现强劲，为中部地区乃至全国的学术创新发展做出了重要贡献。湖南省有 10 家机构入围 30 强，其中长沙、湘潭、衡阳分别有 7 家、2 家和 1 家，说明湖南省在学术创新领域表现比较出色。近年来湖南省同样深入实施创新驱动发展战略，加速推进科技自立自强，贯彻落实《湖南省打造具有核心竞争力的科技创新规划——湖南省"十四五"科技创新规划》，强化科技创新对统筹疫情防控和经济社会发展的支撑引领作用。江西省有 6 家来自南昌的机构跻身前 30，分别是南昌大学、江西师范大学、江西农业大学、南昌航空大学、东华理工大学和华东交通大学，说明江西省强化南昌创新"头雁"地位，各大高校积极参与学术创新，在材料科学、生物医学、食品科学等学科领域成效突出。

表 6　长江中游城市群学术创新的主要机构及其主要学科领域

单位：篇

排名	机构	论文数量	省份	城市	主要学科领域
1	华中科技大学	82246	湖北	武汉	临床医学(14709)、物理科学(13658)、化学科学(12543)、材料工程(11019)、生物科学(9715)
2	中南大学	75728	湖南	长沙	材料工程(15876)、临床医学(15131)、化学科学(12511)、生物科学(8053)、环境工程(6989)
3	武汉大学	64116	湖北	武汉	地球科学与环境学（11342）、化学科学（10652）、环境工程（8841）、临床医学（8514）、生物科学(7316)
4	湖南大学	31408	湖南	长沙	化学科学(8632)，材料工程(6426)，物理科学(5178)，环境工程(4139)，电气工程、电子工程、信息工程(4005)
5	南昌大学	24061	江西	南昌	临床医学(5365)、化学科学(4905)、生物科学(3723)、基础医学(2846)、物理科学(2496)
6	武汉理工大学	23511	湖北	武汉	材料工程(8572)、化学科学(7218)、物理科学(4425)、环境工程(3905)、地球科学与环境学(2431)
7	中国地质大学（武汉）	22109	湖北	武汉	地球科学与环境学（11829）、环境工程（4700）、化学科学(2926)、其他工程与技术(2006)、材料工程(1930)

排名	机构	论文数量	省份	城市	主要学科领域
8	华中农业大学	20332	湖北	武汉	生物科学(9715),农业生物技术(3022),化学科学(3002),农业、林业、渔业(2732),地球科学与环境学(2520)
9	国防科技大学	19381	湖南	长沙	电气工程、电子工程、信息工程(6126),物理科学(5983),计算机与信息科学(4005),其他工程与技术(3003),材料工程(2423)
10	湖南师范大学	11299	湖南	长沙	物理科学(2366)、化学科学(2087)、生物科学(1760)、临床医学(1339)、数学(1308)
11	华中师范大学	10970	湖北	武汉	物理科学(2985)、化学科学(2477)、数学(1421)、生物科学(1049)、地球科学与环境学(737)
12	湘潭大学	9383	湖南	湘潭	化学科学(3575)、材料工程(2646)、物理科学(2190)、数学(1127)、环境工程(890)
13	武汉科技大学	9088	湖北	武汉	材料工程(3110)、化学科学(1952)、物理科学(1209)、环境工程(966)、地球科学与环境学(765)
14	长沙理工大学	7698	湖南	长沙	材料工程(1832)、化学科学(1708)、物理科学(1140)、环境工程(996),电气工程、电子工程、信息工程(990)
15	湖北大学	7580	湖北	武汉	化学科学(3023)、材料工程(2034)、物理科学(1296)、生物科学(929)、环境工程(830)
16	南华大学	7366	湖南	衡阳	临床医学(1518)、生物科学(1245)、化学科学(1233)、基础医学(1084)、物理科学(1016)
17	长江大学	7198	湖北	荆州	生物科学(1485)、地球科学与环境学(1377)、化学科学(912)、环境工程(870)、其他工程与技术(585)
18	湖南科技大学	6738	湖南	湘潭	化学科学(1963),材料工程(1231),物理科学(885),环境工程(793),电气工程、电子工程、信息工程(779)
19	湖南农业大学	6518	湖南	长沙	生物科学(2325),化学科学(1202),地球科学与环境学(924),农业、林业、渔业(738),农业生物技术(716)

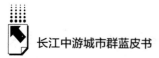
续表

排名	机构	论文数量	省份	城市	主要学科领域
20	江西师范大学	6508	江西	南昌	化学科学(2713)、物理科学(1089)、材料工程(805)、数学(706)、其他工程与技术(609)
21	三峡大学	6323	湖北	宜昌	化学科学(1290)、材料工程(784)、地球科学与环境学(703)、物理科学(692)、生物科学(676)
22	武汉工程大学	6064	湖北	武汉	化学科学(2565)、材料工程(1648)、物理科学(1336)、环境工程(784)、地球科学与环境学(591)
23	湖北工业大学	5527	湖北	武汉	化学科学(1571)、材料工程(934),其他工程与技术(867)、物理科学(821),电气工程、电子工程、信息工程(643)
24	中南林业科技大学	4140	湖南	长沙	化学科学(932)、生物科学(874)、材料工程(728)、地球科学与环境学(628)、其他工程与技术(445)
25	江西农业大学	4045	江西	南昌	生物科学(1514)、化学科学(792),农业、林业、渔业(614),其他工程与技术(480),农业生物技术(472)
26	南昌航空大学	3916	江西	南昌	材料工程(1482),化学科学(1237),物理科学(911),电气工程、电子工程、信息工程(415),环境工程(379)
27	东华理工大学	3793	江西	南昌	地球科学与环境学(1219)、化学科学(1182)、环境工程(588)、物理科学(439)、材料工程(430)
28	中南民族大学	3748	湖北	武汉	化学科学(1435)、生物科学(518)、材料工程(462)、基础医学(417)、物理科学(353)
29	华东交通大学	3646	江西	南昌	物理科学(783),电气工程、电子工程、信息工程(692),材料工程(595),其他工程与技术(528),计算机与信息科学(523)
30	武汉纺织大学	3333	湖北	武汉	化学科学(1402)、材料工程(1299)、物理科学(512)、环境工程(307)、化学工程(278)

资料来源：Web of Science。

本报告基于合作论文数量绘制了湖北省学术创新的主要机构合作网络，如图7所示。2013~2022年，湖北省各高校积极展开合作交流，共同提升产学研合作创新能力，包括华中科技大学、中南大学、武汉大学在内的15家机构分别与其他机构开展了交流与合作，以华中科技大学、武汉大学、中南大学为首的机构处于中心地位，辐射带动作用较为突出。

从动态视角来看，2013~2017年较多机构之间已经存在明显的学术合作现象，但合作规模较小。2018~2022年，学术合作现象较为频繁，合作论文数量迅速增长。其中，表现突出的是华中科技大学与武汉大学，合作论文数量增至2724篇，较2013~2017年增加1530篇，具有最高的合作强度。作为湖北省的两大"双一流"高校，它们在学科及平台建设、人才队伍建设、科研成果、办学条件和人才培养等方面旗鼓相当，地理邻近性更为其提供了便捷、高效的合作途径。近年来，华中科技大学和武汉大学在学科建设、科学研究等多个层面强强联合，发挥同城双星优势，致力建设常态化合作机制。此外，中南大学与湖南大学的合作论文数量增长较快。两校充分发挥材料、化学、物理等相似学科优势，紧紧围绕新材料、先进制造、电子信息等领域开展基础、前沿、交叉研究和关键核心技术攻关，取得一系列显著成效。由此可见，长江中游城市群的高校之间主要以共性优势学科为抓手，以区域一体化方式协同推进长江中游城市群学术创新水平的整体提升。

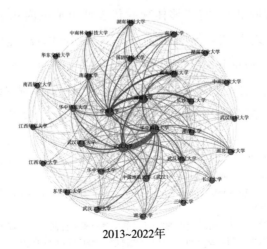

2013~2022年

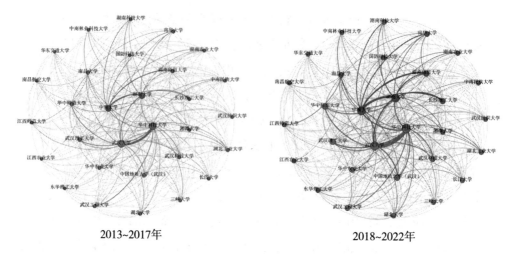

2013~2017年　　　　　　　　　　　2018~2022年

图7　2013~2022年长江中游城市群学术创新的主要机构合作网络

说明：节点大小表示机构间合作论文数量的多少；连线的粗细程度表示机构之间的合作强度，以合作论文数量来衡量。

（二）长江中游城市群的技术创新总体态势

1. 技术创新产出

专利被认为是创新与技术变革的重要来源，已有大量研究采用专利数据作为评估技术创新的依据。[①] 城市是人类发明的熔炉，从地理布局看，专利发明主要集中在城市[②]，它能够体现并代表城市范围内知识技术的产出水平。专利包含的地理空间分布信息能够衡量城市群的技术创新程度。[③] 德温特创新平台（Derwent Innovation）集成了全球国际专利和强大知识产权分析工具，能够提供广泛的国际专利信息，依托专业团队编制规范的专利文献信息和索引目录。鉴于德温特创新平台的强大功能优势，本研究选择其作为专

① L. Bottazzi, G. Peri, "Innovation and Spillovers in Regions: Evidence from European Patent Data," *European Economic Review* 47（2003）：687-710.

② G. A. Carlino, "Knowledge Spillovers: Cities' role in the New Economy," *Business Review* Q4（2001）：17-24.

③ 张玉明、李凯：《中国创新产出的空间分布及空间相关性研究——基于1996~2005年省际专利统计数据的空间计量分析》，《中国软科学》2007年第11期。

利数据来源，授权年份为时间单位，检索并获取了全球范围内的授权专利信息，从而建立了研究数据集。

授权专利指由国家或地区的专利局授权的专利，它是对发明创造的保护和认可。长江中游城市群在授权专利方面的数量和质量可以反映其在技术创新方面的实力和成就。2013~2022年长江中游城市群授权专利情况如图8所示。总体上看，专利授权数量呈现逐年上升的态势，近3年专利授权数量大幅提升。2015年的授权专利数量增加最为显著。整体来看，长江中游城市群的授权专利数量表现出明显的上升趋势，说明长江中游城市群在技术创新方面的综合实力和发展能级显著提升。

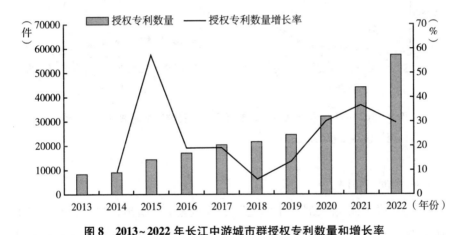

图8   2013~2022年长江中游城市群授权专利数量和增长率

资料来源：Derwent Innovation。

从城市群来看，2013~2022年武汉城市圈、长株潭城市群和环鄱阳湖城市群所拥有的授权专利数量得到显著提升，湖北省在技术创新方面一直处于领先地位，授权专利总量达133507件，其次为湖南省和江西省，授权专利总量分别为88421件和28356件。从引文角度来看，专利引文分析对识别重要专利、探索技术发展路线以及评估专利价值等具有重要意义，也可以较为直观地反映一座城市的技术创新影响情况。本报告将被引频次高于10次的专利定义为高被引专利，高被引专利的数量反映了一个地区在前沿技术创新和应用上的优势程度。如图9

所示，湖北省的高被引专利数量相对较多，说明其在高科技产业和前沿科技研究方面拥有更强的发展动力。而湖南省和江西省的高被引专利数量较少，需要进一步加大技术创新投入，尤其是高影响力的技术领域。

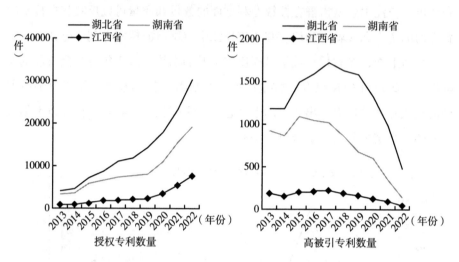

图9 2013～2022年长江中游城市群授权专利数量与高被引专利数量

资料来源：Derwent Innovation。

2. 技术创新布局

《长江中游城市群发展"十四五"实施方案》① 指出，联手打造先进制造业集群，巩固提升电子信息、工程机械、轨道交通、汽车等优势产业集群，努力形成世界级产业集群；加快打造航空航天、生物医药、新材料等新兴产业集群；前瞻布局量子信息、类脑智能等一批先导产业，抢占未来发展先机。为进一步洞察长江中游城市群的技术创新布局，本报告基于OECD技术领域分类对长江中游城市群的技术创新情况展开分析。长江中游城市群作为中国重要的经济增长极之一，发展数字经济已成为其重要的发展战略，各城市积极利用信息网络和数据产生新的经济形态，对传统经济和社会生活产

---

① 《国家发展改革委关于印发长江中游城市群发展"十四五"实施方案的通知》（发改规划〔2022〕266号），中国政府网，2022年2月15日，https：//www.gov.cn/zhengce/zhengceku/2022-03/16/content_5679303.htm。

生了深远影响，因此计算机技术是长江中游城市群的主要技术领域。此外，长江中游城市群的授权专利主要集中在材料与冶金，电气机械、仪器与能源，测量，土木工程等。湖北省在计算机技术领域拥有最多的授权专利，表明该省在计算机科学、软件开发和信息技术方面具有较为突出的实力和较高的发展水平。材料与冶金是湖南省和江西省授权专利的主要聚焦领域，材料作为支撑国民经济建设、社会进步和国防安全的战略性、基础性产业，对我国制造强国战略的实施具有重要意义，以上两省在相关领域积极布局，努力打造具有先进水平的材料与冶金大省。长江中游城市群授权专利主要技术领域分布情况如表7所示。

表 7　长江中游城市群基于 OECD 技术领域分类的授权专利数量

单位：件

序号	三省合计		湖北省		湖南省		江西省	
	技术领域	数量	技术领域	数量	技术领域	数量	技术领域	数量
1	计算机技术	28137	计算机技术	17641	材料与冶金	9128	材料与冶金	2840
2	材料与冶金	21955	测量	10653	计算机技术	8306	电气机械、仪器与能源	2441
3	电气机械、仪器与能源	19824	材料与冶金	9996	电气机械、仪器与能源	8070	计算机技术	2201
4	测量	18644	电气机械、仪器与能源	9319	测量	6646	化学工程	2198
5	土木工程	16035	土木工程	8457	土木工程	6214	其他特殊机械	2034
6	其他特殊机械	14111	半导体	7138	其他特殊机械	5617	机械设备	1780
7	机械设备	13798	机械设备	6728	机械设备	5290	土木工程	1366
8	化学工程	12351	其他特殊机械	6462	化学工程	5273	测量	1352
9	交通运输	11368	数字通信	6073	交通运输	4742	有机精细化工	1315
10	基础材料化学	10603	基础材料化学	5543	操作	4457	基础材料化学	1287

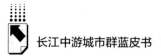

续表

序号	三省合计		湖北省		湖南省		江西省	
	技术领域	数量	技术领域	数量	技术领域	数量	技术领域	数量
11	数字通信	9443	交通运输	5391	基础材料化学	3775	交通运输	1235
12	操作	9309	生物技术	5380	环境技术	3398	操作	1037
13	半导体	8729	光学	5231	机械元件	3348	制药	1016
14	生物技术	8437	化学工程	4883	有机精细化工	3050	表面技术与涂层	981
15	有机精细化工	8175	控制技术	4110	控制技术	2821	环境技术	937
16	控制技术	7590	操作	3815	数字通信	2812	高分子化学	912
17	环境技术	7480	有机精细化工	3810	表面技术与涂层	2586	食品化学	878
18	机械元件	7151	视听技术	3807	生物技术	2305	光学	828
19	高分子化学	6745	高分子化学	3625	高分子化学	2208	生物技术	757
20	光学	6714	电信技术	3281	发动机、泵与涡轮机	2138	家具与游戏	715
21	表面技术与涂层	6447	机械元件	3193	食品化学	1932	医疗技术	714
22	制药	5991	制药	3175	医疗技术	1871	控制技术	660
23	食品化学	5614	环境技术	3146	制药	1800	半导体	638
24	医疗技术	5109	表面技术与涂层	2880	热加工和设备	1660	机械元件	610
25	视听技术	4935	食品化学	2806	IT管理方法	1288	数字通信	561
26	电信技术	4751	IT管理方法	2545	纺织和造纸机械	1119	纺织和造纸机械	528
27	发动机、泵与涡轮机	4725	医疗技术	2524	电信技术	1109	视听技术	427
28	IT管理方法	4237	纺织和造纸机械	2225	半导体	953	其他消费品	422
29	热加工和设备	4000	发动机、泵与涡轮机	2176	其他消费品	869	发动机、泵与涡轮机	411

序号	三省合计		湖北省		湖南省		江西省	
	技术领域	数量	技术领域	数量	技术领域	数量	技术领域	数量
30	纺织和造纸机械	3872	热加工和设备	1972	家具与游戏	819	IT管理方法	410
31	其他消费品	2762	其他消费品	1471	微结构和纳米技术	739	热加工和设备	374
32	家具与游戏	2328	微结构和纳米技术	1234	视听技术	701	电信技术	361
33	微结构和纳米技术	2235	家具与游戏	794	光学	655	微结构和纳米技术	262
34	基础通信工艺	1127	基础通信工艺	681	基础通信工艺	422	基础通信工艺	25

资料来源：Derwent Innovation。

自2015年国家发展改革委印发《长江中游城市群发展规划》以来，武汉、长沙、南昌等核心城市的综合实力和发展水平不断提高，对周边地区产生了更强的辐射带动作用，产业和创新基础也在不断夯实。其中，战略性新兴产业是那些被政府或企业认定为对国家长期经济发展和技术进步有关键影响，并因此受到特别关注和支持的产业领域。近年来，战略性新兴产业快速发展变化，长江中游城市群产业结构同样显示出高级化趋势，各城市优势产业规模不断扩大，产业水平不断提升（见表8）。湖北省大力实施战略性新兴产业倍增计划，武汉城市圈以电子核心产业为引领，并在智能制造装备产业、人工智能等领域持续发力，新兴产业规模和能级持续提升，日益成为引领工业经济高质量发展的新引擎。湖南省积极发挥战略性新兴产业规模和部分领域的先发优势，在智能制造装备产业、先进石化化工新材料、先进环保产业、轨道交通装备产业等领域表现出色。环鄱阳湖城市群则在先进石化化工新材料、生物农业及相关产业、生物医药产业、智能制造装备产业等领域具备雄厚实力，致力于推动新业态新模式的发展，推动现代服务业与先进制造业的深度融合。

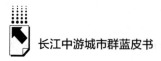
表 8　长江中游城市群主要战略性新兴产业授权专利数量

单位：件

序号	三省合计		湖北省		湖南省		江西省	
	战略性新兴产业	数量	战略性新兴产业	数量	战略性新兴产业	数量	战略性新兴产业	数量
1	智能制造装备产业	21186	电子核心产业	14537	智能制造装备产业	8761	先进石化化工新材料	1663
2	电子核心产业	18584	智能制造装备产业	11047	先进石化化工新材料	4579	生物农业及相关产业	1589
3	人工智能	13551	人工智能	8560	先进环保产业	4566	生物医药产业	1568
4	先进石化化工新材料	12805	下一代信息网络产业	7099	轨道交通装备产业	4228	智能制造装备产业	1380
5	先进环保产业	11800	先进石化化工新材料	6572	人工智能	3944	先进环保产业	1290
6	生物农业及相关产业	10995	先进环保产业	5948	生物农业及相关产业	3540	电子核心产业	1203
7	下一代信息网络产业	10163	智能电网产业	5893	先进有色金属材料	3378	先进无机非金属材料	1180
8	智能电网产业	10037	生物农业及相关产业	5875	资源循环利用产业	3287	生物医学工程产业	1156
9	生物医学工程产业	9170	生物医学工程产业	5181	智能电网产业	3060	智能电网产业	1084
10	生物医药产业	9015	生物医药产业	4575	生物医药产业	2873	先进有色金属材料	1081
11	先进无机非金属材料	7755	新技术与创新创业服务	4342	电子核心产业	2844	人工智能	1048
12	先进有色金属材料	6935	前沿新材料	4196	生物医学工程产业	2835	航空装备产业	966
13	前沿新材料	6894	先进无机非金属材料	4135	下一代信息网络产业	2690	其他生物业	940
14	新技术与创新创业服务	6838	新兴软件和新型信息技术服务	3853	先进无机非金属材料	2456	资源循环利用产业	805
15	新兴软件和新型信息技术服务	6329	先进钢铁材料	3417	新技术与创新创业服务	2022	前沿新材料	716

续表

序号	三省合计		湖北省		湖南省		江西省	
	战略性新兴产业	数量	战略性新兴产业	数量	战略性新兴产业	数量	战略性新兴产业	数量
16	轨道交通装备产业	6317	海洋工程装备产业	3100	前沿新材料	1985	太阳能产业	560
17	资源循环利用产业	6207	互联网与云计算、大数据服务	2864	新兴软件和新型信息技术服务	1935	新兴软件和新型信息技术服务	541
18	其他生物业	5683	其他生物业	2860	其他生物业	1892	新技术与创新创业服务	474
19	先进钢铁材料	4641	数字文化创意活动	2684	互联网与云计算、大数据服务	1260	数字创意技术设备制造	459
20	互联网与云计算、大数据服务	4336	先进有色金属材料	2476	卫星及应用产业	1242	新能源汽车装置、配件制造	379
21	数字文化创意活动	3881	新能源汽车装置、配件制造	2144	新能源汽车装置、配件制造	1224	下一代信息网络产业	374
22	海洋工程装备产业	3753	资源循环利用产业	2122	数字文化创意活动	1007	轨道交通装备产业	259
23	新能源汽车装置、配件制造	3747	新材料相关服务	1991	先进钢铁材料	1000	新材料相关服务	234
24	新材料相关服务	3119	轨道交通装备产业	1833	航空装备产业	923	先进钢铁材料	226
25	卫星及应用产业	2893	高效节能产业	1730	高效节能产业	923	互联网与云计算、大数据服务	212
26	太阳能产业	2865	卫星及应用产业	1582	太阳能产业	912	高性能纤维及制品和复合材料	211
27	高效节能产业	2817	太阳能产业	1395	新材料相关服务	894	数字文化创意活动	190

续表

序号	三省合计		湖北省		湖南省		江西省	
	战略性新兴产业	数量	战略性新兴产业	数量	战略性新兴产业	数量	战略性新兴产业	数量
28	航空装备产业	2684	高性能纤维及制品和复合材料	1159	风能产业	811	高效节能产业	164
29	高性能纤维及制品和复合材料	2009	核电产业	965	高性能纤维及制品和复合材料	639	新能源汽车相关设施制造	160
30	风能产业	1524	航空装备产业	795	海洋工程装备产业	551	风能产业	137
31	核电产业	1265	新能源汽车相关设施制造	655	新能源汽车相关设施制造	407	生物质能及其他新能源产业	111
32	新能源汽车相关设施制造	1222	风能产业	642	数字创意技术设备制造	283	海洋工程装备产业	102
33	数字创意技术设备制造	1155	生物质能及其他新能源产业	616	生物质能及其他新能源产业	252	核电产业	85
34	生物质能及其他新能源产业	979	数字创意技术设备制造	413	核电产业	215	卫星及应用产业	69
35	其他相关服务	300	其他相关服务	194	生物质能产业	128	数字创意与融合服务	39
36	生物质能产业	295	数字创意与融合服务	157	数字创意与融合服务	87	生物质能产业	34
37	数字创意与融合服务	283	生物质能产业	132	其他相关服务	86	其他相关服务	20

资料来源：智慧芽专利数据库平台。

根据各城市在 OECD 技术领域下的授权专利数量，本报告计算出各城市之间的技术相似度（见图 10）。可以发现，武汉、长沙、南昌三个省会城市之间的技术相似度较高。同时，黄冈与岳阳、孝感与襄阳之间的技术也有很高的相似性。此外，衡阳、抚州、黄石等城市与其他城市的技术相似度均保持在较高水平，有助于城市之间建立更加紧密的合作关系，推动创新和发展，提高城市的竞争力和可持续发展能力。相比较而言，景德镇、新余、潜江和天门与其他城市之间的技术相似度较低。一方面，这些城市可能缺乏鼓励创新的文化和环境，包括创业支持、知识共享和风险投资，这些因素对技术创新的兴起和发展至关重要；另一方面，其经济基础薄弱，教育和人才资源匮乏，缺乏研发和创新的基础设施，阻碍了技术领域的发展。

从技术结构来看，武汉、长沙和南昌之间的技术相似度较高，这也意味着这3座城市将在技术创新领域面临激烈的竞争。但与此同时，高技术相似度也意味着城市间拥有广泛的合作空间，展开全面深入的技术合作有利于加速创新、增强市场竞争力、提高国际影响力，并促进可持续发展。根据长江中游城市群的最新发展规划，将建设3条科创走廊，打造三大区域高质量发展增长极，促进城市群一体化发展。

在经济全球化背景下，海外专利布局成为企业增强国际竞争力、拓展海外市场的重要方式。考虑到公司的市场战略，创新者可能希望在不同国家保护同一发明。因此，有必要在寻求保护的每个国家或地区专利局提交申请。专利家族指至少有一个优先权相同的、在不同国家或国际专利组织多次申请的、涉及同一发明的一组专利文献。专利家族的国家/地区分布情况可以用来表征专利市场布局情况，从长江中游城市群在全球的专利布局情况来看，中国居于首位，世界知识产权组织的授权专利布局数量处于第2位，美国的专利布局数量也较多。这说明长江中游城市群倾向于在国内申请专利，美国的市场潜力也不容小觑。美国拥有非常强大的技术研发能力，与之相匹配的是美国对专利技术完善的保护制度和快速的成果转化能力。通过海外申请，国内专利权人可以在国际市场竞争中争取主动，有效保护发明创造成果。长江中游城市群授权专利的主要专利家族国家/地区分布情况如表9所示。

图 10　长江中游城市群基于 OECD 技术领域分布的技术相似度矩阵

资料来源：Derwent Innovation。

	武汉	长沙	南昌	株洲	宜昌	湘潭	襄阳	衡阳	常德	孝感	宜春	荆州	岳阳	益阳	九江	荆门	吉安	抚州	景德镇	黄石	黄冈	萍乡	娄底	上饶	鄂州	咸宁	鹰潭	新余	仙桃	潜江	天门
武汉	100.0%																														
长沙	92.5%	100.0%																													
南昌	94.7%	95.1%	100.0%																												
株洲	69.9%	70.6%	73.0%	100.0%																											
宜昌	78.0%	86.5%	91.2%	73.0%	100.0%																										
湘潭	81.9%	90.4%	92.6%	79.6%	91.2%	100.0%																									
襄阳	67.9%	89.2%	79.9%	84.7%	87.8%	87.8%	100.0%																								
衡阳	71.4%	86.3%	76.2%	83.4%	90.7%	86.3%	90.7%	100.0%																							
常德	59.7%	83.7%	73.7%	76.1%	83.4%	94.5%	82.0%	83.4%	100.0%																						
孝感	68.9%	71.7%	74.1%	59.5%	84.2%	81.0%	84.2%	76.1%	86.0%	100.0%																					
宜春	64.2%	76.5%	78.7%	83.5%	82.0%	83.5%	86.3%	85.6%	88.0%	79.3%	100.0%																				
荆州	67.1%	80.5%	76.5%	61.0%	85.6%	61.0%	94.5%	84.2%	88.4%	75.8%	82.8%	100.0%																			
岳阳	60.2%	77.7%	80.5%	86.1%	86.1%	89.6%	81.1%	81.1%	82.7%	82.6%	83.5%	87.4%	100.0%																		
益阳	64.7%	76.3%	75.9%	85.6%	88.7%	88.8%	79.6%	79.3%	88.6%	88.4%	87.1%	87.1%	94.9%	100.0%																	
九江	68.1%	75.2%	76.3%	84.0%	87.5%	87.5%	88.7%	90.0%	90.0%	93.3%	88.6%	88.6%	67.5%	85.7%	100.0%																
荆门	67.6%	76.1%	75.2%	88.3%	94.3%	90.1%	87.5%	91.6%	89.3%	92.5%	89.1%	89.7%	66.4%	66.7%	88.8%	100.0%															
吉安	69.5%	80.9%	78.0%	88.0%	89.2%	91.0%	83.3%	84.2%	76.0%	92.5%	86.9%	89.2%	85.7%	92.3%	88.6%	86.1%	100.0%														
抚州	63.7%	79.9%	80.2%	89.7%	88.7%	93.2%	78.9%	83.7%	83.7%	90.9%	87.1%	89.7%	66.4%	86.1%	86.9%	76.5%	84.6%	100.0%													
景德镇	65.1%	80.2%	79.1%	91.0%	91.6%	89.3%	89.2%	84.2%	84.2%	90.9%	82.5%	80.0%	89.7%	91.2%	87.6%	76.7%	79.1%	78.4%	100.0%												
黄石	65.8%	76.8%	80.5%	85.0%	90.4%	84.2%	89.2%	87.5%	85.6%	91.8%	82.5%	80.3%	81.8%	79.5%	82.6%	82.4%	79.1%	87.4%	78.4%	100.0%											
黄冈	63.0%	75.7%	76.8%	83.8%	85.0%	87.5%	86.3%	83.2%	76.7%	86.3%	89.7%	80.3%	83.9%	81.4%	82.5%	86.0%	92.5%	79.1%	82.6%	53.6%	100.0%										
萍乡	59.9%	81.4%	75.7%	82.1%	88.8%	85.3%	90.4%	86.3%	74.9%	83.2%	92.1%	80.2%	79.0%	79.9%	87.4%	61.0%	74.6%	89.0%	83.5%	85.2%	53.3%	100.0%									
娄底	69.5%	78.7%	81.4%	88.3%	86.2%	88.0%	82.8%	89.8%	86.0%	92.0%	62.3%	78.3%	89.8%	90.0%	91.6%	82.7%	61.0%	82.4%	87.3%	85.2%	85.2%	77.4%	100.0%								
上饶	61.2%	79.7%	78.6%	86.5%	89.2%	89.2%	86.5%	92.4%	80.6%	89.9%	89.8%	87.6%	92.7%	82.7%	86.7%	76.0%	76.0%	86.0%	88.5%	86.7%	86.7%	67.5%	77.4%	100.0%							
鄂州	73.8%	72.6%	79.7%	87.4%	85.8%	85.8%	85.8%	60.6%	73.3%	85.3%	88.3%	86.3%	83.1%	82.5%	82.7%	91.6%	76.0%	82.7%	91.1%	82.7%	82.7%	75.0%	84.8%	83.0%	100.0%						
咸宁	74.4%	77.4%	71.6%	79.3%	83.3%	86.2%	86.5%	88.7%	89.9%	89.9%	89.7%	83.9%	80.9%	86.1%	89.1%	85.7%	74.3%	82.6%	83.7%	88.8%	87.6%	82.7%	75.0%	78.3%	84.6%	100.0%					
鹰潭	66.2%	82.3%	78.6%	79.1%	79.3%	87.6%	75.2%	86.5%	82.4%	92.0%	73.6%	83.0%	89.7%	76.5%	66.9%	81.6%	74.6%	82.6%	71.6%	82.7%	68.6%	69.0%	69.3%	82.7%	87.5%	83.3%	100.0%				
新余	65.7%	79.8%	80.5%	82.3%	78.2%	73.2%	74.9%	83.9%	73.2%	82.7%	74.5%	81.2%	69.4%	69.3%	76.7%	71.0%	74.5%	87.6%	62.4%	68.6%	73.7%	73.7%	62.4%	77.0%	79.0%	61.0%	100.0%				
仙桃	62.4%	76.1%	78.2%	83.3%	83.3%	78.7%	61.5%	83.9%	83.9%	88.8%	66.0%	66.9%	65.6%	81.2%	76.5%	71.0%	74.6%	82.5%	52.6%	69.0%	62.1%	62.9%	51.2%	59.8%	79.3%	52.6%	65.7%	100.0%			
潜江	48.9%	74.1%	78.6%	74.8%	83.4%	61.6%	70.5%	88.8%	88.8%	86.9%	73.6%	65.6%	81.9%	83.7%	66.4%	73.7%	66.0%	62.9%	72.7%	72.7%	86.4%	86.4%	55.1%	64.5%	68.3%	69.5%	43.4%	74.5%	100.0%		
天门	53.7%	64.8%	71.6%	73.2%	68.3%	68.3%	75.4%	86.9%	69.0%	70.1%	81.9%	75.4%	55.1%	64.3%	81.9%	86.4%	73.6%	73.6%	64.5%	64.3%	64.3%	57.2%	64.5%	68.3%	74.2%	68.3%	65.6%	82.5%	87.9%	100.0%	100.0%

表9　长江中游城市群授权专利的主要专利家族国家/地区分布

单位：件

排序	国家/地区	授权专利数量
1	中国	248663
2	美国	8676
3	日本	1459
4	中国台湾	1032
5	韩国	992
6	印度	635
7	澳大利亚	479
8	俄罗斯	372
9	巴西	371
10	加拿大	329
11	印度尼西亚	207
12	南非	203
13	越南	192
14	中国香港	185
15	新加坡	180
16	德国	179
17	马来西亚	177
18	英国	143
19	西班牙	110
20	墨西哥	99

资料来源：Derwent Innovation。

随着中国企业创新能力的提高，以及其在国际市场竞争力的增强，越来越多的企业开始参与国际市场竞争。本报告选取 PCT[①] 申请专利数量、海外专利数量、非单方专利数量和三方专利数量来进一步分析长江中游城市群专利的海外布局情况（见图11）。

PCT 专利可以只提交一份国际专利申请，并在许多缔约国同时为一项发明申请专利提供保护，通常被认为拥有较高的技术价值。PCT 申请专利

————————

① PCT：专利合作条约（Patent Cooperation Treaty）。

数量最多的是湖北省（10789件），其次是江西省（4775件）和湖南省（4305件）。其中，湖北省在2020年公开的PCT申请专利数量达到顶峰（2168件），随后两年出现下降，其余两个省份则呈现更为稳定的上升趋势。

海外专利表示在中国大陆之外的国家（地区）的专利局申请的授权专利（本报告不考虑世界知识产权组织），可以帮助企业在国际市场上防范侵权行为，并为企业提供更好的知识产权保护和支持。从数据可以看出，湖北省在过去10年海外专利数量整体呈增长趋势，并且增长速度较快，从2013年的132件增加到2022年1860件，表明湖北省授权专利的海外布局步伐加快。湖南省和江西省的海外专利数量虽然相对较少，但也呈现增加的趋势，湖南省的海外专利数量高于江西省。

单个专利局的专利数据难以全面地反映中国专利申请情况，非单方专利代表在两个及以上国家（地区）的专利局/知识产权机构同时申请并至少在上述其中一个专利局/知识产权机构获得授权的专利。该指标旨在对现有国际指标进行补充，通过提高全球各个国家（地区）的显示度，准确反映世界技术创新发展格局。总体来看，非单方专利呈现与海外专利相似的趋势，湖北省在该项指标上遥遥领先，其次是湖南省和江西省。从趋势上看，各个省均面向国际市场积极开展海外布局。

三方专利被认为具有较高的科技含量和经济价值，可以更好地反映一个国家技术发明的整体水平及其在国际市场上的竞争力。对于中国而言，在美、日、欧等经济发达、科技先进的国家（地区）申请的专利具有更高的价值。统计结果显示，湖北省的三方专利数量最多，达到683件，其次为湖南省（108件）和江西省（78件）。以上结果表明，湖北省技术发明的整体水平较高，在国际市场上具有不俗的竞争力。

综上可知，湖北省在海外专利的质与量两个方面都具有十分突出的优势。湖北省积极提振企业发展信心和坚定开拓海外市场的决心，推动其开放型经济实现质的有效提升和量的合理增长，加速迈向新时代内陆发展的"前队"。尽管湖南省授权专利数量远高于江西省，但在海外专利申请方面两者差距不大，一定程度上表明江西省坚持"走出去"的原则，不断提升省内企业的国际影响力，深化全球产业合作，进一步开拓海外市场。总体来看，近10年湖北省海外专利数量增长迅速，湖南省和江西省也呈现增长趋势，这表明长江中游城市群的技术创新实力正逐步提升。

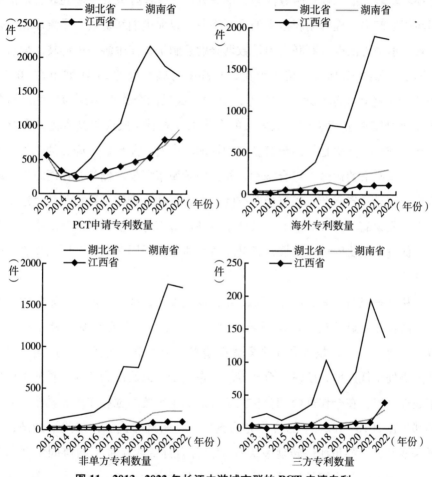

图11　2013~2022年长江中游城市群的 PCT 申请专利、海外专利、非单方专利及三方专利数量

资料来源：Derwent Innovation。

3. 技术创新协作

长江中游城市群地处中部，集聚了湖北、湖南、江西三省丰富的资源和产业基地，是中国经济增长的重要引擎之一，也是支撑国家中部崛起战略的关键力量。从近期行动到远期规划，三省协同不断走向务实。自 2021 年以来，三省在基础设施加快联通、科技创新加速融合、产业发展互促共进、生态环境联防共治、社会服务同办共享等方面取得良好成效。专利联合申请是提高创新产出、提升创新水平的重要手段，以促进创新要素有序流动和优化配置。本报告依据专利联合申请数据分别绘制了长江中游城市群技术创新合作网络，如图 12 所示。可以看出，长江中游城市群的 31 座城市在 2013～2022 年大都建立起技术合作关系。其中，武汉的合作范围最为广泛，与其他 22 座城市有技术交流。从城市的合作强度来看，武汉与其省内的鄂州合作最为密切，其次是长沙与其省内的株洲。吉安、萍乡、上饶、仙桃等城市处于合作网络的边缘。综合来看，长江中游城市群技术创新合作网络以省内合作为主导，省际合作仍有提升空间，而省际技术合作是科技创新生态系统中不可或缺的一部分。因此，长江中游城市群需进一步加强省际的高质量合作，促进区域协同创新发展，推动三省高质量发展同题共答、同向发力、同频共振。

从动态视角来看，2013～2017 年，仅武汉、长沙、南昌、襄阳等主要城市之间存在明显的技术合作现象，而上饶、萍乡、吉安等城市处于孤立位置。2018 年以后，技术合作现象逐渐增多，合作范围也进一步扩大，但总体上仍处于低速增长阶段，合作专利数量较少。以武汉和长沙为首的主要城市表现突出，在合作规模和合作强度上起到了重要的辐射作用。其中，武汉和鄂州在 2018～2022 年的合作尤为突出。鄂州毗邻武汉，与武汉经济、交通深度融合。鄂州加快转变发展理念，着力打造武汉都市圈协同发展示范区，与省会武汉之间的技术合作与交流十分紧密。近年来，三省逐渐达成共识，合作范围不断拓展，技术创新协作为加快建成中部地区崛起重要战略支点做出了更大的贡献。

在社会网络分析中，中心度（Centrality）是衡量节点在网络中的重要性和影响力的指标。它用于分析网络中节点的中心地位，以便了解节点在信息传播、资源流动和社会关系等方面的作用。综合 4 种中心度指数，武汉、

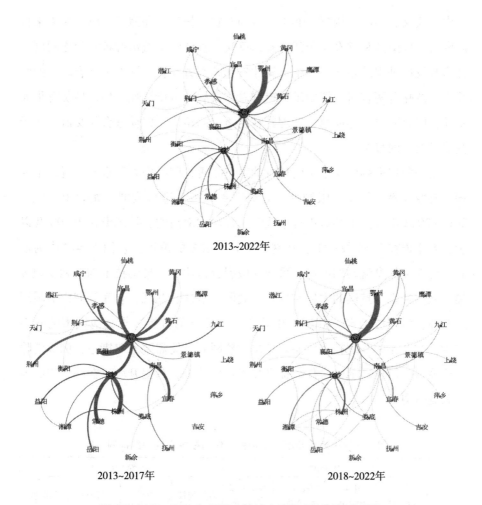

2013~2022年

2013~2017年

2018~2022年

图12 2013~2022年长江中游城市群技术创新合作网络

说明：节点大小表示城市的授权专利数量；连线的粗细程度表示城市之间的合作强度，以合作专利数量来衡量。

长沙和南昌3个省会城市各指标均名列前茅，在长江中游城市群技术创新合作网络中占据至关重要的地位，具有较大的控制力和影响力，可以影响决策、资源分配和合作方向，能够推动并引领网络中其他城市的发展。此外，株洲、湘潭、襄阳和孝感的点度中心度均在0.20及以上，且特征向量中心度保持在0.40以上，在网络中同样扮演着关键角色。在综合排名前十的城市中，武汉、荆门、荆州、襄阳来自湖北省，长沙、湘潭、株洲、岳阳来自湖南省，仅南昌和宜春属于江西省，反映出长江中游城市群各省份之间创新能力与发展进程的差异。其中，湖北省和湖南省在合作网络中具有较大的影响力，意味着两省对长江中游城市群总体发展的可持续性、稳定性负有重大责任，因此需要更加谨慎地管理其在网络中的角色，以促进合作交流，实现高质量发展的目标。

结构洞用来测度居于中间位置的节点是否在网络中处于重要位置，主要根据有效规模、效率、限制度、等级度4个指标进行测度。如表10所示，2013~2022年长江中游城市群中武汉、长沙和南昌的有效规模在10.00及以上，效率值在0.85及以上，在网络中处于重要的位置，它们更容易成为创新、合作和信息流动的中心，可快速吸引合作伙伴，推动技术创新和知识传播，从而实现可持续的发展和增长。鹰潭、潜江、九江、娄底等城市的限制度较高，均超过1.50，在网络中处于相对孤立的位置，与其他城市的联系较少，在合作中受到较多限制。解决这些限制可能需要采取措施，例如消除法律障碍、促进跨地区合作、提高技术适应性等，以提升城市在网络中的地位和竞争力。

表10　长江中游城市群技术创新合作网络中心度和结构洞指标

城市	中心度				结构洞			
	点度中心度	中介中心度	接近中心度	特征向量中心度	有效规模	效率	限制度	等级度
武汉	0.73	0.52	0.79	1.00	21.24	0.97	0.20	0.59
南昌	0.47	0.29	0.64	0.67	11.94	0.85	0.34	0.44
长沙	0.37	0.12	0.61	0.64	10.13	0.92	0.24	0.30
湘潭	0.23	0.05	0.52	0.43	3.68	0.53	1.07	0.61
宜春	0.17	0.04	0.53	0.33	3.07	0.61	0.95	0.56
荆门	0.17	0.04	0.49	0.29	2.52	0.50	1.21	0.58
荆州	0.13	0.03	0.49	0.26	2.24	0.56	1.24	0.54
襄阳	0.23	0.03	0.56	0.49	1.56	0.22	1.07	0.74

城市	中心度				结构洞			
	点度中心度	中介中心度	接近中心度	特征向量中心度	有效规模	效率	限制度	等级度
株洲	0.23	0.03	0.56	0.50	3.35	0.48	0.94	0.67
岳阳	0.17	0.02	0.54	0.40	2.36	0.47	1.05	0.42
孝感	0.20	0.01	0.52	0.43	2.36	0.39	1.13	0.59
衡阳	0.17	0.00	0.50	0.40	2.50	0.50	1.12	0.44
黄石	0.17	0.00	0.48	0.33	1.90	0.38	1.13	0.54
黄冈	0.13	0.00	0.47	0.23	1.63	0.41	1.36	0.44
咸宁	0.10	0.00	0.47	0.21	1.14	0.38	1.33	0.32
新余	0.07	0.00	0.39	0.10	2.00	1.00	0.50	0.00
天门	0.07	0.00	0.36	0.08	2.00	1.00	0.50	0.00
景德镇	0.13	0.00	0.52	0.34	2.37	0.59	1.08	0.16
常德	0.10	0.00	0.40	0.20	1.12	0.37	1.39	0.41
宜昌	0.13	0.00	0.47	0.30	1.43	0.36	1.14	0.52
九江	0.07	0.00	0.48	0.23	1.00	0.50	1.59	0.01
娄底	0.07	0.00	0.47	0.22	1.00	0.50	1.53	0.06
鄂州	0.07	0.00	0.45	0.17	1.00	0.50	1.02	0.88
鹰潭	0.07	0.00	0.48	0.23	1.00	0.50	1.87	0.00
潜江	0.07	0.00	0.46	0.17	1.00	0.50	1.84	0.00
益阳	0.07	0.00	0.39	0.14	1.00	0.50	1.36	0.15
仙桃	0.03	0.00	0.45	0.14	1.00	1.00	1.00	1.00
吉安	0.03	0.00	0.39	0.09	1.00	1.00	1.00	1.00
抚州	0.03	0.00	0.39	0.09	1.00	1.00	1.00	1.00
萍乡	0.03	0.00	0.39	0.09	1.00	1.00	1.00	1.00
上饶	0.03	0.00	0.39	0.09	1.00	1.00	1.00	1.00

4. 技术创新主体

专利推动了科技进步、创新、经济增长和社会发展，在全球范围内促进了知识的共享和传播。授权专利数量在很大程度上可以反映创新主体的创新能力和市场影响力。对授权专利数量排名前三十的机构进行分析，结果如表11所示。长江中游城市群的专利研发机构以高校为主，包括华中科技大学、中南大学、武汉大学、武汉理工大学、国防科技大学等高校。由此可见，高校也是技术创新的重要阵地，一方面高校集聚了大量的科研人才和创新资源，另一方面高校也拥有先进的科研设施和实验室，能够提供充分的技术研发条件和支持。高校的研究成果不仅能够推动学术进步，也能够转化为实用技术和产品，并促进经济社会发展。因此，高校在国家经济和社会发展中扮演着重要角色，成为各省乃至长江中游城市群科技创新的主要力量。

在企业方面，武汉华星光电半导体显示技术有限公司作为中国最大的液晶面板生产厂商之一，授权专利数量表现突出。中车株洲电力机车有限公司是中车旗下核心子公司、湖南千亿轨道交通产业集群龙头企业，在技术创新方面拥有不俗的实力。企业授权专利数量排名第三的东风汽车有限公司是我国大型骨干车企的代表，其通过打造创新卓越的自主研发团队，用技术创新下好汽车高质量发展"先手棋"，在技术创新方面具有较强的竞争力。

从区域分布看，长江中游城市群授权专利数量排名前三十的机构中有18家来自湖北省，其中17家来自武汉，还有1家来自宜昌。为深入实施创新驱动发展战略，推进以科技创新为引领的全面创新，湖北省政府大力建设创新型省份。同时，湖北省还拥有一批高水平的科研机构和院校，如华中科技大学、武汉大学等，这些机构在计算机技术、材料与冶金、电气机械、仪器与能源等领域取得了丰硕成果。另外，湖北省还加强国际合作，与多个国家和地区建立了技术交流与合作机制，提高技术创新的国际影响力。总的来说，湖北省在技术创新领域表现突出，为中部地区乃至全国的技术创新发展做出了重要贡献。湖南省共有10家机构入围30强，其中长沙、湘潭、株洲分别有7家、2家和1家，说明湖南省在技术创新领域的表现也比较出色。随着国家双创政策的实施，湖南省产业结构不断升级，创新驱动发展逐渐成为经济增长的主要动力。同时，湖南省还通过营造良好的科技创新环境，吸引了大量的高层次人才和创新资源，提高了技术创新的能力和水平。江西省的技术创新能力相对较弱，仅有2家机构跻身前三十，分别是南昌大学和南昌航空大学，说明江西省高校积极构建促进科技成果转化的创新体系和创新平台，在推动地方经济和区域创新发展方面起着重要作用，但江西省机构的技术竞争力总体较弱。

表11　长江中游城市群技术创新的主要机构及其主要技术领域

单位：件

排名	机构	专利数量	省份	城市	主要技术领域
1	华中科技大学	12397	湖北	武汉	计算机技术(2656)，电气机械、仪器与能源(1706)，测量(1463)，材料与冶金(717)，数字通信(674)
2	中南大学	10661	湖南	长沙	材料与冶金(3148)，电气机械、仪器与能源(1398)，计算机技术(1342)，化学工程(772)，测量(747)
3	武汉大学	7515	湖北	武汉	计算机技术(2429)，测量(1093)，电气机械、仪器与能源(670)，生物技术(404)，数字通信(387)
4	武汉理工大学	7171	湖北	武汉	材料与冶金(1360)，计算机技术(717)，测量(714)，电气机械、仪器与能源(695)，交通运输(594)
5	国防科技大学	6059	湖南	长沙	计算机技术(2102)，测量(1291)，数字通信(683)，材料与冶金(335)，交通运输(329)
6	武汉华星光电半导体显示技术有限公司	5846	湖北	武汉	半导体(2876)，视听技术(1970)，光学(1923)，计算机技术(963)，电气机械、仪器与能源(300)
7	湖南大学	4048	湖南	长沙	计算机技术(713)，电气机械、仪器与能源(607)，环境技术(394)，化学工程(383)，有机精细化工(325)
8	中车株洲电力机车有限公司	3322	湖南	株洲	交通运输(1261)，电气机械、仪器与能源(716)，测量(384)，半导体(241)，计算机技术(235)
9	东风汽车有限公司	2712	湖北	武汉	交通运输(1124)，发动机、泵与涡轮机(455)，测量(273)，机械元件(255)，电气机械、仪器与能源(224)
10	华中农业大学	2638	湖北	武汉	生物技术(1329)，食品化学(704)，其他特殊机械(462)，基础材料化学(260)，制药(240)
11	武汉钢铁股份有限公司	2449	湖北	武汉	材料与冶金(1409)，机械设备(411)，表面技术与涂层(197)，基础材料化学(170)，测量(68)

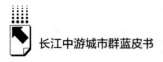

排名	机构	专利数量	省份	城市	主要技术领域
12	中国地质大学（武汉）	2415	湖北	武汉	计算机技术（615），测量（329），土木工程（321），材料与冶金（182），电气机械、仪器与能源（149）
13	中联重科股份有限公司	2412	湖南	长沙	操作（800），土木工程（545），机械元件（474），交通运输（223），测量（183）
14	三峡大学	2400	湖北	宜昌	电气机械、仪器与能源（438），测量（268），土木工程（253），计算机技术（251），有机精细化工（210）
15	湖北工业大学	2392	湖北	武汉	材料与冶金（344），计算机技术（286），食品化学（227），生物技术（206），高分子化学（200）
16	湘潭大学	2366	湖南	湘潭	电气机械、仪器与能源（315），材料与冶金（294），有机精细化工（272），化学工程（271），计算机技术（247）
17	武汉科技大学	2327	湖北	武汉	材料与冶金（835），计算机技术（257），测量（144），电气机械、仪器与能源（124），化学工程（119）
18	湖南科技大学	2204	湖南	湘潭	电气机械、仪器与能源（269），计算机技术（251），高分子化学（250），材料与冶金（237），土木工程（223）
19	长沙理工大学	2192	湖南	长沙	土木工程（311），电气机械、仪器与能源（243），计算机技术（218），测量（212），材料与冶金（155）
20	烽火通信科技股份有限公司	2104	湖北	武汉	数字通信（1118），电信技术（598），计算机技术（384），光学（159），其他特殊机械（62）
21	南昌大学	1970	江西	南昌	材料与冶金（322），生物技术（208），计算机技术（197），食品化学（188），化学工程（141）
22	长江存储科技有限责任公司	1883	湖北	武汉	半导体（1546），计算机技术（391），测量（93），光学（44），电气机械、仪器与能源（35）

续表

排名	机构	专利数量	省份	城市	主要技术领域
23	武汉斗鱼网络科技有限公司	1661	湖北	武汉	计算机技术(981),数字通信(353),IT管理方法(51),电信技术(19),家具与游戏(18)
24	武汉工程大学	1596	湖北	武汉	材料与冶金(284),高分子化学(264),化学工程(219),有机精细化工(216),基础材料化学(207)
25	南昌航空大学	1455	江西	南昌	纺织和造纸机械(737),高分子化学(199),化学工程(166),其他特殊机械(98),医疗技术(79)
26	武汉纺织大学	1454	湖北	武汉	材料与冶金(293),计算机技术(160),化学工程(157),环境技术(134),高分子化学(132)
27	湖南农业大学	1386	湖南	长沙	其他特殊机械(386),食品化学(319),生物技术(293),基础材料化学(197),环境技术(77)
28	武汉船用机械有限责任公司	1371	湖北	武汉	机械设备(310),机械元件(280),操作(233),交通运输(206),土木工程(164)
29	三一集团有限公司	1206	湖南	长沙	操作(316),土木工程(279),机械元件(221),交通运输(210),其他特殊机械(111)
30	武汉天马微电子有限公司	1201	湖北	武汉	视听技术(621),半导体(606),计算机技术(226),光学(132),有机精细化工(78)

资料来源：Derwent Innovation、智慧芽专利数据库平台。

　　本报告基于专利联合申请数据绘制长江中游城市群技术创新主要机构的合作网络，如图13所示。从机构的合作范围来看，2013～2022年，华中科技大学的合作范围最为广泛，与17家机构开展了技术交流，其次是中南大学、武汉大学和湖南大学。机构间的合作以省内合作为主，只有极少的机构开展了省际合作。例如，来自湖北省的中国地质大学（武汉）和来自湖南省的中南大学之间有少量合作。这说明不同省份之间的技术交流合作意识不足，机构之间缺乏专门的合作平台和机制，限制了技术交流与合作。从机构之间的合作强度来看，校企合作和高校间合作是主要模式。武汉科技大学与武汉钢铁股份有限公司之间的合作强度较高，华中科技大学也与武汉钢铁股份有限公司开展了密切的合作。高校与企业之间的技术合作能够促进产学研结合，推动科研成果走向市场，双方可以共享资源和知识。高校间的合作则更为密切，华中科技大学与武汉大学、中南大学与长沙理工大学等高校之间积极进行技术交流，取得了一系列成果。通过技术合作，高校可以共享和整合各自的研究设施、实验室、仪器设备以及人才资源，有助于提高资源配置效率。同时，技术合作促使高校共同开展前沿科学研究和技术创新，融合各自的专业知识和研究优势，进而推动创新成果的产生。

从动态视角来看，2013~2017年，武汉钢铁股份有限公司分别与武汉科技大学和华中科技大学间开展密切的合作。尽管省内机构间合作密切，但仍有许多孤立点，包括南昌大学、武汉华星光电半导体显示技术有限公司、武汉理工大学等机构。自2018年以来，技术合作的范围进一步扩大，机构间的技术合作关系明显加强。华中科技大学与武汉大学之间的合作频次显著增加。教育部与湖北省持续推进湖北省高校布局调整，着力优化教育资源配置，旨在发挥华中科技大学和武汉大学的引领作用，提升湖北省高等教育整体水平和办学效益。双方也积极在教学与人才培养、科学研究和学术交流、信息资源共享等方面开展战略合作，合作专利规模进一步提升。近年来，华中科技大学和武汉理工大学也进一步深化交流合作，取得了丰硕成果，培育新的合作动力，实现互利共赢。湖南大学携手中车株洲电力机车有限公司以产学研用协同创新为主要模式，充分整合中国中车在工程化、产业化和市场营销网络方面的优势，以及湖南大学的核心技术优势与人才优势，在电动汽车、科技成果转化、人才培养等方面开展紧密合作，围绕轻量化、节能、新材料、新能源汽车等重点领域，开展重大关键共性技术研发攻关。

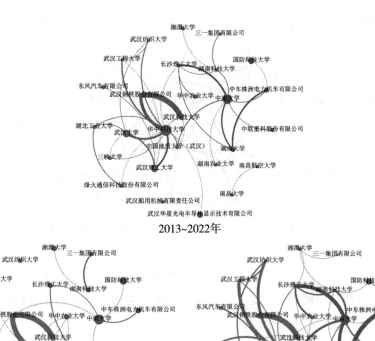

图 13　2013~2022 年长江中游城市群技术创新主要机构的合作网络

说明：节点大小表示机构的授权专利数量；连线的粗细程度表示机构之间的合作强度，以合作专利数量来衡量。

（三）长江中游城市群科技创新存在的问题

1.长江中游城市群科技创新成果竞相涌现，区域发展不平衡现象仍较为突出

从学术论文和授权专利的产出规模与增长态势来看，长江中游城市群科技创新发展提质增效呈现新局面。其中，湖北省的综合科技创新能力遥遥领

先，但两极分化形象严重，综合实力排名靠前和靠后的城市都有分布，城市间梯度势差较大；湖南省科技创新能力较为均衡，综合实力表现不俗；江西省发表学术论文数量和专利数量最少，科技创新能力相对薄弱。一方面，江西省在全国有地位、有分量、有影响力的高端研发平台严重不足，科技创新底子薄。当前，江西省仅有 13 家国家重点实验室和国家工程技术研究中心，远低于湖北省的 48 家。其中，国家重点实验室仅有 5 家。另一方面，江西省缺乏高端创新平台和高层次人才，成果转移转化支撑力量不足。湖北省和湖南省的院士均超过 60 名，远超江西省院士数量。此外，江西省缺乏名校。湖北省拥有华中科技大学、武汉大学等实力强劲的高校，湖南省拥有中南大学、湖南大学等综合实力不俗的高校，而在全国高校百强榜上，江西省仅有南昌大学入围，难以引进高层次领军人才和企业科技领军人才。

2. 高质量发展动力不足，以国内大循环为主体、国内国际双循环相互促进的新发展格局尚未完全建立

高质量发展是创新驱动的发展，创新是高质量发展的第一动力。近年来，长江中游城市群在科技创新领域取得一系列显著成果，但高质量论文数量以及专利被引数量仍有待提升，仍存在大量的"零被引"论文和专利，创新价值没有得到进一步凸显，在全球范围内的影响力不足。长江中游城市群的国内合作论文数量远超国际合作数量，受到新冠疫情以及技术封锁等方面的影响，近几年国际合作态势略显紧张。即便是作为科技创新发展领跑者的武汉、长沙和南昌，其在总体科技创新质量和国际影响力方面仍需付出较大的努力。就海外专利布局而言，长江中游城市群对海外市场关注不足，具有较高技术与经济价值的三方专利数量更是寥寥无几。长江中游城市群需进一步开拓海外市场，以开展更多的国际合作，为自身的技术创新和产业升级提供更广阔的空间。自 21 世纪以来，新一轮科技革命和产业变革正加速推进，重塑全球经济格局。在国际环境日益复杂的背景下，加快形成以国内大循环为主体、国内国际双循环相互促进的新发展格局将成为未来我国社会发展的时代主题。面对错综复杂的国内国际经济形势，长江中游城市群需要通过提升科技创新能力，加快产业结构转型升级，打造全国高质量发展新动力源，构建新发展格局下中部地区的发展样板。

3. 省会城市地位突出，对周边城市辐射带动不足，次级城市发展相对较慢，省际联动创新亟须寻找突破点

以武汉、长沙、南昌为中心的武汉城市圈，环长株潭城市群，环鄱阳湖城市群发展迅速，省会城市在学术论文数量和授权专利数量上都展现出强劲的实力。长江中游城市群科技创新合作网络整体呈现省内合作关系强、省际合作较弱的特点。省内合作上，武汉与本省的宜昌、荆州，长沙与本省的湘潭、衡阳以及南昌与本省的九江合作较为频繁；省际合作上，仅三省省会武汉、长沙与南昌之间合作较为密切；此外，潜江、天门、鹰潭、娄底等次级城市间合作较少，自主创新能力薄弱，科技创新发展相对缓慢。由此可见，尽管三省省会——武汉、长沙和南昌的中心地位突出，拥有很大的影响力，但目前省会城市的辐射范围有限，需进一步强化。此外，尽管省内城市之间高度合作对区域技术发展做出了较大贡献，省际合作较弱仍会影响长江中游城市群发展的稳定性和可持续性，寻找省际创新联动点尤为关键。

4. 长江中游城市群协同发展处于初级阶段，区域割裂情况依然存在

近年来长江中游城市群发展迅速，合作论文数量和合作专利数量实现较大幅度的增长，总体上呈现良好的协同发展态势，但相较于京津冀、长三角、珠三角等城市群，长江中游城市群起步较晚、发育尚不成熟，科技创新协同合作水平较低，一定程度上存在合作深度不足、区域割裂的问题。从城市群发展状况来看，长江中游城市群是近些年政策引导下组建的国家重点发展区域，并非城市发展到高级阶段的自然产物，因此与长三角、珠三角等城市群相比，长江中游城市群的一体化程度不高、城市群间的学术合作和产业协同程度较低，仍然呈现以单一核心城市为单位的碎片化发展状态，"中三角"合作机制有待进一步完善。从产业协同角度来看，武汉城市圈的光电子产业和新材料产业、长株潭城市群的装备制造产业、环鄱阳湖城市群的生物医药产业等优势集群自成体系，相互之间联系有限且存在一定的同质化竞争现象，区域分割特征仍较为明显，阻碍了人

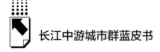

才、技术、知识等要素的流动。从城市合作动态视角来看，跨区域合作起步较晚，缺乏区域协同的统筹规划和实施细则，核心城市的科教资源引领作用和辐射效果仍然较弱。

二 长江中游城市群科技创新区域特征：湖北省

（一）湖北省的学术创新发展态势

1. 学术创新产出

学术论文的数量体现了城市群的学术创新能力与研究成果。2013～2022年，湖北省学术论文数量保持稳步增长态势（见图14），于2018年达到30174篇，同比增长20.83%；2020年，学术论文总量达43031篇，同比增长19.04%，总体排名居长江中游城市群首位，对长江中游城市群学术创新成果做出突出贡献。尽管湖北省学术论文数量呈现逐年增长的趋势，但增长率在2020～2022年出现大幅下降，可能是受新冠疫情的影响。总体而言，近10年湖北省的学术创新成果一直居长江中游城市群首位，相信随着相关创新政策环境的持续优化，湖北省凭借其出色的学术创新综合能力，能够快速恢复其良好的发展态势。

本报告用WoS论文数、通讯作者论文数、排名前10%的论文数和高被引论文数作为衡量湖北省学术创新总体质量的指标（见表12）。其中，武汉的4个指标数值均位居榜首，WoS论文达276124篇，占湖北省WoS论文总量的91.4%，其通讯作者论文、排名前10%的论文以及高被引论文分别高达205589篇、45480篇和5127篇，远超湖北省其他城市，引领作用突出，为湖北省学术创新高质量发展奠定了坚实基础。此外，宜昌、荆州、黄石和襄阳的学术创新表现也可圈可点，其各项指标均名列前茅，是推动湖北省创新发展的重要力量。相比之下，鄂州、潜江、仙桃和天门各指标数值较小，自主创新能力较弱。总体而言，湖北省的学术创新整体质量较高，但区域不均衡现象较为突出，仅武汉一个城市的WoS论文数

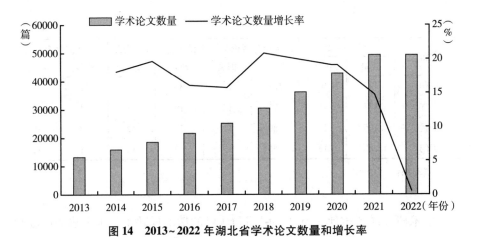

图 14　2013~2022 年湖北省学术论文数量和增长率

资料来源：Web of Science。

量就占据了全省 WoS 论文数量的 90%以上，展现出明显的长尾效应。为推进区域协同发展，湖北省应充分发挥政府的引导与调控作用，切实发挥武汉的龙头引领和辐射带动作用，推动形成"一主引领、两翼驱动、全域协同"的区域发展格局。

表 12　湖北省学术创新产出质量情况

单位：篇

城市	WoS 论文		通讯作者论文		排名前 10%的论文		高被引论文	
	数量	排名	数量	排名	数量	排名	数量	排名
武汉	276124	1	205589	1	45480	1	5127	1
宜昌	7439	2	5476	2	977	2	115	2
荆州	6098	3	4524	3	681	3	81	3
黄石	3351	4	2427	4	409	4	44	4
襄阳	2771	5	2046	5	284	5	30	6
咸宁	1771	6	1343	6	200	7	23	7
黄冈	1662	7	1282	7	258	6	36	5
孝感	1318	8	966	8	198	8	19	8
荆门	944	9	617	9	78	9	7	11

续表

城市	WoS 论文		通讯作者论文		排名前 10%的论文		高被引论文	
	数量	排名	数量	排名	数量	排名	数量	排名
鄂州	197	10	158	10	35	10	12	9
潜江	121	11	77	12	19	11	1	12
仙桃	105	12	89	11	15	12	8	10
天门	100	13	66	13	7	13	1	12

资料来源：InCites。

学术研究成果被他人重视、引用和认可的情况反映了学术影响的广度和深度。基于此，本报告引入总被引频次、篇均被引频次、H 指数、CNCI 指数 4 个指标来系统评估学术创新产出的影响。

学术论文的总被引频次与发文时间相关，因此需结合篇均被引频次进行分析。如表 13 所示，武汉、黄冈、黄石的总被引频次和篇均被引频次排名均靠前，说明以上城市学术论文质量得到广泛认可，学术价值较高。H 指数是一个混合量化指标，可用于评估学术产出数量与学术产出水平。武汉、宜昌、黄石以 381、84 和 68 的 H 指数位列前三，可见其学术论文数量与质量均处于较高水准。CNCI 指数通过消除不同学科论文篇均被引频次的差异，以定量化和标准化的形式比较不同学科的科研质量。湖北省 13 个地级市的 CNCI 指数均大于 1，表明所选城市论文的被引表现高于全球平均水平，其中仙桃的 CNCI 指数最高，达 7.75。此外，鄂州、黄冈、天门和武汉也拥有较高的 CNCI 指数，体现了以上几座城市的学术创新成果在全球范围内具有较大的影响力。

表 13　湖北省学术论文被引情况

城市	总被引频次		篇均被引频次		H 指数		CNCI 指数	
	数量	排名	数量	排名	数量	排名	数量	排名
武汉	5546221	1	20.08	4	381	1	1.34	5
宜昌	117560	2	15.79	8	84	2	1.24	8
荆州	74683	3	12.24	13	67	4	1.12	13

城市	总被引频次		篇均被引频次		H 指数		CNCI 指数	
	数量	排名	数量	排名	数量	排名	数量	排名
黄石	53296	4	15.89	7	68	3	1.23	9
黄冈	37933	5	22.82	3	54	6	1.72	3
襄阳	37649	6	13.57	11	61	5	1.16	11
咸宁	23400	7	13.18	12	46	8	1.15	12
孝感	22544	8	17.13	5	52	7	1.28	7
荆门	14609	9	15.46	9	34	9	1.31	6
仙桃	13911	10	132.49	1	9	13	7.75	1
鄂州	6580	11	33.40	2	15	10	2.27	2
潜江	1925	12	15.91	6	15	10	1.18	10
天门	1369	13	13.69	10	12	12	1.55	4

资料来源：InCites。

2. 学术创新布局

本报告进一步对论文的学科领域进行细分，以深入了解各个城市的学术创新导向。基于 OECD 分类统计各城市的主要学科领域，以描绘湖北省的学术创新布局，结果如表 14 所示。从一级学科分布来看，湖北省各城市的学术论文主要集中在自然科学、工程与技术、医学与健康科学三大学科门类，农业与兽医科学、社会科学、人文与艺术领域发表的论文数量相对较少。当今时代，新一轮科技革命及产业变革蓄势待发，对人类社会的生产生活产生了巨大的作用。围绕科技创新的核心目标，以提供新技术、新洞察、新知识、新方法为主要特征的学术创新成果喷涌而出。

二级学科作为一级学科下的细分小类，有助于进一步揭示各城市的学术创新布局情况。从二级学科分布情况来看，湖北省各城市学术论文的二级学科分布具有一定的共性和差异。武汉作为高校聚集地，拥有武汉大学、华中科技大学等"双一流"院校，在化学科学、地球科学与环境学、材料工程、

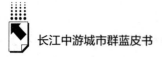

生物科学、物理科学等优势学科上建树颇丰。宜昌与武汉的发展较为相似。宜昌作为湖北省的副中心城市、长江中游城市群的中心城市，得益于"一主两副"战略，近年来城市发展进入快车道，在化学科学、地球科学与环境学、生物科学、材料工程等多方面与武汉协同发展。

一方面，宜昌充分发挥三峡工程的巨大潜力，以城市的合理布局和功能分区为基础，积极推动纺织、化工和机电工业的发展；另一方面，它致力于推动高新技术在传统产业中的应用，促进传统产业的转型升级，并大力发展综合技术服务和信息产业，以提高经济的集聚和扩散能力。作为长江中游重要的工业基地，黄石在传统冶金、建材等材料工程领域表现突出，具有鲜明的特色。

表 14　湖北省基于 OECD 分类的主要学科领域学术论文发表数量

单位：篇

城市	一级学科	二级学科
武汉	自然科学（1763291），工程与技术（118425），医学与健康科学（51151），农业与兽医科学（15909），社会科学（11747），人文与艺术（881）	化学科学（50320），地球科学与环境学（40417），材料工程（37249），生物科学（37016），物理科学（36220），环境工程（32090），临床医学（26391），电气工程、电子工程、信息工程（24403），其他工程与技术（22959），计算机与信息科学（16769）
宜昌	自然科学（4551），工程与技术（3007），医学与健康科学（1645），农业与兽医科学（415），社会科学（123），人文与艺术（21）	化学科学（1436），地球科学与环境学（915），生物科学（877），材料工程（868），临床医学（802），物理科学（753），环境工程（752），电气工程、电子工程、信息工程（647），基础医学（636），数学（472）
荆州	自然科学（3551），工程与技术（1668），医学与健康科学（1462），农业与兽医科学（1191），社会科学（116），人文与艺术（27）	生物科学（1564），化学科学（783），临床医学（726），农业生物技术（538），基础医学（528），农业、林业、渔业（523），物理科学（510），其他工程与技术（497），地球科学与环境学（383），材料工程（350）

续表

城市	一级学科	二级学科
黄石	自然科学(2254),工程与技术(1291),医学与健康科学(645),农业与兽医科学(97),社会科学(75),人文与艺术(5)	生物科学(778),物理科学(509),材料工程(446),数学(373),生物科学(302),临床医学(300),地球科学与环境学(297),电气工程、电子工程、信息工程(294),其他工程与技术(275),计算机与信息科学(219)
黄冈	自然科学(1106),工程与技术(593),医学与健康科学(323),农业与兽医科学(204),社会科学(80),人文与艺术(5)	化学科学(464),生物科学(283),材料工程(205),临床医学(166),物理科学(158),其他工程与技术(148),环境工程(130),地球科学与环境学(116),计算机与信息科学(114),基础医学(93)
襄阳	自然科学(1632),医学与健康科学(1268),工程与技术(1117),农业与兽医科学(114),社会科学(66),人文与艺术(7)	临床医学(704),化学科学(665),生物科学(418),材料工程(378),基础医学(376),物理科学(268),医学生物技术(234),其他工程与技术(211),环境工程(194),电气工程、电子工程、信息工程(190)
咸宁	自然科学(1102),工程与技术(545),医学与健康科学(545),农业与兽医科学(59),社会科学(22),人文与艺术(1)	化学科学(410),物理科学(272),基础医学(262),生物科学(246),临床医学(221),材料工程(206),其他工程与技术(123),电气工程、电子工程、信息工程(113),数学(98),地球科学与环境学(95)
孝感	自然科学(943),工程与技术(502),医学与健康科学(195),农业与兽医科学(92),社会科学(40),人文与艺术(0)	化学科学(367),材料工程(189),物理科学(185),生物科学(165),数学(134),计算机与信息科学(115),临床医学(111),电气工程、电子工程、信息工程(95),环境工程(93),其他工程与技术(88)
荆门	自然科学(466),医学与健康科学(433),工程与技术(237),农业与兽医科学(58),社会科学(8),人文与艺术(0)	临床医学(277),化学科学(198),生物科学(151),基础医学(110),医学生物技术(86),材料工程(65),物理科学(56),其他工程与技术(44),环境生物技术(39),环境工程(36)
仙桃	医学与健康科学(60),自然科学(40),工程与技术(19),农业与兽医科学(3),社会科学(1),人文与艺术(0)	临床医学(43),生物科学(27),医学生物技术(14),基础医学(12),医学工程(9),化学科学(7),环境生物技术(5),地球科学与环境学(3),其他工程与技术(3),卫生科学(3)

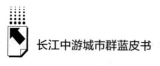
续表

城市	一级学科	二级学科
鄂州	医学与健康科学(98),自然科学(82),工程与技术(48),农业与兽医科学(9),社会科学(1),人文与艺术(0)	临床医学(49),生物科学(44),基础医学(33),医学生物技术(20),化学科学(17),其他工程与技术(13),材料工程(12),电气工程、电子工程、信息工程(12),地球科学与环境学(11),物理科学(9)
潜江	自然科学(51),工程与技术(34),医学与健康科学(41),农业与兽医科学(7),社会科学(3),人文与艺术(0)	地球科学与环境学(33),临床医学(26),环境工程(21),生物科学(11),化学工程(10),基础医学(8),卫生科学(7),化学科学(5),医学生物技术(4),其他工程与技术(4)
天门	医学与健康科学(73),自然科学(29),工程与技术(14),农业与兽医科学(5),社会科学(2),人文与艺术(0)	临床医学(49),生物科学(20),基础医学(17),医学生物技术(15),卫生科学(6),物理科学(4),环境生物技术(4),化学科学(3),机械工程(3),农业、林业、渔业(3)

资料来源：Web of Science。

为更加清晰地揭示城市之间学科布局的相似程度，本报告根据各城市在OECD二级学科下拥有的学术论文数量计算出湖北省城市之间学科相似度，如图 15 所示。武汉、宜昌、黄石和咸宁之间的学科相似度较高，达到90%以上。基于学科领域的高度相似性，以上城市进行学术交流合作将更加顺畅，为其学术创新发展创造了有利条件。此外，襄阳、孝感之间也具有较高的学科相似度。相较之下，武汉、黄石与天门，潜江、仙桃、天门与孝感的学科相似度较低，均在 50% 以下，说明以上城市在学科建设上各具特色、学科结构差异化明显，难以实现协同发展。综合来看，湖北省头部城市的学科结构较为相似，可能受到地理邻近、制度邻近、认知邻近等因素的影响。相似的学科结构能够降低合作的成本和风险，但同时意味着各城市间将面临更为激烈的竞争态势和同质化的发展格局，因此掌握平衡点至关重要。

为更好地展示湖北省城市学术论文的学科分布特征，本报告基于 WoS

武汉	100.0%												
宜昌	98.4%	100.0%											
荆州	83.6%	84.4%	100.0%										
黄石	94.0%	95.5%	77.2%	100.0%									
襄阳	88.2%	92.0%	84.1%	88.5%	100.0%								
咸宁	91.0%	93.8%	84.4%	94.9%	94.6%	100.0%							
黄冈	93.1%	94.0%	87.7%	93.0%	90.3%	93.2%	100.0%						
孝感	92.3%	94.0%	79.7%	97.7%	87.6%	93.3%	96.7%	100.0%					
荆门	76.5%	81.7%	82.3%	77.2%	96.5%	87.0%	82.7%	77.3%	100.0%				
鄂州	72.1%	76.0%	86.3%	67.4%	89.4%	81.0%	72.5%	64.5%	92.7%	100.0%			
潜江	67.4%	66.5%	58.5%	49.7%	63.4%	51.4%	53.4%	44.6%	63.3%	65.2%	100.0%		
仙桃	52.3%	56.6%	71.8%	48.0%	78.5%	62.8%	55.4%	46.4%	89.0%	92.0%	62.1%	100.0%	
天门	47.5%	52.6%	65.6%	43.7%	76.4%	59.2%	48.3%	40.6%	86.9%	90.3%	61.1%	96.6%	100.0%
	武汉	宜昌	荆州	黄石	襄阳	咸宁	黄冈	孝感	荆门	鄂州	潜江	仙桃	天门

图15 湖北省基于OECD二级分类的学科相似度矩阵

资料来源：Web of Science。

分类统计各城市主要学科领域下的学术论文数量，如表15所示。材料科学，跨学科是学术论文数量占比最大的学科（占比为10.35%）。其次是工程，电气和电子（占比为6.92%）。环境科学；物理学，应用；化学，跨学科；能源和燃料等领域也是学术创新的重点方向。从各城市的学科分布情况来看，优势学科之间协同发展趋势明显，形成了以材料科学，跨学科以及计算机科学，信息系统为中心的优势学科集群。同时，生物化学与分子生物学；肿瘤学及医学，研究和试验等医学领域共性学科的联系也较为紧密，更加体现出湖北省共性优势学科集群发展的趋势。总体而言，湖北省学科分布广泛，其学科分布呈现近缘学科联系紧密、远缘学科联系薄弱的特征。目前，为加快建设高质量教育体系，与国家和地方需求保持一致，在鄂高校高度重视优势学科建设，优化学科布局以更好对接湖北省重点产业人才供给。例如，武汉理工大学进行了大规模的学科建设改革，先后组建材料与土建资环学部、交通与船海工程学部、机电与车辆工程学部、信息学部、理学部、经济管理学部、人文社会科学学部等7个学部。学部充分发挥学术实体职能，实施"单位+创新团队"及"重点建设学科+"的学科建设模式，通过跨学科、跨专业的融合交叉建设，激发人才动力，激励优势特色学科快速发展，带动相关学科向一流迈进。

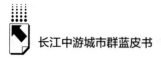

表15 湖北省的主要 WoS 学科类别学术论文数量

单位：篇

城市	主要 WoS 学科类别
武汉	材料科学,跨学科(29854);工程,电气和电子(19988);环境科学(18602);物理学,应用(17265);化学,物理(16747);化学,跨学科(15616);能源和燃料(12352);纳米科学和纳米技术(11687);地球科学,跨学科(11142);生物化学与分子生物学(10176);多学科科学(9367);工程,化学(8343);光学(8323);肿瘤学(8089);计算机科学,信息系统(7584);物理学,凝聚态物质(6993);医学,研究和试验(6525);细胞生物学(6448);工程,市政(6424);遥感(6412)
宜昌	材料科学,跨学科(714);工程,电气和电子(540);环境科学(470);化学,物理(425);化学,跨学科(414);物理学,应用(349);能源和燃料(296);药理学和药剂学(277);地球科学,跨学科(276);工程,市政(272);生物化学与分子生物学(262);医学,研究和试验(243);水资源(238);肿瘤学(228);多学科科学(221);数学,应用(210);数学(209);化学,无机和核(191);电信(190);计算机科学,信息系统(186)
襄阳	肿瘤学(299);材料科学,跨学科(294);医学,研究和试验(234);化学,跨学科(192);化学,物理(187);药理学和药剂学(183);物理学,应用(148);工程,电气和电子(146);生物化学与分子生物学(138);细胞生物学(133);能源和燃料(116);医学,全科和内科(98);环境科学(96);工程,化学(96);多学科科学(92);生物工程学和应用微生物学(82);计算机科学,信息系统(78);物理学,凝聚态物质(75);聚合物科学(75);电信(71)
孝感	材料科学,跨学科(154);化学,物理(111);工程,电气和电子(79);化学,跨学科(75);数学,应用(75);聚合物科学(72);物理学,应用(67);能源和燃料(62);电化学(61);光学(61);生物化学与分子生物学(59);环境科学(51);计算机科学,信息系统(51);化学,应用(46);物理学,凝聚态物质(44);冶金和冶金工程学(44);植物学(38);数学(37);工程,跨学科(35);电信(35)
荆州	植物学(538);生物化学与分子生物学(290);材料科学,跨学科(278);肿瘤学(260);医学,研究和试验(253);工程,电气和电子(249);农艺学(248);环境科学(217);多学科科学(211);化学,跨学科(205);食品科学和技术(205);化学,物理(200);药理学和药剂学(189);光学(185);遗传学和遗传性(180);物理学,应用(174);医学,全科和内科(152);化学,分析(152);生物工程学和应用微生物学(148);能源和燃料(145)
荆门	肿瘤学(112);医学,研究和试验(86);生物化学与分子生物学(61);药理学和药剂学(56);细胞生物学(52);材料科学,跨学科(51);医学,全科和内科(48);化学,跨学科(47);化学,物理(45);生物工程学和应用微生物学(39);化学,无机和核(37);化学,有机(36);物理学,应用(29);纳米科学和纳米技术(25);工程,电气和电子(23);免疫学(23);植物学(23);食品科学和技术(22);工程,化学(22);数学(21)

续表

城市	主要 WoS 学科类别
黄石	材料科学,跨学科(345);化学,物理(235);物理学,应用(225);环境科学(216);工程,电气和电子(190);数学(190);数学,应用(184);化学,跨学科(177);自动化和控制系统(131);光学(120);医学,研究和试验(118);纳米科学和纳米技术(118);化学,分析(114);多学科科学(110);肿瘤学(108);物理学,凝聚态物质(103);生物化学与分子生物学(99);物理学,跨学科(95);冶金和冶金工程学(95);数学,跨学科应用(87)
黄冈	化学,物理(169);材料科学,跨学科(161);化学,跨学科(109);物理学,应用(88);植物学(88);能源和燃料(83);食品科学和技术(74);环境科学(68);生物化学与分子生物学(67);工程,电气和电子(64);化学,无机和核(62);化学,应用(57);物理学,凝聚态物质(54);电化学(52);纳米科学和纳米技术(50);计算机科学,人工智能(49);工程,化学(47);遗传学和遗传性(47);计算机科学,信息系统(43);药理学和药剂学(42)
鄂州	医学,研究和试验(20);肿瘤学(18);生物化学与分子生物学(17);药理学和药剂学(17);医学,全科和内科(14);工程,电气和电子(12);细胞生物学(11);材料科学,跨学科(10);生物工程学和应用微生物学(9);环境科学(7);化学,分析(6);遗传学和遗传性(6);微生物学(5);化学,物理(5);食品科学和技术(5);纳米科学和纳米技术(5);免疫学(5);地球科学,跨学科(4);公共事业、环境和职业健康(4);毒物学(4)
咸宁	材料科学,跨学科(160);药理学和药剂学(119);物理学,应用(108);化学,跨学科(104);化学,物理(93);光学(86);工程,电气和电子(84);肿瘤学(78);生物化学与分子生物学(75);医学,研究和试验(72);化学,有机(72);环境科学(66);细胞生物学(63);神经科学(61);多学科科学(56);纳米科学和纳米技术(49);物理学,凝聚态物质(49);聚合物科学(49);电化学(48);毒物学(45)
仙桃	肿瘤学(16);生物化学与分子生物学(15);医学,研究和试验(14);细胞生物学(11);细胞与组织工程(9);医学,全科和内科(6);遗传学和遗传性(6);生物工程学和应用微生物学(5);药理学和药剂学(4);化学,有机(3);环境科学(3);老年病学和老年医学(3);心脏和心血管系统(3);微生物学(3);食品科学和技术(3);呼吸系统(3);生物物理学(3);多学科科学(3);内分泌学和新陈代谢(3);免疫学(2)
潜江	能源和燃料(16);地球科学,跨学科(16);环境科学(14);工程,化学(10);肿瘤学(6);工程,石油(6);细胞生物学(5);医学,研究和试验(4);生物化学与分子生物学(4);免疫学(3);医学,全科和内科(3);卫生保健科学和服务(3);食品科学和技术(3);生物工程学和应用微生物学(3);土壤科学(3);神经科学(3);生物物理学(2);地球化学和地球物理学(2);产科医学和妇科医学(2);遗传学和遗传性(2)

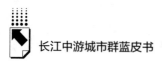
续表

城市	主要 WoS 学科类别
天门	肿瘤学(17);医学,研究和试验(15);细胞生物学(7);医学,全科和内科(6);药理学和药剂学(6);生物化学与分子生物学(4);生理学(4);生物工程学和应用微生物学(4);产科医学和妇科医学(3);免疫学(3);传染病(3);生物学(3);心脏和心血管系统(3);微生物学(3);农艺学(3);呼吸系统(3);耳鼻喉科学(3);细胞与组织工程(2);遗传学和遗传性(2);小儿科(2)

资料来源：Web of Science。

基于 InCites 平台中引文的中观和微观主题分类，探析湖北省具体研究领域的主题分布情况，如表 16 所示。从中观主题来看，论文数量排名前五的依次是电化学（9475 篇），地球化学、地球物理学与地质学（6039 篇）、作物学（5889 篇）、岩土工程（5675 篇）和光催化剂（4969 篇）。近年来，国内外高度重视储能技术发展，国家发改委、国家能源局先后发布《能源技术革命创新行动计划（2016—2030）》和《关于加快推动新型储能发展的指导意见》，明确指出要大力发展新能源储能技术。在众多储能技术中，电化学储能技术功率密度高、灵活高效、响应迅速，成为增长速度最快的一类规模储能技术。此外，隶属湖北省的武汉大学、中国地质大学（武汉）等高校在地球科学领域具有丰富的科研经验，在相关研究方面取得累累硕果。整体来看，湖北省聚焦于光电子信息、生物医药、智能装备制造等方面的研究。

从微观主题来看，超级电容器、光催化作用、冠状病毒 3 个主题以 3717 篇、3318 篇、3137 篇论文数量占据前三的位置，充分展示了近年来湖北省聚焦的主要研究领域。其中，超级电容器作为能够储存和释放大量电能的电子元件，与传统电池相比具有长寿命、高功率密度和快速充放电等优势。为大力发展清洁低碳能源，湖北省构建以新能源为主体的能源供给体系，积极投身于超级电容器的研究。光催化作用在节能减排、保护资源中的重要性日益凸显，研究成果同样较为丰富。此外，2020~2022 年是新冠疫情的肆虐期，湖北省乃至全国科研专家都积极投身于冠状病毒的研究，成效卓著。综合来看，湖北省的微观主题集中在新能源、新材料、电子信息等方面。依托核心城市创新要素集聚和城市群产业配套优势，湖北省已初步形成一系列重要成果，为长江中游城市群整体发展提供了坚实的智力基础和创新支撑。

表16 湖北省主要引文主题的学术论文数量

单位：篇

序号	中观主题	论文数量	序号	微观主题	论文数量
1	电化学	9475	1	超级电容器	3717
2	地球化学、地球物理学与地质学	6039	2	光催化作用	3318
3	作物学	5889	3	冠状病毒	3137
4	岩土工程	5675	4	岩石力学	2780
5	光催化剂	4969	5	地球化学	2377
6	长链非编码基因	4488	6	氧还原反应	2364
7	电力系统与电动汽车	4405	7	长链非编码RNA	2057
8	普通病毒学	4313	8	归一化植被指数	2017
9	计算机视觉与图形	4014	9	MicroRNAs	2000
10	免疫学	3899	10	抗压强度	1883
11	分子与细胞生物学——癌症、自噬与凋亡	3681	11	钙钛矿太阳能电池	1808
12	遥感	3630	12	油母质	1742
13	纳米粒子	3416	13	精密单点定位	1620
14	合成	3395	14	蒸散发	1556
15	冶金工程	3363	15	深度学习	1475
16	光电子学与工程	3304	16	金属有机骨架材料	1397
17	海洋学、气象学和大气科学	3290	17	吸附作用	1299
18	水处理	3237	18	二硫化钼（化学物质）	1279
19	粒子和场	3177	19	适体	1251
20	海洋生物学	3110	20	锂硫电池	1248

资料来源：InCites。

3.学术创新协作

为揭示湖北省学术创新协作规模和发展态势，本报告统计了湖北省国内合作、国际合作和横向合作论文数量及其占比情况（见表17）。从协作规模来看，武汉的合作论文数量以明显优势占据第一，其国内合作、国际合作、横向合作论文数量分别为126339篇、78027篇、6470篇。当前，武汉市坚持把创新驱动作为城市发展的主导战略，构建现代产业体系，加快建设国内国际双循环枢纽，打造内陆开放新高地。从占比来看，湖北省13个地级市合作论文均以国内合作为主，国际合作次之，横向合作占比最小。自21世纪以来，新一轮科技革命和产业变革正加速推进，重塑全球经济格局。在国际环境日益复杂的背景下，加快形成以国内大循环为主体、国内国际双循环相互促进的新发展格局成为未来我国社会发展的时代主题。此外，为促进学术创新发展、激发创作灵感，跨行业合作势在必行。

表17 湖北省国内合作、国际合作和横向合作论文数量及其占比

单位：篇，%

城市	国内合作		国际合作		横向合作	
	论文数量	占比	论文数量	占比	论文数量	占比
武汉	126339	45.75	78027	28.26	6470	2.34
宜昌	4332	58.23	1479	19.88	239	3.21
荆州	3621	59.38	1212	19.88	237	3.89
黄石	2063	61.56	589	17.58	22	0.66
襄阳	1906	68.78	413	14.90	64	2.31
咸宁	1184	66.85	319	18.01	15	0.85
黄冈	1138	68.47	338	20.34	14	0.84
孝感	891	67.60	247	18.74	17	1.29
荆门	610	64.62	96	10.17	15	1.59
鄂州	121	61.42	35	17.77	7	3.55
潜江	82	67.77	27	22.31	34	28.10
仙桃	63	60.00	7	6.67	0	0.00
天门	70	70.00	10	10.00	3	3.00

资料来源：InCites。

本报告依据合作论文数据绘制了湖北省学术创新合作网络，如图 16 所示。从静态视角来看，2013～2022 年，许多城市之间存在明显的合作关系。武汉作为连接东西和南北的重要交通枢纽，其经济、政治地位较为突出，在整个合作网络中处于中心地带。相较而言，潜江、仙桃、天门等在合作网络中处于边缘地带。一方面，这些城市交通不便，大大阻碍了城市间的学术交流；另一方面，以上地区的高校以及科研院所远不及武汉、宜昌等地，人才培养不足，而人才是一切创新活动的主导者，是社会、经济和科技进步的重要驱动力。

从动态视角来看，2013～2017 年仅主要城市之间学术合作较为频繁，较明显的有武汉与宜昌（550 篇）、武汉与黄石（394 篇）、武汉与荆州（358 篇）。自 2018 年以来，湖北省学术合作逐渐增多，学术合作的范围得以快速扩大，其中武汉与襄阳的合作论文数量明显增加，且武汉的核心地位进一步凸显。作为建设中的国家中心城市、长江经济带核心城市，武汉在湖北省的发展中一直扮演着引领者的角色。近年来，武汉在科技创新、产业升级和社会治理等各个领域都取得了显著的成绩，不断推动湖北省学术创新水平提升。而襄阳与武汉之间存在紧密联系，这种联系涵盖产业发展、科技创新、交通运输、人才培养以及流域综合治理等多个方面，为双方带来了巨大的合作机遇和发展空间。

综合 4 种中心度指标来看，武汉、仙桃、孝感、黄冈、荆州、宜昌、咸宁 7 座城市的学术创新合作表现较为突出（见表 18），在湖北省学术创新合作网络中扮演重要角色，拥有较大的影响力。其中，中介中心度为 0 的城市有荆门、鄂州、襄阳、黄石和潜江，这些城市在合作中处于弱势地位。为激励更多的创新成果产出，提高合作频率，可扶持武汉、仙桃、孝感等中心度高的城市，保持其中心度优势，充分发挥其辐射带动作用，推动区域内学术创新水平梯度化发展，进而形成区域协调发展的格局。

结构洞作为合作网络的一种结构属性，可用来测度网络节点的重要性。如表 18 所示，武汉的有效规模和效率值较高，为湖北省信息和资源等要素的流动构建了路径，使得网络中各城市之间能够进行自由的创新交流与合

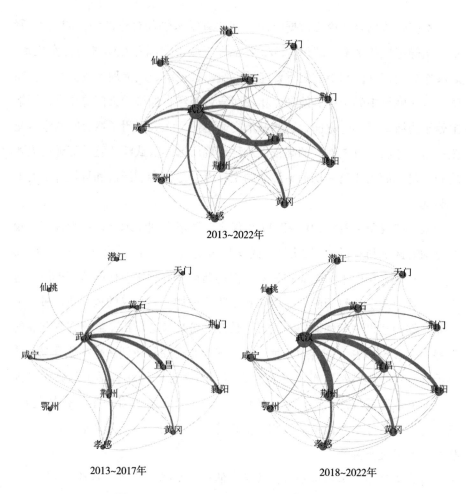

图16 2013~2022年湖北省学术创新合作网络

说明：节点大小表示城市间合作论文数量的多少；连线的粗细程度表示城市之间的合作强度，以合作论文数量来衡量。

资料来源：InCites。

作。同时，武汉的限制度也是最低的，这表明其受到的限制最小，且对其他城市具有较强的控制力和影响力。其次，仙桃和天门的有效规模和效率值处于中上水平，是相对自由的节点。而其余城市的有效规模在2~4，效率值在0.2~0.4，说明这些城市在合作网络中是不够自由的，容易受到其他城市的限制。学术创新强调多知识领域的交叉与融合，武汉具备结构洞优势，对周边城市具有一定的控制力，应以原创科研成果为主要目标，搭建更多合作桥梁，促进其他节点成员的有效规模、效率、合作强度、合作广度等多方面水平的提升。这对于湖北省提高突破性研究成果的产出、增强学术协同合作创新将起到积极作用。

表 18　湖北省学术创新合作网络中心度和结构洞指标

城市	中心度				结构洞			
	点度中心度	中介中心度	接近中心度	特征向量中心度	有效规模	效率	限制度	等级度
武汉	1.00	0.01	1.00	1.00	11.36	0.95	0.20	0.29
仙桃	1.00	0.01	1.00	1.00	6.69	0.56	0.92	0.69
天门	0.92	0.01	0.92	0.93	5.38	0.49	0.96	0.68
荆门	0.92	0.00	0.92	0.94	3.97	0.36	1.02	0.70
鄂州	0.83	0.00	0.86	0.87	3.47	0.35	1.01	0.70
孝感	1.00	0.01	1.00	1.00	3.12	0.26	1.06	0.74
黄冈	1.00	0.01	1.00	1.00	3.10	0.26	1.05	0.75
襄阳	0.92	0.00	0.92	0.94	2.97	0.27	1.05	0.74
荆州	1.00	0.01	1.00	1.00	2.90	0.24	1.04	0.78
宜昌	1.00	0.01	1.00	1.00	2.68	0.22	1.04	0.79
咸宁	1.00	0.01	1.00	1.00	2.63	0.22	1.07	0.75
黄石	0.92	0.00	0.92	0.94	2.38	0.22	1.07	0.76
潜江	0.67	0.00	0.75	0.70	2.25	0.28	1.16	0.64

4.学术创新主体

学术创新成果产出数量可以有效衡量创新主体的科研实力和研发效率。湖北省学术论文数量排名前二十的机构如表19所示。20家机构均为高校，而高校作为学术研究与科研创新的重要机构，能够为学术创新提供优质的资源和平台。其中，华中科技大学与武汉大学论文数量可观且远超同省其他高校，在湖北省学术创新方面处于领先地位，其学术创新水平可见一斑。作为首批"双一流"建设高校，论文数量位列第一的华中科技大学采取多种举措深化教育教学改革，坚持开放式办学理念，积极开展全方位、多层次的国际交流与合作，为学校的学术创新提供了优质的人才队伍和丰富的学术资源。同时，依托武汉光电国家研究中心及众多国家重大科研基地，学校在临床医学、材料工程等学科领域表现尤为突出并产出诸多学术论文，使学校学术创新走在地方高校前列。论文数量排名第二的武汉大学同样具有突出的学术创新竞争力。作为历史悠久的综合性大学，武汉大学学科门类齐全，科研实力雄厚，其参与的国家社科基金课题、教育部社科课题数量均居全国高校前列，在地球科学与环境学、化学科学、环境工程、临床医学等多个学科领域实力非凡，取得了一批具有重大理论意义与应用价值的学术成果。其余进入前十的高校还有武汉理工大学、中国地质大学（武汉）、华中农业大学、华中师范大学和武汉科技大学等。

从城市分布情况看，在前20所高校中有16所位于武汉，足以彰显武汉卓越的学术创新能力。武汉是全国教育大市和重要科技教育中心，在"问津求真，追求卓越，立德树人"的武汉教育精神激励和引领下，武汉基本建立起比较完备的现代教育体系，拥有"985"大学2所、"211"大学7所，建立健全学术评价机制，形成努力创新、力求精品的正确学术研究导向，拥有丰富的高校资源、独特的人才优势与完善的机制保障。荆州的长江大学和宜昌的三峡大学分别位列第九、第十，两地能够跻身前列，可以窥见近年来两地在教育投入和教育质量等方面取得的重大突破。此外，襄阳、黄石分别有一所学校入围，而其余城市尚未入榜。

表19　湖北省学术创新的主要机构及其主要学科领域学术论文发表情况

单位：篇

排名	机构	论文数量	城市	主要学科领域
1	华中科技大学	82246	武汉	临床医学（14709），物理科学（13658），化学科学（12543），材料工程（11019），生物科学（9715）
2	武汉大学	64116	武汉	地球科学与环境学（11342），化学科学（10652），环境工程（8841），临床医学（8514），生物科学（7316）
3	武汉理工大学	23511	武汉	材料工程（8572），化学科学（7218），物理科学（4425），环境工程（3905），地球科学与环境学（2431）

续表

排名	机构	论文数量	城市	主要学科领域
4	中国地质大学（武汉）	22109	武汉	地球科学与环境学（11829），环境工程（4700），化学科学（2926），其他工程与技术（2006），材料工程（1930）
5	华中农业大学	20332	武汉	生物科学（9715），农业生物技术（3022），化学科学（3002），农业、林业、渔业（2732），地球科学与环境学（2520）
6	华中师范大学	10970	武汉	物理科学（2985），化学科学（2477），数学（1421），生物科学（1049），地球科学与环境学（737）
7	武汉科技大学	9088	武汉	材料工程（3110），化学科学（1952），物理科学（1209），环境工程（966），地球科学与环境学（765）
8	湖北大学	7580	武汉	化学科学（3023），材料工程（2034），物理科学（1296），生物科学（929），环境工程（830）
9	长江大学	7198	荆州	生物科学（1485），地球科学与环境学（1377），化学科学（912），环境工程（870），其他工程与技术（585）
10	三峡大学	6323	宜昌	化学科学（1290），材料工程（784），地球科学与环境学（703），物理科学（692），生物科学（676）
11	武汉工程大学	6064	武汉	化学科学（2565），材料工程（1648），物理科学（1336），环境工程（784），地球科学与环境学（591）
12	湖北工业大学	5527	武汉	化学科学（1571），材料工程（934），其他工程与技术（867），物理科学（821），电气工程、电子工程、信息工程（643）
13	中南民族大学	3748	武汉	化学科学（1435），生物科学（518），材料工程（462），基础医学（417），物理科学（353）
14	武汉纺织大学	3333	武汉	化学科学（1402），材料工程（1299），物理科学（512），环境工程（307），化学工程（278）
15	中南财经政法大学	2855	武汉	经济学和管理学（973），地球科学与环境学（458），计算机与信息科学（402），数学（390），电气工程、电子工程、信息工程（282）
16	江汉大学	2640	武汉	化学科学（749），材料工程（435），地球科学与环境学（431），生物科学（340），环境工程（304）

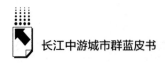

续表

排名	机构	论文数量	城市	主要学科领域
17	武汉轻工大学	2611	武汉	化学科学(679),其他工程与技术(546),生物科学(515),其他农业科学(439),材料工程(257)
18	中国人民解放军海军工程大学	2188	武汉	电气工程、电子工程、信息工程(681),物理科学(528),机械工程(410),其他工程与技术(354),环境工程(315)
19	湖北文理学院	1921	襄阳	化学科学(424),临床医学(328),生物科学(235),材料工程(220),基础医学(191)
20	湖北师范大学	1809	黄石	化学科学(528),物理科学(361),数学(322),电气工程、电子工程、信息工程(240),材料工程(226)

资料来源：Web of Science。

本报告基于合作论文数量绘制了湖北省学术创新的主要机构合作网络，如图17所示。从静态视角来看，在2013~2022年的合作网络中，各机构大都建立起合作关系。其中，华中科技大学、武汉大学、武汉理工大学等7所来自武汉的高校分别与其余机构开展了一定程度的合作，可见武汉作为湖北省学术创新的主要策源地，具有创新能力强、辐射范围广、发展潜力大等典型特征，在湖北省学术创新合作网络中发挥了积极作用。同时，各高校积极开展合作交流有利于实现创新资源多样化，各高校得以共享学术资源，加速学术创新成果产出。

从动态视角来看，2013~2017年，较多机构之间展开了合作交流，其中武汉大学与华中科技大学合作强度较高，其余机构之间交流合作相对较少。2018~2022年，合作范围进一步扩大，各机构之间的合作关系明显加强，以华中科技大学、武汉大学为首的机构作为网络中心，起到了重要的辐射作用。两校作为湖北省综合实力较强的创新成果产地，坚决扛起"一主引领"责任，促进湖北"建成支点、走在前列、谱写新篇"，推动中部地区高质量发展。此外，华中科技大学与武汉理工大学的合作关系进一步加强，两校科研实力和行业背景优势均较为突出，可为学校整体建设和高质量发展创造更加有利的条件。近年来，华中科技大学和武汉理工大学深化交流合作，取得了丰硕成果。两校坚持开放导向，加强战略沟通；坚持创新导向，培育新的合作动力；坚持包容导向，增进交流互鉴。

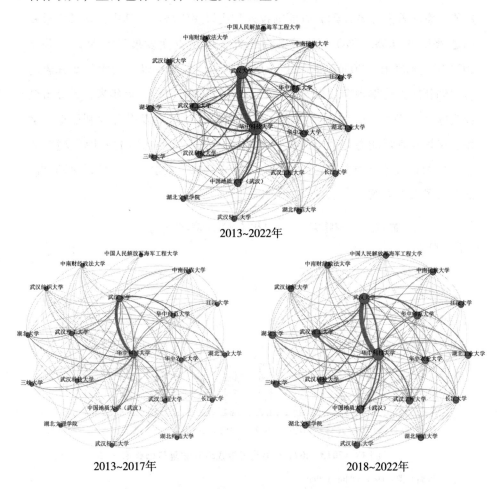

2013~2022年

2013~2017年   2018~2022年

图17　2013~2022年湖北省学术创新的主要机构合作网络

说明：节点大小表示机构间合作论文数量的多少；连线的粗细程度表示机构之间的合作强度，以合作论文数量来衡量。

（二）湖北省的技术创新发展态势

1.技术创新产出

授权专利数量可以反映该地区的技术创新活力、科研实力和创新成果，从而为评估其技术创新水平提供了一个定量指标。2013~2022 年湖北省授权专利数量及其增长率如图 18 所示。湖北省的授权专利数量呈现逐年增长的趋势，意味着湖北省在创新方面的投入和成果逐年增加，其中，增长率最高的是 2015 年（55.35%），显示出湖北省在创新方面发展态势良好，并于 2022 年达到峰值（30367 件）。以上数据表明，湖北省以专利为重要标志的自主创新能力正得到有效提升，专利工作取得积极成效。近年来，湖北省全面实施《中华人民共和国专利法》及知识产权战略，以提升专利创造、运用、保护和管理能力为重点，以构建激励创新、公平有序的发展环境为内容，鼓励和引导市场主体运用专利制度提高其核心竞争力，为建设创新型湖北提供了有力支撑。

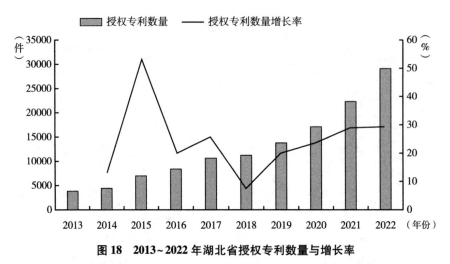

图 18　2013~2022 年湖北省授权专利数量与增长率

资料来源：Derwent Innovation。

为反映不同城市的技术创新发展状况，本报告进一步统计了湖北省各地级市的授权专利及高被引专利数量，如表 20 所示。其中，武汉作为湖北省的经济和技术创新中心，其授权专利数量远超其他城市，达到 110844 件。宜昌、襄阳、孝感和荆州的授权专利数量也较为突出，这些城市在技术创新方面具有较强的实力和潜力。相比之下，黄石、黄冈、鄂州、咸宁、仙桃、潜江和天门的授权专利数量相对较少。从城市群整体来看，区域内授权专利数量差距较大，仅武汉一座城市就占据了区域内超过八成的比例。高被引专利对科技创新和技术进步具有重要意义，它们可能代表着关键的技术突破和创新成果，对推动相关领域的发展和解决实际问题有指导性意义。数据结果显示，武汉的高被引专利数量遥遥领先，达到12271件，其次为宜昌和孝感。总的来说，湖北省各城市的技术发展状况存在差异，不同城市应根据自身优势和特点，加强技术创新，促进高技术产业发展，推动经济发展和城市竞争力提升。

表20 湖北省各地级市授权专利与高被引专利数量

单位：件

城市	授权专利		高被引专利	
	数量	排名	数量	排名
武汉	110844	1	12271	1
宜昌	6605	2	452	2
襄阳	4020	3	190	4
孝感	2863	4	207	3
荆州	2307	5	158	5
荆门	1984	6	90	6
黄石	1668	7	69	7
黄冈	1300	8	63	8
鄂州	945	9	52	9
咸宁	862	10	31	11
仙桃	319	11	32	10
潜江	145	12	14	12
天门	96	13	4	13

资料来源：Derwent Innovation。

2. 技术创新布局

通过分析授权专利的技术领域分布，可以揭示各个城市的技术特长和优势领域。基于OECD技术领域分类和战略性新兴产业描绘湖北省的技术创新布局，结果如表21所示。从技术领域看，计算机技术，测量，材料与冶金，电气机械、仪器与能源是武汉的主要技术聚焦点。此外，半导体也在武汉的技术创新中占据了一席之地。经过十多年的发展以及大力推动，武汉已建成包括设计、制造、封装、材料、设备等在内的完备的集成电路产业链，并形成了以东湖高新区为牵引，以江夏区、洪山区、青山区为重要支撑区的武汉产业之"芯"。宜昌的主要技术领域为土木工程，电气机械、仪器与能源，其他特殊机械和材料与冶金。襄阳则在机械设备、材料与冶金、交通运输、基础材料化学和电气机械、仪器与能源等领域表现突出。

战略性新兴产业往往处于技术创新的前沿，涵盖了许多重要的领域，具有较高的技术含量、创新性和市场潜力。武汉作为中国的重要中心城市，拥有发达的电子核心产业，为当地经济增长和科技创新提供了强有力的支撑。同时，武汉在智能制造、人工智能领域的相关设备制造、技术研发和产业应用方面的产业集群颇具优势。对宜昌而言，其在智能电网产业、智能制造装备产业、海洋工程装备产业、先进石化化工新材料、先进环保产业等领域更具竞争力。近年来，宜昌围绕产业基础高级化、产业链现代化，全力推进绿色化工产业延链补链强链，化工产业核心竞争力和辐射带动力不断增强。襄阳不断完善产业扶持政策，推动战略性新兴产业驶入发展快车道，初步形成了包括智能制造装备产业、先进石化化工新材料、先进无机非金属材料、先进环保产业等在内的战略性新兴产业体系。

表 21　湖北省的主要技术领域及战略性新兴产业的授权专利情况

单位：件

城市	主要技术领域	战略性新兴产业
武汉	计算机技术(17197)，测量(9607)，材料与冶金(8145)，电气机械、仪器与能源(7759)，半导体(7123)，土木工程(6673)，数字通信(5992)，光学(5116)，生物技术(5011)，机械设备(4792)	电子核心产业(12373)，智能制造装备产业(6589)，人工智能(6309)，下一代信息网络产业(5878)，生物农业及相关产业(4562)，先进环保产业(4198)，先进石化化工新材料(3894)，智能电网产业(3689)，生物医学工程产业(3561)，新技术与创新创业服务(3413)

续表

城市	主要技术领域	战略性新兴产业
宜昌	土木工程(896),电气机械、仪器与能源(666),其他特殊机械(547),材料与冶金(519),测量(514),有机精细化工(427),化学工程(401),机械设备(387),操作(335),计算机技术(328)	智能电网产业(463),智能制造装备产业(421),海洋工程装备产业(394),先进石化化工新材料(377),先进环保产业(321),生物农业及相关产业(302),生物医药产业(290),先进无机非金属材料(252),其他生物业(229),资源循环利用产业(190)
襄阳	机械设备(538),材料与冶金(394),交通运输(391),基础材料化学(381),电气机械、仪器与能源(375),其他特殊机械(335),测量(235),土木工程(211),化学工程(204),操作(190)	智能制造装备产业(348),先进石化化工新材料(279),先进无机非金属材料(141),先进环保产业(116),新能源汽车装置、配件制造(82),资源循环利用产业(65),先进钢铁材料(62),生物医药产业(60),生物农业及相关产业(58),智能电网产业(56)
孝感	机械设备(359),其他特殊机械(321),电气机械、仪器与能源(254),测量(234),机械元件(184),交通运输(183),材料与冶金(162),基础材料化学(159),高分子化学(159),纺织和造纸机械(152)	智能制造装备产业(393),先进石化化工新材料(352),电子核心产业(106),卫星及应用产业(104),生物农业及相关产业(92),先进无机非金属材料(88),高性能纤维及制品和复合材料(80),其他生物业(73),智能电网产业(66),生物医药产业(65)
荆州	土木工程(377),基础材料化学(265),其他特殊机械(257),机械设备(169),测量(150),有机精细化工(146),化学工程(122),高分子化学(103),食品化学(102),材料与冶金(98)	智能制造装备产业(254),先进石化化工新材料(246),生物农业及相关产业(199),新技术与创新创业服务(152),先进环保产业(81),生物医学工程产业(80),生物医药产业(65),其他生物业(62),先进无机非金属材料(58),资源循环利用产业(45)
荆门	电气机械、仪器与能源(259),材料与冶金(237),交通运输(199),其他特殊机械(189),化学工程(165),机械设备(157),基础材料化学(119),土木工程(113),操作(111),有机精细化工(96)	智能制造装备产业(156),资源循环利用产业(138),航空装备产业(135),先进石化化工新材料(117),先进环保产业(99),生物医药产业(91),新能源汽车装置、配件制造(85),生物农业及相关产业(79),生物医学工程产业(76),先进无机非金属材料(74)

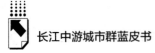

续表

城市	主要技术领域	战略性新兴产业
黄石	材料与冶金(266),机械设备(195),有机精细化工(132),化学工程(126),其他特殊机械(113),电气机械、仪器与能源(88),操作(88),基础材料化学(74),环境技术(74),医疗技术(71)	智能制造装备产业(179),生物医药产业(125),先进钢铁材料(119),先进石化化工新材料(116),先进环保产业(105),资源循环利用产业(90),其他生物业(77),先进无机非金属材料(69),生物农业及相关产业(67),生物医学工程产业(59)
黄冈	材料与冶金(156),有机精细化工(145),机械设备(122),其他特殊机械(120),化学工程(116),基础材料化学(93),土木工程(91),电气机械、仪器与能源(78),食品化学(70),制药(69)	生物医药产业(108),先进石化化工新材料(84),生物农业及相关产业(82),先进环保产业(80),智能制造装备产业(78),资源循环利用产业(72),先进无机非金属材料(65),其他生物业(62),先进有色金属材料(34),生物医学工程产业(25)
鄂州	材料与冶金(146),机械设备(134),其他特殊机械(82),基础材料化学(66),医疗技术(61),计算机技术(55),高分子化学(49),测量(48),化学工程(47),制药(46)	先进钢铁材料(108),智能制造装备产业(99),先进石化化工新材料(81),生物医学工程产业(77),生物医药产业(64),电子核心产业(48),先进环保产业(26),其他生物业(24),先进无机非金属材料(20),轨道交通装备产业(19)
咸宁	其他特殊机械(129),电气机械、仪器与能源(82),化学工程(77),机械设备(74),材料与冶金(73),基础材料化学(62),纺织和造纸机械(54),土木工程(45),食品化学(40),操作(33)	智能制造装备产业(1559),智能电网产业(1071),人工智能(1056),电子核心产业(1016),高效节能产业(758),生物医学工程产业(707),前沿新材料(660),下一代信息网络产业(655),先进有色金属材料(572),先进环保产业(547)
仙桃	材料与冶金(55),其他特殊机械(38),有机精细化工(38),纺织和造纸机械(36),高分子化学(36),基础材料化学(32),机械元件(26),化学工程(24),表面技术与涂层(20),制药(18)	先进石化化工新材料(105),先进环保产业(33),下一代信息网络产业(29),先进无机非金属材料(29),新兴软件和新型信息技术服务(23),生物医药产业(23),生物农业及相关产业(22),智能制造装备产业(18),高性能纤维及制品和复合材料(18),其他生物业(17)

城市	主要技术领域	战略性新兴产业
潜江	有机精细化工(34),其他特殊机械(20),土木工程(17),材料与冶金(12),化学工程(12),基础材料化学(8),环境技术(7),纺织和造纸机械(6),测量(6),表面技术与涂层(5)	先进石化化工新材料(26),先进环保产业(24),生物医药产业(18),生物农业及相关产业(17),资源循环利用产业(17),新技术与创新创业服务(13),其他生物业(10),智能制造装备产业(5),高性能纤维及制品和复合材料(5),生物医学工程产业(5)
天门	有机精细化工(18),材料与冶金(9),化学工程(9),纺织和造纸机械(8),电气机械、仪器与能源(8),其他特殊机械(6),环境技术(6),土木工程(4),基础材料化学(4),高分子化学(4)	智能制造装备产业(74),先进石化化工新材料(47),先进无机非金属材料(32),生物医药产业(28),先进钢铁材料(27),生物农业及相关产业(23),电子核心产业(20),先进环保产业(20),生物医学工程产业(19),资源循环利用产业(18)

资料来源：Derwent Innovation、智慧芽专利数据库平台。

为能够更加清晰地揭示城市之间的技术相似程度，本报告基于 OECD 技术领域分布情况计算出湖北省城市与城市之间的技术相似度，如图 19 所示。黄冈和黄石的技术相似度最高，为 94.9%，这两座城市在地理上接壤，在技术结构上也具有许多共同点，材料与冶金、有机精细化工、机械设备是它们的主流技术领域。孝感、襄阳、荆门也具有较高的技术相似度，这些城市之间可以相互借鉴、合作和竞争，促进技术创新和产业升级。省会城市武汉与宜昌的技术相似度达到 78.0%。总的来看，武汉与其余城市的技术相似度处于较低水平，武汉作为湖北省乃至长江中游城市群的创新高地，具有突出的技术创新能力和更为前沿的技术结构，导致其与省内其他地区存在明显差异。宜昌与多座城市间的技术相似度较高，意味着其在积极寻求与其他城市的相关机构进行技术合作和交流，共同解决技术难题，进而提高技术水平和市场竞争力。仙桃和武汉的技术相似度相对较低，说明这两座城市在技术上可能更具特殊性，技术结构差异性大可能导致合作难度增大。当前，湖北省正加快构筑以武汉、襄阳、宜昌为中心的"三大都市圈"引领，"三大发

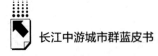

展带"支撑的空间结构，要加强各类政策协调配合，形成共促高质量发展的合力，促进区域优势互补、各展其长。

武汉	100.0%												
宜昌	78.0%	100.0%											
襄阳	67.9%	84.7%	100.0%										
孝感	68.9%	83.5%	94.5%	100.0%									
荆州	67.1%	91.5%	79.7%	77.7%	100.0%								
荆门	67.6%	88.7%	94.3%	89.3%	76.0%	100.0%							
黄石	65.8%	82.1%	85.8%	81.1%	73.6%	87.3%	100.0%						
黄冈	63.0%	87.4%	85.3%	82.2%	83.8%	88.6%	94.9%	100.0%					
鄂州	74.4%	78.2%	85.3%	82.8%	74.3%	81.4%	92.5%	87.4%	100.0%				
咸宁	66.2%	86.1%	88.0%	90.4%	82.4%	90.9%	86.0%	90.0%	84.8%	100.0%			
仙桃	48.9%	68.1%	73.2%	74.9%	67.6%	74.6%	83.1%	87.6%	79.0%	81.0%	100.0%		
潜江	49.4%	77.4%	61.6%	61.5%	76.8%	69.0%	71.6%	83.7%	60.8%	69.5%	74.5%	100.0%	
天门	53.7%	75.6%	67.6%	69.0%	65.6%	75.4%	78.9%	86.4%	68.3%	74.2%	82.5%	87.9%	100.0%
	武汉	宜昌	襄阳	孝感	荆州	荆门	黄石	黄冈	鄂州	咸宁	仙桃	潜江	天门

图 19　湖北省基于 OECD 技术领域分布的技术相似度矩阵

资料来源：Derwent Innovation。

　　海外专利布局可以有效保护企业的知识产权，防止侵权和技术泄露。表22 展示了湖北省专利家族的国家/地区分布情况。中国大陆是湖北省的首要专利申请地，超过 13 万件专利得到国家知识产权局的授权，世界知识产权组织的专利授权数量处于第 2 位。美国是湖北省授权专利的第三大专利申请目的地，其次为日本。一方面，美国和日本在很多领域有着领先的技术和市场优势，中国企业在这些领域需要获取更多的技术和市场资源，因此，在这些国家申请专利可以更好地获取资源；另一方面，美国和日本的市场规模较大，具有较高的消费能力和购买力，中国企业在这些国家申请专利可以更好地拓展海外市场，进而提高国际竞争力。

表 22　湖北省授权专利的主要专利家族国家/地区分布

单位：件

排序	专利家族国家/地区	授权专利数量
1	中国	132860
2	美国	7291
3	日本	1081

排序	专利家族国家/地区	授权专利数量
4	中国台湾	912
5	韩国	768
6	印度	404
7	澳大利亚	317
8	加拿大	249
9	巴西	246
10	俄罗斯	236
11	印度尼西亚	156
12	马来西亚	146
13	新加坡	141
14	南非	134
15	越南	133
16	中国香港	122
17	英国	110
18	德国	86
19	墨西哥	85
20	西班牙	73

资料来源：Derwent Innovation。

　　为深入分析湖北省各个城市在国际市场上的技术创新表现，本报告统计了各城市的 PCT 申请专利数量、海外专利数量、非单方专利数量和三方专利数量（见表 23）。PCT 申请专利可以在全球范围内向企业的技术和知识产权提供保护，以便企业在国际市场上开展业务和应对竞争对手。武汉在 PCT 申请专利上遥遥领先，其次是襄阳和荆门。武汉的海外专利申请量高达 7585 件，说明该地的创新主体在技术创新方面具有较强的实力，相关实体积极拓展国际市场以更好地把握经济全球化带来的机遇和挑战。但是，其余 12 座城市的海外专利数量均不足 100 件。这说明除省会城市武汉之外，湖北省各地均缺乏对国际化发展的投资倾向。非单方专利体现了企业在两个及以上国家（地区）的专利局提交申请的授权专利，这些专利往往具有更高的价值。非单方专利数量位于第一梯队的城市是武汉、荆州、宜昌、襄阳和鄂州。三方专利是欧洲专利局、日本专利局、美国专利与商标局保护同一发明的一组专利，通常具有较高的价值。表23的统计结果显示，部分城市没有三方专利。在拥有三方专利的8座城市中，武汉以645件遥遥领先，而鄂州、潜江、宜昌、荆门、黄石、襄阳和荆州的三方专利屈指可数。

总的来说，武汉在专利的海外布局方面表现十分突出，其余城市则聚焦于本土市场，在技术创新和国际市场开拓方面不具优势。随着经济全球化的加速和技术进步的不断推进，全球市场对企业的重要性越来越大。在全球市场上，技术创新是影响企业竞争力的关键因素之一。海外市场可以帮助企业获取更多的技术资源和市场机会，推动企业的技术创新和发展。因此，建议湖北省的相关创新主体重视海外市场，积极开展国际化战略，加强与国外企业的合作和交流，获取更多的技术资源和市场机会，提高区域的全球竞争力和市场占有率。

表23　湖北省的PCT申请专利、海外专利、非单方专利及三方专利数量与排名

单位：件

城市	PCT申请专利		海外专利		非单方专利		三方专利	
	数量	排名	数量	排名	数量	排名	数量	排名
武汉	9126	1	7585	1	7043	1	645	1
宜昌	77	4	68	2	42	3	8	2
襄阳	172	2	45	4	37	4	3	7
孝感	47	7	17	9	14	7	0	9
荆州	57	5	47	3	45	2	1	8
荆门	89	3	24	5	18	6	7	5
黄石	46	8	21	6	10	9	5	6
黄冈	54	6	19	8	13	8	0	9
鄂州	44	9	21	6	20	5	8	2

城市	PCT申请专利		海外专利		非单方专利		三方专利	
	数量	排名	数量	排名	数量	排名	数量	排名
咸宁	26	10	5	11	5	11	0	9
仙桃	10	11	3	13	3	12	0	9
潜江	7	13	11	10	7	10	8	2
天门	9	12	4	12	2	13	0	9

资料来源：Derwent Innovation。

3. 技术创新协作

专利联合申请促进了不同实体之间的技术合作和研发。申请人可以共同投入资源和知识，完成专利的创新性研究，从而提高技术创新水平。本报告依据专利联合申请数据绘制了湖北省的技术创新合作网络，如图20所示。从城市的合作范围来看，武汉的合作范围最为广泛，与11座省内城市开展了技术交流，其次是襄阳和黄石，分别与5座城市进行了技术合作。从城市的合作强度来看，武汉和鄂州的合作关系最为密切，其次是武汉和襄阳。同时，武汉与宜昌、黄冈、黄石等地的交流与合作较为密切。

从动态视角来看，2013～2017年，武汉与宜昌、襄阳之间合作十分紧密，但自2018年以来，武汉与鄂州在科技创新、产业发展、基础设施、生活融入等方面合作逐步深入，鄂州成为武汉主要的合作伙伴之一，武鄂协同发展驶入快车道。由此可见，武汉作为湖北的省会城市，不仅是技术创新领域的佼佼者，而且在专利交流与合作方面也起着重要的纽带作用。武汉积极参与专利交流与合作，与湖北省不同地区的机构开展专利合作，为湖北省的科技创新和知识产权保护做出了重要贡献。当前，由武汉、宜昌、襄阳构成的"一主两副"城市集群，是湖北省"一元多层次"战略体系中城市增长极的核心。"一主两副"中心城市率先实现跨越式发展，不仅凸显中心城市的增长极作用，更符合中心城市带动区域经济发展的规律。提升武汉、襄阳和宜昌这三大中心城市的发展水平，强化它们的集聚和辐射带动功能，将有助于促进武汉城市圈的协调发展。

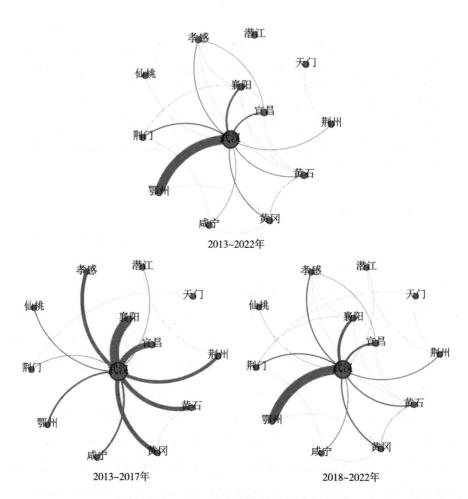

图20　2013~2022年湖北省技术创新合作网络

说明：节点大小表示城市授权专利数量的多少；连线的粗细程度表示城市之间的合作强度，以合作专利数量来衡量。

表24展示了在湖北省技术创新合作网络中各节点中心度和结构洞指标的测度结果。可以看出，武汉在这4种中心度指标中的数值均较高，它的点度中心度为0.92、中介中心度为0.63、接近中心度为0.92、特征向量中心度为1.00，说明武汉在网络中的连接作用较强，能够加强网络中其他节点之间的联系和促进信息传递；同时武汉在合作网络中具有较大的

影响力和控制力，具有增强其他节点之间联系的能力。其他城市的点度中心度、中介中心度和特征向量中心度数值相对较低，说明它们在网络中的地位和影响力相对较弱。其中，襄阳、黄石、宜昌和孝感的点度中心度和特征向量中心度数值较为接近，说明这些城市在网络中的控制力较强，处于核心位置。

武汉作为湖北省的中心城市，在结构洞相关指标中表现较为突出。它拥有最大的有效规模（10.84），意味着其在结构洞中有较多的节点参与合作。同时，武汉的效率值较高，说明武汉在结构洞中具有较大的影响力。其余城市在结构洞中的有效规模和效率值均较低，节点之间的联系较为松散。这些城市的限制度有所不同，但大部分表现为较高的限制度，说明它们在合作中缺乏主导性。综上所述，武汉作为湖北省的中心城市具有较高的合作地位和影响力。其他城市需要进一步加强合作和互动，以提升其在社会网络中的地位和影响力，推动整个湖北省技术创新网络的优化和发展。

表 24　湖北省技术创新合作网络中心度和结构洞指标

城市	中心度				结构洞			
	点度中心度	中介中心度	接近中心度	特征向量中心度	有效规模	效率	限制度	等级度
武汉	0.92	0.63	0.92	1.00	10.84	0.99	0.26	0.61
襄阳	0.42	0.04	0.63	0.67	1.26	0.25	1.11	0.69
黄石	0.42	0.02	0.60	0.67	1.90	0.38	1.13	0.54
宜昌	0.33	0.00	0.57	0.59	1.43	0.36	1.14	0.52
孝感	0.33	0.00	0.57	0.59	1.61	0.40	1.22	0.44
荆门	0.33	0.10	0.60	0.45	2.21	0.55	1.31	0.51
黄冈	0.33	0.02	0.57	0.48	1.63	0.41	1.36	0.44
荆州	0.25	0.06	0.57	0.29	2.09	0.70	0.89	0.89
咸宁	0.25	0.01	0.57	0.40	1.14	0.38	1.33	0.32
鄂州	0.17	0.00	0.52	0.30	1.00	0.50	1.02	0.88
潜江	0.17	0.00	0.55	0.27	1.00	0.50	1.84	0.00
天门	0.17	0.01	0.43	0.16	2.00	1.00	0.50	0.00
仙桃	0.08	0.00	0.50	0.20	1.00	1.00	1.00	1.00

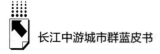

4. 技术创新主体

授权专利数量用以反映各创新主体的创新精神和创新能力。对所含授权专利数量排名前二十的机构进行分析，结果如表 25 所示。学术发展与科技创新是高水平研究型大学的重要职责。湖北省拥有丰富的高校资源和人才优势，因此，以华中科技大学、武汉大学、武汉理工大学、华中农业大学、中国地质大学（武汉）等为代表的高校成为湖北省技术创新的源泉。其中，华中科技大学以 12397 件授权专利数量高居榜首，其作为华中地区的顶尖高校之一，大力促进科技成果转化落地，为区域经济建设服务，彰显出雄厚的技术创新实力。排名第二的武汉大学同样是"双一流"建设高校，学校面向国家重大需求开展科研攻关，积极参与国家战略科技力量建设，技术创新成果斐然。半导体、集成电路相关企业在技术创新方面具有突出的竞争力，在湖北省技术创新的主要机构中有 3 家属于集成电路行业，包括武汉华星光电半导体显示技术有限公司、长江存储科技有限责任公司和武汉天马微电子有限公司。目前，武汉已建立起一体化的集成电路产业链，覆盖各个关键环节。值得一提的是，武汉东湖高新区因其先进的技术水平成为这一产业链的代表，其在武汉乃至全国范围内都享有较高的声誉，被誉为集成电路产业的集聚地。此外，东风汽车有限公司、武汉钢铁股份有限公司、烽火通信科技股份有限公司等企业也积极开展技术创新活动。

从城市分布情况来看，在湖北省技术创新前 20 名的机构中，有 19 家来自武汉。作为国家中心城市、长江经济带核心城市、"一主引领"的龙头城市，武汉通过建设创新平台、强化创新主体、推进成果转化、聚焦创新人才，推动全域协同创新，增强创新策源能力，不断提高研发投入强度、创新要素集中度和创新成果显示度。此外，还有一家机构来自宜昌，即三峡大学。当前，三峡大学已成长为一所综合性大学，以水利电力为特色，具有显著优势，在综合办学实力上表现出色，享有较高的社会声誉，并拥有巨大的发展潜力。在创新发展方面，该校在省内处于领先水平。

表25 湖北省技术创新的主要机构及其主要技术领域授权专利数量

单位：件

排名	机构	授权专利数量	城市	主要技术领域
1	华中科技大学	12397	武汉	计算机技术(2656)，电气机械、仪器与能源(1706)，测量(1463)，材料与冶金(717)，数字通信(674)
2	武汉大学	7515	武汉	计算机技术(2429)，测量(1093)，电气机械、仪器与能源(670)，生物技术(404)，数字通信(387)
3	武汉理工大学	7171	武汉	材料与冶金(1360)，计算机技术(717)，测量(714)，电气机械、仪器与能源(695)，交通运输(594)
4	武汉华星光电半导体显示技术有限公司	5846	武汉	半导体(2876)，视听技术(1970)，光学(1923)，计算机技术(963)，电气机械、仪器与能源(300)
5	东风汽车有限公司	2712	武汉	交通运输(1124)，发动机、泵与涡轮机(455)，测量(273)，机械元件(255)，电气机械、仪器与能源(224)
6	华中农业大学	2638	武汉	生物技术(1329)，食品化学(704)，其他特殊机械(462)，基础材料化学(260)，制药(240)
7	武汉钢铁股份有限公司	2449	武汉	材料与冶金(1409)，机械设备(411)，表面技术与涂层(197)，基础材料化学(170)，测量(68)
8	中国地质大学（武汉）	2415	武汉	计算机技术(615)，测量(329)，土木工程(321)，材料与冶金(182)，电气机械、仪器与能源(149)
9	三峡大学	2400	宜昌	电气机械、仪器与能源(438)，测量(268)，土木工程(253)，计算机技术(251)，有机精细化工(210)
10	湖北工业大学	2392	武汉	材料与冶金(344)，计算机技术(286)，食品化学(227)，生物技术(206)，高分子化学(200)
11	武汉科技大学	2327	武汉	材料与冶金(835)，计算机技术(257)，测量(144)，电气机械、仪器与能源(124)，化学工程(119)
12	烽火通信科技股份有限公司	2104	武汉	数字通信(1118)，电信技术(598)，计算机技术(384)，光学(159)，其他特殊机械(62)

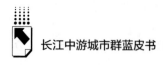

续表

排名	机构	授权专利数量	城市	主要技术领域
13	长江存储科技有限责任公司	1883	武汉	半导体(1546),计算机技术(391),测量(93),光学(44),电气机械、仪器与能源(35)
14	武汉斗鱼网络科技有限公司	1661	武汉	计算机技术(981),数字通信(353),IT管理方法(51),电信技术(19),家具与游戏(18)
15	武汉工程大学	1596	武汉	材料与冶金(284),高分子化学(264),化学工程(219),有机精细化工(216),基础材料化学(207)
16	武汉纺织大学	1454	武汉	材料与冶金(293),计算机技术(160),化学工程(157),环境技术(134),高分子化学(132)
17	武汉船用机械有限责任公司	1371	武汉	机械设备(310),机械元件(280),操作(233),交通运输(206),土木工程(164)
18	武汉天马微电子有限公司	1201	武汉	视听技术(621),半导体(606),计算机技术(226),光学(132),有机精细化工(78)
19	湖北大学	1180	武汉	材料与冶金(172),生物技术(168),基础材料化学(164),高分子化学(153),有机精细化工(134)
20	中冶南方工程技术有限公司	1160	武汉	材料与冶金(410),机械设备(287),热加工和设备(110),操作(65),表面技术与涂层(62)

资料来源：Derwent Innovation、智慧芽专利数据库平台。

基于专利联合申请数据绘制湖北省主要机构的技术创新合作网络，如图21所示。从机构的合作范围来看，华中科技大学的合作范围较为广泛，与14家机构开展了技术交流，其次是武汉大学、武汉理工大学和武汉科技大学。从机构之间的合作强度来看，武汉钢铁股份有限公司分别与武汉科技大学、华中科技大学开展了紧密的合作，说明该企业积极开展校企合作。此外，华中科技大学与武汉大学、武汉理工大学之间的交流与合作较为密切。省内合作促进了知识的共享和传递，有助于创新主体获取更多的机会，开拓更多的合作项目，形成持续的创新生态。

从动态视角来看，2013~2017年，武汉钢铁股份有限公司分别与武汉科技大学、华中科技大学开展了密切的合作，但自2018年以来，其与华中科技大学之间的合作关系逐渐弱化。此时，各个机构技术合作的范围进一步扩大，机构之间的技术合作关系明显加强，武汉大学与华中科技大学之间的合作尤为显著。武汉大学与华中科技大学的合作不仅在科研和学术领域有所体现，还体现在人才培养、社会服务和创新创业等方面，为该地区的科技创新和人才培养做出了积极贡献。这种合作有助于推动湖北省乃至整个长江中游城市群综合实力的提升，促进产学研用深度融合，助力国家的科技创新和经济发展。

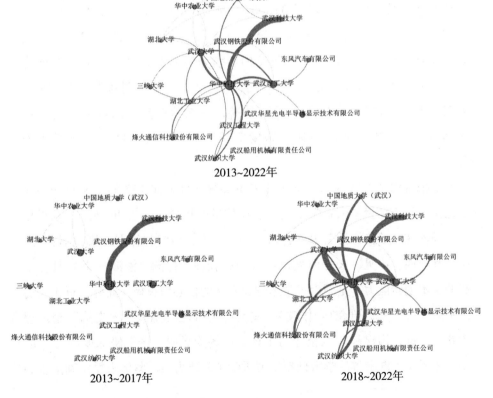

图21　2013~2022年湖北省技术创新主要机构的合作网络

说明：节点大小表示机构授权专利数量的多少；连线的粗细程度表示机构之间的合作强度，以合作专利数量来衡量。

三　长江中游城市群科技创新区域特征：湖南省

（一）湖南省的学术创新发展态势

1. 学术创新产出

学术创新产出成果量与质的积累集中体现了学术创新的规模和水平。2013～2022 年，湖南省学术创新总体规模持续增长，创新体系加速完善。如图 22 所示，2019 年，湖南省学术论文数量达 24966 篇，较上年增加 6061 篇论文，同比增长 32.06%。此后，湖南省的论文数量保持一定的增长态势，但增长率有所下降。综合来看，湖南省的学术创新发展态势良好，这与近年来湖南省坚持创新引领高质量发展、区域创新能力持续提升密不可分。湖南省于 2022 年出台《"三尖"创新人才工程实施方案（2022—2025）》①等一系列举措，旨在营造良好的创新生态，形成创新驱动发展的实践载体、制度安排和环境保障，助推创新活力的释放。

本报告用 WoS 论文数、通讯作者论文数、排名前 10% 的论文数和高被引论文数作为衡量湖南省学术创新总体质量的指标，如表 26 所示。结果显示，长沙在 4 项指标排名中均名列第一，湘潭、衡阳和株洲分别位居第二、第三和第四。可见，长株潭城市群（包括长沙、株洲、湘潭三市）具备卓越的学术创新能力，是湖南省学术创新发展的核心增长极。此外，近年来衡阳不断完善"基础研究+合作攻关+成果转化+科技金融+人才支撑"全过程创新生态链，构建起"以企业为主体、市场为导向、产学研深度融合"的创新体系，为湖南省的学术创新发展贡献了重要力量。整体来看，湖南省的

---

① 《湖南省科学技术厅关于印发〈"三尖"创新人才工程实施方案（2022—2025）〉的通知》（湘科发〔2022〕34 号），湖南省人民政府网站，2022 年 3 月 1 日，http://www.hunan.gov.cn/hnszf/xxgk/wjk/szbm/szfzcbm_19689/skjt/gfxwj_19703/202204/t20220419_22740914.html。

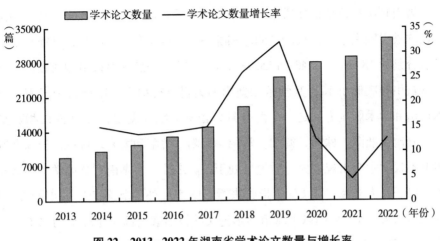

图22 2013~2022年湖南省学术论文数量与增长率

资料来源：Web of Science。

科研活动活跃，学术论文质量较高，以长沙、湘潭为首的城市在学术创新方面展现了突出的实力。为进一步扩大学术产出规模，湖南省可充分发挥头部城市的引领作用，赋能娄底等尾部城市学术创新。

表26 湖南省学术创新产出质量情况

单位：篇

城市	WoS 论文		通讯作者论文		排名前10%的论文		高被引论文	
	数量	排名	数量	排名	数量	排名	数量	排名
长沙	155542	1	118822	1	25102	1	2916	1
湘潭	16313	2	12569	2	2246	2	205	2
衡阳	9644	3	6786	3	1047	3	97	3
株洲	4724	4	3299	4	688	4	74	4
常德	2070	5	1448	5	208	7	20	6
岳阳	1941	6	1378	6	227	5	20	6
益阳	1438	7	1082	7	223	6	53	5
娄底	916	8	653	8	87	8	7	8

资料来源：InCites。

133

被引频次是评估论文质量和学术价值的重要标准之一。综合总被引频次和篇均被引频次来看，长沙、湘潭和株洲的综合排名位居前三，其篇均被引频次分别为18.76、15.43和15.78（见表27）。娄底的总被引频次较低，且篇均被引频次低于10，其学术创新影响力仍有待提升。H指数用于衡量学术产出和学术影响力，是一个混合量化指标。统计发现，长沙的H指数最高，其次为湘潭、株洲、衡阳、常德、岳阳、益阳和娄底。可见，长株潭城市群不仅学术产出规模大，质量也处于较高水准，为湖南省整体学术创新发展提供了有力支撑。从CNCI指数来看，除娄底外的其余7座城市的CNCI指数值均大于1，表明以上城市学术论文的被引表现高于全球平均水平。其中，益阳的CNCI指数最高，达1.68。近年来，益阳积极鼓励本地企业建立高水平的研发机构，推进企业与高校和科研院所开展产学研合作，在提升技术能力、增加研发资金投入、引进高层次人才、提供科研仪器设备等方面给予全方位支持，有助于益阳建立起研发—孵化—产业化成果转化体系，进一步调动创新主体研发投入的积极性。此外，长沙、株洲、湘潭和岳阳的CNCI指数值也较高，体现了以上几座城市较为卓越的学术创新影响能力。

表27 湖南省学术论文被引情况

城市	总被引频次		篇均被引频次		H指数		CNCI指数	
	数量	排名	数量	排名	数值	排名	数值	排名
长沙	2918843	1	18.76	1	289	1	1.33	2
湘潭	251551	2	15.43	3	121	2	1.13	4
衡阳	117259	3	12.16	7	87	4	1.01	6
株洲	74458	4	15.78	2	89	3	1.14	3
常德	27067	5	13.08	5	56	5	1.00	7
岳阳	25926	6	13.36	4	51	6	1.07	5
益阳	18305	7	12.69	6	51	6	1.68	1
娄底	9163	8	9.99	8	33	8	0.97	8

资料来源：InCites。

2. 学术创新布局

了解一个区域研究成果的学科领域分布情况，可以帮助我们洞察该区域的科技创新方向和特点。基于 OECD 分类统计各城市的主要学科领域，以描绘湖南省的学术创新布局，结果如表 28 所示。从一级学科分布情况来看，湖南省各城市的学术论文主要集中在自然科学、工程与技术、医学与健康科学三大学科门类，农业与兽医科学、社会科学、人文与艺术领域发表的学术论文数量相对较少。科技与创新是当今时代的主题，创新在我国现代化建设全局中处于核心地位，湖南省学术创新紧跟国家发展方向，在自然科学、工程与技术、医学与健康科学领域发表大量论文。在农业与兽医科学、社会科学、人文与艺术领域发表论文数量较少，这也与城市的发展现状有一定的关系。

二级学科作为一级学科下的细分小类，有助于进一步揭示各城市的学术创新布局情况。从二级学科分布情况来看，湖南省各城市的学科分布具有一定的相似性，主要集中在化学科学、材料工程、物理科学等领域。受到产业基础的影响，湖南省在化学科学、材料工程、临床医学等领域的研究成果相对较多。同时，在新兴信息技术快速发展的背景下，计算机与信息科学、纳米技术等学科也崭露头角。此外，湖南省的学科分布与其创新主体的优势学科关系密切。湖南省学术创新的主力军是中南大学、湖南大学等高校，它们在化学科学、材料工程、生物科学等方面具备较强的科研实力，为湖南省学术创新产出贡献了中坚力量。

表 28　湖南省基于 OECD 分类的主要学科领域的学术论文发表情况

单位：篇

城市	一级学科	二级学科
长沙	自然科学(91321)，工程与技术(74809)，医学与健康科学(32054)，农业与兽医科学(6558)，社会科学(5154)，人文与艺术(322)	化学科学(28136)，材料工程(27511)，物理科学(21198)，临床医学(18236)，生物科学(16243)，电气工程、电子工程、信息工程(15817)，环境工程(14547)，地球科学与环境学(13606)，计算机与信息科学(12303)，其他工程与技术(12150)

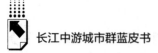

续表

城市	一级学科	二级学科
湘潭	自然科学(11428),工程与技术(8706),医学与健康科学(671),社会科学(405),农业与兽医科学(224),人文与艺术(25)	化学科学(5395),材料工程(3895),物理科学(3078),环境工程(1681),数学(1584),电气工程、电子工程、信息工程(1442),地球科学与环境学(1216),其他工程与技术(1161),计算机与信息科学(1109),机械工程(998)
衡阳	自然科学(5870),医学与健康科学(3120),工程与技术(2910),农业与兽医科学(196),社会科学(185),人文与艺术(4)	化学科学(1877),临床医学(1527),物理科学(1485),生物科学(1381),基础医学(1122),材料工程(755),地球科学与环境学(619),机械工程(547),医学生物技术(503),环境工程(465)
株洲	工程与技术(3015),自然科学(2619),医学与健康科学(548),农业与兽医科学(51),社会科学(51),人文与艺术(3)	材料工程(1385),化学科学(1139),物理科学(900),电气工程、电子工程、信息工程(596),纳米技术(498),其他工程与技术(469),机械工程(450),临床医学(331),环境工程(319),数学(261)
常德	自然科学(1337),工程与技术(623),医学与健康科学(486),农业与兽医科学(204),社会科学(33),人文与艺术(4)	化学科学(374),物理科学(348),生物科学(338),临床医学(235),材料工程(235),基础医学(188),数学(153),其他工程与技术(151),地球科学与环境学(126),计算机与信息科学(119)
岳阳	自然科学(1186),工程与技术(741),医学与健康科学(378),农业与兽医科学(54),社会科学(32),人文与艺术(2)	化学科学(473),材料工程(246),物理科学(202),临床医学(194),生物科学(191),电气工程、电子工程、信息工程(176),环境工程(174),数学(159),地球科学与环境学(135),其他工程与技术(128)
益阳	自然科学(1000),工程与技术(605),医学与健康科学(160),农业与兽医科学(54),社会科学(50),人文与艺术(3)	数学(260),化学科学(249),材料工程(184),物理科学(174),计算机与信息科学(150),地球科学与环境学(147),环境工程(116),其他工程与技术(116),电气工程、电子工程、信息工程(116),生物科学(103)
娄底	自然科学(535),工程与技术(433),医学与健康科学(147),农业与兽医科学(66),社会科学(30),人文与艺术(0)	材料工程(193),化学科学(140),物理科学(130),生物科学(103),临床医学(87),计算机与信息科学(83),电气工程、电子工程、信息工程(80),地球科学与环境学(70),其他工程与技术(64),环境工程(56)

资料来源：Web of Science。

为更加清晰地揭示城市之间学科布局的相似程度，本报告根据各城市在 OECD 二级学科下发表的学术论文数量计算出湖南省各城市之间的学科相似度，如图 23 所示。长沙与其他 7 座城市的学科相似度均达到 90% 以上，其余城市之间的学科相似度同样较高，均超过 75%，可以发现湖南省在学科布局上呈现整体性结构特征。一方面，学科协同发展有利于资源、人才等创新要素的集聚，使得分工效应、集聚效应、规模效应、溢出效应等明显增强，城市群综合竞争力进一步增强，营造了良好的学术创新生态；另一方面，过于相似的学科环境容易使人的思维受到局限，不利于学术合作的良性发展。而跨学科合作有助于打造多样的学术创新环境，进而引入全新的视角和研究方法。由此可见，合适的学科相似度才有助于实现合作效益的最大化，保证学术创新发展的连续性、稳定性和可持续性。

	长沙	湘潭	衡阳	株洲	常德	岳阳	益阳	娄底
长沙	100.0%							
湘潭	90.3%	100.0%						
衡阳	90.9%	77.4%	100.0%					
株洲	93.0%	95.0%	78.3%	100.0%				
常德	93.1%	82.1%	96.1%	83.3%	100.0%			
岳阳	95.9%	92.4%	90.7%	88.3%	91.7%	100.0%		
益阳	91.3%	88.9%	80.4%	84.6%	86.8%	91.4%	100.0%	
娄底	97.9%	88.8%	87.3%	93.0%	92.8%	91.9%	88.6%	100.0%

图 23　湖南省基于 OECD 二级分类的学科相似度矩阵

资料来源：Web of Science。

为更好地展示湖南省学术论文的学科分布特征，本报告基于 WoS 分类统计各城市主要学科领域下的学术论文数量，如表 29 所示。经统计发现，材料科学，跨学科是湖南省学术论文发表数量中占比最大的学科（占比为 12.53%），其次是工程，电气和电子（占比为 7.27%）和物理学，应用

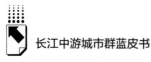

（占比为 6.32%）。此外，湖南省还致力于化学、冶金和冶金工程学、环境科学、纳米科学和纳米技术等领域的研究。从各城市的学科分布情况来看，共性优势学科集群发展态势较为明显。一方面，材料科学、化学、环境工程学等学科较为聚集；另一方面，肿瘤学、生物化学与分子生物学等学科的联系也较为紧密。总体而言，湖南省学科来源广泛，其学科分布呈现近缘学科联系紧密、远缘学科联系薄弱的特征，学科体系呈现扩展和深化态势。

表 29 湖南省的主要 WoS 学科类别学术论文数量

单位：篇

城市	主要 WoS 学科类别
长沙	材料科学,跨学科(20392);工程,电气和电子(12599);物理学,应用(10154);化学,物理(9625);冶金和冶金工程学(8463);化学,跨学科(8296);环境科学(7209);纳米科学和纳米技术(6424);肿瘤学(5704);计算机科学,信息系统(5522);能源和燃料(5263);工程,市政(5166);工程,化学(4821);多学科科学(4708);电信(4555);化学,分析(4531);光学(4470);生物化学与分子生物学(4378);物理学,凝聚态物质(4301);机械学(4108)
湘潭	材料科学,跨学科(3118);化学,物理(1880);物理学,应用(1550);化学,跨学科(1475);工程,电气和电子(1011);数学,应用(923);纳米科学和纳米技术(909);物理学,凝聚态物质(895);冶金和冶金工程学(874);工程,化学(821);能源和燃料(820);环境科学(625);电化学(568);化学,分析(534);机械学(507);工程,机械(503);计算机科学,信息系统(490);化学,有机(476);聚合物科学(468);数学(457)
衡阳	肿瘤学(641);材料科学,跨学科(583);生物化学与分子生物学(570);医学,研究和试验(503);化学,跨学科(500);环境科学(461);化学,无机和核(461);细胞生物学(451);药理学和药剂学(451);物理学,粒子和场(440);核科学核技术(393);化学,分析(388);物理学,应用(385);化学,物理(353);天文学和天体物理学(321);多学科科学(279);工程,电气和电子(252);物理学,跨学科(243);免疫学(224);纳米科学和纳米技术(220)
株洲	材料科学,跨学科(1031);物理学,应用(592);纳米科学和纳米技术(498);工程,电气和电子(472);冶金和冶金工程学(394);化学,跨学科(375);化学,物理(298);工程,机械(265);物理学,凝聚态物质(251);工程,跨学科(192);能源和燃料(174);聚合物科学(168);机械学(156);自动化和控制系统(152);设备和仪器(143);计算机科学,信息系统(125);工程,化学(124);数学,应用(118);光学(117);肿瘤学(114)

城市	主要 WoS 学科类别
常德	材料科学,跨学科(188);化学,跨学科(119);物理学,应用(107);物理学,跨学科(100);生物化学与分子生物学(95);环境科学(91);化学,物理(88);食品科学和技术(77);数学,应用(74);物理学,凝聚态物质(71);工程,电气和电子(70);纳米科学和纳米技术(68);渔业(66);电化学(62);医学,研究和试验(60);数学(58);光学(58);肿瘤学(57);遗传学和遗传性(57);药理学和药剂学(56)
岳阳	材料科学,跨学科(191);工程,电气和电子(144);工程,化学(119);化学,物理(118);化学,跨学科(111);数学(91);能源和燃料(89);物理学,应用(84);冶金和冶金工程学(84);生物化学与分子生物学(79);肿瘤学(74);环境科学(73);化学,有机(73);聚合物科学(70);数学,应用(69);电化学(64);光学(63);计算机科学,信息系统(59);化学,分析(52);电信(51)
益阳	数学(167);数学,应用(164);材料科学,跨学科(140);工程,电气和电子(93);环境科学(91);计算机科学,信息系统(85);物理学,应用(77);化学,物理(64);工程,市政(59);化学,跨学科(58);电信(57);工程,跨学科(55);数学,跨学科应用(51);冶金和冶金工程学(47);施工和建筑技术(45);化学,分析(45);纳米科学和纳米技术(43);光学(43);多学科科学(42);物理学,跨学科(40)
娄底	材料科学,跨学科(141);冶金和冶金工程学(74);工程,电气和电子(56);物理学,应用(50);化学,物理(45);环境科学(44);计算机科学,信息系统(38);电信(37);肿瘤学(37);化学,跨学科(36);光学(34);物理学,凝聚态物质(31);材料科学,陶瓷(30);多学科科学(30);生物工程学和应用微生物学(29);纳米科学和纳米技术(29);能源和燃料(28);植物学(26);计算机科学,人工智能(24);工程,跨学科(23)

资料来源：Web of Science。

　　基于 InCites 平台中的引文主题,可以探析湖南省研究领域的主题分布情况（见表 30）。从中观主题来看,论文数量排名前五的依次是电化学（8882 篇）、冶金工程（5691 篇）、合成（4105 篇）、光催化剂（3723 篇）和长链非编码基因（3649 篇）。其中,电化学主题成为热点。为抢抓新型储能发展机遇,湖南省出台新型储能产业政策,大力推进电化学储能等储能技术路线示范应用。此外,为推动"十四五"发展目标落实落地,湖南省紧紧围绕把湖南建成全国一流的冶金基地,依据本省冶金行业发展实际,明确了铁矿采选业、钢铁行业、铁合金行业、钢结构行业和耐火材料行业 5 个细分领域的发展重点。

从微观主题看,超级电容器以 3454 篇论文数量位居榜首,岩石力学(2020 篇)和锂电池(1984 篇)分别位居第二和第三。其次,适体、光催化作用、长链非编码 RNA、氧还原反应等主题下也有较多的研究成果。综合来看,湖南省积极推进生态文明建设,在超级电容器、锂电池、光催化作用等节能环保方面拥有巨大的发展空间。目前,在长株潭核心区域,高效节能产业已形成了强大的产业集聚力量,推动节能技术的不断创新和应用。同时,长沙核心区域的先进环保产业集聚区也在积极发展,致力于研发和应用环保技术,为环境保护事业做出了积极贡献。此外,有色金属固废资源回收产业集聚区以多个城市为依托,充分利用湖南省的资源优势,推动了固废资源的合理回收和再利用,为可持续发展贡献力量。

表 30　湖南省主要引文主题的学术论文数量

单位:篇

序号	中观主题	论文数量	序号	微观主题	论文数量
1	电化学	8882	1	超级电容器	3454
2	冶金工程	5691	2	岩石力学	2020
3	合成	4105	3	锂电池	1984
4	光催化剂	3723	4	适体	1964
5	长链非编码基因	3649	5	光催化作用	1881
6	岩土工程	3563	6	长链非编码 RNA	1690
7	分子与细胞生物学——癌症、自噬与凋亡	3458	7	氧还原反应	1678
8	植物化学物	3452	8	MicroRNAs	1586
9	免疫学	2830	9	二硫化钼(化学物质)	1557
10	二维材料	2814	10	抗压强度	1356
11	计算机视觉与图形	2791	11	吸附作用	1251
12	土壤学	2788	12	锂硫电池	1241
13	生物传感器	2757	13	交互耦合	1118
14	量子力学	2719	14	不连续沉淀	1094
15	机械学	2675	15	深度学习	1074
16	矿物与金属加工	2662	16	陶瓷基复合材料	973
17	作物学	2555	17	石墨烯	969

序号	中观主题	论文数量	序号	微观主题	论文数量
18	电力系统与电动汽车	2428	18	化学传感器	929
19	水处理	2418	19	生物浸出	928
20	混凝土科学	2363	20	浮选	908

资料来源：InCites。

3. 学术创新协作

为揭示湖南省学术创新协作规模和发展态势，本报告统计了湖南省国内合作、国际合作和横向合作论文数量及其占比情况，如表31所示。从创新协作规模来看，长沙的国内合作、国际合作和横向合作论文数量均位居榜首，分别达72167篇、37452篇和2226篇，远超其他城市的合作论文数量，彰显出强大的创新协作能力。湘潭、衡阳、株洲的合作论文数量也较多，表明其积极参与了国内外合作。从占比来看，各城市的学术创新基本以国内合作形式开展，国际合作和横向合作占比均较小，表明大部分城市缺乏国际交流的积极性。面对国内外竞争的新特点和新要求，立足新发展阶段，湖南省应不断拓展全球视野，继续坚持"引进来"和"走出去"相结合的策略。这不仅有助于湖南省高效利用全球创新要素，提高学术创新能力，突破更多"卡脖子"和"卡脑袋"障碍，还能推动当地科研创新成果融入全球相关创新网络，进一步提升其竞争力和影响力，为构建以国内大循环为主体、国内国际双循环相互促进的新发展格局指引方向。

表31　湖南省国内合作、国际合作和横向合作论文情况

单位：篇，%

城市	国内合作		国际合作		横向合作	
	论文数量	占比	论文数量	占比	论文数量	占比
长沙	72167	46.40	37452	24.08	2226	1.43
湘潭	9042	55.43	3095	18.97	193	1.18
衡阳	5610	58.17	1831	18.99	86	0.89

城市	国内合作		国际合作		横向合作	
	论文数量	占比	论文数量	占比	论文数量	占比
株洲	3315	70.17	711	15.05	452	9.57
常德	1484	71.69	273	13.19	23	1.11
岳阳	1275	65.69	298	15.35	34	1.75
益阳	1006	69.96	272	18.92	22	1.53
娄底	643	70.20	137	14.96	13	1.42

资料来源：InCites。

本报告依据合作论文数据绘制了 2013~2022 年湖南省的学术创新合作网络，如图 24 所示。从静态视角来看，2013~2022 年，湖南省 8 个地级市之间均开展了学术合作，其中长沙与湘潭的合作关系最紧密。此外，长沙与衡阳、株洲也有较为密切的合作关系。由此可见，长株潭城市群内部形成小群体。长沙、湘潭、衡阳和株洲之间的紧密合作关系，一方面有助于提升网络整体合作创新绩效，另一方面由于合作依赖和惯性，不可避免地与区域内其他城市产生了壁垒和隔阂。

从动态视角来看，2013~2017 年，长沙、湘潭与省内其他城市均存在合作关系，而益阳、娄底由于区域范围以及自身创新能力和发展水平的局限性，未能积极参与城市间学术创新合作。2018~2022 年，各地级市之间展开广泛合作，网络规模随节点的新连接而不断扩大，其中长沙、株洲、衡阳、湘潭之间的合作关系显著增强。长沙、株洲、衡阳、湘潭四市沿湘江分布、结构紧凑，是湖南省经济发展的核心增长极。如今随着城市规模的不断扩大，以上四市的实际距离已进一步缩小，以各自实际建成区边缘来测量，湘潭、株洲与长沙相距 20 公里，而株洲与湘潭仅相距 10 公里。此外，2018~2022 年，长沙作为高梯度城市发挥了显著的规模效应，充分带动低梯度城市参与城市间学术创新合作。

综合 4 种中心度指标来看，湖南省各地级市之间均存在合作关系，形成全网络，因此 4 种指标无差异化表现（见表 32）。基于结构洞的有效规模、

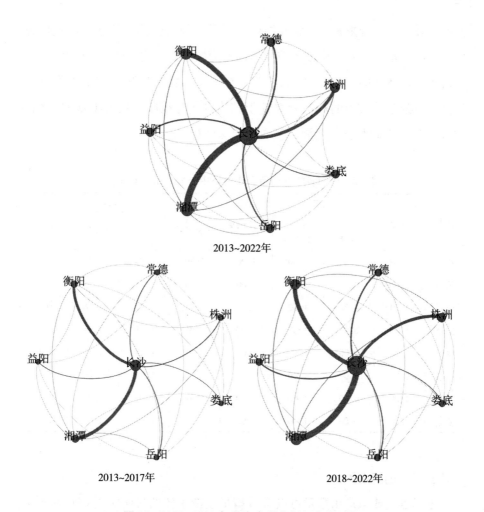

图24 2013~2022年湖南省学术创新合作网络

说明：节点大小表示城市间合作论文数量的多少；连线的粗细程度表示城市之间的合作强度，以合作论文数量来衡量。

效率、限制度、等级度4个指标，可以对各地级市的网络地位做进一步测度。如表32所示，长沙的有效规模和效率值较高，分别为6.59和0.94，且限制度最低，是合作网络中最自由的节点，行动高效。相较而言，岳阳、株洲、常德、益阳、衡阳、湘潭和娄底的有效规模和效率值均较低，有效规模在3以下，效率值在0.4以下，节点之间的联系较为松散，信息流动和传播的效率较低。综合来看，长沙在结构洞中具备较大优势，其地理位置优越、信息资源丰富，对其他城市的控制与影响力较强。为增强城市之间知识与技术流动的整体效能，湖南省应以长沙为中心进行技术辐射，使得湘潭、株洲等具备较强基础实力的城市能够基于结构洞优势接收到更为丰富的"信息利益"和"控制利益"资源，实现逆向梯度跃层。

表32　湖南省学术创新合作网络中心度和结构洞指标

城市	中心度				结构洞			
	点度 中心度	中介 中心度	接近 中心度	特征向量 中心度	有效规模	效率	限制度	等级度
长沙	1.00	0.00	1.00	1.00	6.59	0.94	0.31	0.36
岳阳	1.00	0.00	1.00	1.00	2.45	0.35	1.15	0.60
株洲	1.00	0.00	1.00	1.00	2.09	0.30	1.16	0.64
常德	1.00	0.00	1.00	1.00	2.05	0.29	1.15	0.62
益阳	1.00	0.00	1.00	1.00	2.05	0.29	1.16	0.62
衡阳	1.00	0.00	1.00	1.00	1.92	0.27	1.20	0.69
湘潭	1.00	0.00	1.00	1.00	1.91	0.27	1.06	0.74
娄底	1.00	0.00	1.00	1.00	1.87	0.27	1.16	0.62

4. 学术创新主体

学术创新成果产出数量可以有效衡量创新主体的科研实力和研发效率。湖南省所含学术论文数量排名前二十的机构如表33所示。高校作为经济社会发展的优势资源和重要力量，承担着为社会发展提供文化、技术和智力支撑的重任。因此，以中南大学、湖南大学、国防科技大学与湖南师范大学等为代表的高校成为湖南省学术创新的中流砥柱。其中，中南大学以75728篇论文数量高居榜首，其弘扬以"知行合一、经世致用"为核心的精神，坚持自身办学特色，服务国家和社会重大需求，改革创新，追求卓越，其材料科学、工程学、临床医学、计算机科学、化学、药理学与毒理学居全球前列，科研实力和学术创新水平突出。论文数量排名第二的湖南大学学术创新实力同样强劲，湖南大学坚持产学研相结合，大力促进科技成果转化，建有国家级大学科技园，获批教育部首批高等学校科技成果转化和技术转移基地、国家知识产权示范高校等，学科专业涵盖十一大门类，形成了理科基础坚实、工科实力雄厚、人文社会学科独具特色、生命医学学科兴起、新兴交叉学科活跃的学科布局。其余进入前十的高校还有国防科技大学、湖南师范大学、湘潭大学、长沙理工大学等。

从城市分布情况看，在前 20 所高校中有 11 所位于长沙。长沙作为湖南省会，坚持瞄准国家和社会重大需求，深入推进协同创新，努力探索和完善人才培养新模式，坚持推进学术研究与创新，学术实力和整体水平大幅提升。此外，湘潭有 3 所高校入围前二十，实力不容小觑。近年来，湘潭着眼长远、建章立制，健全地校深度融合发展工作机制，大力支持高校改善办学环境、提高办学水平，对高校引进的高层次人才给予安家补助和创业扶持等，以上举措为湘潭积蓄了丰厚的学术创新资源，提供了强大的智力支持。其余在榜高校中，有两所位于衡阳，株洲、益阳、岳阳、常德各有一所。

表33　湖南省学术创新的主要机构及其主要学科领域的学术论文发表情况

单位：篇

排名	机构	论文数量	城市	主要学科领域
1	中南大学	75728	长沙	材料工程（15876），临床医学（15131），化学科学（12511），生物科学（8053），环境工程（6989）
2	湖南大学	31408	长沙	化学科学（8632），材料工程（6426），物理科学（5178），环境工程（4139），电气工程、电子工程、信息工程（4005）
3	国防科技大学	19381	长沙	电气工程，电子工程，信息工程（6126），物理科学（5983），计算机与信息科学（4005），其他工程与技术（3003），材料工程（2423）
4	湖南师范大学	11299	长沙	物理科学（2366），化学科学（2087），生物科学（1760），临床医学（1339），数学（1308）

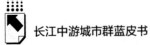
续表

排名	机构	论文数量	城市	主要学科领域
5	湘潭大学	9383	湘潭	化学科学（3575），材料工程（2646），物理科学（2190），数学（1127），环境工程（890）
6	长沙理工大学	7698	长沙	材料工程（1832），化学科学（1708），物理科学（1140），环境工程（996），电气工程、电子工程、信息工程（990）
7	南华大学	7366	衡阳	临床医学（1518），生物科学（1245），化学科学（1233），基础医学（1084），物理科学（1016）
8	湖南科技大学	6738	湘潭	化学科学（1963），材料工程（1231），物理科学（885），环境工程（793），电气工程、电子工程、信息工程（779）
9	湖南农业大学	6518	长沙	生物科学（2325），化学科学（1202），地球科学与环境学（924），农业、林业、渔业（738），农业生物技术（716）
10	中南林业科技大学	4140	长沙	化学科学（932），生物科学（874），材料工程（728），地球科学与环境学（628），其他工程与技术（445）
11	湖南工业大学	2674	株洲	材料工程（885），化学科学（852），物理科学（639），纳米技术（423），电气工程、电子工程、信息工程（306）
12	湖南中医药大学	2209	长沙	临床医学（715），基础医学（673），生物科学（537），化学科学（360），医学生物技术（171）
13	长沙大学	1332	长沙	化学科学（309），材料工程（251），物理科学（215），计算机与信息科学（210），电气工程、电子工程、信息工程（195）
14	衡阳师范学院	1266	衡阳	化学科学（451），物理科学（285），数学（163），材料工程（149），计算机与信息科学（105）
15	湖南文理学院	1254	常德	物理科学（327），化学科学（308），材料工程（189），数学（139），生物科学（131）
16	湖南城市学院	1175	益阳	数学（259），化学科学（208），材料工程（169），物理科学（165），计算机与信息科学（144）

排名	机构	论文数量	城市	主要学科领域
17	湖南工程学院	1157	湘潭	化学科学(353),材料工程(262),物理科学(253),环境工程(144),数学(121)
18	湖南第一师范学院	810	长沙	数学(235),物理科学(128),计算机与信息科学(113),化学科学(103),电气工程、电子工程、信息工程(93)
19	湖南省农业科学院	804	长沙	生物科学(392),农业、林业、渔业(176),农业生物技术(167),化学科学(147),其他工程与技术(132)
20	湖南理工学院	775	岳阳	化学科学(189),物理科学(167),材料工程(127),其他工程与技术(87),计算机与信息科学(75)

资料来源：Web of Science。

本报告基于合作论文数量绘制了湖南省主要机构的学术创新合作网络，如图 25 所示。从静态视角来看，2013~2022 年，包含中南大学、湖南大学、湖南师范大学、湘潭大学、长沙理工大学在内的 11 所机构分别与 20 所机构建立了合作关系，其中 8 所来自长沙、2 所来自湘潭、1 所来自株洲，可见长株潭城市群是湖南省学术创新发展的核心增长极。

从动态视角来看，2013~2017 年，部分机构之间存在明显的合作关系，如中南大学和湖南大学（501 篇）、中南大学和湖南师范大学（420 篇）、湖南大学和长沙理工大学（255 篇），但总体来看合作数量较少。自 2018 年以来，随着合作范围的迅速扩大，各机构之间的合作论文数量迅速增加，体现在网络节点数量的增加以及网络规模的扩大。其中，中南大学、湖南大学和湖南师范大学之间的合作较为密切，由于地理位置邻近，以上 3 校为共同推动世界一流大学建设目标，在教学课程合作、资源共享等方面频繁合作，实现了优势互补、互相促进。此外，中南大学与长沙理工大学的合作关系进一步加强。两校在能源科学、物理与自动化等学科专业上具有优势，在科学研究、人才培养、国际合作等多方面进行了广泛交流，并围绕"十四五"规划和碳达峰碳中和目标展开了科研合作。

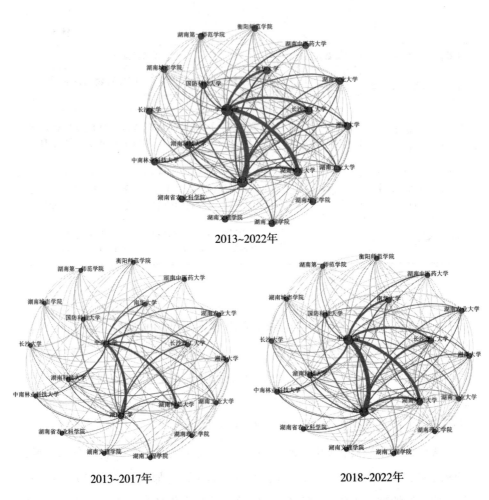

图25 2013~2022年湖南省主要机构的学术创新合作网络

说明：节点大小表示机构间合作论文数量的多少；连线的粗细程度表示机构之间的合作强度，以合作论文数量来衡量。

（二）湖南省的技术创新发展态势

1.技术创新产出

授权专利数量可以在一定程度上反映一个区域的创新水平和科技实力，较多的授权专利数量通常表示该区域的创新活跃度较高。如图26所示，湖

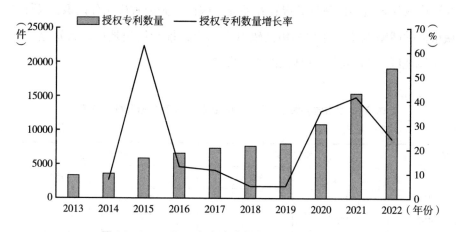

南省的授权专利数量在过去 10 年呈现不断增长的趋势，其中最明显的增长出现在 2015 年，当年授权专利数量为 5892 件，比上一年增长了 62.63%。在此之后，湖南省的授权专利数量继续保持较快的增长，2021 年增长率更是超过 40%，授权专利数量于 2022 年达到顶峰（19256 件）。总体来看，湖南省的授权专利数量在过去 10 年增长态势良好，这种增长趋势与湖南省的经济政策密切相关。2018 年 10 月，科技部批复湖南建设创新型省份，湖南省在同年 12 月正式印发《湖南创新型省份建设实施方案》（以下简称《实施方案》）。①《实施方案》强调，要加大高质量科技创新供给，加强基础研究和应用研究，加快重大科技攻关及应用。

图 26　2013~2022 年湖南省授权专利数量与增长率

资料来源：Derwent Innovation。

为反映不同城市的技术创新状况，本报告进一步统计了湖南省各地级市的授权专利及高被引专利数量，如表 34 所示。根据数据，长沙的授权专利数量远超其他城市，达到 58610 件，其高被引专利数量也居于第一。长沙是湖南省会和科技创新中心，拥有众多高等院校和科研机构，如中南大学、国

---

① 《湖南省人民政府关于印发〈湖南创新型省份建设实施方案〉的通知》（湘政发〔2018〕35 号），湖南省人民政府网站，2018 年 12 月 30 日，http://www.hunan.gov.cn/xxgk/wjk/szfwj/201901/t20190110_5256378.html。

防科技大学、湖南大学等，这些机构在科技创新和知识产权保护方面具有较强的实力和影响力。同时，长沙市政府积极推动科技创新和知识产权保护，为高校和科研机构提供政策和资金支持，促进科技成果的转化和应用。株洲是湖南省第二大城市，其在技术创新方面取得了一定的成绩，授权专利数量与高被引专利数量均位居第二，但与湖南省的省会城市长沙相比，还存在一定的差距。排名第三的湘潭在培养人才、优化创新环境、完善科研设施等方面进行了全面布局，帮助其在科技创新和高质量发展方面保持领先地位，为国家创新型城市建设贡献更多力量。而其他城市的授权专利数量相对较少，最少的是娄底，只有1195件。这种差异反映了湖南省各城市在技术创新和知识产权保护方面的发展状况存在差异。因此，湖南省应充分认识到长株潭城市群的战略地位，计划利用其辐射带动力，推动周边地区，特别是"泛长株潭地区"和环洞庭湖地区的创新发展。

表34　湖南省各城市授权专利与高被引专利数量及排名情况

单位：件

城市	授权专利		高被引专利	
	数量	排名	数量	排名
长沙	58610	1	5805	1
株洲	10944	2	871	2
湘潭	6188	3	508	3
衡阳	3702	4	164	4
常德	3593	5	134	5
岳阳	2301	6	115	6
益阳	2089	7	82	7
娄底	1195	8	35	8

资料来源：Derwent Innovation。

2. 技术创新布局

通过分析授权专利的技术领域分布，可以揭示出各个城市的技术特长和优势领域。基于OECD技术领域分类和战略性新兴产业描绘湖南省的技术创新布局，结果如表 35 所示。从技术领域看，计算机技术，材料与冶金，测量，电气机械、仪器与能源和土木工程是长沙的主要技术聚焦点。近年来，湖南省大力发展计算机产业，长沙作为湖南的省会，在计算机技术领域不断发展和进步。长沙积极探索并推动计算机技术的应用，助力城市数字化转型和智能化升级。株洲作为湖南省的第二大城市，交通运输业在其经济发展中扮演着重要的角色，以中车株洲电力机车有限公司、中联重科股份有限公司等为代表的企业为城市交通运输业的发展提供了强大支撑。湘潭则聚焦于电气机械、仪器与能源，材料与冶金，化学工程，机械设备和计算机技术等技术领域。作为湖南省的一个老工业城市，湘潭曾凭借冶金业、机电业、化工业以及纺织业等四大支柱产业在全省产业体系中占有重要地位。近年来，湘潭积极响应国家政策，深化改革，加大招商引资和企业改制的力度，以及建设工业园区等，旨在挖掘和充分利用各类工业资源，实现产业升级和结构优化。

战略性新兴产业是未来经济增长的重要引擎，通过发展新兴产业，可以推动传统产业的升级转型、促进经济结构优化和增长动能的转换。智能制造装备产业、先进环保产业、人工智能是长沙的主要战略性新兴产业，其在先进石化化工新材料和生物农业及相关产业方面也有不俗的实力。2011 年，根据国家和省内确定的战略性新兴产业发展方向，长沙选择了高端制造、新能源汽车、新材料、新能源与节能环保、信息网络技术等七大产业作为重点发展领域，在过去 10 年得到了长足发展。株洲的主要战略性新兴产业布局为轨道交通装备产业、智能制造装备产业、电子核心产业、先进石化化工新材料、智能电网产业。在轨道交通装备产业中，以中车株洲电力机车有限公司为代表的高端电力牵引轨道交通装备及关键部件优势明显。此外，智能制造装备产业、先进石化化工新材料、先进环保产业、先进有色金属材料和前沿新材料是湘潭的优势所在。总体来看，不同城市的优势产业各具特色，加强交流与合作可以实现优势互补，促进地区综合实力的提升。

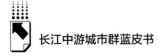
表35　湖南省的主要技术领域及战略性新兴产业授权专利分布情况

单位：件

城市	技术领域	战略性新兴产业
长沙	计算机技术(7112)，材料与冶金(6417)，测量(4802)，电气机械、仪器与能源(4734)，土木工程(4525)，其他特殊机械(3515)，化学工程(3254)，操作(3103)，基础材料化学(2578)，机械设备(2496)	智能制造装备产业(6073)，先进环保产业(3384)，人工智能(3315)，先进石化化工新材料(2598)，生物农业及相关产业(2587)，资源循环利用产业(2511)，先进有色金属材料(2240)，生物医学工程产业(2210)，下一代信息网络产业(2025)，智能电网产业(1941)
株洲	交通运输(1944)，电气机械、仪器与能源(1669)，机械设备(1126)，测量(1125)，材料与冶金(840)，机械元件(637)，发动机、泵与涡轮机(632)，其他特殊机械(540)，计算机技术(502)，控制技术(441)	轨道交通装备产业(2909)，智能制造装备产业(911)，电子核心产业(826)，先进石化化工新材料(688)，智能电网产业(675)，先进有色金属材料(499)，数字文化创意活动(424)，航空装备产业(400)，下一代信息网络产业(399)，新兴软件和新型信息技术服务(380)
湘潭	电气机械、仪器与能源(809)，材料与冶金(763)，化学工程(521)，机械设备(490)，计算机技术(467)，有机精细化工(432)，测量(430)，土木工程(421)，基础材料化学(367)，其他特殊机械(283)	智能制造装备产业(694)，先进石化化工新材料(470)，先进环保产业(336)，先进有色金属材料(289)，前沿新材料(266)，先进钢铁材料(219)，智能电网产业(208)，人工智能(196)，生物医学工程产业(188)，新技术与创新创业服务(185)
衡阳	材料与冶金(381)，化学工程(350)，其他特殊机械(288)，环境技术(287)，机械设备(267)，电气机械、仪器与能源(250)，操作(250)，土木工程(221)，发动机、泵与涡轮机(200)，制药(190)	智能制造装备产业(258)，先进环保产业(235)，生物医药产业(196)，资源循环利用产业(174)，先进石化化工新材料(168)，核电产业(135)，生物医学工程产业(114)，先进钢铁材料(98)，新技术与创新创业服务(92)，其他生物业(79)
常德	其他特殊机械(460)，操作(381)，化学工程(376)，机械设备(349)，土木工程(239)，机械元件(221)，电气机械、仪器与能源(214)，食品化学(205)，纺织和造纸机械(169)，材料与冶金(163)	智能制造装备产业(453)，生物农业及相关产业(276)，先进石化化工新材料(183)，生物医药产业(132)，先进环保产业(128)，其他生物业(125)，生物医学工程产业(90)，先进无机非金属材料(85)，资源循环利用产业(83)，先进有色金属材料(78)

续表

城市	技术领域	战略性新兴产业
岳阳	有机精细化工(274)，土木工程(261)，化学工程(261)，材料与冶金(221)，基础材料化学(199)，其他特殊机械(196)，机械设备(147)，操作(114)，电气机械、仪器与能源(95)，纺织和造纸机械(94)	生物农业及相关产业(351)，先进石化化工新材料(331)，生物医药产业(305)，智能制造装备产业(117)，资源循环利用产业(106)，先进有色金属材料(103)，先进环保产业(101)，生物医学工程产业(95)，其他生物业(89)，新兴软件和新型信息技术服务(81)
益阳	电气机械、仪器与能源(293)，机械设备(292)，其他特殊机械(219)，化学工程(204)，材料与冶金(181)，土木工程(156)，操作(116)，食品化学(110)，有机精细化工(109)，环境技术(81)	电子核心产业(150)，智能制造装备产业(135)，先进石化化工新材料(100)，智能电网产业(85)，先进环保产业(83)，生物医药产业(81)，其他生物业(76)，资源循环利用产业(65)，先进有色金属材料(61)，先进无机非金属材料(53)
娄底	材料与冶金(255)，其他特殊机械(173)，机械设备(141)，电气机械、仪器与能源(104)，化学工程(100)，操作(76)，土木工程(61)，机械元件(48)，基础材料化学(43)，表面技术与涂层(42)	先进无机非金属材料(134)，智能制造装备产业(123)，先进钢铁材料(101)，先进有色金属材料(46)，先进石化化工新材料(43)，先进环保产业(43)，生物农业及相关产业(33)，资源循环利用产业(27)，其他生物业(26)，生物医学工程产业(22)

资料来源：Derwent Innovation、智慧芽专利数据库平台。

基于 OECD 技术领域分布的技术相似度测算结果体现了不同城市之间技术结构的相似程度。如图 27 所示，长沙和湘潭的技术相似度高达92.6%，它们在材料与冶金、测量和电气机械、仪器与能源等领域表现较为突出，因此两座城市可以加强技术合作和交流，共同解决技术难题，提高技术水平和市场竞争力。长沙与省内其他城市的技术相似度在74%以上，说明长沙与省内其他城市的技术结构较为相似，因此可以通过相互借鉴、合作和竞争，促进技术创新和产业升级。株洲与省内其他城市的技术相似度整体处于较低水平，与岳阳的技术相似度最低，为53.4%。一方面，技术结构差异性大有助于城市间实现优势互补，提高整体技术水平和市场竞争力，使得两座城市在不同领域形成自身的核心竞争力；另一方面，技术结构差异性大不利于合作，因为两座城市的企业在技术上可能存在较大差异，需要花费更多的时间和精力去协调和沟通。因此，需要在合作和竞争中找到平衡点，使得城市之间实现优势互补、协同发展。

长沙	100.0%							
株洲	74.3%	100.0%						
湘潭	92.6%	79.1%	100.0%					
衡阳	86.7%	69.9%	90.7%	100.0%				
常德	74.1%	59.5%	76.1%	88.0%	100.0%			
岳阳	76.3%	53.4%	84.0%	88.6%	85.8%	100.0%		
益阳	78.7%	74.8%	87.9%	88.8%	90.0%	82.8%	100.0%	
娄底	78.6%	65.7%	83.3%	86.7%	82.1%	78.9%	87.5%	100.0%
	长沙	株洲	湘潭	衡阳	常德	岳阳	益阳	娄底

图 27　湖南省基于 OECD 技术领域分布的技术相似度矩阵

资料来源：Derwent Innovation。

海外专利申请可以在多个国家/地区获得授权，扩大了专利保护范围，有助于保护专利权人的利益。因此，在科技全球化的浪潮中，海外专利申请成为相关企业和机构提高其国际竞争力和影响力的重要手段之一。表 36 展示了湖南省的专利家族国家/地区分布情况。从全球专利布局情况来看，中国居于首位，世界知识产权组织的授权专利数量处于第 2 位，美国的专利布局数量也较多，再次为日本。中国正在推进创新驱动的发展战略，注重自主创新和科技进步，因此，在国内申请专利可以保护国内创新成果，鼓励本土技术创新，推动经济结构升级和产业升级。而申请美国和日本的专利可以帮助中国企业进入这些国家的市场，拥有海外专利可以增强企业在当地市场的竞争力，帮助企业吸引更多的客户和合作伙伴。

表36   湖南省授权专利的主要专利家族国家/地区分布

单位：件

排序	专利家族国家/地区	授权专利数量
1	中国	87916
2	美国	870
3	日本	194
4	印度	179
5	澳大利亚	131
6	俄罗斯	124
7	巴西	113
8	韩国	108
9	德国	71
10	加拿大	59
11	南非	54
12	越南	47
13	中国香港	42
14	印度尼西亚	40
15	新加坡	32
16	西班牙	29
17	英国	27
18	马来西亚	24
19	中国台湾	22
20	菲律宾	18

资料来源：Derwent Innovation。

　　海外专利可以为企业提供更多的商业机会，有助于企业实现技术创新和国际化发展。本报告统计了各个城市的 PCT 申请专利数量、海外专利数量、非单方专利数量和三方专利数量，如表37所示。从 PCT 申请专利情况来看，长沙居于首位，株洲、常德、湘潭和益阳跻身前五。衡阳、岳阳和娄底的 PCT 申请专利数量相对较少，这可能与这些城市在科技创新和经济发展方面的实力较弱有关，这也为其参与国际市场竞争带来了一定的挑战。在海外专利方面，长沙的海外专利数量最多，达到964件，显著高于其他城市。其次，株洲的海外专利数量为247件，相对较高。株洲是湖南省的重要工业城市之一，拥有多家知名企业和研发机构，技术实力较强。非单方专利第一梯队的城市为长沙、株洲、湘潭、衡阳。进一步对各个城市的三方专利数据进行分析，结果显示娄底没有三方专利，而常德、衡阳和益阳各有 2 件三方专利。长沙的三方专利数量为 87 件，株洲拥有 8 件三方专利。总体来看，湖南省对外申请专利的意愿较弱，国际化程度不高。

表 37　湖南省的 PCT 申请专利、海外专利、非单方专利
和三方专利授权数量及排名情况

单位：件

城市	PCT 申请专利		海外专利		非单方专利		三方专利	
	数量	排名	数量	排名	数量	排名	数量	排名
长沙	2532	1	964	1	832	1	87	1
株洲	542	2	247	2	187	2	8	2
湘潭	143	4	92	3	83	3	3	4
衡阳	67	6	30	4	25	4	2	5
常德	396	3	22	5	16	6	2	5
岳阳	56	7	18	7	11	7	4	3
益阳	75	5	19	6	18	5	2	5
娄底	31	8	9	8	9	8	0	8

资料来源：Derwent Innovation。

3. 技术创新协作

专利联合申请是一种灵活的申请方式，可以适应多种合作模式，确保各方的权益得到平等的保护，促进城市间的创新和合作。本报告依据专利联合申请数据绘制了 2013～2022 年湖南省的技术创新合作网络，如图 28 所示。湖南省各城市之间均开展了一定的技术合作。长沙在合作网络中占据核心地位，并与株洲、常德、湘潭开展了十分紧密的合作与交流，而株洲、湘潭和衡阳之间的合作关系也较为密切。从城市的合作范围看，长沙的合作范围最为广泛，与省内 7 座城市开展了技术交流，其次是湘潭和株

洲，分别与 5 座和 4 座城市开展了技术合作。从城市的合作强度来看，长沙和株洲的合作关系最为紧密，其次是长沙和常德。长沙全面落实"三高四新"战略定位和使命任务，大力实施创新驱动发展战略和"强省会"战略，充分发挥高校的人才优势，与园区、企业多方联动，探索合作共赢之路。

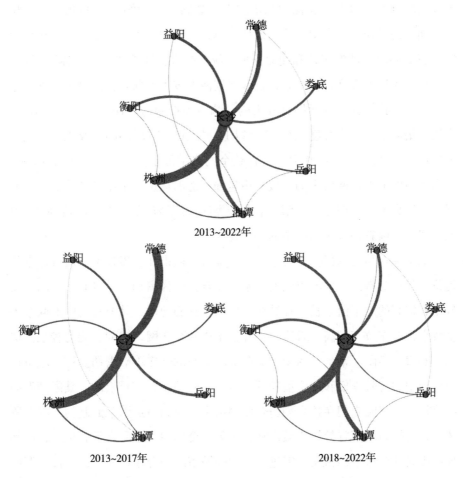

图 28 2013~2022 年湖南省技术创新合作网络

说明：节点大小表示城市授权专利数量的多少；连线的粗细程度表示城市之间的合作强度，以合作专利数量来衡量。

从动态视角来看，2013～2017 年，长沙与各个城市间均建立了合作关系，其中与株洲和常德的合作关系尤为密切。2018～2022 年，湘潭与衡阳、岳阳间建立了新的合作关系，整体合作网络更加丰富，长沙与株洲、湘潭之间合作较为密切。总体来看，长沙在技术创新中具有较强的引领和带动作用，为湖南省整体科技创新水平的提升做出了积极的贡献。2022 年，《湖南省人民政府关于印发〈长株潭都市圈发展规划〉的通知》①，指出长沙、株洲、湘潭是长株潭都市圈建设的责任主体，要同向发力、分工协作。全面落实"三高四新"战略定位和使命任务，统筹推进长株潭"五位一体"建设。

综合 4 种中心度指标来看，长沙在湖南省技术创新合作网络中，处于核心位置，在技术创新方面拥有较大的影响力和控制力。株洲、湘潭、衡阳、常德、岳阳的点度中心度在 0.43 及以上、接近中心度在 0.64 及以上，且特征向量中心度保持在 0.50 以上，在整个网络中处于重要位置。中介中心度越高代表该节点在网络中的连接作用越强，能够促进网络中其他节点之间的联系和信息传递。但是，衡阳、益阳和娄底三座城市的中介中心度为 0，说明它们在湖南省的合作网络中的处于边缘位置。

基于 4 种结构洞指标，可进一步窥探各个城市在全省技术创新合作中的地位。长沙与省内其他城市间的技术创新合作较为密切，其具有较大的有效规模和较高的效率值。长沙在结构洞中居于核心地位，其节点之间的联系密度较大，合作效率较高，表明长沙在技术创新合作网络中的影响力较强。株洲、湘潭、衡阳、常德、岳阳、益阳等城市间的合作不够密切。这些城市在结构洞中的有效规模和效率值较低，节点之间的联系相对松散。其限制度的数值较高，表明它们在技术创新合作网络中会受到一定因素的制约。综上所述，长沙作为湖南省的核心城市在技术创新合作网络中具有显著优势，而其他城市间的合作不够密切，需进一步加强城市间的合作和互动，以推动湖南省技术创新合作网络的优化和发展。

---

① 《湖南省人民政府关于印发〈长株潭都市圈发展规划〉的通知》（湘政发〔2022〕6 号），湖南省人民政府网站，2022 年 3 月 22 日，https：//www.hunan.gov.cn/hnszf/xxgk/wjk/szfwj/202203/t20220329_ 22725038. html。

表38 湖南省技术创新合作网络中心度和结构洞指标

城市	中心度				结构洞			
	点度中心度	中介中心度	接近中心度	特征向量中心度	有效规模	效率	限制度	等级度
长沙	1.00	0.48	1.00	1.00	6.69	0.96	0.28	0.34
株洲	0.57	0.04	0.70	0.75	1.42	0.36	1.05	0.64
湘潭	0.71	0.11	0.78	0.84	2.21	0.44	1.22	0.55
衡阳	0.43	0.00	0.64	0.63	1.20	0.40	1.38	0.27
常德	0.43	0.02	0.64	0.57	1.12	0.37	1.39	0.41
岳阳	0.43	0.02	0.64	0.59	1.24	0.41	1.35	0.29
益阳	0.29	0.00	0.58	0.45	1.00	0.50	1.36	0.15
娄底	0.14	0.00	0.54	0.25	1.00	1.00	1.00	1.00

4. 技术创新主体

授权专利数量用以衡量各创新主体的创新精神和创新能力，本报告对授权专利数量排名前二十的机构进行分析。如表39所示，在湖南省技术创新的主要机构中，高校和企业均具有突出的技术创新实力。其中有12家机构属于高校，包括中南大学、国防科技大学、湖南大学、湘潭大学、湖南科技大学等。排名第一的中南大学坚持瞄准国家和社会重大需求，深入推进协同创新，积极服务国民经济建设和国防现代化建设，在技术创新方面表现突出。国防科技大学的授权专利数量排名第二。作为一所军事科研教育综合性大学，国防科技大学全面贯彻新时代军事教育方针，积极探索以科技创新团队为牵引的人才培养模式，推出一大批科技创新成果。湖南大学依托综合性、研究型大学的学科和人才优势，在重视基础研究的同时，加强高新技术的研究开发，深入开展产学研合作、加大科技成果转化和产业化力度，其在全省科技创新中的地位不容小觑。在企业方面，中车株洲电力机车有限公司在全省科技创新企业中居于领先地位，公司坚持创新驱动发展，秉持"面向市场、服务工艺制造系统"的技术创新原则，掌握了系统集成、交流传动、重载运输、磁悬浮、车辆储能、超级电容、低地板、故障预测与健康管理等多项前沿技术。中联重科股份有限公司是科研体制改革过程中孵化而来的上市公司，其母体——长沙建设机械研究院是国内唯一集建设机械科研开发和行业技术于一体的应用型研究院，因而其在全省技术创新中扮演重要角色。综合来看，高校和企业作为科技创新主体，拥有丰富的学科资源、人才队伍以及科研基础优势，在建设创新型国家、推动创新驱动发展战略中发挥着重要作用。

从城市分布情况来看，在湖南省专利授权数量排名前二十的机构中有12家来自长沙。作为湖南的省会，长沙把科技创新工作摆在了高质量发展、现代化建设的核心位置，进一步强化省会担当，攻坚克难，不断为经济社会高质量发展贡献力量。近年来，长沙科技事业蓬勃发展，科技创新已然成为引领长沙高质量发展的重要动力。株洲在湖南省打造具有核心竞争力的科技创新高地过程中同样发挥着重要作用，中车株洲电力机车有限公司、株洲时代新材料科技股份有限公司、中国航发南方工业有限公司凭借卓越的技术创新成果进入全省前二十。株洲科技战线以创新型城市建设为总揽，加快推进以科技创新为核心的全面创新，并取得显著成效。而来自湘潭的湘潭大学和湖南科技大学等高校同样具有突出的技术创新成果。此外，常德、衡阳和岳阳分别有1家机构进入第一梯队。由此可见，湖南省政府大力实施"三高四新"战略，着力加强产业链协同、推进集聚发展，各地均涌现出具有卓越表现的创新主体，为奋力建设现代化新湖南做出贡献。

表39　湖南省技术创新的主要机构及其主要技术领域的专利授权情况

单位：件

排名	机构	专利数量	城市	主要技术领域
1	中南大学	10661	长沙	材料与冶金（3148），电气机械、仪器与能源（1398），计算机技术（1342），化学工程（772），测量（747）
2	国防科技大学	6059	长沙	计算机技术（2102），测量（1291），数字通信（683），材料与冶金（335），交通运输（329）
3	湖南大学	4048	长沙	计算机技术（713），电气机械、仪器与能源（607），环境技术（394），化学工程（383），有机精细化工（325）
4	中车株洲电力机车有限公司	3322	株洲	交通运输（1261），电气机械、仪器与能源（716），测量（384），半导体（241），计算机技术（235）
5	中联重科股份有限公司	2412	长沙	操作（800），土木工程（545），机械元件（474），交通运输（223），测量（183）

续表

排名	机构	专利数量	城市	主要技术领域
6	湘潭大学	2366	湘潭	电气机械、仪器与能源(315),材料与冶金(294),有机精细化工(272),化学工程(271),计算机技术(247)
7	湖南科技大学	2204	湘潭	电气机械、仪器与能源(269),计算机技术(251),高分子化学(250),材料与冶金(237),土木工程(223)
8	长沙理工大学	2192	长沙	土木工程(311),电气机械、仪器与能源(243),计算机技术(218),测量(212),材料与冶金(155)
9	湖南农业大学	1386	长沙	其他特殊机械(386),食品化学(319),生物技术(293),基础材料化学(197),环境技术(77)
10	三一集团有限公司	1206	长沙	操作(316),土木工程(279),机械元件(221),交通运输(210),其他特殊机械(111)
11	中南林业科技大学	1156	长沙	基础材料化学(167),其他特殊机械(165),机械设备(138),食品化学(126),高分子化学(98)
12	株洲时代新材料科技股份有限公司	920	株洲	机械元件(201),交通运输(188),高分子化学(177),其他特殊机械(160),土木工程(108)
13	国网湖南省电力有限公司	751	长沙	电气机械、仪器与能源(299),测量(190),计算机技术(129),IT管理方法(102),数字通信(43)
14	中冶长天国际工程有限责任公司	706	长沙	热加工和设备(236),材料与冶金(154),化学工程(129),操作(57),测量(51)
15	南华大学	660	衡阳	环境技术(113),化学工程(89),材料与冶金(63),制药(58),发动机、泵与涡轮机(54)
16	湖南师范大学	547	长沙	生物技术(73),有机精细化工(72),计算机技术(65),制药(54),其他特殊机械(49)
17	湖南文理学院	518	常德	其他特殊机械(112),家具与游戏(61),化学工程(48),土木工程(47),计算机技术(37)
18	中南大学湘雅医院	483	长沙	医疗技术(264),生物技术(92),制药(70),表面技术与涂层(31),计算机技术(22)
19	中国航发南方工业有限公司	474	株洲	机械设备(217),测量(107),发动机、泵与涡轮机(62),材料与冶金(45),机械元件(22)
20	湖南理工学院	451	岳阳	材料与冶金(62),有机精细化工(51),电气机械、仪器与能源(40),机械设备(37),土木工程(36)

资料来源：Derwent Innovation、智慧芽专利数据库平台。

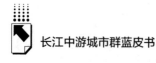
　　基于专利联合申请数据绘制湖南省主要机构的技术创新合作网络，如图29所示，从机构的合作范围来看，中南大学的合作范围最为广泛，与14家机构开展了技术交流，其次是湖南大学和湖南科技大学。从机构之间的合作强度来看，国网湖南省电力有限公司与湖南大学、中南大学以及中冶长天国际工程有限责任公司之间的合作十分紧密，说明校企合作可有效推动技术创新。此外，中南大学与长沙理工大学、湖南大学之间的交流与合作较为密切。

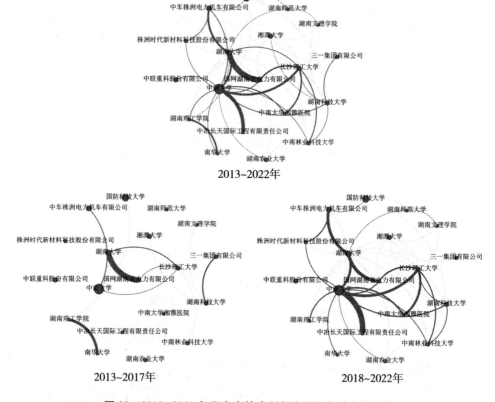

2013~2022年

2013~2017年

2018~2022年

图29　2013~2022年湖南省技术创新主要机构的合作网络

说明：节点大小表示机构授权专利数量的多少；连线的粗细程度表示机构之间的合作强度，以合作专利数量来衡量。

　　从动态视角来看，2013~2017年，仅部分机构间开展了技术合作，湖南大学与国网湖南省电力有限公司之间的合作关系尤为紧密，双方共同探讨和研究了能源互联网的发展趋势，开展了一系列的合作项目，旨在提高电力系统的智能化水平，优化能源配置，推动清洁能源的利用，以满足未来能源需求。2018~2022 年，机构之间的技术合作关系显著加强。此时，中南大学与中冶长天国际工程有限责任公司之间的合作关系尤为紧密。在高校方面，中南大学、湖南大学同样属于全国顶尖高校，它们之间的合作较为紧密。而中南大学与南华大学、湖南理工学院、湖南农业大学间也展开了深入交流。高校间的合作使得不同主体的创新能力快速提升、科技创新成果持续涌现，为创新型国家建设做出了重要贡献。

四 长江中游城市群科技创新区域特征：江西省

（一）江西省的学术创新发展态势

1. 学术创新产出

学术创新产出成果量与质的提升集中体现了学术创新规模和水平的提高。2013~2022 年，江西省学术创新发展迅速。如图 30 所示，江西省的学术论文数量呈现逐年增长的趋势，表明江西省在创新方面的投入和成果逐年增加。其中增长率最高的是 2019 年，江西省学术论文数量共计 8595 篇，占

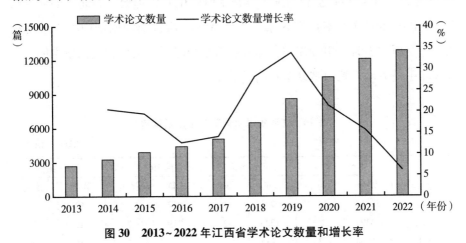

图30 2013~2022 年江西省学术论文数量和增长率

资料来源：Web of Science。

同年长江中游城市群论文总数的 12.33%，比上年增长 33.71%。2019 年以后，江西省学术论文总数仍持续增长，于 2022 年增至峰值（12810 篇），但增长率在此期间有所下降，可能是各种现实因素所致。总体而言，"十三五"时期江西省的学术创新取得显著成就，在以习近平同志为核心的党中央坚强领导下，江西省委、省政府团结带领全省人民，把教育摆在优先发展的战略位置，全面推进教育事业发展，提升学术创新产出水平，为"十四五"时期全省科技创新发展打下坚实基础。

本报告用 WoS 论文数、通讯作者论文数、排名前 10%的论文数和高被引论文数作为衡量江西省学术创新总体质量的指标，如表 40 所示。综合各指标来看，南昌作为江西的省会，其 4 项指标均远高于省内其他城市。近年来，江西省将大南昌都市圈的"一核十城多链"协同创新区域布局和南昌"一廊、一区、一岛、三城"重大创新布局紧密结合，强化南昌创新"头雁"地位，在优化区域创新布局上寻求突破。其次是九江、抚州、景德镇、吉安，这 4 座城市的各项指标数值也较高。此外，上饶、宜春和萍乡的综合排名稍显落后，但相比新余和鹰潭仍具有优势。整体来看，江西省不同城市之间的创新发展状况存在较大差距，可能是因为江西省在全国有地位、有分量、有影响力的高端研发平台严重不足，科技创新底子薄。当前，江西省仅有 13 家国家重点实验室和国家工程技术研究中心，远低于湖北省的 48 家。其中，国家重点实验室仅有 5 家。而南昌在江西省学术创新中处于核心地位，应全面加强省会引领作用，提升创新平台能级，培育壮大创新主体，加大人才引进力度，聚力带动全省高质量发展。

表 40　江西省学术创新产出质量情况

单位：篇

城市	WoS 论文		通讯作者论文		排名前 10%的论文		高被引论文	
	数量	排名	数量	排名	数量	排名	数量	排名
南昌	58314	1	39771	1	7852	1	764	1
九江	2391	2	1223	2	219	3	19	3
抚州	1994	3	915	4	352	2	58	2

续表

城市	WoS 论文		通讯作者论文		排名前10%的论文		高被引论文	
	数量	排名	数量	排名	数量	排名	数量	排名
景德镇	1600	4	901	5	166	4	15	4
吉安	1462	5	1004	3	130	5	8	5
上饶	1211	6	664	6	79	8	8	5
宜春	916	7	511	7	92	7	2	9
萍乡	857	8	500	8	99	6	2	9
新余	613	9	326	9	47	10	5	7
鹰潭	270	10	111	10	54	9	3	8

资料来源：InCites。

综合总被引频次和篇均被引频次来看，南昌、抚州和景德镇的综合排名靠前，其篇均被引频次分别为11.23、21.35和13.81（见表41）。上饶、新余的总被引频次较低，且篇均被引频次低于9，在学术创新影响层面仍处于劣势地位。值得关注的是，鹰潭的总被引频次较低，但篇均被引频次以17.65位居第二，表明其学术成果获得广泛认可，创新发展具有较大潜力。H指数用于衡量学术产出和学术影响力，是一个混合量化指标。据统计，南昌的H指数最高，其次为景德镇、九江、吉安、宜春、萍乡、上饶、鹰潭、新余和抚州。从CNCI指数来看，仅有南昌、抚州和鹰潭的CNCI指数大于1，表明其论文的被引表现高于全球平均水平，其中抚州的CNCI指数最高，达到1.51。近年来抚州大力实施创新驱动发展战略，大力推进创新主体引培、载体平台建设、科技成果转化等，持续深化科技创新，让科技创新这个"关键变量"成为高质量发展的"最大增量"。此外，九江、景德镇、吉安等7座城市的CNCI指数均低于1。综上表明，江西省的区域学术创新质量不均衡问题突出，全球影响力较弱，因此应高度重视区域协同发展，积极营造创新生态，抢占新一轮国际竞争的先机。

表 41 江西省学术论文被引情况

城市	总被引频次		篇均被引频次		H 指数		CNCI 指数	
	数量	排名	数量	排名	数值	排名	数值	排名
南昌	471117	1	11.23	4	179	1	1.21	3
抚州	42574	2	21.35	1	24	10	1.51	1
九江	22254	3	9.3	8	45	3	0.93	5
景德镇	22101	4	13.81	3	48	2	0.93	5
吉安	15645	5	10.71	6	45	3	0.84	7
萍乡	9598	6	11.19	5	35	6	0.94	4
宜春	9374	7	10.21	7	38	5	0.84	7
上饶	8657	8	7.14	10	31	7	0.77	10
新余	4996	9	8.14	9	27	9	0.81	9
鹰潭	4766	10	17.65	2	29	8	1.32	2

资料来源：InCites。

2.学术创新布局

了解一个区域研究成果的学科领域分布情况，可以帮助我们洞察该区域科技创新的方向和特点。基于 OECD 分类统计江西省各城市主要学科领域的学术论文发表情况，以描绘江西省的学术创新布局，结果如表 42 所示。从一级学科分布来看，自然科学、工程与技术、医学与健康科学三大学科门类是江西省学术论文的主要聚焦点。对比之下，农业与兽医科学、社会科学、人文与艺术学科受关注的程度较低，其中宜春、萍乡、新余、鹰潭和抚州未发表过人文与艺术学科的学术论文。

二级学科作为一级学科下的细分小类，有助于进一步揭示各城市的学术创新布局情况。从二级学科分布情况来看，江西省区域一体化协同发展态势凸显。近 10 年，江西省主要围绕化学科学，生物科学，材料工程，临床医学，电气工程、电子工程、信息工程等领域创造了一批创新成果，与江西省的产业发展极为契合。同时，江西省以产业链为抓手，推进电子信息、有色金属、装备制造、新能源、石化化工、建材、钢铁、航空、食品、纺织服装、医药、现代家具 12 条重点产业链集群化发展，引进和培育链主企业与龙头骨干企业，打造一批细分领域的优势特色产业集群，为其学术创新发展注入源源不断的内生动力。

表42 江西省基于OECD分类的主要学科领域学术论文发表情况

单位：篇

城市	一级学科	二级学科
南昌	自然科学(36214)，工程与技术(21703)，医学与健康科学(13298)，农业与兽医科学(5159)，社会科学(2262)，人文与艺术(110)	化学科学(13802)，生物科学(7863)，材料工程(7232)，临床医学(6968)，物理科学(6854)，其他工程与技术(5370)，地球科学与环境学(5389)，基础医学(4630)，环境工程(3944)，电气工程、电子工程、信息工程(3453)
九江	自然科学(1599)，工程与技术(977)，医学与健康科学(585)，农业与兽医科学(196)，社会科学(84)，人文与艺术(8)	化学科学(401)，物理科学(388)，生物科学(385)，材料工程(363)，临床医学(329)，地球科学与环境学(265)，基础医学(188)，电气工程、电子工程、信息工程(183)，计算机与信息科学(176)，环境工程(162)
景德镇	工程与技术(1035)，自然科学(944)，医学与健康科学(92)，农业与兽医科学(24)，社会科学(23)，人文与艺术(8)	材料工程(660)，化学科学(353)，物理科学(268)，数学(152)，电气工程、电子工程、信息工程(126)，生物科学(106)，计算机与信息科学(102)，地球科学与环境学(92)，环境工程(91)，其他工程与技术(90)
吉安	自然科学(1187)，工程与技术(521)，医学与健康科学(344)，农业与兽医科学(118)，社会科学(23)，人文与艺术(2)	化学科学(466)，物理科学(279)，生物科学(254)，材料工程(240)，基础医学(151)，临床医学(144)，地球科学与环境学(113)，电气工程、电子工程、信息工程(99)，计算机与信息科学(83)，其他工程与技术(76)
上饶	自然科学(862)，工程与技术(289)，医学与健康科学(258)，农业与兽医科学(64)，社会科学(30)，人文与艺术(2)	物理科学(253)，化学科学(223)，数学(183)，生物科学(163)，临床医学(127)，材料工程(100)，基础医学(77)，地球科学与环境学(67)，计算机与信息科学(56)，环境工程(53)

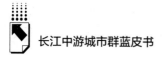

续表

城市	一级学科	二级学科
宜春	自然科学（703），工程与技术（343），医学与健康科学（323），农业与兽医科学（104），社会科学（19），人文与艺术（0）	化学科学（261），生物科学（187），临床医学（141），基础医学（140），材料工程（133），物理科学（132），地球科学与环境学（69），电气工程、电子工程、信息工程（69），数学（60），医学生物技术（54）
萍乡	自然科学（478），工程与技术（287），医学与健康科学（196），农业与兽医科学（97），社会科学（8），人文与艺术（0）	化学科学（212），生物科学（131），临床医学（105），材料工程（103），物理科学（86），地球科学与环境（57），基础医学（56），农业、林业、渔业（52），其他工程与技术（51），环境工程（49）
新余	自然科学（359），工程与技术（346），医学与健康科学（81），社会科学（24），农业与兽医科学（13），人文与艺术（0）	材料工程（194），化学科学（125），物理科学（100），环境工程（76），电气工程、电子工程、信息工程（52），临床医学（46），地球科学与环境学（46），数学（46），其他工程与技术（41），计算机与信息科学（41）
鹰潭	自然科学（149），工程与技术（104），医学与健康科学（65），农业与兽医科学（45），社会科学（2），人文与艺术（0）	地球科学与环境学（70），材料工程（43），农业、林业、渔业（38），化学科学（35），临床医学（33），生物科学（32），环境工程（23），基础医学（21），其他工程与技术（20），电气工程、电子工程、信息工程（15）
抚州	自然科学（230），医学与健康科学（103），工程与技术（97），农业与兽医科学（19），社会科学（21），人文与艺术（0）	化学科学（89），临床医学（53），生物科学（53），基础医学（35），地球科学与环境学（34），材料工程（29），物理科学（29），其他工程与技术（23），数学（21），计算机与信息科学（20）

资料来源：Web of Science。

　　为更加清晰地揭示城市之间学科布局的相似程度，本报告根据各城市在OECD 二级学科下所发表的学术论文数量计算出江西省各城市之间的学科相似度，如图 31 所示。南昌与萍乡的学科相似度最高，达到 98.1%，两者在化学科学、生物科学、材料工程、临床医学等学科领域中取得丰硕的研究成果，具备交流协作的认知基础，减少了信息壁垒造成的阻碍。南昌、九江、吉安、宜春、萍乡之间的学科相似度均达 90%以上，相似的学科结构使得以上城市的合作交流变得更加顺畅高效，但也意味着城市间的竞争将越发激烈。基于对既得利益和地位的维护产生的壁垒会对集群外部城市产生排挤效应，降低学术创新合作的可能性。总体来看，江西省各城市之间的学科相似度均达 60%以上，部分城市之间的学科结构高度相似，表明江西省各城市之间联系密切且存在一定的同质化竞争现象，应寻求发展平衡点，促进各城市协同发展。

	南昌	九江	吉安	景德镇	上饶	宜春	萍乡	新余	抚州	鹰潭
南昌	100.0%									
九江	96.5%	100.0%								
吉安	96.6%	94.1%	100.0%							
景德镇	78.3%	80.1%	80.7%	100.0%						
上饶	89.8%	91.3%	90.6%	72.8%	100.0%					
宜春	97.1%	95.4%	97.3%	74.5%	90.9%	100.0%				
萍乡	98.1%	94.2%	96.8%	75.9%	88.8%	97.5%	100.0%			
新余	86.0%	87.6%	85.4%	97.1%	79.1%	80.9%	82.6%	100.0%		
抚州	96.5%	92.1%	93.4%	67.8%	87.9%	96.6%	96.5%	76.2%	100.0%	
鹰潭	81.3%	82.2%	73.4%	63.4%	64.0%	76.7%	80.0%	71.8%	79.1%	100.0%

图 31 江西省基于 OECD 二级分类的学科相似度矩阵

资料来源：Web of Science。

为更好地展示江西省学术论文的学科分布特征，本报告基于 WoS 分类统计各城市的主要学科领域下学术论文数量，如表 43 所示。江西省的学术论文共包含 235 个学科，其中材料科学，跨学科是学术论文数量占比最大的学科（占比为 9.79%）；其次是化学，跨学科（占比为 5.75%）。此外，江西省还致力于物理化学、应用物理学、环境科学、电气和电子工程等领域的研究。从各城市的学科分布情况来看，跨学科交叉融合态势突出，有利于充分发挥各学科的优势，真正用好用活知识、技术、管理与数据等要素资源，激发学术创新活力，助推创新发展格局。同时，生物化学与分子生物学、肿

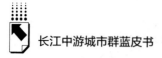

瘤学、药理学和药剂学与医学，研究和试验等共性学科的联系也较为紧密。总体而言，江西省学科来源较为广泛，其学科分布呈现共性学科集群发展、跨学科交叉融合态势显著的特征。

表 43　江西省的主要 WoS 学科类别学术论文数量

单位：篇

城市	主要 WoS 学科类别
南昌	材料科学，跨学科（5664）；化学，跨学科（3510）；化学，物理（3354）；物理学，应用（3041）；环境科学（2940）；工程，电气和电子（2785）；食品科学和技术（2461）；生物化学与分子生物学（2378）；肿瘤学（2231）；化学，分析（1936）；药理学和药剂学（1892）；纳米科学和纳米技术（1840）；医学，研究和试验（1745）；化学，应用（1745）；工程，化学（1630）；光学（1582）；多学科科学（1559）；物理学，凝聚态物质（1452）；能源和燃料（1445）；计算机科学，信息系统（1413）
九江	材料科学，跨学科（285）；物理学，应用（181）；环境科学（150）；化学，物理（134）；工程，电气和电子（131）；化学，跨学科（127）；肿瘤学（125）；光学（124）；计算机科学，信息系统（97）；生物化学与分子生物学（95）；纳米科学和纳米技术（93）；植物学（93）；医学，研究和试验（87）；电信（80）；物理学，凝聚态物质（77）；药理学和药剂学（73）；生物工程学和应用微生物学（72）；工程，化学（66）；细胞生物学（65）；遗传学和遗传性（63）
吉安	材料科学，跨学科（202）；化学，跨学科（163）；化学，物理（135）；环境科学（99）；化学，无机和核（98）；光学（90）；工程，电气和电子（78）；物理学，应用（73）；纳米科学和纳米技术（65）；生物化学与分子生物学（59）；药理学和药剂学（54）；物理学，凝聚态物质（52）；遗传学和遗传性（51）；肿瘤学（50）；结晶学（47）；植物学（47）；医学，研究和试验（46）；物理学，跨学科（43）；冶金和冶金工程学（42）；工程，化学（36）
景德镇	材料科学，跨学科（390）；材料科学，陶瓷（234）；物理学，应用（190）；化学，物理（165）；冶金和冶金工程学（96）；化学，跨学科（95）；工程，电气和电子（85）；物理学，凝聚态物质（83）；数学（80）；工程，化学（77）；数学，应用（73）；纳米科学和纳米技术（73）；能源和燃料（54）；生物工程学和应用微生物学（47）；环境科学（46）；计算机科学，信息系统（41）；聚合物科学（40）；工程，跨学科（39）；光学（38）；数学，跨学科应用（38）
上饶	数学（101）；物理学，跨学科（89）；数学，应用（87）；材料科学，跨学科（74）；光学（69）；物理学，应用（54）；肿瘤学（51）；化学，跨学科（50）；化学，物理（47）；医学，研究和试验（45）；环境科学（45）；生物化学与分子生物学（41）；物理学，原子能、分子能和化学（38）；细胞生物学（33）；多学科科学（32）；物理学，凝聚态物质（32）；植物学（30）；物理学，数学（30）；能源和燃料（30）；化学，有机（27）

城市	主要 WoS 学科类别
宜春	材料科学,跨学科(114);化学,跨学科(89);药理学和药剂学(77);生物化学与分子生物学(72);物理学,应用(68);工程,电气和电子(59);医学,研究和试验(54);化学,物理(52);环境科学(49);肿瘤学(42);多学科科学(40);数学,应用(38);纳米科学和纳米技术(37);化学,有机(36);计算机科学,信息系统(31);冶金和冶金工程学(30);植物学(30);生物工程学和应用微生物学(30);光学(29);物理学,凝聚态物质(29)
萍乡	化学,物理(66);材料科学,跨学科(61);化学,跨学科(53);化学,分析(49);环境科学(39);肿瘤学(37);医学,研究和试验(36);生物化学与分子生物学(36);工程,化学(35);物理学,应用(32);电化学(32);植物学(28);食品科学和技术(28);生物工程学和应用微生物学(27);物理学,凝聚态物质(26);材料科学,陶瓷(26);工程,环境(25);细胞生物学(24);工程,电气和电子(24);多学科科学(23)
新余	材料科学,跨学科(157);物理学,应用(72);冶金和冶金工程学(54);能源和燃料(52);化学,物理(51);工程,电气和电子(44);环境科学(28);计算机科学,信息系统(27);电化学(25);物理学,凝聚态物质(25);数学(24);化学,跨学科(22);纳米科学和纳米技术(22);数学,应用(21);工程,跨学科(20);肿瘤学(18);电信(18);工程,化学(17);医学,研究和试验(16);多学科科学(16)
抚州	化学,跨学科(26);化学,无机和核(24);生物化学与分子生物学(21);材料科学,跨学科(20);医学,研究和试验(19);化学,物理(16);环境科学(15);化学,分析(15);药理学和药剂学(13);免疫学(12);核科学和技术(12);肿瘤学(12);多学科科学(12);运筹学和管理科学(12);数学,应用(12);渔业(11);物理学,应用(11);地球化学和地球物理学(8);工程,电气和电子(8);工程,化学(8)
鹰潭	环境科学(41);材料科学,跨学科(39);冶金和冶金工程学(27);土壤科学(23);矿物(13);化学,物理(12);地球化学和地球物理学(12);毒物学(11);工程,环境(10);农业,跨学科(9);地球学,跨学科(9);肿瘤学(9);地质学(9);医学,研究和试验(9);多学科科学(8);工程,电气和电子(8);食品科学和技术(8);生物化学与分子生物学(8);农艺学(8);化学,应用(8)

资料来源：Web of Science。

基于 InCites 平台的引文主题，可以探析江西省具体研究领域的主题分布情况，如表 44 所示。从中观主题来看，论文数量排名前五的依次是电化学（1853 篇）、合成（1811 篇）、植物化学物（1679 篇）、长链非编码基因（1372 篇）和冶金工程（1225 篇）。其中，电化学主题的热度最高。为深入贯彻党中央、国务院关于碳达峰碳中和重大战略决策，江西省积极推进电化

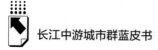

学储能、压缩空气储能等新型储能技术的应用与研发，创造出累累硕果。此外，江西省在化学、生物以及金属工业等领域也产出了较多学术论文。

从微观主题来看，交互耦合、超级电容器、光催化作用 3 个主题以 915 篇、874 篇、789 篇论文数量占据前三的位置，充分展示了近年来江西省聚焦的主要领域。其中，交互耦合是材料科学术语。近年来，江西省以铜、钨、稀土等产业为代表，充分依托本地丰富的矿产资源，不断推动有色金属产业的快速发展，逐渐形成了一个完整而多元化的产业链和产业体系。超级电容器作为一种新型储能装置，为践行"双碳"战略，江西省重点推动超级电容器等新型储能设施高质量、规模化发展。此外，光催化作用在节能减排、资源保护等方面的重要性日益凸显，研究成果同样较为丰富。综合来看，江西省深入实施创新驱动发展战略，围绕电子信息、有色金属、装备制造等优势产业集群，以及生物医药、新能源、节能环保等新兴先导产业优化空间布局，推进学术创新高质量发展。

表44　江西省主要引文主题的学术论文数量

单位：篇

序号	中观主题	论文数量	序号	微观主题	论文数量
1	电化学	1853	1	交互耦合	915
2	合成	1811	2	超级电容器	874
3	植物化学物	1679	3	光催化作用	789
4	长链非编码基因	1372	4	长链非编码 RNA	726
5	冶金工程	1225	5	吸附作用	597
6	光催化剂	1197	6	化学传感器	587
7	生物传感器	1025	7	纠缠	570
8	土壤学	1025	8	金属有机骨架材料	562
9	无机化学与核化学	1018	9	适体	558
10	分子与细胞生物学——癌症、自噬与凋亡	991	10	MicroRNAs	515
11	量子力学	981	11	钙钛矿太阳能电池	492

序号	中观主题	论文数量	序号	微观主题	论文数量
12	作物学	970	12	荧光粉	484
13	水处理	890	13	地球化学	479
14	计算机视觉与图形	886	14	有机太阳能电池	409
15	地球化学、地球物理学与地质学	778	15	微生物量	401
16	免疫学	777	16	肠道菌群	390
17	二维材料	769	17	氧还原反应	380
18	食品科学和技术	748	18	乙种乳球蛋白	380
19	纳米粒子	742	19	环境库兹涅茨曲线	339
20	颜料、传感器和探针	712	20	线粒体基因组	332

资料来源：InCites。

3. 学术创新协作

为揭示江西省学术创新协作规模和发展态势，本报告统计了江西省国内合作、国际合作以及横向合作论文数量及其占比情况，如表45所示。从协作规模来看，南昌的国内合作和国际合作论文数量分别为30976篇和11071篇，分别占江西省总发文量的80%和86%，远超其他城市。其余城市的国内外合作论文数量均较少，学术创新驱动力不足，整体创新能力较弱。从占比情况来看，江西省各城市的国内合作论文占比均超过50%，国际合作论文占比为10%~20%，横向合作占比低于2%，可见江西省学术创新协作以国内跨行业交流为主，国际合作水平较低。尽管单边主义、保护主义和逆全球化等思潮有抬头趋势，但无法阻挡国际学术合作和共同创新的大趋势。同时，"十四五"期间，我国发展面临的外部环境充满较大的不确定性，面临百年未有之大变局，江西省应推动国际交流与合作，从发达国家获取技术、资金、人才和成功经验等方面的支持，助推自身科技创新能力的提升，并转变发展模式，形成可持续的、富有竞争力的产业格局。

表45　江西省国内合作、国际合作和横向合作论文情况

单位：篇，%

城市	国内合作		国际合作		横向合作	
	论文数量	占比	论文数量	占比	论文数量	占比
南昌	30976	53.12	11071	18.99	652	1.12
九江	1553	64.95	463	19.36	31	1.30
抚州	1511	75.78	364	18.25	33	1.65
景德镇	1006	62.88	266	16.63	25	1.56
吉安	987	67.51	171	11.70	4	0.27
上饶	854	70.52	188	15.52	3	0.25
宜春	657	71.72	101	11.03	6	0.66
萍乡	640	74.68	128	14.94	3	0.35
新余	426	69.49	91	14.85	9	1.47
鹰潭	228	84.44	27	10.00	2	0.74

资料来源：InCites。

本报告依据合作论文数据分别绘制了2013～2022年江西省的学术创新合作网络，如图32所示。

从静态视角来看，2013～2022年，较多城市之间存在明显的合作关系，其中南昌的辐射作用突出。南昌以昌九一体化、昌抚一体化为切入点，通过内部联动和与外部城市的融合，积极对接国家"一带一路"倡议。南昌的发展战略是在小范围内实现更大范围的融合，将本地区的发展与更广泛的地区合作相结合，从而提升整体的经济效益。相较而言，鹰潭、新余等城市的合作范围较小，仍处于合作网络的边缘地带。

从动态视角来看，2013～2017年，仅南昌与省内各城市都建立了合作关系，而大多数城市之间未开展合作或合作论文数量极少。自2018年以来，九江、上饶、吉安等城市的合作范围逐步扩大，南昌与九江的合作论文数量快速增长，可见昌九一体化成效显著。近年来，江西省积极探索昌九联动和一体化发展的道路，这一举措已初步显现出区域集合效应，为推动南昌和九江的资源整合与要素互补提供了有力支持。同时，相当数量的合作论文皆是以南昌为出发点、连接点，说明南昌占据网络核心位置，地位举足轻重，也体现出江西省区域内部呈梯度分布的创新格局。一方面，高梯度城市可以发挥关键作用，带动和促进城市之间的交流与合作；另一方面，高梯度城市过于强大会吸引大量的资源和人才，可能会导致其他城市的资源匮乏，进而削弱它们与高梯度城市的合作能力。这种不平衡会加剧贫富差距，形成马太效应，使得资源更加集中在头部城市，难以实现双向促进的良性循环。

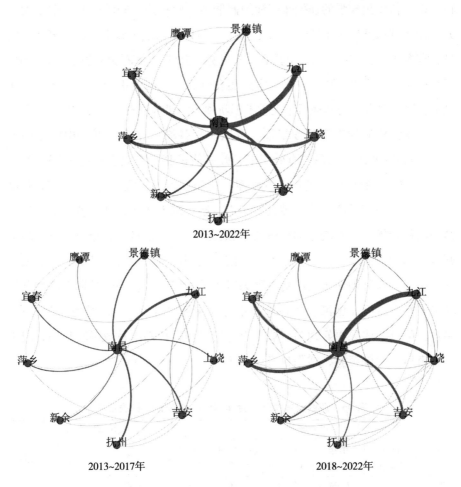

2013~2022年

2013~2017年   2018~2022年

图32 2013~2022年江西省学术创新合作网络

说明：节点大小表示城市间合作论文数量的多少；连线的粗细程度表示城市之间的合作强度，以合作论文数量来衡量。

175

为衡量江西省各城市在学术创新合作网络中的中心性，本报告测算了江西省各城市的4个中心度指标，如表46所示。其中，点度中心度是在网络分析中刻画节点中心性的指标，南昌、宜春和萍乡的点度中心度均达到1.00，其次是九江、吉安、上饶、景德镇和新余，而抚州、鹰潭的点度中心度较低，对合作网络的贡献较少。此外，南昌、宜春和萍乡的中介中心度数值均保持在0.04，体现出较强的连接作用和控制能力。而抚州、鹰潭的中介中心度为0，接近中心度和特征向量中心度也较低，整体创新能力较弱。综合来看，南昌、宜春和萍乡在4个指标上具有领先优势，九江、吉安等地的创新潜力同样不容小觑，而抚州、鹰潭的综合实力还有待提升，需要更加主动地融入合作网络，以实现自身与其他城市在学术创新领域的优势互补、互促共进。

基于结构洞的典型测度指标，可以探析各城市在合作网络中所处的位置。如表46所示，南昌的有效规模和效率值最高，有效规模达8.73，效率值达0.97。限制度较高的城市有鹰潭、抚州、新余、宜春等，均在1.00以上，受约束程度较高，容易被其他城市牵制。综上所述，江西省中南昌最具结构洞位置优势，有较强的科研实力和创新能力，也具有和企业、科研院所开展协同创新的丰富经验。一方面，南昌应利用自身的合作基础，寻求更多合作机会，与其他城市之间建立更为紧密的互信关系，构建长期稳定的合作网络；另一方面，鹰潭、抚州等城市也要主动"走出去"，避免闭门造车，将自己的科研成果更好地与企业需求进行对接，提高科技成果转化率，向头部城市借鉴发展经验，增强自身创新实力。

表46　江西省学术创新合作网络中心度和结构洞指标

城市	中心度				结构洞			
	点度 中心度	中介 中心度	接近 中心度	特征向量 中心度	有效规模	效率	限制度	等级度
南昌	1.00	0.04	1.00	1.00	8.73	0.97	0.19	0.19
景德镇	0.89	0.02	0.94	0.92	2.93	0.37	1.07	0.66
新余	0.89	0.02	0.94	0.92	2.43	0.30	1.10	0.68
吉安	0.89	0.01	0.94	0.93	2.40	0.30	1.07	0.70
上饶	0.89	0.01	0.94	0.93	2.25	0.28	1.05	0.71

城市	中心度				结构洞			
	点度中心度	中介中心度	接近中心度	特征向量中心度	有效规模	效率	限制度	等级度
宜春	1.00	0.04	1.00	1.00	2.11	0.23	1.09	0.73
萍乡	1.00	0.04	1.00	1.00	1.94	0.22	1.09	0.74
九江	0.89	0.01	0.94	0.93	1.93	0.24	1.04	0.77
抚州	0.67	0.00	0.83	0.73	1.39	0.23	1.16	0.63
鹰潭	0.56	0.00	0.78	0.61	1.34	0.27	1.22	0.55

4. 学术创新主体

学术创新成果产出数量可以有效衡量创新主体的科研实力和研发效率。江西省发表学术论文数量排名前二十的机构如表47所示。其中，高校占据17席，科研机构占据3席。由此可见，高校是江西省知识创造的前沿阵地，也是学术创新的重要力量。作为江西省综合排名第一的高校，南昌大学以24061篇论文数量位列榜首，远超其他机构，展现了其在学术创新方面的强劲实力。南昌大学的临床医学、化学科学、药理学与毒理学等8个学科进入ESI世界排名前1%，其中农业科学（以食品科学为主）进入全球排名前0.577‰。在此基础上，南昌大学仍不断改革创新、追求卓越，在江西省的整体学术创新发展中扮演关键角色。其次是江西师范大学，作为教育部、江西省人民政府共建高校，其在江西省学术创新网络中的地位也不容小觑。近年来，江西师范大学主动对接江西省委、省政府战略性新兴产业布局，及时调整学科专业布局和科技创新主攻方向，孕育了以"淡水鱼、新材料、新能源、VR技术和新中药"为代表的"五串新果"，同时主动融入全省经济社会发展大局，积极开展校地、校企合作。江西农业大学以4045篇论文数量紧随其后，彰显出强劲竞争力。目前，江西农业大学已建成产教融合重点创新中心、国家级协同创新中心、省级协同创新中心等省部级科技创新平台41个，其科技创新体系特色鲜明，学术成就卓著。

从城市分布情况看，在江西省学术创新的主要机构中，南昌以压倒性优势占据14席，表明南昌的科学研究实力极为突出，以南昌大学、江西师范大学、江西农业大学为代表的高校在科学研究、集聚学术创新要素等方面具有较强的竞争力，学术创新综合实力领先。其余在榜高校中，九江、吉安、景德镇、宜春、上饶、萍乡各有一所。而新余、鹰潭、抚州均未有机构上榜，说明区域发展不均衡。加强对江西省内其他城市学术创新机构的支持和引导、促进学术交流和合作是提升其学术创新实力的重要举措。

表47 江西省学术创新的主要机构及其主要学科领域学术论文发表情况

单位：篇

排名	机构	论文数量	城市	主要学科领域
1	南昌大学	24061	南昌	临床医学（5365），化学科学（4905），生物科学（3723），基础医学（2846），物理科学（2496）
2	江西师范大学	6508	南昌	化学科学（2713），物理科学（1089），材料工程（805），数学（706），其他工程与技术（609）
3	江西农业大学	4045	南昌	生物科学（1514），化学科学（792），农业、林业、渔业（614），其他工程与技术（480），农业生物技术（472）
4	南昌航空大学	3916	南昌	材料工程（1482），化学科学（1237），物理科学（911），电气工程、电子工程、信息工程（415），环境工程（379）
5	东华理工大学	3793	南昌	地球科学与环境学（1219），化学科学（1182），环境工程（588），物理科学（439），材料工程（430）
6	华东交通大学	3646	南昌	物理科学（783），电气工程、电子工程、信息工程（692），材料工程（595），其他工程与技术（528），计算机与信息科学（523）
7	江西中医药大学	2601	南昌	基础医学（852），化学科学（728），生物科学（638），临床医学（607），其他工程与技术（193）
8	江西财经大学	2391	南昌	经济学和管理学（555），计算机与信息科学（499），地球科学与环境学（389），数学（369），电气工程、电子工程、信息工程（359）
9	江西科技师范大学	2226	南昌	化学科学（1253），材料工程（470），物理科学（289），生物科学（234），基础医学（143）

排名	机构	论文数量	城市	主要学科领域
10	九江大学	1490	九江	化学科学（234），材料工程（229），物理科学（215），生物科学（209），计算机与信息科学（148）
11	南昌理工学院	1433	南昌	地球科学与环境学（304），化学科学（234），材料工程（188），计算机与信息科学（186），其他工程与技术（172）
12	井冈山大学	1414	吉安	化学科学（425），物理科学（264），材料工程（226），生物科学（196），基础医学（106）
13	景德镇陶瓷大学	1075	景德镇	材料工程（507），化学科学（265），物理科学（189），数学（111），电气工程、电子工程、信息工程（88）
14	宜春学院	811	宜春	化学科学（224），生物科学（131），物理科学（116），材料工程（105），基础医学（85）
15	上饶师范学院	774	上饶	物理科学（218），化学科学（188），数学（179），生物科学（74），材料工程（67）
16	江西省科学院	677	南昌	化学科学（223），材料工程（175），地球科学与环境学（119），生物科学（113），环境工程（71）
17	江西省人民医院	602	南昌	临床医学（284），基础医学（159），生物科学（109），医学生物技术（76），化学科学（46）
18	萍乡学院	409	萍乡	化学科学（161），材料工程（75），生物科学（54），物理科学（53），其他工程与技术（40）
19	江西省第二人民医院	316	南昌	临床医学（182），生物科学（74），基础医学（60），医学生物技术（39），环境生物技术（15）
20	南昌师范学院	199	南昌	化学科学（55），物理科学（52），生物科学（25），数学（21），材料工程（13）

资料来源：Web of Science。

本报告基于合作论文数量绘制了江西省主要机构的学术创新合作网络，如图33所示。从静态视角来看，2013~2022年，南昌大学作为网络中心，分别与江西师范大学、江西中医药大学、江西省人民医院开展了密切合作。近年来，江西省依托高校、科研机构、龙头企业等创新载体，集聚了各类专业人才，在生物医药领域累计获得国家重点研发计划等重大科技专项23项，成果颇丰。

从动态视角来看，2013~2017 年，部分机构之间开展了学术合作，但整体上合作论文数量较少，仍有较多机构之间未开展合作。2018~2022 年，机构之间的学术合作关系愈加紧密，主要表现为已有合作关系的深化，以及合作范围的扩大。其中，南昌大学与江西师范大学合作关系最为稳定，合作论文数量由 119 篇增长至 434 篇。两校充分结合科研、人才、学科优势，构建

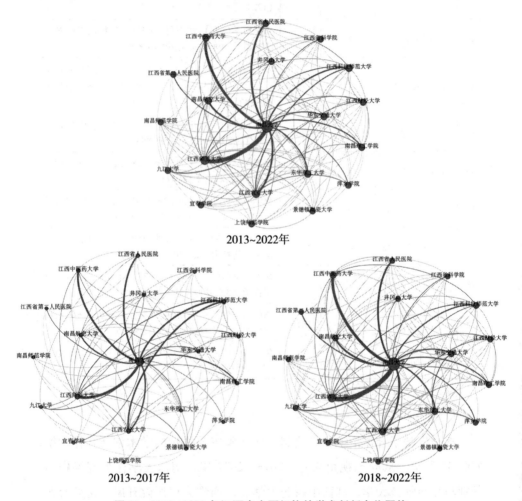

2013~2022年

2013~2017年

2018~2022年

图 33 2013~2022 年江西省主要机构的学术创新合作网络

说明：节点大小表示机构间合作论文数量的多少；连线的粗细程度表示机构之间的合作强度，以合作论文数量来衡量。

校际合作长效机制，一批批优秀创新成果为江西省实现高质量跨越式发展提供了有力支撑。此外，南昌大学与江西中医药大学的合作关系也愈加紧密，两校在医药学科领域均具有鲜明的特色，为其学术合作奠定了基础。

（二）江西省的技术创新发展态势

1. 技术创新产出

授权专利数量可以反映该地区的技术创新活力、科研实力和创新成果，从而为评估其技术创新水平提供了一个定量指标。2013~2022年江西省授权专利数量如图34所示。江西省的授权专利数量呈现逐年增长的趋势，表明江西省在创新方面的投入和成果逐年增加。其中，增长率最高的是2021年，增速达到55.90%。授权专利数量于2022年达到峰值（7724件）。以上数据显示，江西省在科技创新方面取得了不错的成果。"十三五"期间，江西省政府实施创新驱动发展战略，大力推进创新型省份建设，开展加大全社会研发投入攻坚行动，全省科技创新综合实力大幅提升，诸多重点领域实现历史性突破和跨越，科技创新支撑经济高质量跨越式发展，创新型省份建设取得重大进展。

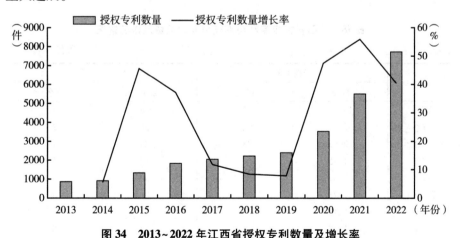

图34　2013~2022年江西省授权专利数量及增长率

资料来源：Derwent Innovation。

为反映不同城市的技术创新情况，本报告进一步统计了江西省各地级市的授权专利及高被引专利数量，如表48所示。南昌是江西的省会，其授权专利数量远超其他城市。江西省支持南昌打造重要区域科技创新中心，坚持把创新落到产业上、把主体落到企业上，加快成果应用转化，因而南昌在全省范围内具有显著的优势，并居于领先地位。其次是宜春、九江、吉安、抚州和景德镇，这5座城市的授权专利数量也较高，表明它们在技术创新方面也较为活跃。萍乡和上饶的授权专利数量稍显落后，但相比鹰潭和新余仍具有一定的优势。高被引专利通常代表具有更高质量和价值的专利，南昌、宜春和景德镇排名前三。值得注意的是，尽管景德镇的授权专利数量不占优势，但其专利被引情况凸显了该市技术创新水平的先进性。近年来，景德镇面向航空、先进陶瓷等主导产业实施了一系列重大科技创新项目，聚焦核心技术攻关，高质量研究成果不断涌现，为科技进步提供原动力。综合来看，江西省不同城市之间的创新发展状况存在差异，南昌作为省会城市享有更好的创新资源，在全省科技创新中处于核心地位，而部分城市的科技创新成果稍显逊色，需要进一步助推科技成果转化落地、创新环境优化升级，为全省实现高质量跨越式发展提供强有力的科技支撑。

表48　江西省授权专利与高被引专利数量及排名情况

单位：件

城市	授权专利		高被引专利	
	数量	排名	数量	排名
南昌	14762	1	1056	1
宜春	2387	2	126	2
九江	2063	3	84	4
吉安	1945	4	82	5
抚州	1857	5	80	6
景德镇	1671	6	108	3
萍乡	1210	7	54	9
上饶	1167	8	64	8
鹰潭	691	9	14	10
新余	663	10	69	7

资料来源：Derwent Innovation。

2. 技术创新布局

通过分析授权专利的技术领域分布，可以揭示各个城市的技术特长和优势领域。基于 OECD 技术领域分类和战略性新兴产业描绘江西省的技术创新布局，结果如表 49 所示。从技术领域看，计算机技术，材料与冶金，电气机械、仪器与能源，测量和其他特殊机械是南昌的主要技术聚焦点。宜春的技术则聚焦于材料与冶金，化学工程，其他特殊机械，电气机械、仪器与能源和家具与游戏等领域。此外，化学工程，其他特殊机械，机械设备，电气机械、仪器与能源，材料与冶金等构筑起九江的重要技术产业。全省围绕计算机技术、化学工程等开展技术攻关。

战略性新兴产业的发展通常与国家或地区的长远发展战略紧密相连，是实现经济可持续发展和创新驱动发展的重要支撑。生物农业及相关产业、生物医药产业、生物医学工程产业是南昌的主要战略性新兴产业，其在电子核心产业、人工智能等领域也有不俗的实力。宜春的主要战略性新兴产业为生物医药产业、先进无机非金属材料、资源循环利用产业、先进石化化工新材料、生物农业及相关产业。此外，先进石化化工新材料、智能制造装备产业、先进环保产业、生物农业及相关产业、先进有色金属材料是九江的优势所在。《江西省人民政府关于推进江西战略性新兴产业超常规发展的若干意见》①指出，深入贯彻落实科学发展观，紧紧抓住新科技革命的历史机遇，大力发展光伏、风能与核能、新能源汽车及动力电池、航空制造、绿色照明及光电产品、金属新材料、非金属新材料、生物和新医药、绿色食品、文化及创意等战略性新兴产业。经过不懈的努力，江西省已成功实现了从工业化中期向中后期的跨越。如今，江西已实现了从农业大省向工业大省的历史性转变，这为未来产业布局和创新发展奠定了坚实的基础。

---

① 《江西省人民政府关于推进江西战略性新兴产业超常规发展的若干意见》（赣府发〔2010〕29 号），江西省人民政府网站，2013 年 9 月 24 日，http://www.jiangxi.gov.cn/art/2013/9/24/art_4642_209499.html。

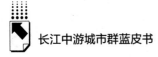

表49　江西省的主要技术领域及战略性新兴产业授权专利分布情况

单位：件

城市	技术领域	战略性新兴产业
南昌	计算机技术(1843)，材料与冶金(1207)，电气机械、仪器与能源(1148)，测量(880)，其他特殊机械(878)，化学工程(860)，有机精细化工(769)，土木工程(756)，基础材料化学(718)，光学(683)	生物农业及相关产业(1140)，生物医药产业(962)，生物医学工程产业(880)，电子核心产业(839)，人工智能(821)，先进环保产业(785)，智能电网产业(758)，先进有色金属材料(741)，智能制造装备产业(728)，先进石化化工新材料(661)
宜春	材料与冶金(309)，化学工程(271)，其他特殊机械(247)，电气机械、仪器与能源(216)，家具与游戏(204)，土木工程(178)，机械设备(157)，操作(143)，基础材料化学(130)，制药(129)	生物医药产业(162)，先进无机非金属材料(143)，资源循环利用产业(125)，先进石化化工新材料(112)，生物农业及相关产业(111)，智能制造装备产业(90)，其他生物业(84)，生物医学工程产业(61)，先进环保产业(51)，先进有色金属材料(48)
九江	化学工程(206)，其他特殊机械(203)，机械设备(180)，电气机械、仪器与能源(173)，材料与冶金(158)，有机精细化工(150)，高分子化学(137)，土木工程(129)，操作(123)，测量(91)	先进石化化工新材料(321)，智能制造装备产业(145)，先进环保产业(102)，生物农业及相关产业(87)，先进有色金属材料(73)，生物医药产业(59)，生物医学工程产业(56)，资源循环利用产业(53)，先进无机非金属材料(50)，其他生物业(49)
吉安	化学工程(219)，电气机械、仪器与能源(189)，其他特殊机械(163)，机械设备(160)，视听技术(136)，操作(135)，基础材料化学(128)，材料与冶金(104)，有机精细化工(94)，制药(85)	先进石化化工新材料(219)，电子核心产业(157)，智能制造装备产业(122)，生物医药产业(117)，生物农业及相关产业(109)，先进无机非金属材料(88)，生物医学工程产业(75)，其他生物业(74)，风能产业(69)，先进环保产业(58)
抚州	化学工程(256)，机械设备(231)，电气机械、仪器与能源(203)，其他特殊机械(168)，操作(124)，家具与游戏(107)，材料与冶金(105)，土木工程(100)，纺织和造纸机械(78)，制药(73)	生物医药产业(109)，先进石化化工新材料(79)，先进环保产业(68)，智能电网产业(60)，智能制造装备产业(58)，其他生物业(56)，生物农业及相关产业(54)，资源循环利用产业(53)，新技术与创新创业服务(48)，人工智能(39)

城市	技术领域	战略性新兴产业
景德镇	材料与冶金(489),交通运输(285),测量(158),计算机技术(142),机械设备(118),其他特殊机械(91),电气机械、仪器与能源(90),有机精细化工(90),机械元件(69),化学工程(68)	航空装备产业(524),先进无机非金属材料(347),先进石化化工新材料(95),智能制造装备产业(64),前沿新材料(59),生物医药产业(55),先进环保产业(37),人工智能(30),资源循环利用产业(23),太阳能产业(16)
萍乡	化学工程(183),材料与冶金(180),电气机械、仪器与能源(165),其他特殊机械(159),机械设备(83),操作(77),环境技术(69),基础材料化学(65),发动机、泵与涡轮机(61),土木工程(46)	先进环保产业(119),智能电网产业(115),先进无机非金属材料(102),先进石化化工新材料(58),智能制造装备产业(41),电子核心产业(38),资源循环利用产业(32),先进有色金属材料(29),太阳能产业(27),高效节能产业(20)
上饶	电气机械、仪器与能源(146),交通运输(141),机械设备(112),材料与冶金(85),半导体(85),其他特殊机械(77),化学工程(72),表面技术与涂层(72),测量(45),土木工程(44)	新能源汽车装置、配件制造(116),太阳能产业(98),先进石化化工新材料(62),智能制造装备产业(52),人工智能(42),资源循环利用产业(40),生物医药产业(39),先进环保产业(38),先进有色金属材料(36),生物农业及相关产业(35)
鹰潭	材料与冶金(123),机械设备(108),电气机械、仪器与能源(97),化学工程(64),其他特殊机械(39),操作(39),表面技术与涂层(34),测量(31),控制技术(25),机械元件(24)	先进有色金属材料(68),资源循环利用产业(52),智能制造装备产业(49),生物医药产业(30),先进石化化工新材料(21),其他生物业(19),智能电网产业(19),电子核心产业(11),先进环保产业(11),人工智能(10)
新余	材料与冶金(162),表面技术与涂层(106),电气机械、仪器与能源(87),机械设备(50),光学(47),其他特殊机械(41),半导体(36),计算机技术(25),环境技术(22),化学工程(21)	太阳能产业(79),先进钢铁材料(58),先进无机非金属材料(56),电子核心产业(39),资源循环利用产业(38),先进石化化工新材料(35),智能制造装备产业(32),先进环保产业(22),生物医药产业(19),智能电网产业(19)

资料来源:Derwent Innovation、智慧芽专利数据库平台。

　　基于 OECD 技术领域分布的技术相似度测算结果体现了不同城市之间技术结构的相似程度。如图 35 所示，九江和抚州的技术相似度最高，为 94.9%，说明两座城市具有较为相似的技术创新成果。总体来看，宜春、吉安、抚州、九江这 4 座城市之间的技术相似度均高于 88%，相似的技术结构使其可以更加方便地进行技术交流和合作，有助于优化人才资源配置和提高人才素质。但是，较高的技术相似度意味着城市之间的技术竞争可能会更加激烈，技术创新产品和服务缺乏差异性，难以在市场竞争中脱颖而出。景德镇的技术结构与省内其他城市相比差异较大。近年来，景德镇面向航空、先进陶瓷等主导产业大力实施一系列重大科技创新项目，构建起景德镇特色区域创新体系，在全省范围内独树一帜。总体来看，省内各个城市的技术结构兼具共性与差异，在协同合作中不断推动区域科技创新与经济发展。

	南昌	宜春	九江	吉安	抚州	景德镇	萍乡	上饶	鹰潭	新余
南昌	100.0%									
宜春	78.7%	100.0%								
九江	80.9%	93.3%	100.0%							
吉安	80.2%	88.9%	92.4%	100.0%						
抚州	76.3%	92.1%	94.9%	93.6%	100.0%					
景德镇	69.6%	65.3%	62.3%	53.3%	53.6%	100.0%				
萍乡	72.6%	91.0%	89.1%	86.9%	88.8%	66.4%	100.0%			
上饶	80.5%	79.0%	81.8%	80.0%	82.5%	71.0%	79.5%	100.0%		
鹰潭	74.1%	86.5%	85.3%	82.5%	86.7%	76.0%	87.5%	83.3%	100.0%	
新余	69.3%	73.2%	66.4%	64.8%	63.1%	75.0%	75.8%	75.0%	84.7%	100.0%

图 35　江西省基于 OECD 技术领域分布的技术相似度矩阵

资料来源：Derwent Innovation。

　　通过专利家族的国家/地区分布情况可以了解专利市场的布局情况。在江西省的专利布局中，中国占据了首位，世界知识产权组织的授权专利布局数量排名第二，美国的专利布局数量也较多。这表明江西省更倾向于在国内申请专利，同时注重美国市场。国内申请专利可以有效保护国内企业和科研机构的知识产权，防止技术被未经授权使用和侵权，有助于提升企业的竞争力，促进创新发展；而在美国申请专利可以提高中国企业的国际声誉和知名度，有助于提升企业在国际市场的形象和地位。表 50 显示了江西省的专利家族国家/地区分布情况。

表 50 江西省授权专利的主要专利家族国家/地区分布

单位：件

排序	专利家族国家/地区	授权专利数量
1	中国	27997
2	美国	516
3	日本	184
4	韩国	116
5	中国台湾	98
6	印度	52
7	澳大利亚	31
8	德国	22
9	加拿大	21
10	中国香港	21
11	南非	15
12	巴西	12
13	俄罗斯	12
14	越南	12
15	印度尼西亚	11
16	西班牙	8
17	马来西亚	7
18	新加坡	7
19	英国	6
20	墨西哥	6

资料来源：Derwent Innovation。

申请海外专利是技术创新的一部分。在国际市场上，企业需要不断创新来适应不同国家/地区的需求。本报告统计了江西省各个城市的 PCT 申请专利数量、海外专利数量、非单方专利数量和三方专利数量，如表 51 所示。从 PCT 申请专利数量来看，南昌、吉安、宜春、上饶、九江呈现阶梯式下降的趋势，鹰潭的 PCT 申请专利数量略高于景德镇。从海外专利数量来看，南昌以 429 件遥遥领先，其次为上饶和吉安。鹰潭仅有 5 件海外专利，不重视海外市场可能会使企业缺乏创新能力和国际竞争力，无法适应全球化竞争的趋势和市场需求。非单方专利申请数量位于第一梯队的城市有南昌、吉安、宜春、上饶。进一步对各个城市的三方专利数据进行分析，仅有 5 座城市拥有三方专利。尽管南昌的授权专利数量在省内处于领先水平，但其三方专利数量仅为 41 件，并未与排在第 2 位的上饶拉开距离。而吉安、新余和宜春的三方专利数均为个位数。在全球化竞争的趋势下，国际市场已成为企业发展的重要战略方向。如果企业只注重国内市场，忽视了海外市场的机会和挑战，就难以适应全球化竞争的趋势和市场需求。因此，江西省各个城市的企业应加强对海外市场的开拓和布局，注重技术创新，提高企业的国际竞争力和创新能力。

表 51 江西省 PCT 申请专利、海外专利、非单方专利与三方专利数量及排名情况

单位：件

城市	PCT 申请专利		海外专利		非单方专利		三方专利	
	数量	排名	数量	排名	数量	排名	数量	排名
南昌	921	1	429	1	326	1	41	1
宜春	89	3	29	4	27	3	1	5
九江	38	5	26	6	16	6	0	6
吉安	111	2	41	3	35	2	5	3
抚州	18	8	15	7	15	7	0	6
景德镇	9	10	14	8	10	9	0	6
萍乡	21	7	14	8	11	8	0	6
上饶	56	4	61	2	27	3	29	2
鹰潭	11	9	5	10	5	10	0	6
新余	36	6	28	5	26	5	2	4

资料来源：Derwent Innovation。

3. 技术创新协作

当两个或多个组织共同进行创新时，联合申请可以确保各方在创新成果上享有同等的权益。本报告依据专利联合申请数据分别绘制了 2013～2022 年江西省的技术创新合作网络，如图 36 所示。宜春、九江、吉安、抚州、上饶、萍乡、鹰潭都仅与南昌开展了技术合作，由此可见南昌在全省技术创

新网络中的重要性。从城市的合作范围来看，南昌的合作范围最为广泛，与8座省内城市开展了技术交流，其次是宜春和景德镇，分别与3座和2座城市开展了技术合作。从城市的合作强度来看，南昌和宜春的合作关系最为紧密，其次是南昌和吉安。总体来看，南昌在技术创新中具有较强的引领和带动作用，为江西省整体科技创新水平的提升做出了积极贡献。

从动态视角来看，2013~2017年，上饶、萍乡、鹰潭、九江、吉安均处于孤立位置，没有与省内其他城市开展技术合作。这些城市可能在地理位置上相对分散，交通和沟通不便，导致合作交流困难；或是产业结构差异、合作平台缺失、科研资源不足等原因导致城市间缺乏技术合作。2018~2022年，城市之间的交流与合作变得更加频繁紧密，整体合作网络更加丰富。南昌与宜春、吉安、九江之间的合作交流密切，此外也和省内其他城市开展了合作，逐步打破了城市间的孤立状态，促进技术合作与交流。近年来，江西省政府持续加强南昌的创新领导地位，紧密围绕省委确定的"一圈引领、两轴驱动、三区协同"区域发展格局，积极推动大南昌都市圈实现高质量一体化发展目标，打造富有活力、创新力、竞争力的现代化都市圈。此外，宜春通过举办全国性科技创新重大活动，积极展示宜春科技创新的浓厚氛围，吸引高层次人才到宜春开展科技合作，将科研成果在宜春转化落地。不断深化拓展与高水平大院大所的科技合作，鼓励地方和企业与高校院所合作建设研发机构和创新平台，科技合作的"朋友圈"越来越大。

中心度指标用以衡量合作网络中各个节点的重要程度，4种中心度指标的计算结果如表52所示。点度中心度是在网络分析中刻画节点中心性的最直接度量指标，南昌的点度中心度最高，达到0.89，其次是宜春和景德镇，其余城市均只与省内1座城市有合作关系，因而点度中心度为0.11。中介中心度用来衡量一个顶点出现在其他任意两个顶点之间的最短路径的次数，从而刻画节点的重要性。数据显示，南昌的中介中心度高达0.92，表示南昌在江西省的技术创新合作网络中有着很强的连接作用和控制能力。接近中心度越高，表示该节点距离其他节点越近，是网络中信息传播和交流的重要

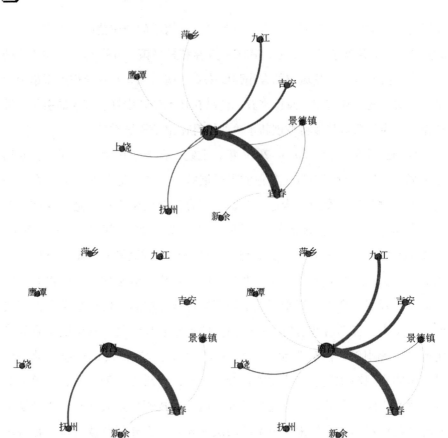

图36 2013~2022年江西省技术创新合作网络

说明：节点大小表示城市授权专利数量的多少；连线的粗细程度表示城市之间的合作强度，以合作专利数量来衡量。

枢纽。南昌和宜春的接近中心度较高，而新余仅为0.39。除南昌和宜春外，其余8座城市的中介中心度均为0，表明它们在技术合作网络中缺乏影响力。特征向量中心度同样可以测度节点的重要性，南昌的特征向量中心度最高，其次为宜春和景德镇。综合4个指标来看，南昌在全省技术创新中的核心位置毋庸置疑，宜春、景德镇等地的技术创新实力及其在技术交流合作中的重要性也进一步凸显。

从结构洞相关指标看，南昌的有效规模和效率值最高，有效规模达7.47，效率值达0.93，表明南昌在技术创新方面行动自由且高效，具有较大的影响力。限制度较高的城市有景德镇、九江、吉安、抚州、萍乡、上饶、鹰潭、新余等，均在1.00及以上，这些城市的受约束程度较高，容易被其他城市牵制。综上所述，南昌在江西省技术创新合作网络中居于核心地位。针对不同城市的特色，各地可进一步加强合作与交流，促进科技创新和产业发展，共同推动江西省经济的持续健康发展。

表52 江西省技术创新合作网络中心度和结构洞指标

城市	中心度				结构洞			
	点度中心度	中介中心度	接近中心度	特征向量中心度	有效规模	效率	限制度	等级度
南昌	0.89	0.92	0.90	1.00	7.47	0.93	0.35	0.70
宜春	0.33	0.22	0.60	0.56	2.09	0.70	0.90	0.92
景德镇	0.22	0.00	0.56	0.51	1.00	0.50	1.88	0.00
九江	0.11	0.00	0.50	0.33	1.00	1.00	1.00	1.00
吉安	0.11	0.00	0.50	0.33	1.00	1.00	1.00	1.00
抚州	0.11	0.00	0.50	0.33	1.00	1.00	1.00	1.00
萍乡	0.11	0.00	0.50	0.33	1.00	1.00	1.00	1.00
上饶	0.11	0.00	0.50	0.33	1.00	1.00	1.00	1.00
鹰潭	0.11	0.00	0.50	0.33	1.00	1.00	1.00	1.00
新余	0.11	0.00	0.39	0.18	1.00	1.00	1.00	1.00

4. 技术创新主体

授权专利数量用来衡量各创新主体的创新精神和创新能力。江西省授权专利数量排名前二十的机构如表53所示。作为江西省最好的高校之一，南昌大学积极推动科技创新"植入"一流大学建设，通过激发自主创新内在动力、对外开展科技合作、成立智库开展战略研究和对策研究等，使学校科技创新走在地方高校的前列，其授权专利数量全省第一。授权专利数量排名第二的南昌航空大学同样具有突出的科技创新实力，其次是华东交通大学和江西师范大学。江西洪都航空工业集团有限责任公司是集科研、生产和经营于一体，拥有完备的飞机、导弹研制生产能力的专业航空研发制造企业，以

566 件授权专利跻身前五。该企业始终坚持自主创新，为新中国航空工业发展贡献积极力量。来自景德镇的中国直升机设计研究所是中国唯一的以直升机型号研制和直升机技术预先研究为使命的大型综合性科研单位，其在技术创新方面表现卓越。其余进入前十的机构还有景德镇陶瓷大学、东华理工大学、江西农业大学和南昌欧菲光科技有限公司。

从城市分布情况看，在授权专利数量排名前二十的机构中有 16 家来自南昌。江西省积极支持南昌打造重要的区域科技创新中心，致力于推动南昌航空科创城和中国（南昌）科学岛等重大创新平台建设，在科技项目、经费支持、高端科研平台建设以及人才引进和培育等方面提供了有力支持。南昌正在全力推进创新驱动发展战略，不断提升科技支撑能力，以加快发展步伐。景德镇有两家机构进入前二十，分别是中国直升机设计研究所和景德镇陶瓷大学。"十三五"时期，景德镇大力实施创新驱动发展战略，推动建立了景德镇国家陶瓷文化传承创新试验区、景德镇航空小镇等产业园区，引导、支持企业在技术创新决策、研发投入、科研组织和成果转化中充分发挥主体作用。九江和上饶分别有一家机构跻身前列，其余城市尚未入榜。

表 53　江西省技术创新的主要机构及其主要技术领域的授权专利情况

单位：件

排名	机构	专利数量	城市	主要技术领域
1	南昌大学	1970	南昌	材料与冶金（322），生物技术（208），计算机技术（197），食品化学（188），化学工程（141）
2	南昌航空大学	1455	南昌	纺织和造纸机械（737），高分子化学（199），化学工程（166），其他特殊机械（98），医疗技术（79）
3	华东交通大学	782	南昌	计算机技术（190），土木工程（101），测量（76），材料与冶金（46），数字通信（45）
4	江西师范大学	573	南昌	有机精细化工（146），高分子化学（70），化学工程（58），生物技术（54），材料与冶金（48）
5	江西洪都航空工业集团有限责任公司	566	南昌	交通运输（164），机械设备（82），测量（78），其他特殊机械（71），计算机技术（53）

排名	机构	专利数量	城市	主要技术领域
6	中国直升机设计研究所	525	景德镇	土木工程（377），测量（48），机械元件（48），操作（41），交通运输（32）
7	景德镇陶瓷大学	503	景德镇	材料与冶金（314），电气机械、仪器与能源（34），化学工程（33），环境技术（31），基础材料化学（30）
8	东华理工大学	412	南昌	计算机技术（56），测量（56），环境技术（54），化学工程（43），电气机械、仪器与能源（40）
9	江西农业大学	349	南昌	生物技术（91），其他特殊机械（70），基础材料化学（62），食品化学（60），有机精细化工（38）
10	南昌欧菲光科技有限公司	308	南昌	计算机技术（194），电气机械、仪器与能源（54），光学（53），视听技术（38），表面技术与涂层（30）
11	南昌工程学院	299	南昌	电气机械、仪器与能源（50），计算机技术（48），土木工程（32），材料与冶金（28），测量（27）
12	江铃汽车股份有限公司	270	南昌	交通运输（104），计算机技术（58），测量（41），控制技术（22），数字通信（22）
13	江西中医药大学	193	南昌	制药（135），有机精细化工（79），食品化学（18），医疗技术（14），高分子化学（9）
14	九江学院	163	九江	材料与冶金（33），高分子化学（19），其他特殊机械（19），家具与游戏（17），计算机技术（12）
15	江西联创电子有限公司	152	南昌	光学（138），计算机技术（5），交通运输（5），材料与冶金（3），机械设备（3）
16	爱驰汽车有限公司	142	上饶	交通运输（96），计算机技术（20），电气机械、仪器与能源（19），测量（12），控制技术（8）
17	江西联益光学有限公司	133	南昌	光学（127），电信技术（5），计算机技术（4），机械设备（3），其他特殊机械（2）
18	江西中烟工业有限责任公司	122	南昌	其他消费品（99），基础材料化学（24），化学工程（16），操作（12），机械设备（3）
19	江西省科学院应用化学研究所	111	南昌	高分子化学（40），基础材料化学（36），有机精细化工（32），化学工程（15），材料与冶金（13）
20	国网江西省电力有限公司	120	南昌	电气机械、仪器与能源（50），测量（27），计算机技术（19），IT管理方法（15），数字通信（11件）

资料来源：Derwent Innovation、智慧芽专利数据库平台。

基于专利联合申请数据绘制江西省主要机构的技术创新合作网络，如图37所示。从机构的合作范围看，南昌航空大学的合作范围最为广泛，与5

家机构开展了技术交流，其次是南昌大学和东华理工大学。从机构之间的合作强度来看，南昌航空大学和东华理工大学之间的合作最为频繁，而南昌航空大学与江西洪都航空工业集团有限责任公司都在航空领域深研，合作开展技术攻关。

从动态视角来看，2013~2017年，仅主要机构之间开展了技术合作，南昌航空大学和东华理工大学之间的合作关系尤为紧密。2018~2022年，机构之间的技术合作关系逐渐加强，主要表现为已有合作关系的深化以及合作范围的扩大。南昌航空大学与江西洪都航空工业集团有限责任公司都肩负着

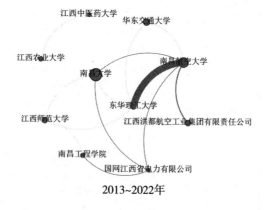

2013~2022年

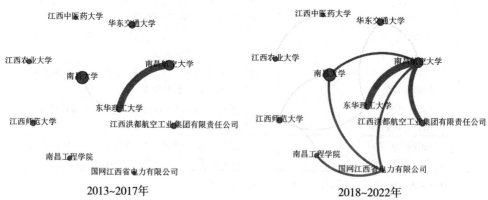

2013~2017年

2018~2022年

图37　2013~2022年江西省主要机构的技术创新合作网络

说明：节点大小表示机构授权专利数量的多少；连线的粗细程度表示机构之间的合作强度，以合作专利数量来衡量。

"航空强国"的历史使命，双方在为国家航空事业共同奋斗的历程中携手合作，它们之间的技术合作成果不断涌现。同时，南昌大学、南昌航空大学、国网江西省电力有限公司之间开展了技术合作与交流。校企合作是促进科技创新和产业升级的有效途径，可以实现资源互补、优势互补，为社会经济的发展创造更多的机会和可能性。

五 促进长江中游城市群科技创新思路与政策

在新时代背景下，长江中游城市群科技创新发展必须坚持以习近平新时代中国特色社会主义思想为指导，直面当前国内外科技竞争与经济社会面临的种种挑战，找准科技创新在新发展格局中的定位；并用前瞻性、全局性、系统性的战略眼光，客观审视当下的不足与问题，准确把握科技创新的重点、难点和痛点，不断提升综合创新能力，丰富和塑造科技环境新业态，为长江中游城市群高质量可持续发展提供强有力的智慧支持与技术支撑。打造全国高质量发展的重要增长极，这是三省需要共同书写的答卷。具体而言，主要政策建议如下。

（一）深化改革全面开放，促进国际交流与合作

面对国内外竞争的新特点和新要求，长江中游城市群持之以恒发展新科技，构建了立足于国内大循环发展格局的科技创新体系。然而，在国际环境日益复杂与后疫情时代的背景下，加快形成以国内大循环为主体、国内国际双循环相互促进的新发展格局迫在眉睫。长江中游城市群的光电子信息、遥感、汽车及零部件、航空制造等产业处于国际领先地位，已形成了贯通东西方、衔接国内外的良好科技交流和合作网络体系。不断拓展全球视野，深化改革全面开放，继续坚持"引进来"和"走出去"相结合的策略，不仅有助于中部地区高效利用全球创新要素，开展关键核心技术攻关，提高其在科技创新领域的竞争力，突破更多"卡脖子"和"卡脑袋"障碍，还能推动高科技产业快速融入全球相关产业创新网络。在确保优势产业持续做大做

强、保质保优的基础上，进一步实现科技创新链和产业链的同步优化，为构建以国内大循环为主体、国内国际双循环相互促进的新发展格局指引方向。

（二）在现有重点合作领域上，积极开展跨学科研究

目前，长江中游城市群在学术研究方面主要集中在传统学科，如材料科学、生物学、化学和物理学等领域，其未来发展应更加关注新兴学科、交叉学科以及人文社会科学领域，并积极拓展跨学科研究范围。为实现这一目标，长江中游城市群应当有针对性地推动跨学科研究，深入挖掘现有研究热点，积极探索新的研究方向。同时，根据长江中游城市群学术论文与授权专利的布局情况，各个城市都具有独特的研究特色和优势学科，因此在跨学科研究中各城市可以互相借鉴、取长补短，结合不同领域的专业知识和技术，开拓新的研究领域。此外，长江中游城市群需进一步加强跨学科研究人员的合作与交流，助推科学成果的转化，为相关科研机构与企业提供更多机会。

（三）联手打造优势产业集群，扩大错位发展空间

以共性优势产业为抓手，围绕以武汉、长沙、南昌为中心的光电子及新材料、高端装备、生物医药等优势产业集群，加强研发能力建设，在重点产业领域形成超越性技术竞争优势，联手推进长江中游城市群科技创新实力的整体提升。尽管湖北、湖南、江西三省在资源禀赋和产业布局方面呈现一定的同质化特征，但在产业链细分与具体优势领域上仍具有内在差异性和结构互补性。因此，长江中游城市群具有共性优势产业错位发展的基础和条件，应更为积极地推动各区域优势产业协同发展，促进横向错位发展、纵向分工协作，从而形成优势互补的高质量发展布局，推动长江中游城市群协同发展。

（四）发挥省会辐射作用，构建多中心协调发展格局

三大省会城市——武汉、长沙和南昌对长江中游城市群科技创新发展的核心支撑和辐射作用日益显现。为推动武汉城市圈、环长株潭城市

群以及环鄱阳湖城市群的协调发展，有必要进一步巩固并强化武汉、长沙和南昌的中心城市地位，从而将省会机遇变为全省机遇，把省会优势变为全省优势。其中，武汉城市圈可以充分发挥其在科教和产业方面的优势，强化辐射和引领作用。同时，可以推动武汉与周边城市（如黄冈、黄石、鄂州、孝感、咸宁）实现同城化发展，力图打造一个紧密相连的武汉都市圈。此外，湖北省应积极推进"两型"社会综合配套改革试验区和自主创新试验区建设，成为结构优化、节能减排和自主创新等方面的先行者。环长株潭城市群可以依托现有的国家级开发区和产业基地，推动长沙产业向高端化发展，增强产业集聚能力，也可以通过促进长沙与株洲、湘潭的一体化发展，进一步辐射和带动衡阳、岳阳、常德、益阳、娄底等城市发展。环鄱阳湖城市群可以通过发挥南昌的要素集聚、科技创新、文化引领和综合交通功能，加快昌九一体化和昌抚一体化发展，加强与新宜萍城镇密集带、信江河谷城镇群的联系，并以此辐射周边地区。

（五）创新省际联动机制，促进省际毗邻城市组团发展

目前，长江中游城市群的省内合作强于省际合作。省内合作有助于加强区域资源的整合、优化和利用，公路、铁路、港口、机场等基础设施的建设以及政策的协同和一体化，为省际合作提供坚实的基础，因此长江中游城市群在省内紧密合作的基础上加强省际合作势在必行。在新发展阶段，长江中游城市群可从创新省际联动机制抓起，加大省际发展规划协调力度。具体来说，可以设立省际合作办公室或机构，负责协调和推动省际合作事务；构建省际合作信息平台，使各省可以及时共享有关合作项目、政策、资源等信息；推动跨省市的项目合作，包括共同开发产业项目、文化和旅游项目、环保和节能项目等。此外，长江中游城市群可突破行政壁垒，支持长江中游城市群内若干基础条件好、联系比较紧密的省际毗邻城市合作发展。例如，长沙、株洲、湘潭和新余、宜春、萍乡，积极参与湘赣开放合作试验区建设，共同制定跨省市发展规划，着力推进重要基础设施建设，包括铁路、高速公

路以及省际连接线等，从而推动省际交通体系的完善和升级。同时，这些城市之间也开展了深入的产业分工与协作，旨在打造跨省市产业合作示范区，促进经济协同发展。总体而言，为实现一体化发展，各省应深化合作机制，建立更加高效的联动机制。

（六）建立一体化人力资源市场，构建科技创新共同体

人才队伍是创新活动的主导力量，地区的发展必须依赖不可复制的人才资源。而建立一体化人力资源市场是实现跨城市、跨地区人才流动和就业的重要举措，有助于优化资源配置、提高就业率、促进经济发展。湖北省、湖南省拥有众多科研机构和丰富的科教人才，在科技创新方面具备显著优势。相比之下，江西省的高校数量和实力较弱，整体科技创新实力稍显不足。因此，各省应基于自身情况建设人才队伍，力争构建科技创新共同体。一方面，充分重视当地的人才培养工作，针对自身发展现状和现实需求，培养特色优势领域的人才队伍。在创新活动中，高校、企业和科研机构依靠自身优势发挥独特作用，成为培养人才的主要阵地。而长江中游城市群拥有相当数量的优秀高校和科研机构，政府可以引导它们与企业开展合作，培养核心技术骨干。另一方面，各省应基于现有人才培养成果，吸引外地的优秀人才。与此同时，各地要采取措施留住现有的人才队伍。更重要的是，要加快建立协调一致的人才流动政策和交流合作机制，充分利用地理和交通优势，构建更高水平的开放型经济体系，促进人才的交流与协作。

参考文献

叶春蕾：《基于 Web of Science 学科分类的主题研究领域跨学科态势分析方法研究》，《图书情报工作》2018 年第 2 期。

刘忠艳等：《长江经济带人才集聚水平测度及时空演变研究——基于价值链视角》，《科技进步与对策》2021 年第 2 期。

刘军：《整体网分析：UCINET 软件实用指南》，格致出版社，2014。

张玉明、李凯：《中国创新产出的空间分布及空间相关性研究——基于 1996~2005 年省际专利统计数据的空间计量分析》，《中国软科学》2007 年第 11 期。

《国家发展改革委关于印发长江中游城市群发展规划的通知》（发改地区〔2015〕738 号），中华人民共和国国家发展改革委员会网站，2015 年 4 月 13 日，https://www. ndrc. gov. cn/xwdt/ztzl/xxczhjs/ghzc/201605/t20160512_ 971938. html。

《国家发展改革委关于印发长江中游城市群发展"十四五"实施方案的通知》（发改规划〔2022〕266 号），中国政府网，2022 年 2 月 15 日，https://www. gov. cn/zheng ce/zhengceku/2022-03/16/content_ 5679303. htm。

《鄂湘赣三省打造长江中游城市群协同创新共同体》，中国新闻网，2021 年 6 月 23 日，https://www. chinanews. com/cj/2021/06-23/9505527. shtml。

《湖南省科学技术厅关于印发〈"三尖"创新人才工程实施方案（2022—2025）〉的通知》（湘科发〔2022〕34 号），湖南省人民政府网站，2022 年 3 月 1 日，http:// www. hunan. gov. cn/hnszf/xxgk/wjk/szbm/szfzcbm_ 19689/skjt/gfxwj_ 19703/202204/t2022 0419_ 22740914. html。

《湖南省人民政府关于印发〈湖南创新型省份建设实施方案〉的通知》（湘政发〔2018〕35 号），湖南省人民政府网站，2018 年 12 月 30 日，http://www. hun an. gov. cn/xxgk/wjk/szfwj/201901/t20190110_ 5256378. html。

《湖南省人民政府关于印发〈长株潭都市圈发展规划〉的通知》（湘政发〔2022〕6 号），湖南省人民政府网站，2022 年 3 月 22 日，https://hunan. gov. cn/hnszf/xxgk/wjk/ szfwj/202203/t20220329_ 22725038. html。

《江西省人民政府关于推进江西战略性新兴产业超常规发展的若干意见》（赣府发〔2010〕29 号），江西省人民政府网站，2013 年 9 月 24 日，http://www. jiangxi. gov. cn/art/2013/9/24/art_ 4642_ 209499. html。

G. A. Carlino, "Knowledge Spillovers: Cities' Role in the new economy," *Business Review Q*4 (2001).

L. Bottazzi, G. Peri, "Innovation and Spillovers in Regions: Evidence from European Patent Data," *European Economic Review*47 (2003).

Ronald Burt, *The Social Structure of Competition* (Cambridge: Harvard University Press, 1993).

B.3

长江中游城市群信息技术
应用创新产业政策分析

吴江　贺超城　黄茜*

摘　要：　长江中游城市群地跨湖北、湖南、江西三省，是我国地理范围最
广阔的城市群之一。该城市群对于推动长江经济带的发展、促进
中部地区的崛起，以及巩固"两横三纵"城镇化战略格局都至关
重要，不仅拥有广大的市场空间和发展潜力，更在中国新发展格
局中扮演着重要的战略角色。一方面，长江中游城市群紧密位于
长江经济带的核心位置，是中国推动中部地区崛起、促进经济发
展的重要引擎。另一方面，长江中游城市群也在推动信创产业区
域内科技创新合作方面取得了重要成果，尤其在产业创新协同方
面已经形成良好的合作基础。武汉—南昌、武汉—长沙、长沙—南
昌等科技创新走廊的建设，有效促进了沿线城市间的资源整合和合
作创新，不仅有利于科技成果的加速转化，也推动了创新人才的流
动，为全国信创产业的协同发展搭建了良好平台。因此，长江中游
城市群的信创产业发展不仅具有区域性意义，更对全国信创产业的
发展具有深远影响。在这样的背景及政策导向之下，研究长江中游
城市群的信创产业政策，特别是湖北、湖南、江西三省的信创产业
政策发展现状，旨在为观察我国地方各省信创产业发展提供窗口，
有助于从基础设施、科技创新合作、产业升级等方面为全国各地信

---

* 吴江，武汉大学信息管理学副院长，教授，科技部国家重点研发计划项目首席专家，主要研
究方向为数字化和信息化发展、数据智能；贺超城，武汉大学信息管理学院讲师，主要研究
方向为复杂网络和模拟仿真分析；黄茜，武汉大学信息管理学院硕士，主要研究方向为社会
网络分析。

创产业政策的制定和出台提供经验借鉴，为全国信创产业的可持续发展注入强大动力，为中国走向科技创新引领型国家做出重要贡献。

关键词： 长江中游城市群　信创产业　信创产业政策研究

我国经济社会正迎来数字化转型的关键阶段，中国信息通信研究院发布的《中国数字经济发展研究报告（2023 年）》显示，2022 年中国数字经济规模达到 50.2 万亿元。借助数字经济的巨大潜力推动我国经济社会的高质量发展，需要我们立足于数字产业化和产业数字化，推动数字服务、数字贸易集群化发展，推动智慧城市建设，以此提高中国城市整体运行效率和经济活力。值得注意的是，随着中国数字经济规模的不断扩大，各领域对信息技术软硬件的依赖程度也在不断加深。

信创产业，即信息技术应用创新产业，涵盖了 IT 基础设施、基础软件、应用软件、信息安全产品等多个领域。其核心目标在于通过产业应用的推动，构建本土化的信息技术软硬件底层架构体系和全生态体系，以解决各行各业的"卡脖子"问题，为中国的高质量发展奠定坚实的数字基础。信创产业的健康发展，能够有效推动国家经济的数字化转型和产业链的发展。艾媒咨询公布的数据显示，2022 年中国数字经济规模已达 54.3 万亿元，预计2024 年将达 68.3 万亿元。如今中国数字化经济版图持续扩大，数字化技术的发展驱动新一轮商业创新，在数字经济的催化下，2022 年中国信创产业的规模达 16689.4 亿元，2027 年有望达到 37011.3 亿元。

一　我国信创产业政策

随着新一轮科技革命和产业变革深入发展，国际力量对比深刻调整，经济全球化遭遇逆流，世界进入了动荡变革期。面对复杂的发展环境，我国坚定且加速了核心器件的自主创新之路，要求信创产业主要产品和核心技术从

"基本可用"转向"好用易用"。《中共中央关于制定国民经济和社会发展第十四个五年规划和二〇三五年远景目标的建议》（以下简称《建议》）提出，坚持创新在我国现代化建设全局中的核心地位，把科技自立自强作为国家发展的战略支撑。①在《建议》建议部署的12个方面重大任务中，"坚持创新驱动发展，全面塑造发展新优势"列于首位，明确要求面向世界科技前沿、面向经济主战场、面向国家重大需求、面向人民生命健康，深入实施科教兴国战略、人才强国战略、创新驱动发展战略，完善国家创新体系，加快建设科技强国。同时，《建议》指出要瞄准人工智能、量子信息、集成电路、生命健康、脑科学、生物育种、空天科技、深地深海等前沿领域重点布局。当前，我国信创产业正在经历从"规划提出"、"实施落地"迈入"快速发展"的关键期。在《建议》的指导下，国家先后发布了多条支持政策，助力信创产业持续高质量发展。各地区也相继出台了多条地方信创产业政策。据零壹智库统计，2022年1~10月，全国各地政府共出台59条信创产业相关政策，其中，广东省（10条）、天津市（6条）、湖南省（5条）位居前三位。各地区依据自身的地方优势，发挥经济发达地区引领作用，积极响应国家完善数字基础设施、建立数字政府的号召，提出建立多个示范基地、产业集群的战略目标。

国家信创产业相关政策（部分）见表1。

表1 国家信创产业相关政策（部分）

发布时间	发布部门	政策名称	相关内容
2020年9月	国家发展改革委、科技部、工业和信息化部、财政部	《关于扩大战略性新兴产业投资 培育壮大新增长点增长级的指导意见》	加大5G建设投资，加快5G商用发展步伐，加快基础材料、关键芯片、高端元器件、新型显示器件、关键软件等核心技术攻关，大力推动重点工程和重大项目建设，积极扩大合理有效投资

---

① 《中共中央关于制定国民经济和社会发展第十四个五年规划和二〇三五年远景目标的建议》，中国政府网，2020年11月3日，https：//www.gov.cn/xinwen/2020-11/04/content_5557298.htm。

发布时间	发布部门	政策名称	相关内容
2020 年 8 月	国务院	《国务院关于印发新时期促进集成电路产业和软件产业高质量发展若干政策的通知》	为进一步优化集成电路产业和软件产业发展环境,深化产业国际合作,提升产业创新能力和发展质量,制定出台财税、投融资、研究开发、进出口、人才、知识产权、市场应用、国际合作八个方面政策措施。进一步创新体制机制,鼓励集成电路产业和软件产业发展,大力培育集成电路领域和软件领域企业。加强集成电路和软件专业建设,加快推进集成电路一级学科设置,支持产教融合发展
2020 年 4 月	公安部、国家安全部、财政部等 12 部门	《网络安全审查办法》	关键信息基础设施运营者采购网络产品和服务,影响或可能影响国家安全的,应当按照办法进行网络安全审查
2020 年 3 月	科技部	《关于推进国家技术创新中心建设的总体方案(暂行)》	到 2025 年,布局建设若干国家技术创新中心,突破制约我国产业安全的关键技术瓶颈
2020 年 1 月	国务院办公厅	《国家政务信息化项目建设管理办法》	政务信息化项目在报批阶段,需要对产品的安全可靠情况进行说明

资料来源:国务院政策文件库。

(一)我国信创产业政策文本收集

信创产业以信息技术产品生态体系为基础框架,传统的信息技术产业主要由 4 部分组成:基础设施(芯片、存储器、服务器、PC、固件等)、基础软件(操作系统、中间件、数据库)、应用软件、信息/网络安全。由于信创产业是多个行业的集合,且"信创"一词的概念与包含的具体领域直到2016 年才被提出并确定,故早期的相关产业报告多借由云计算、计算机、

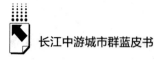

大数据、软件、集成电路等领域的政策来进行分析，与现有"信创"定义的领域有偏差。

为了避免检索到"信创"内涵之外领域的政策，检索人员针对信创产业相关的检索词进行了梳理与定义：首先，分别找到2位信息资源管理领域专家与2位信创产业从业人员，利用头脑风暴法得到信创产业政策关键词集合，通过综合分析法，提取出较为重要的关键词；其次，整理选取的关键词，补充各关键词的含义，发送给4位专家进行反馈，进行二次修改；最后，为了避免漏检，综合专家反馈意见对各检索词进行了同/近义检索词补充。最终结果如表2所示。

表2　选取的检索词及其含义

检索词	同/近义检索词	含义
信创	信创产业	信息技术应用创新产业，它是数据安全、网络安全的基础，也是新基建的重要组成部分
信创产业园	—	信创产业集中的园区
信创云	—	指在信息技术应用创新的大背景下自主研发的云平台，其核心构建在国产化的 CPU 和操作系统之上。该平台巧妙整合了计算、存储、网络、安全、应用支持以及信息资源等软硬件资源，充分发挥了云计算的虚拟化、高可靠性、高通用性、高可扩展性，以及迅速、弹性、按需自助服务等特性，为用户提供可信赖的计算、网络和存储能力
基础设施	—	指的是为社会生产和居民生活提供必要公共服务的实体工程设施。它们构成了确保国家或地区正常开展社会经济活动的公共服务系统，包括但不限于交通、邮电、供水供电、商业服务、科研与技术服务、园林绿化、环境保护、文化教育、卫生事业等各类市政公用工程设施和公共生活服务设施，是"新基建"的上位词
新型基础设施	新基建	新型基础设施建设涵盖了七大领域，包括5G基站、特高压电力、城际高速铁路和城市轨道交通、新能源汽车充电桩、大数据中心、人工智能以及工业互联网。其覆盖涉及多个产业链，核心理念是以新发展为导向、以技术创新为引擎、以信息网络为基础、以满足高质量发展需求为目标，提供数字化转型、智能化升级、融合创新等服务的基础设施体系
数字基础设施	IT基础设施、互联网基础设施	数字的基础设施，主要是指以网络通信、大数据、云计算、区块链、人工智能、量子科技、物联网以及工业互联网等数字技术为主要应用的新型基础设施。相较于"基础设施"，得到的结果更精细

检索词	同/近义检索词	含义
数字经济	—	直接或间接利用数据来引导资源发挥作用,推动生产力发展的经济形态都可以纳入其范畴。在技术层面,包括大数据、云计算、物联网、区块链、人工智能、5G 通信等新兴技术
数字政府	数字治理	通过构建大数据驱动的政务新机制、新平台、新渠道,进一步优化调整政府内部的组织架构、运作程序和管理服务,全面提升政府在经济调节、市场监管、社会治理、公共服务、生态环境等领域的履职能力,形成"用数据对话、用数据决策、用数据服务、用数据创新"的现代化治理模式

在得到相关检索词后,检索人员通过国务院政策文件库、"北大法宝"、"北大法意网"、国务院与各部委官方网站以及湖北省/武汉市、湖南省/长沙市、江西省/南昌市相关政府部门网站检索政策文件。针对各个检索词进行标题检索和全文检索,对获得的政策文件进行阅读和筛选,剔除不符合信创内涵所涉及领域的政策,最终得到 130 条检索结果。其中,国家层面政策 29 条,在地方层面政策上,湖北省与武汉市地方相关政策 35 条、江西省与南昌市 36 条、湖南省与长沙市 30 条,发布时间跨度为 2015 年 5 月到 2023 年 5 月。信创产业相关政策(总体)数量变化趋势如图 1 所示。

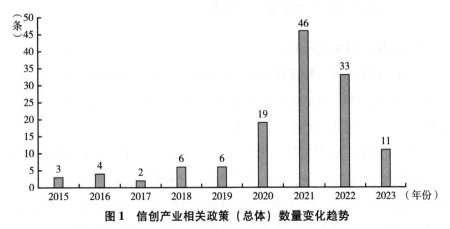

图 1 信创产业相关政策(总体)数量变化趋势

资料来源:国务院政策文件库、"北大法宝"、"北大法意网"、国务院与各部委官方网站以及湖北省/武汉市、湖南省/长沙市、江西省/南昌市相关政府部门网站。

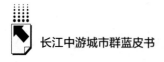
对最终的政策文本进行标准化处理，方便后续分析，标准化处理后格式如表3所示。

表 3　政策文本标准化处理格式

字段名称	字段解释	示例
政策名称	政策文本的名称	国务院关于数字经济发展情况的报告
相关内容	政策文本中涉及"信创"的内容	……适度超前部署数字基础设施建设,筑牢数字经济发展根基。……大力推动数字产业创新发展,打造具有国际竞争力的产业体系。……
制定机关	制定政策的机关部门	国务院
公布日期	政策公布的时间	2022 年 10 月 28 日
效力位阶	规范性法律文本在法律体系中的纵向等级	国务院规范性文件
政策链接	指向政策发布原文的超链接	https://www.pkulaw.com/chl/f7bfc5dcb08ae0afbdfb.html？keyword=%E6%95%B0%E5%AD%97%E7%BB%8F%E6%B5%8E&way=listView
检索词	检索该政策文本时使用的检索词	数字经济

（二）我国信创产业政策发展情况

1. 信创产业逐步受到重视

从制定机关上看，检索得到的 130 条政策文本中有 29 条政策文本属于国家信创产业政策。时间跨度为 2015 年 5 月至 2023 年 3 月，信创产业相关政策（国家）数量变化趋势如图 2 所示。

如图 2 所示，检索出的"十三五"时期国家信创产业政策仅有 7 条。尽管该时期政策数量不多，但并不能说明国家不重视信创产业。"信创"一词可追溯至 2016 年，涉及基础设施、基础软件、应用软件、信息/网络安全等领域，而这些领域在政策中是单独体现的，"十三五"时期的政策并未将其统合成"信创"这一概念。

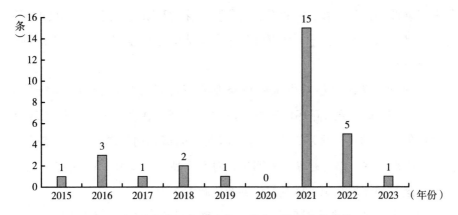

图2　信创产业相关政策（国家）数量变化趋势

资料来源：国务院政策文件库、"北大法宝"、"北大法意网"、国务院与各部委官方网站。

　　"十三五"时期（2016～2020年）是我国全面建成小康社会的决胜阶段，是信息通信技术变革实现新突破的发轫阶段，是数字红利充分释放的扩展阶段。信息化已经成为引领创新和驱动转型的先导力量，代表新的生产力和新的发展方向。"十三五"时期，"数字经济""信息基础设施""信息技术创新"成为政策重点关注的对象。《"十三五"国家信息化规划》将"构建现代信息技术和产业生态体系""建设泛在先进的信息基础设施体系""建立统一开放的大数据体系""构筑融合创新的信息经济体系""支持善治高效的国家治理体系构建"等列入重大任务与工程之中，着力增强以信息基础设施体系为支撑、信息技术产业生态体系为牵引、数据资源体系为核心的国家信息化发展能力。① 该规划指出，到2020年，"数字中国"建设取得显著成效，核心技术自主创新实现系统性突破，主要体现在：信息领域核心技术设备自主创新能力全面增强，新一代网络技术体系、云计算技术体系、端计算技术体系和安全技术体系基本建立；集成电路、基础软件、核心元器件等关键薄弱环节实现系统性突破；5G技术研发和标准制定取得突破性进

---

① 《国务院关于印发"十三五"国家信息化规划的通知》，中国政府网，2016年12月15日，https：//www. gov. cn/zhengce/content/2016-12/27/content_ 5153411. htm。

展并启动商用；云计算、大数据、物联网、移动互联网等核心技术接近国际先进水平；部分前沿技术、颠覆性技术在全球率先取得突破，成为全球网信产业重要领导者。

2018 年，美国开始对中国科技企业实行高科技出口管制，实行技术"卡脖子"政策，受国际环境影响，信创产业开始在全国范围内加速落地。随着信创产业的逐步发展，中央对"信创"的概念内涵越发清晰，对信创产业的发展布局、结构框架越发明确，对新产品、新技术的掌握也有了更高要求，这些都体现在国家后续的信创产业政策之中。

2020 年被称为"信创产业元年"，信创产业以自主可控为发展目标，进入了整体布局的关键之年。从 2021 年开始，信创产业逐步走向应用落地阶段，政策扶持力度不断加大，统计结果显示，2021 年国家发布信创产业政策 15 条，2022 年发布 5 条，2023 年截至 7 月发布 1 条，可见科技自立自强被国家高度重视，本土科技创新的重要性日益凸显。

2022 年 10 月 7 日，BIS（美国商务部工业和安全局）宣布了对美国《出口管理条例（CCL）》的一系列修订，严格限制了中国企业获取高性能计算芯片、先进计算机、特定半导体制造设施与设备以及相关技术的能力，31 家中国企业被列入未经核实清单，限制其使用美国设备、技术以及雇佣美籍员工。党的二十大报告强调，要加快实施创新驱动发展战略，加快实现高水平科技自立自强，以国家战略需求为导向，集聚力量进行原创性引领科技攻关，坚决打赢关键核心技术攻坚战。在国外对于我国相关产业链的打压越发强烈的背景下，未来信创产业将依旧成为国家政策支持的重点。

2. 信创产业政策落地多个行业

中美贸易摩擦已由经贸领域向科技领域延伸，从实体名单到华为制裁升级，更加表明推动信创产业发展是我国的必由之路。自 2018 年以来，我国上游核心技术受制于人的现状对我国经济社会发展提出了严峻考验。在数字化转型的关键时期，我国提出"数字中国"战略，抢占数字经济产业链的制高点。

信创产业以实现核心技术自主可控为目标，旨在从基础硬件—基础软件—

应用软件三个层级实现对国外产品的替代。为了实现这一目标，国家在执行层面上提出了"2+8+N"体系，其中"2"指党、政，"8"指金融、石油、电力、电信、交通、航空航天、医疗、教育八大行业，"N"则指全行业范围。

"2+8+N"体系指出了我国实现自主可控的顺序。目前，信创产业党政行业经过了试验实践阶段，已经基本实现自主可控。自 2022 年起，金融、电信、电力、交通等关乎民生的八大行业加快了信创产业政策落地的步伐。其他如工业、物流等 N 个行业在未来将逐步推进。以政策的"制定机关"为依据，从已检索出的 29 条国家信创产业政策中筛选出 11 条涉及八大行业的政策，结果如表 4 所示。

表 4 涉及八大行业的信创产业政策

政策名称	相关内容	制定机关
《数字经济及其核心产业统计分类(2021)》	……本分类将数字经济产业范围确定为:01 数字产品制造业、02 数字产品服务业、03 数字技术应用业、04 数字要素驱动业、05 数字化效率提升业 5 个大类。……	国家统计局
《商务部、中央网信办、工业和信息化部关于印发〈数字经济对外投资合作工作指引〉的通知》	……加快推进数字基础设施建设。鼓励企业抓住海外数字基础设施市场机遇，投资建设陆海光缆、宽带网络、卫星通信等通信网络基础设施，大数据中心、云计算等算力基础设施，人工智能、5G 网络等智慧基础设施，在全球范围内提供数字服务。……	商务部、中央网络安全和信息化委员会办公室、工业和信息化部
《国家发展改革委、教育部、科技部等关于发展数字经济稳定并扩大就业的指导意见》	……推动数字产业发展壮大，拓展就业新空间。抓住数字经济发展机遇，深入推进创新驱动发展战略，加快数字基础设施建设，着力发展壮大互联网、物联网、大数据、云计算、人工智能等信息技术产业，做大做强平台企业，在带动经济转型提质过程中创造更多更高质量的新兴就业创业增长点。……	国家发展改革委、教育部、科技部等
《国家知识产权局办公室关于印发〈数字经济核心产业分类与国际专利分类参照关系表(2023)〉的通知》	……0405 信息基础设施建设……	国家知识产权局办公室

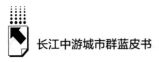

续表

政策名称	相关内容	制定机关
《中国科协学会学术部关于发布2021年度第二批"科创中国"科技服务团示范项目的通知》	……围绕"科创中国"试点城市(园区)产业需求,跨学科、跨领域组建"科创中国"试点城市(园区)专属的产业科技服务团,匹配区域科技服务团、专业科技服务团,持续开展技术人才等创新资源下沉落地服务,探索形成有效解决产业实际问题、具有示范带动效应的组织模式与运行机制,为服务构建新发展格局贡献智慧力量。……武汉东湖高新区"创新光谷"、"富强光谷"、"美丽光谷"建设……	中国科学技术协会
《交通运输部关于服务构建新发展格局的指导意见》	……加快综合交通运输、现代物流、安全应急、绿色交通、新基建、新业态新模式等重点领域标准制定。……	交通运输部
《工业和信息化部关于政协第十三届全国委员会第五次会议第03952号(工交邮电类452号)提案答复的函》	……二是利用税收减免推动质优价廉的安全产品服务供给。我部协调推动出台支持信创产品应用的税收优惠政策,如软件企业销售自行开发生产的软件产品,增值税实际税负超3%部分即征即退;提供技术转让、技术开发和与之相关的技术咨询、技术服务的,免征增值税,鼓励信创企业为中小微企业提供低成本的网络和数据安全产品和服务。……	工业和信息化部
《中国人民银行、中国银行保险监督管理委员会、中国证券监督管理委员会关于金融行业贯彻〈推进互联网协议第六版(IPv6)规模部署行动计划〉的实施意见》	……金融服务机构要充分发挥主体能动性,积极推动软硬件基础设施升级改造、应用系统改造、安全保障和技术创新等工作有序开展,将IPv6相关工作任务完成情况纳入总部科技部门及下辖机构的工作考核中,确保各项目标任务按期完成。……	中国人民银行、中国银行保险监督管理委员会、中国证券监督管理委员会
《财政部关于下达2021年新型基础设施建设专项(宽带网络和5G领域)中央基建投资预算(拨款)的通知》	……下达你单位2021年中央基建投资(项目代码:Z135060000070)预算(拨款)指标(具体项目见附件),专项用于新型基础设施建设。请按规定用途安排使用,分别列入2021年支出功能分类科目和支出经济分类科目,并接受财政部当地监管局的监督。……	财政部

政策名称	相关内容	制定机关
《工业和信息化部、中央网络安全和信息化委员会办公室、科学技术部等关于印发〈物联网新型基础设施建设三年行动计划（2021—2023年）〉的通知》	……突破关键核心技术。贯通"云、网、端"，围绕信息感知、信息传输、信息处理等产业链关键环节，体系化部署创新链。实施"揭榜挂帅"制度，鼓励和支持骨干企业加大关键核心技术攻关力度，突破智能感知、新型短距离通信、高精度定位等关键共性技术，补齐高端传感器、物联网芯片等产业短板，进一步提升高性能、通用化的物联网感知终端供给能力。……	工业和信息化部、中央网络安全和信息化委员会办公室、科学技术部、生态环境部、住房和城乡建设部、农业农村部、国家卫生健康委、国家能源局
《教育部、中央网信办、发展改革委等关于推进教育新型基础设施建设构建高质量教育支撑体系的指导意见》	……加快推进教育新基建。以教育新基建壮大新动能、创造新供给、服务新需求，促进线上线下教育融合发展，推动教育数字转型、智能升级、融合创新，支撑教育高质量发展。……	教育部、中央网络安全和信息化委员会办公室、国家发展改革委（含原国家发展计划委员会、原国家计划委员会）、工业和信息化部、财政部、中国人民银行

资料来源：国务院政策文件库、国务院与各部委官方网站。

从表4的制定机关来看，商务部、财政部、中国证券监督管理委员会等涉及金融行业的部门，交通运输部等涉及交通行业的部门，国家卫生健康委等涉及医院医疗行业的部门，教育部等涉及教育行业的部门和国家能源局等涉及电力能源行业的部门均开始积极鼓励新型基础设施建设，推动软硬件基础设施升级改造，实现自主可控。

从执行层面上看，2022年国家出台1.7万亿元中央贴息贷款，其中2000亿元用于医疗设备更新，吹响了医疗器械设备新基建的"集结号"。这也给了深处集采旋涡的医疗器械行业注入了一剂"强心针"。利好消息发布后，A股医疗器械板块连日大涨，联影医疗（688271）、开立医疗（300633）、迈瑞医疗（300760）、康德莱（603987）、心脉医疗（688016）的涨幅一度领跑。

2023 年 2 月 13 日，世界数字教育大会在北京开幕，会上发布了《中国智慧教育蓝皮书（2022）》与 2022 年中国智慧教育发展指数报告。[①] 报告显示，我国的智慧教育基础设施和设备环境已经基本建立，几乎所有学校都已接入互联网。混合式教学方式日益流行，中国已经上线了超过 6.45 万门慕课课程，总学习人次已经达到 10.88 亿人次。在教育治理方面，数据基础已经基本建立，学校和教育机构普遍采用"一校一码"和师生"一人一号"的管理体系。学校管理信息化和网络安全制度建设的完成度相对较高，接近 85%的学校拥有自己的网络安全管理制度。此外，中国数字化相关学科的毕业生占比已经超过 40%，数字化相关学科专业人才培养规模处于国际领先水平。

2023 年 5 月，由中电金信与华润银行联合共建的央企金融基础设施信创平台项目启动会在深圳召开，这是继 2022 年中国电子与华润集团座谈交流期间，双方旗下企业中电金信与华润银行签署战略合作协议后，分步建设央企金融基础设施信创平台过程中迎来的重要里程碑。

2023 年 6 月，2023 世界交通运输大会（WTC）在武汉举行，300 项智慧交通成果亮相。交通运输部数据显示，我国综合交通网已突破 600 万公里，建成了全球最大高速铁路网、高速公路网和世界级港口群。当前，我国交通行业已经跨出传统基建范畴，并且具备了全新的内涵——数字化、网络化、智能化，数实融合成为交通行业的发展主线，并为交通行业的高质量发展提供了新动能。

3. 创新驱动数字基础设施发展

对获取的国家信创产业政策文本进行分词、去停用词，并生成关键词词云（见图 3）。

国家信创产业政策关键词词云显示，基础设施是政策文本中出现频率最高的词语。这表明政策的关注点在于推动数字经济基础设施的建设和发展。信创，即信息技术应用创新，既是数据安全、网络安全的基础，又是"新

---

① 《智慧教育蓝皮书与发展指数报告发布》，教育部网站，2023 年 2 月 14 日，http：//www. moe. gov. cn/jyb_ xwfb/xw_ zt/moe_ 357/2023/2023_ zt01/mtbd/202302/t20230214_1044422. html。

图 3 国家信创产业政策关键词词云

资料来源：国务院政策文件库、国务院与各部委官方网站。

基建"的重要内容，已经成为拉动经济增长的重要抓手之一。2020 年至今，随着"新基建"的全面实施，全国范围内的信创项目开始大面积展开，信创产业也迎来了新的发展风口。要有足够的自主研发技术来支持我国的科技进步，需要建立基于自己的 IT 底层架构和标准，形成自有开放生态。这也意味着我们要在核心芯片、基础硬件、操作系统、中间件、数据服务器等领域实现国产迁移。

词云图中，"数字""信息""建设"三词同样占据很大比例，说明国家对数字化、信息化建设高度重视。在新一轮科技革命中，外部环境变化叠加内生转型需求，"数字化"与"信息化"被频繁提及。当下，我国正处在从信息时代向数字时代换挡的关键期，"基础设施国产化""跨界颠覆""自主创新"渐成常态，从政府到企业，从企业到个人，数字化悄无声息地改变着现代社会。据国际数据公司（IDC）的预测，到 2024 年，全球 51% 的 IT 预算将用于数字化创新和数字化转型，而中国的这一比例将超过 70%。我国对数字化转型的重要性和前景高度认可，因此，"数字"、"信息"和"建设"在国家信创产业政策文本中出现频率较高。

此外，词云图中的"推动"、"产业"和"创新"等词说明国家充分认识到创新在信创产业中的关键驱动作用。信创产业作为高端科技的最前沿产业，是国家"十四五"发展目标的重要抓手，以信息技术产业为根基，通过科技创新构建国内信息技术产业生态体系，信创产业发展是国家经济数字化转型、提升产业链发展的关键，也是科技创新的基础和核心。国内重要信息系统、关键基础设施的国产化进程，离不开信创产业的科技创新，随着核心技术产品和关键服务国产化进程的不断加快，对于信创产业及其细分企业在科技创新方面、信息安全方面也将提出更高的要求。

值得注意的是，词云图中的"教育""能源""制造业"等词表明当下国家信创产业政策重点关注的领域，反映了国家在社会经济发展的过程中对整体经济高质量发展的重视。"教育""能源""制造业"等词在信创产业政策文本中的频繁出现，也从侧面反映了"2+8+N"体系规划的稳步推进。

二 我国信创产业政策总体特征

（一）"十四五"期间信创产业获得较大政策支持

通过绘制国家和地方信创产业政策数量变化的趋势图，我们可以观察到一些重要的时期和转折点。在"十三五"后期，特别是 2018 年之后，政策开始向信创产业倾斜，为其发展提供了更多支持。而在"十四五"时期，即 2021 年及之后，这种政策支持更是大幅增长。

这种政策的变化趋势与国际环境的变化密切相关。在 2018 年，美国对中国科技企业实行高科技出口管制。受国际环境的影响，我国开始重视自主可控在各大行业领域的逐步落实，特别是在信创产业方面取得了迅猛发展。

2020 年是信创产业整体布局的关键之年。同年，《中共中央关于制定国民经济和社会发展第十四个五年规划和二〇三五年远景目标的建议》提出，坚持创新在我国现代化建设全局中的核心地位，并将科技自立自强作为国家发展的战略支撑。面对复杂多变的发展环境，中国坚定且加速了核心器件的自主创新之路，逐步实现信创产业主要产品和核心技术从"基本可用"向

"好用易用"转变。因此，从 2021 年开始，国家和地方加大了对信创产业的政策扶持力度，信创产业相关政策数量呈现大幅增长趋势。

在未来，国家和地方将继续加大对信创产业的政策支持力度，促进技术创新和产业升级，推动数字经济健康发展。同时，还将加快政策的实施和落地，提高创新能力和应用能力，促进产学研用的深度融合，为信创产业的持续发展创造良好的环境和条件。

（二）国家"2+8+N"信创发展体系稳步推进

信创产业的目标是实现核心技术的自主可控，以替代国外产品为导向，涵盖了基础硬件、基础软件和应用软件三个层级。为了实现这一目标，国家在执行层面上提出了"2+8+N"信创发展体系，该体系指出了我国实现自主可控的顺序和重点领域。目前，经过试验实践阶段，党政行业已经基本实现了自主可控。

当下，我们正处于信创落地的关键阶段，特别是涉及民生行业的八大领域。金融、交通、健康、能源等相关部门纷纷制定了相应的政策，推动信息基础建设的数字化和信息化进程，加速实现核心关键技术的国产替代。在国家政策的引领下，各地方也积极响应，省政府及机关部门结合本地信创产业的发展情况，在新型基础设施、信息产业、数字经济等领域同向发力，共谋发展。

这些政策的出台不仅是对我国信创产业发展的重要支持，也为我国在关键领域的信息技术应用提供了更大的空间和机遇。通过加强信息基础设施建设、培育本土创新企业、推动技术研发和产业应用，我们可以逐步实现对关键技术的自主掌握和替代进口产品的目标。

（三）地方信创产业政策紧跟国家政策步伐

通过对比国家和地方（湖北省/武汉市、江西省/南昌市、湖南省/长沙市）的信创产业政策数量变化，我们可以观察到二者的变化趋势高度重合，这表明地方在信创产业政策方面紧跟国家政策步伐。尤其"基础设施"在地方信创产业政策中被高频提及，这表明地方各省牢牢把握国家政策的重心，将"地方基础设施建设"置于信创产业发展的核心地位。

在与国家政策的协同下，长江中下游地区各省市（湖北省/武汉市、江西省/南昌市、湖南省/长沙市）在信创产业发展中取得了显著的成就。政府的引导和支持使各省市逐步构建起以数字技术为核心的产业创新生态系统，并培育出一批具有核心竞争力的信创企业。同时，各省市也注重加强数字技术人才的引进和培养，为产业发展提供了坚实的人才基础。

尤其以湖北省/武汉市为例，"十三五"伊始，武汉市就已经开始着力打造具有强大带动力的创新型城市。作为中部产业创新高地，武汉市一直致力于推动科学技术的创新发展，以实现城市现代化和智慧城市建设的目标。在这一过程中，信创产业作为信息技术应用创新的重要组成部分，在武汉市的发展战略中扮演着关键角色。

随着全球范围内经济社会进入数字化转型的关键阶段，"卡脖子"问题向我国长足发展提出严峻挑战。武汉市早已将信创产业纳入其产业发展的战略规划中，紧跟国家步伐制定大量信创产业政策。通过引进和培育创新型企业、加强技术研发和提升应用创新能力，武汉市积极推动着信创产业的快速发展，为城市的经济增长和产业升级注入了新的动力。

三　长江中游城市群信创产业政策发展情况

长江中游城市群地跨湖北、湖南、江西三省，是我国地理范围最广阔的城市群之一。该城市群对于推动长江经济带的发展、促进中部地区的崛起，以及巩固"两横三纵"城镇化战略格局都至关重要，不仅拥有广大的市场空间和发展潜力，更在中国新发展格局中扮演着重要的战略角色。2022年，国务院批复的《长江中游城市群发展"十四五"实施方案》指出，围绕打造长江经济带发展和中部地区崛起的重要支撑、全国高质量发展的重要增长极、具有国际影响力的重要城市群总体定位，长江中游城市群将以科学分工、协同发展为导向，构建"三核三圈三带多节点"的空间格局，强化三省省会城市引领功能，健全基础设施网络，增强科技创新能力，促进产业转型升级。①

一方面，这一城市群紧密位于长江经济带的核心位置，是中国推动中部地区崛起、促进经济发展的重要引擎。其中，湖北、湖南和江西三省的信创产业发展尤为引人注目。从基础设施角度看，武汉市处于国家骨干通信网 8 纵 8 横一级通信干线中心位置，具备卓越的通信能力，有助于满足全国信息传输需求。同样，长沙作为 8 个国家超级计算中心之一，为我国在高性能计算领域赢得了先机，有助于推动国内外的科技创新竞争。

另一方面，长江中游城市群也推动信创产业区域内科技创新合作方面取得了重要成果，尤其在产业创新协同方面已经形成良好的合作基础。武汉—南昌、武汉—长沙、长沙—南昌等科技创新走廊的建设，促进了沿线城市间的资源整合和合作创新。这些科技创新走廊不仅加速了科技成果的转化，也促进了创新人才的流动，为全国信创产业的协同发展搭建了坚实基础。

可以认为，长江中游城市群的信创产业发展不仅具有区域性意义，更对全国信创产业的发展具有深远影响。湖北、湖南和江西三省的合作，有助于整合区域资源，构建完善的产业链和创新链，为全国信创产业的可持续发展提供强大动力。这一发展也紧密关联着中国推进高质量发展的国家战略，为实现全国经济的增长和升级注入了新活力。长江中游城市群，特别是湖北、湖南、江西三省的信创产业发展，不仅在基础设施、科技创新合作、产业升级等方面为全国信创产业发展提供了坚实支撑，也在国家经济发展和创新推动方面发挥了重要作用。其在中国经济版图上的突出地位，将继续引领全国信创产业的发展，为中国走向科技创新引领型国家做出重要贡献。

因此，本研究可以通过湖北、湖南、江西三省的信创产业政策发展情况洞悉长江中游信创产业政策发展现状，更为观察我国地方各省市信创产业发展提供窗口。

---

① 《国家发展改革委关于印发长江中游城市群发展"十四五"实施方案的通知》，中国政府网，2022 年 2 月 15 日，https：//www. gov. cn/zhengce/zhengceku/2022-03/16/content_ 5679 303. htm。

（一）湖北省信创产业政策发展情况

从制定机关上看，检索得到的 130 条政策文本中有 35 条属于湖北省/武汉市信创产业政策，时间跨度为 2016 年 8 月至 2023 年 5 月。湖北省/武汉市信创产业相关政策数量变化趋势如图 4 所示。

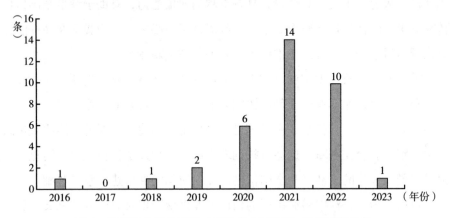

图 4　信创产业相关政策（湖北省/武汉市）数量变化趋势

资料来源："北大法宝"、"北大法意网"及湖北省/武汉市相关政府部门网站。

1. 湖北省紧跟国家政策步伐

通过对比国家与地方的信创产业政策数量变化趋势，可以发现国家与湖北省/武汉市的信创产业政策数量变化趋势高度重合。

中国科学技术信息研究所出版的《国家创新型城市创新能力评价报告2022》显示，排名前十位的城市依次为：深圳市、南京市、杭州市、广州市、武汉市、西安市、苏州市、长沙市、合肥市和青岛市。其中，武汉市排名第 5 位，是当之无愧的产业创新高地。武汉市作为全国重要的科教基地、全国三大智力密集区之一，拥有国家级实验室和重点实验室 31 个、国家级工程技术研究中心 24 个、企业技术研究中心 38 个、省部属重点实验室 125个，聚集两院院士 75 名、国家引进专家 400 多人，创业海归人数排名全国城市前五位，各类科技创新人才总量居全国第一方阵。目前，武汉市正围绕建设国家科技创新中心目标，建设综合性国家科学中心、产业创新高地、创新人才集聚高地、科技成果转化高地。

"十三五"以来，武汉市就已经开始着力打造具有强大带动力的创新型城市。2016年，《中共武汉市委、武汉市人民政府关于实施"十大计划"加快建设具有强大带动力的创新型城市的意见》提出要"率先实现5G商用，为发展智能制造、建设智慧城市提供信息基础设施支撑""积极推进移动互联网、云计算、大数据与制造业相融合，发展工业软件设计、机器人、增材制造等产业"①。2018年，美国开始对中国科技企业实行高科技出口管制，实行技术"卡脖子"政策。为了促进武汉本地智能制造、信息基础设施等核心技术产业发展，武汉市紧跟国家信创产业政策风向，先后制定了一系列地方政策。《武汉市人民政府关于加快推进开发区改革和创新发展的意见》的出台，加快了开发区信息基础设施建设的超前布局，促进了大数据、物联网、云计算等现代信息技术与开发区建设管理服务融合；《武汉市人民政府关于推进重点产业高质量发展的意见》指出，要"加快建设一批重大科技基础设施和重大前沿技术研发平台，加快'卡脖子'核心技术攻关，提升关键领域自主创新能力，努力把武汉建设成为综合性国家产业创新中心、全国重要先进制造业中心、全国融合发展先行区和全国绿色发展示范区"。

"十四五"时期，"关键技术国外垄断""关键领域创新能力不强"等"卡脖子"问题为我国经济社会长足发展带来严峻挑战，国家先后制定了一系列信创产业利好政策，以突破"卡脖子"问题，努力把关键核心技术和装备制造业掌握在我们自己手里。武汉市作为中部产业创新高地，同样出台了大量信创产业政策。"十四五"时期，检索到的湖北省/武汉市信创产业相关政策共26条，其中2021年14条、2022年11条、2023年已出台1条。以2020年为分界点，信创产业政策自2021年开始大量出台这一趋势同国家政策出台步伐保持一致。

---

① 《中共武汉市委、武汉市人民政府关于实施"十大计划"加快建设具有强大带动力的创新型城市的意见》，北大法宝网，2016年8月8日，https://www.pkulaw.com/lar/5509608 bf949394894d66107fe740da3bdfb.html。

作为中部科创之城，武汉市拥有长江存储、烽火通信、长江计算、攀升鼎承等信创产业领先企业，拥有统信软件、噢易云计算、达梦数据库等全国信创产业代表性企业，同时还有 20 余家注册资本在 1000 万~3000 万元的信创产业相关企业。为了发挥地方资源优势，武汉市先后发布《武汉市人民政府关于印发武汉市突破性发展数字经济实施方案的通知》《武汉市人民政府关于印发武汉市支持数字经济加快发展若干政策的通知》《武汉市人民政府关于印发武汉市数字经济发展规划（2022—2026 年）的通知》推进新一代信息基础设施建设，保证武汉市新型基础设施规模进入全国第一方阵。同时，武汉市也正在以攀升科技园为核心打造信创产业园，建设集政务云、信创云和企业云于一体的武汉云，建成"城市大脑"。

2. 政府主导地方政策制定

表 5 为湖北省/武汉市信创产业政策的制定机关及数量分布情况。

表 5　湖北省/武汉市信创产业政策的制定机关及数量分布

单位：条

制定机关	政策数量	制定机关	政策数量
武汉市人民政府	14	湖北省人民政府	6
武汉市经济和信息化局	4	湖北省经济和信息化厅	2
中共湖北省委	2	武汉市科学技术局	1
湖北省地方金融监督管理局	1	湖北省统计局	1
中共武汉市委	1	武汉市商务局	1
武汉市地方金融工作局	1	中共武汉市委、武汉市人民政府	1

资料来源："北大法宝"、"北大法意网"及湖北省/武汉市相关政府部门网站。

从表 5 中出现的制定机关来看，湖北省地方信创产业政策的制定机关包括人民政府、经济和信息化厅/局、科技局、统计局、商务局、金融工作局、省委、市委等；从政策制定的数量来看，武汉市人民政府制定的政策数量明显多于其他有关机关或部门。

根据我国现行宪法和地方组织法的规定，地方各级人民代表大会是地方国家权力机关。地方各级人民政府是地方各级人民代表大会的执行机关。在行政管理中，"中央条条管理"是指对某一业务从中央到地方由中央实行一条线的统一管理，特点是便于统筹安排、统一指挥、全面控制；"地方块块管理"是指对某一业务由各地根据本地情况自行安排管理，特点是能发挥地方主动性、积极性，照顾地方特点。而表5的结果表明，信创产业政策的制定主要集中在各级政府这些"条"上，较少下发到涉及信创的各个"块"（划分出的部门）中。依据制定机关对35条地方信创产业政策在此筛选，剔除掉由湖北省/武汉市人民政府制定的信创产业政策，得到14条信创产业政策，具体见表6。

表6   湖北省/武汉市各部门制定的信创产业政策

政策名称	相关内容	制定机关
《武汉市经济和信息化局对市政协十四届一次会议第20220375号提案的答复》	……其中黄陂区政府正在以攀升科技园为核心打造信创产业园，并正在积极申报湖北省信创产业园，获得省经信厅的大力支持，即将通过我局推荐上报；东西湖区成功签约落户中国赛宝华中实验室项目，并正在与中国赛宝就关联项目"信创适配基地"展开谈判，有望今年签约落地。……	武汉市经济和信息化局
《湖北省经济和信息化厅关于印发湖北省大数据产业"十四五"发展规划的通知》	……推进国家级信创适配基地、国家级信创人才培养基地、湖北信创产业园、国家级基础软件研发中心"两基地一园一中心"建设，提升大数据软件支撑能力。支持龙头企业从"产品为主"向"服务为主"转变，提供技术协同以及便捷服务的大数据解决方案。……	湖北省经济和信息化厅
《武汉市经济和信息化局对市十五届人大一次会议第20220023号建议的答复》	……组织起草制发《武汉市加快推进武汉云建设实施方案》，建设集政务云、信创云、企业云为一体的武汉云……	武汉市经济和信息化局
《武汉市商务局对市政协十三届五次会议第20210093号提案的答复》	……一是积极培育数字化基建型产业。出台《武汉市加快推进武汉云建设实施方案》，整合利用现有数据中心，建设集政务云、信创云、企业云于一体的"武汉云"……	武汉市商务局
《武汉市科学技术局对市政协第十三届五次会议第20210197号提案的答复》	……整合利用现有数据中心，建设集政务云、信创云、企业云于一体的"武汉云"，做好智慧城市基础平台建设，强化我市高新产业数据有序共享，逐步开放政府数据资源和应用场景。……	武汉市科学技术局

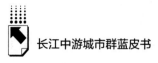

长江中游城市群蓝皮书

续表

政策名称	相关内容	制定机关
《武汉市地方金融工作局关于对市政协十三届五次会议第 20210184 号提案的答复》	……按照《武汉市加快推进武汉云建设实施方案》,计划建设集政务云、信创云和企业云于一体的武汉云,为全市数字金融发展提供安全稳定的运行环境。……	武汉市地方金融工作局
《武汉市经济和信息化局对市政协十三届五次会议第 20210337 号提案的答复》	……提升数字"新治理"。云基础设施。出台《武汉市加快推进武汉云建设实施方案》,建设全市云计算平台——武汉云(包含政务云、信创云、企业云三个资源池)……	武汉市经济和信息化局
《湖北省地方金融监督管理局关于〈融资租赁公司监督管理暂行办法〉的实施意见》	……融资租赁公司应严格执行《办法》关于融资租赁公司经营范围、租赁物范围(固定资产)、关联交易、转租赁等规定,按照法律规定签订租赁合同。鼓励融资租赁公司适应市场发展趋向和产业政策要求,重视开展 5G、高端装备制造、新基建、信创产业、应急装备制造等新兴产业融资租赁业务,加大对科技型企业、中小微企业的融资服务力度,促进我省产业联动和产业升级。……	湖北省地方金融监督管理局
《中共武汉市委关于制定全市国民经济和社会发展第十四个五年规划和二〇三五年远景目标的建议》	……建设新型智慧城市,加快 5G、工业互联网、物联网、卫星互联网、世界一流城市电网等新型基础设施建设,拓展城市仿真实验室功能,建成"城市大脑"。……	中共武汉市委
《中共湖北省委关于制定全省国民经济和社会发展第十四个五年规划和二〇三五年远景目标的建议》	……系统布局新型基础设施。着力建设 5G、工业互联网、物联网等通信网络基础设施,以及区块链、人工智能、云计算等新技术基础设施,统筹布局数据中心等算力基础设施。应用新一代信息技术推动传统基础设施转型升级,发展智慧交通、智慧医疗、智慧应急等便捷智慧的融合基础设施。提升科技和产业创新平台能级,加快布局建设高端前瞻的创新基础设施。……	中共湖北省委
《中共湖北省委关于落实促进中部地区崛起战略 推动高质量发展的意见》	……以制造业数字化转型为主攻方向,积极开展国家及省级智能制造、"双创"平台、"两化融合"试点示范,持续推进"万企上云"工程。加快 5G、工业互联网等新型基础设施建设,推进各类工业园区、经济开发区高带宽光纤网络接入,到 2021 年实现武汉市全域和有条件的市州主城区 5G 全覆盖。……	中共湖北省委

政策名称	相关内容	制定机关
《湖北省经济和信息化厅对省十三届人大七次会议第039号建议的答复》	……大力支持武汉"中国软件特色名城"、国家网安基地、国家信创适配基地等平台建设,推动项目布局和企业集聚,打造优势产业集群。……	湖北省经济和信息化厅
《湖北省统计局关于印发〈湖北省"十四五"时期统计现代化改革规划〉的通知》	……一是推进信创工程实施,实现信创产品和技术在统计信息化建设中的应用。……	湖北省统计局
《武汉市经济和信息化局对市十四届人大五次会议第20200289号建议的答复》	……在工信部大力支持下,湖北省、武汉市共同筹建国家信息技术应用创新适配基地、人才基地,国家基础软件研发中心(两基地一中心),并于去年12月中旬正式揭牌。其中我市主导人才基地筹建工作,指导市信息技术新工科联盟联合有关培训机构、高校、软硬件厂商在全国率先启动信创人才培训工作。……	武汉市经济和信息化局

资料来源:"北大法宝"、"北大法意网"及湖北省/武汉市相关政府部门网站。

"2+8+N"体系的提出指明了我国实现自主可控的顺序和重点领域。目前,关乎民生的八大行业如金融、电信、电力、交通等,正在加速信创产业政策的落地。对于湖北省/武汉市而言,其在交通、医疗、金融、科技等领域已经出台了信创产业鼓励政策。

根据《中共湖北省委关于制定全省国民经济和社会发展第十四个五年规划和二〇三五年远景目标的建议》,在推动传统基础设施转型升级方面,将应用新一代信息技术作为推动力量,发展智慧交通、智慧医疗、智慧应急等便捷智慧的融合基础设施。这意味着湖北省将注重利用新一代信息技术,推动交通、医疗等领域的数字化转型,提升基础设施的智能化水平,为居民提供更加便捷高效的服务。此外,《武汉市地方金融工作局关于对市政协十三届五次会议第20210184号提案的答复》中提到了武汉市计划建设集政务云、信创云和企业云于一体的武汉云,为全市数字金融发展提供安全稳定的

运行环境。① 这一举措将推动数字金融行业的发展，促进金融创新和服务的
数字化转型。

在未来，湖北省将进一步推进信创产业政策在更多行业领域落地。通过
加强政策支持、技术创新和产业合作，促进信创产业的蓬勃发展，推动数字
经济的快速增长。同时，湖北省还需要注重加强人才培养、加强技术研发和
应用创新，提升企业的竞争力和创新能力，为打造创新型城市和促进数字经
济发展提供有力支持。

3. 专项推动信创产业发展

对获取的地方信创产业政策文本进行分词、去停用词，并生成关键词词
云，如图 5 所示。

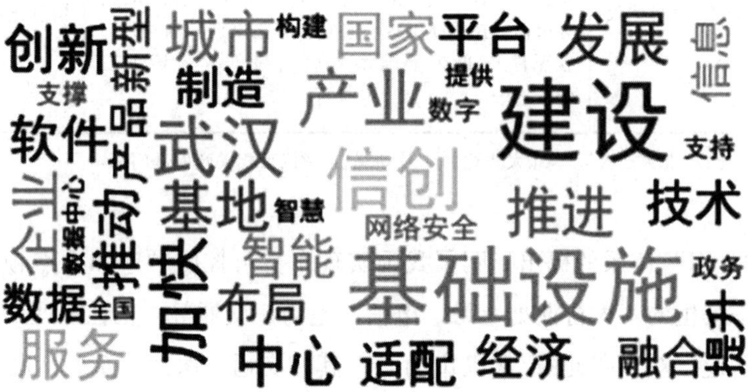

图 5　湖北省/武汉市信创产业政策关键词词云

资料来源："北大法宝"、"北大法意网"及湖北省/武汉市相关政府部门网站。

地方信创产业政策关键词云显示，基础设施同样是政策文本中出现频率
最高的词语。这表明武汉市信创产业政策高度重视地方信息基础设施建设。
在检索出的 26 条地方信创产业政策中，共有 16 条政策提及基础设施建设，

---

① 《关于对市政协十三届五次会议第 20210184 号提案的答复》，武汉市地方金融工作局网站，
2021 年 9 月 2 日，https：//jrj. wuhan. gov. cn/fbjd_ 57/xxgkml/qtzdgknr/jytabl/202109/t2021
0903_ 1771678. shtml。

其中，《武汉市人民政府关于印发武汉市支持数字经济加快发展若干政策的通知》指出，要"保障数字基础设施建设空间，推动通信基础设施实现共建共享"，旨在通过基础设施的支撑作用帮助各核心技术尽快实现自主可控。《武汉市人民政府办公厅关于印发武汉市加快推进武汉云建设实施方案的通知》拟按照"313"的架构建设武汉云，即 3 个基础设施资源池（政务云资源池、信创云资源池、企业云资源池）、1 个运营管理平台、3 个保障体系（信息安全保障体系、标准规范保障体系、运营运维保障体系），同样彰显了基础设施对于核心技术的重要支持作用。[①]

相较于国家信创产业政策关键词，地方信创产业政策关键词中直接出现了"信创"一词，说明武汉市对于信创产业的概念内涵比较明晰，具备具体的信创产业与园区，如东湖高新木兰信创产业园、优炫（武汉）信创产业园等。针对这些在鄂信创企业，湖北省出台《湖北省经济和信息化厅关于印发湖北省大数据产业"十四五"发展规划的通知》《湖北省人民政府办公厅关于印发湖北数字经济强省三年行动计划（2022—2024 年）的通知》等政策，要求推进国家级信创适配基地、国家级信创人才培养基地、湖北信创产业园、国家级基础软件研发中心"两基地一园一中心"建设，提升大数据软件支撑能力。武汉市经济和信息化局制定的《武汉市经济和信息化局对市十五届人大一次会议第 20220023 号建议的答复》表明，要"组织起草制发《武汉市加快推进武汉云建设实施方案》，建设集政务云、信创云、企业云为一体的武汉云"[②]。此外，东湖高新木兰信创产业园所在的黄陂区推出了"信创 8 条"专项政策，每年设立 5000 万元资金支持信创产业项目引入、自主研发、应用创新、人才引育、融资服务等。

[①] 《武汉市人民政府关于印发武汉市支持数字经济加快发展若干政策的通知》，北大法宝网，2022 年 4 月 28 日，https://www.pkulaw.com/lar/df023652a99bcd0c31e074aa96e9af3abdfb.html。

[②] 《武汉市经济和信息化局对市十五届人大一次会议第 20220023 号建议的答复》，北大法宝网，2022 年 7 月 27 日，https://www.pkulaw.com/lar/52ca33396439225786a50d6a1f380c85bdfb.html。

（二）江西省信创产业政策发展情况

按照相同步骤，检索得到江西省/南昌市发布的信创产业相关政策36条，时间跨度为2015年5月至2023年3月，其信创产业相关政策数量变化趋势如图6所示。

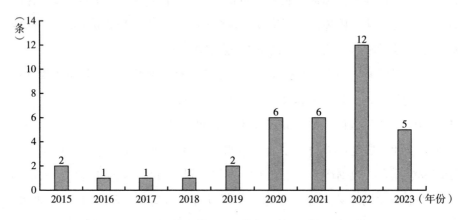

图6 信创产业相关政策（江西省/南昌市）数量变化趋势

资料来源："北大法宝"、"北大法意网"及江西省/南昌市相关政府部门网站。

1. 江西省积极响应国家政策

通过对比国家与地方的信创产业政策数量变化趋势，可以发现国家与江西省/南昌市的信创产业政策数量变化趋势大致相同。

"十三五"以来，江西省高度重视数字基础设施建设，深入实施创新驱动发展战略，推进建设创新型省份。2015年，江西省人民政府先后出台《关于加快推进"互联网+"行动的实施方案》《关于加快推进制造业与互联网融合发展的实施意见》等政策，为推动物联网、云计算和大数据平台等新型基础设施建设提供了政策支持。2017年，中共江西省委、江西省人民政府印发《江西省创新驱动发展纲要》，设立"2020年进入创新型省份行列，基本建成江西特色区域创新体系；2030年跻身全国创新型省份先进行列，建设成熟的区域创新体系，为2050年建成科技强省打下坚实基础"的战略目标，提出"建设数字化基础设施，提升超级计算平台的性能和服务能力，依托超级计算资源建设大数据中心"等任务。2018年，江西省人民政府出台《关于加快建设物联江西的实施意见》，为构建"一云二网三平台N应用"的物联江西整体架构提供了指导。2019年，江西省人民政府先后印发《江西省高铁经济带发展规划（2019—2025年）》《大南昌都市圈发展规划（2019—2025年）》，提出"以南昌为核心，以赣江新区为引擎，以九江、抚州为支撑，联动发展丰樟高、鄱余万等周边县市，强化要素资源聚合、产业集群发展、城市互动合作，形成高端产业集聚、城乡融合一体、创新创业活跃、生态宜居宜游的经济圈，引领全省科技创新和现代化经济体系建设"。

"十四五"期间，检索到的江西省/南昌市信创产业相关政策共24条，其中2021年6条、2022年12条、2023年5条，2023年7月新出台了《江西省数字政府建设总体方案》。相较于湖北省、湖南省，江西省的信创产业政策于2022年大量出台。近年来，江西省主要科技创新指标持续稳步提升，综合科技创新水平指数从2017年全国第20位上升至2022年全国第16位；2017～2021年，全社会研发投入从255.8亿元增加到502.2亿元；高新技术企业从2138家增长到6669家，增长2.1倍；高新技术产业增加值占规模以上工业企业增加值的比重从30.9%上升至40.5%。作为高铁经济带、大南昌都市圈的核心，南昌市高度重视科创发展，深入推进国家创新型城市建设、赣江两岸科创大走廊建设，建设航空科创城、中医药科创城、VR科创城等，科技创新成果丰硕，在中国科学技术信息研究所发布的《国家创新型城市创新能力评价报告2022》中，南昌市排名第21位。

为加快推进高质量跨越式发展，构建创新型城市，南昌市出台《关于深入推进数字经济"一号发展工程"全力打造全省创新引领区行动方案》《南昌市数字经济促进条例》《南昌市2021年国民经济和社会发展计划执行情况与2022年国民经济和社会发展计划草案的报告》《南昌市关于做好"六稳"工作落实"六保"任务的实施办法的通知》等政策，推动越来越多科技成果转化为生产力。南昌市将持续探索发展 5G、新型显示、物联网等信创产业，推动"中部电子信息产业重镇""国家级电子信息制造基地""世界级 VR 中心"的建设。

2. 政府主导地方政策制定

表 7 为江西省/南昌市信创产业政策的制定机关及数量分布情况。

表 7　江西省/南昌市信创产业政策的制定机关及数量分布

单位：条

制定机关	政策数量	制定机关	政策数量
江西省人民政府	16	南昌市人民政府	1
江西省人民政府办公厅	3	中共南昌市委、南昌市人民政府	1
江西省人大(含常委会)	1	南昌市发展和改革委员会	1
江西省财政厅	1	南昌市农业农村局	1
江西省发展和改革委员会	1	中共江西省委员会	1
江西省工业强省建设工作领导小组办公室	1	中共江西省委员会、江西省人民政府	3
江西省科学技术厅	1	江西省市场监督管理局	1
江西省人民防空办公室	1	中共江西省委员会、江西省审计厅	1
江西省工业和信息化厅、江西省委网信办、江西省科技厅等	1		

资料来源："北大法宝"、"北大法意网"及江西省/南昌市相关政府部门网站。

从表 7 中出现的制定机关来看，江西省信创产业政策的制定机关包括人民政府、人大（含常委）、发展和改革委员会、科学技术厅、市场监督管理局、工业和信息化厅、网信办、省委、市委等；从政策制定的数量来看，江西省人民政府制定的政策数量明显多于其他有关机关或部门。依据制定机关对 36 条地方信创产业政策在此筛选，剔除掉由江西省/南昌市人民政府制定和由江西省委、南昌市委与江西省/南昌市人民政府共同制定的信创产业政策，得到 12 条信创产业政策，具体见表 8。

表8　江西省/南昌市各部门制定的信创产业政策

政策名称	相关内容	制定机关
《江西省科学技术厅关于印发〈江西省数字经济领域关键技术目录〉的通知》	……江西应着力在工业设计、信创软件、信息技术和系统集成服务等技术领域开展技术攻关,布局打造数字创意产业、信创软件业、行业及VR应用软件、工业软件、信息技术和系统集成服务业5个重点产业集群	江西省科学技术厅
《中共江西省委审计委员会办公室、江西省审计厅关于印发〈"十四五"江西省审计工作发展规划〉的通知》	……统筹建设金审三期项目和信创工程,着力推动全省审计机关数据大集中、应用系统大统一、支撑保障全覆盖,实现全省审计机关同在一朵"审计云"下开展业务和电子办公。强化大数据审计理念,加大数据分析应用力度,积极构建大数据审计模型……	中共江西省委审计委员会办公室、江西省审计厅
《江西省无线电管理条例》	……支持无线电新技术、新产品、新业务的开发与应用……加强无线电技术在数字基础设施、技术创新、政务效率提升中的支撑作用……	江西省人大(含常委会)
《江西省数字经济创新发展领导小组办公室关于印发〈关于加快推进数字经济创新发展的若干措施〉的通知》	丰富数字技术应用场景……实施"上云用数赋智"行动……加快虚拟现实推广应用……支持移动物联网示范应用……推动5G融合应用	江西省数字经济创新发展领导小组办公室
《江西省市场监管局办公室关于印发〈2023年全省标准化工作要点〉的通知》	组建成立省级数字经济标委会,开展数字基础设施、数字产业化、产业数字化、数字化治理、数据价值化等领域标准研制	江西省市场监督管理局办公室
《江西省工业强省建设工作领导小组办公室关于印发〈江西省推进大数据产业发展三年行动计划(2023—2025年)〉的通知》	加大数据安全产品创新应用。……推进数据安全产品和自主软件在制造、能源、电力、交通、金融、智慧城市建设等关键领域应用	江西省工业强省建设工作领导小组办公室
《江西省人民防空办公室关于印发江西省人民防空与数字经济融合发展三年规划(2022—2024年)的通知》	加强与数字经济实体合作。深化与高校、科研院所、高新技术企业合作,加大项目研发力度,推动新型数字基础设施在人防领域的应用	江西省人民防空办公室

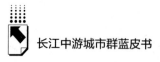

续表

政策名称	相关内容	制定机关
《江西省财政厅印发关于实施积极财政政策并加力提效促进经济回稳向好若干措施的通知》	加快新型基础设施建设。……安排省信息化建设运维资金4亿元,支持提升政务信息化水平。实施5G基站电费补贴政策……推动企业数字化转型,对符合条件的企业数字化转型重大项目给予补助	江西省财政厅
《中共江西省委关于制定全省国民经济和社会发展第十四个五年规划和二○三五年远景目标的建议》	集聚壮大先发优势数字产业。用好世界VR产业大会平台,加快产业项目落地和示范应用,努力建设世界级VR中心。深入推进国家"03专项"试点,推动第五代移动通信技术融合应用,大力发展移动物联网产业,加快建设"智联江西"。积极培育大数据和云计算产业,形成一批有竞争力的大数据产品、解决方案和服务应用	中共江西省委
《江西省工业和信息化厅、江西省委网信办、江西省科技厅、江西省生态环境厅、江西省住房城乡建设厅、江西省农业农村厅、江西省卫生健康委、江西省通信管理局、江西省能源局关于印发〈江西省加快推进物联网新型基础设施建设实施方案〉的通知》	到2023年底,物联网基础设施进一步完善,县域以上地区基本具备千兆接入能力,5G网络覆盖城乡、NB-IoT(窄带物联网)、eMTC(增强机器类通信)、4G和5G协同发展的移动物联网综合生态体系基本建成。物联网产业生态更加完善,产业基础更加稳固,产业特色更加鲜明,物联网产业增速全国领先,产业规模突破2000亿元。物联网技术对农业、工业、交通、医疗、文旅等领域的赋能作用全面提升,成为全国移动物联网应用示范区	江西省工业和信息化厅、江西省委网信办、江西省科技厅、江西省生态环境厅、江西省住房城乡建设厅、江西省农业农村厅、江西省卫生健康委、江西省通信管理局、江西省能源局
《南昌市数字经济促进条例》	市人民政府应当按照统筹布局、集约共享、适度超前、保障安全的原则完善数字基础设施体系,重点统筹规划通信网络、算力、新技术等基础设施建设,推动传统基础设施的数字化改造	南昌市农业农村局
《南昌市发展和改革委员会关于南昌市2021年国民经济和社会发展计划执行情况与2022年国民经济和社会发展计划草案的报告》	……加快培育VR、5G、人工智能等前沿产业,不断壮大移动智能终端、LED、生物医药、航空装备、新能源汽车等战略性新兴产业,抢抓沿海发达地区产业外溢、央企二次布局、领军型头部企业"二次创业"等机遇,集聚一批领军企业和关键配套企业	南昌市发展和改革委员会

资料来源:"北大法宝"、"北大法意网"及江西省/南昌市相关政府部门网站。

由表 7 可发现,江西省信创产业相关政策包括了农业、工业、制造业、生态环境、医疗、文旅等方面,在金融、电力、电信、交通、医疗、航空航天等关乎民生的领域均有所涉及。《江西省加快推进物联网新型基础设施建设实施方案》设立了到 2023 年底 "县域以上地区基本具备千兆接入能力①,5G 网络覆盖城乡,NB-IoT(窄带物联网)、eMTC(增强机器类通信)、4G 和 5G 协同发展的移动物联网综合生态体系基本建成……成为全国移动物联网应用示范区" 的目标,通过推动 5G、大数据、云计算、智能传感等技术的发展应用,推动智慧城市、智慧乡村、智慧交通、智慧能源、公共卫生的社会治理领域建设,促进智慧农业、智能制造、智能建造、智慧环保、智慧文旅的行业应用赋能。

3. 空间布局发挥节点优势

对获取的地方信创产业政策文本进行分词、去停用词,并生成关键词词云如图 7 所示。

由词云可得,"建设" "基础设施" 是政策文本中出现频率最高的词语,其中 "基础设施" 在检索到的地方政策中均有出现,这表明江西省高度重视建设基础设施,推动传统基础设施的智能化、数字化,大力发展数字基础设施与新型基础设施。新型基础设施是以新发展理念为引领、以技术创新为驱动、以信息网络为基础,面向高质量发展需要,提供数字转型、智能升级、融合创新等服务的基础设施体系;数字基础设施是以数据创新为驱动、通信网络为基础、数据算力设施为核心的基础设施体系。为推动其建设,江西省出台《江西省"十四五"新型基础设施建设规划》等政策,在网络设施、数据设施、智能设施、创新设施、安全设施等方面做出部署。

此外,"数字" "产业" 也是政策文本中出现频率较高的词语,相较于国家与湖北省/武汉市、湖南省/长沙市信创产业政策关键词,江西省/南昌市的关键词中并未出现 "信创" 一词。信创产业的规划与发展或在数字经

---

① 《江西加快推进物联网新型基础设施建设》,中国工信新闻网,2022 年 5 月 25 日,https：//www.cnii.com.cn/dfgx/202205/t20220525_ 383283.html。

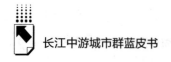

图7 江西省/南昌市信创产业政策关键词词云

资料来源:"北大法宝"、"北大法意网"及江西省/南昌市相关政府部门网站。

济、数字政府的相关政策中提及,如《江西省"十四五"数字经济发展规划》《关于加快推进数字经济创新发展的若干措施》《数字政府建设三年行动计划(2022—2024年)》《江西省数字政府建设总体方案》指出,"积极发展专业芯片、电子材料、电子元器件、半导体照明、智能终端、信创、软件和信息技术服务等基础赛道","推动人工智能、5G、空间信息、区块链等前沿技术产业化发展,培育信创产业","推进各设区市信创云平台建设,加快各级应用系统向信创云平台迁移";或有电子信息、物联网等具体信创产业的政策发布,如在建设物联江西中对新一代移动物联网和通信网提出要求;或体现在区域发展布局上,如《赣州革命老区高质量发展示范区发展规划》提出"培育壮大区块链、信创产业,推进5G规模商用和应用示范,加快建设数字经济集聚区、信息安全产业园、区块链技术产业园、大数据产业园等数字产业发展平台(载体)"。

"物联江西""智联江西"成为江西的名片与品牌。作为长江经济带的重要节点,江西省发挥其重要地理优势,在省市空间上对信创产业进行布局。《关于加快建设物联江西的实施意见》《"智联江西"建设三年行动方案(2021—2023年)》等政策为在江西省全境大力推进物联网、大数据、工业互联网等技术研发、产业发展、应用推广做出指导，推动空间联结、数据联结、万物联结、智能应用的"三联一智"智联江西建设，持续优化赣江两岸科创大走廊、鄱阳湖国家自主创新示范区核心区、中国（南昌）科学岛、航空科创城、中国南昌中医药科创城、VR 科创城三大科创城的"一廊一区一岛三城多点"创新布局，积极布局数据中心、国家级互联网骨干直联点、国际互联网数据专用通道、工业互联网标识解析二级节点以及 AI、区块链、物联网、VR 规模应用等一批重大项目，筑牢数字江西建设底座。

（三）湖南省信创产业政策发展情况

按照相同的步骤，检索得到湖南省/长沙市信创产业相关政策共 30 条，时间跨度为 2018 年 9 月至 2023 年 4 月。湖南省/长沙市信创产业相关政策数量变化趋势与湖北省/武汉市大致相同，在 2021 年出台的政策数量最多，具体见图 8。

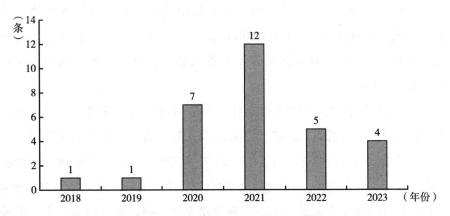

图 8　信创产业相关政策（湖南省/长沙市）数量变化趋势

资料来源："北大法宝"、"北大法意网"及湖南省/长沙市相关政府部门网站。

1. 湖南省积极响应国家政策

通过对比国家与地方的信创产业政策数量变化趋势，可以发现国家与湖南省/长沙市的信创产业政策数量变化趋势高度重合。

中国科学技术信息研究所发布的《国家创新型城市创新能力评价报告2022》显示，排名前十位的城市依次为：深圳市、南京市、杭州市、广州市、武汉市、西安市、苏州市、长沙市、合肥市和青岛市，其中，长沙市排名第8位。长沙市是全国首批国家创新型城市、全国创新驱动示范市，先后获批杂交水稻全国重点实验室等131家国家级创新平台，国家级科技成果奖数连续位居全国前列。拥有中国人民解放军国防科技大学、中南大学、湖南大学等58所高等院校、99家独立科研机构以及黄伯云等64名两院院士，有24家市院士工作站、16家专家工作站。实施"国际化人才汇智工程"，累计立项海外专家引智项目393个，引进外籍及港澳台专家500余人次，引进海外科技创新创业团队7个。获批国家海外人才离岸创新创业基地，设7个海外工作站，获评"魅力中国—外籍人才眼中最具吸引力的中国城市"最具潜力城市。

目前，长沙市已探索形成"政府引导+政策保障+金融支撑+全链条服务"科技创新模式，出台了促进驻长高校知识产权就地转化若干措施，构建了"成果转化基金+知识价值信用贷款"多元化投入体系；成立科技成果转化母基金，启动知识价值信用贷款，撬动社会资金支持科技型企业发展……各种资源要素不断投入研发活动中，极大地激发了长沙市的研发热情。

"十三五"期间，长沙市开始打破内陆城市思维，开放意识、市场意识、机遇意识不断增强。2018年，湖南省人民政府办公厅印发《湖南省信息通信基础设施能力提升行动计划（2018—2020年）》指出要"加强数据中心、云计算设施建设。适当降低大型数据中心（IDC）用电成本，引导通信企业和IDC企业下调数据中心服务价格水平，提高综合服务能力，形成明显的比较优势，全面提升我省数据中心服务的综合竞争力，带动数字经济产业发展"①。同时，为了应对美国的高科技出口管制，长沙市紧跟国家信

---

① 《湖南省信息通信基础设施能力提升行动计划（2018—2020年）》，湖南省人民政府网站，2020年7月30日，http：//www.hunan.gov.cn/hnszf/xxgk/wjk/szfbgt/201809/t20180920_5113647.html。

创产业政策风向，制定了一系列地方政策。2019 年，长沙市人民政府办公厅印发《长沙市加快网络安全产业发展三年（2019—2021 年）行动计划和若干政策》，指出要"以'PK'体系（飞腾 CPU 和麒麟 OS）为主，大力发展信息技术创新应用的深度适配，鼓励企业开发并引进基础软件、应用系统、安全软件、安全服务等，发展与大数据、云计算、人工智能深度融合的应用软件产品"①；《长沙市国民经济和社会发展第十四个五年规划和二〇三五年远景目标纲要》中也强调要"聚焦核心软件、大数据、信息安全等重点领域，突破一批'卡脖子'技术，鼓励新兴关键技术在智慧城市建设中先试先用，进一步凸显长沙软件业竞争优势，拓展大数据应用场景，筑牢信息安全防线，推进信创产业发展"②。

"十四五"时期，检索到的湖南省/长沙市信创产业相关政策共 21 条，其中 2021 年 12 条、2022 年 5 条、2023 年已出台 4 条。以 2020 年为分界点，信创产业政策自 2021 年开始大量出台这一趋势同国家政策出台步伐保持一致。在此期间，长沙市致力于提高科研经费的年均增长率，力图超过 10.5%。同时，长沙市努力攻克大约 10 项关键核心技术，以推动科技创新。市政府还不断深化与高校和科研院所的科技合作，力求提高高校科技成果在长沙市的就地转化率，计划提高至少 5.0 个百分点。到 2025 年，长沙市计划将研发投入占本地 GDP 的比重提高到 3.2%，这将有助于构建一个完整的创新全链条，包括企业创新、平台建设、产业发展以及人才支持等方面。这一努力旨在加速长沙市的科技创新和产业升级，推动经济发展朝着更高质量和可持续的方向迈进。

担负着长江中游城市群发展、中部崛起的战略重任，长沙市通过聘请廖湘科院士为网安园区首席科学家，在龙头企业设立张仁和院士工作站、方滨

---

① 《长沙市人民政府办公厅关于印发长沙市加快网络安全产业发展三年（2019—2021 年）行动计划和若干政策的通知》，湖南省人民政府网站，2019 年 7 月 31 日，http://www.hunan.gov.cn/zqt/zcsd/201907/t20190731_ 13560266.html。

② 《长沙市国民经济和社会发展第十四个五年规划和二〇三五年远景目标纲要》，长沙市人民政府网站，2021 年 10 月 29 日，http://www.changsha.gov.cn/szf/ztzl/2021cssssswzl/xgwj/202110/t20211029_ 10310640.html。

兴院士工作站，在中国人民解放军国防科技大学、中南大学等 13 所高校，中国长城、麒麟软件等 15 家龙头企业建立"信创人才产教融合共建基地"，在顶层设计、人才培养、科研创新等方面为信息安全产业发展、网安园区建设提供了全面的智力支撑。

长沙市还先后发布了《长沙市加快先进计算产业发展三年行动计划（2022—2024 年）》《长沙市打造具有核心竞争力的科技创新高地三年行动方案（2021—2023 年）》《长沙市"十四五"先进制造业发展规划（2021—2025 年）》《长沙市推进新型基础设施建设三年（2020—2022 年）行动计划》，积极落实"三高四新"战略定位和使命任务，将长沙市打造成国家重要先进制造业高地。

2. 政府主导地方政策制定

表 9 为湖南省/长沙市信创产业政策的制定机关及数量分布情况。

表 9　湖南省/长沙市信创产业政策的制定机关及数量分布

单位：条

制定机关	政策数量	制定机关	政策数量
湖南省人民政府	15	长沙市人民政府	2
湖南省人大（含常委会）	2	湖南省工业和信息化厅	1
湖南省住房和城乡建设厅	1	长沙市发展和改革委员会	1
长沙市人民政府办公厅	7	中共湖南省委、湖南省人民政府	1

资料来源："北大法宝"、"北大法意网"及湖南省/长沙市相关政府部门网站。

从表 9 中出现的制定机关来看，湖南省/长沙市信创产业政策的制定机关包括人民政府、人大（含常委会）、工业和信息化厅、发展和改革委员会、省委、住房和城乡建设厅等；从政策制定的数量来看，湖南省人民政府制定的政策数量明显多于其他有关机关或部门。依据制定机关对 30 条地方信创产业政策在此筛选，剔除掉由湖南省/长沙市人民政府制定的信创产业政策，得到 5 条信创产业政策，具体见表 10。

表 10　湖南省长沙市相关部门制定的信创产业政策

政策名称	相关内容	制定机关
《湖南省国民经济和社会发展第十四个五年规划和二〇三五年远景目标纲要（2021 年 1 月 29 日湖南省第十三届人民代表大会第四次会议批准）》	……加快新一代信息基础设施建设。高水平建设5G 和固网"双千兆"宽带网络，扩大 5G 建站规模，实现全省各市州城区 5G 连续覆盖，重点城区、产业园区、部分工矿区深度覆盖，用户体验和垂直应用场景形成规模效应。加快部署千万级智慧感知网络，推进各地"城市超级大脑"对接互联，建成全域智慧感知网络综合服务平台。打造一流人工智能算力设施，提升算力使用效率和算法原始创新能力，升级国家超级计算长沙中心。……	湖南省人大（含常委会）
《中共湖南省委、湖南省人民政府关于贯彻落实〈中共中央国务院关于新时代推动中部地区高质量发展的意见〉的实施意见》	……实施智能制造赋能工程，推动企业"上云用数赋智"，争创国家级"5G+工业互联网"示范区，打造一批"两业融合"试点示范企业和园区。推动生产性服务业向专业化和价值链高端延伸，大力发展制造服务业，培育一批技术创新中心、工业设计中心、检验检测中心，支持发展一批有较强辐射带动能力的区域性生产性服务业骨干企业。……	中共湖南省委、湖南省人民政府
《湖南省住房和城乡建设厅关于印发〈2023 年湖南省"数字住建"工作要点〉的通知》	……化政务服务支撑能力。启动 OA 系统升级改造，完成系统在国产终端，信创服务器，国产数据库的改造以及与政务服务平台、厅官数据、业务审批系统对接，实现数据联动，强化电子文件数据信息保护和安全管理；持续推进信创工作，进一步扩大自主服务器、办公终端、软件等系统设施建设范围，提升业务系统平台自主可控和平台稳定运行效能；……	湖南省住房和城乡建设厅
《湖南省工业和信息化厅关于印发〈湖南省软件产业振兴计划（2021—2025 年）〉的通知》	……按照"优存量、拓增量、固根基、培特色"的总体思路，以"加强高端软件供给能力，提升制造业数字化转型支撑能力"为总体要求，积极创建中国软件名城、名园，打造"一城三园多极"的软件产业集聚格局，做大工业软件、做强信创软件，打造"高端软件自主供给+核心平台高效服务+应用场景高度开放"的软件生态格局，努力将软件产业打造成为湖南经济高质量发展的新引擎。……	湖南省工业和信息化厅

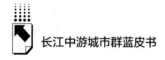

续表

政策名称	相关内容	制定机关
《长沙市国民经济和社会发展第十四个五年规划和二〇三五年远景目标纲要》	……聚焦核心软件、大数据、信息安全等重点领域，突破一批"卡脖子"技术，鼓励新兴关键技术在智慧城市建设中先试先用，进一步凸显长沙软件业竞争优势，拓展大数据应用场景，筑牢信息安全防线，推进信创产业发展。面向数字经济发展需求，加快培育一批特色鲜明、优势突出、辐射带动性强的数字经济集聚区，围绕岳麓山大学科技城、湘江智谷·融创新城、中国麓谷、中国 V 谷、天心数谷、三一云谷等平台整合数字产业资源，促进产业、创意、人才集聚，打造全国一流的数字经济产业示范区。……	长沙市发展和改革委员会

资料来源："北大法宝"、"北大法意网"及湖南省/长沙市相关政府部门网站。

对于湖南省/长沙市而言，电力、电信等行业领域也已经出台了信创产业鼓励政策。根据《湖南省国民经济和社会发展第十四个五年规划和二〇三五年远景目标纲要》[①]，在加快新一代信息基础设施建设方面，将高水平建设 5G 和固网"双千兆"宽带网络，扩大 5G 建站规模，实现全省各市州城区 5G 连续覆盖，用户体验和垂直应用场景形成规模效应；同时加快部署千万级智慧感知网络，推进各地"城市超级大脑"对接互联，建成全域智慧感知网络综合服务平台，同步打造一流人工智能算力设施，提升算力使用效率和算法原始创新能力，升级国家超级计算长沙中心。这意味着湖南省抢抓数字经济发展战略机遇，前瞻布局电力、算力、动力"三大支撑"，旨在推动信创产业的高质量发展。

此外，湖南省工业和信息化厅出台的《湖南省软件产业振兴计划（2021—2025 年）》[②] 中提到了湖南省将积极创建中国软件名城、名园，打造

---

① 《长沙市国民经济和社会发展第十四个五年规划和二〇三五年远景目标纲要》，长沙市人民政府网站，2021 年 10 月 29 日，http：//www.changsha.gov.cn/szf/ztzl/2021cssssswzl/xgwj/202110/t20211029_10310640.html。

② 《〈湖南省软件产业振兴计划（2021—2025 年）〉政策解读》，湖南省工业和信息化厅网站，2021 年 4 月 8 日，http：//gxt.hunan.gov.cn/gxt/xxgk_71033/zcfg/zcjd/202105/t20210512_16546379.html。

"一城三园多极"的软件产业集聚格局，做大工业软件、做强信创软件，打造"高端软件自主供给+核心平台高效服务+应用场景高度开放"的软件生态格局，努力将软件产业打造成湖南经济高质量发展的新引擎。这一举措将推动湖南省软件行业的发展，推动传统产业数字化转型，加快实现提质降本增效。

　　未来随着更多信创产业政策的落地，湖南省信创产业的吸纳融合能力将不断增强，有望进入新一轮快速发展周期。届时，要积极促成企业与高校科研院所间的深度合作，以产学研合作加强信创企业自主研发能力，加速激发信创企业创新内生动力。同时从产业布局、资金投入、平台建设等方面对信创产业进行引导与扶持，吸引核心品牌企业深度融入湖南省，为该省的信创产业发展注入强劲动力。

　　3. 战略布局信创产业生态

　　对获取的地方信创产业政策文本进行分词、去停用词，并生成湖南省/长沙市信创产业政策关键词词云，如图9所示。

图9　湖南省/长沙市信创产业政策关键词词云

资料来源："北大法宝"、"北大法意网"及湖南省/长沙市相关政府部门网站。

　　地方信创产业政策关键词词云显示，"基础设施""计算""产业"等是政策文本中出现频率较高的词语。这表明湖南省信创产业政策也很重视地方信息基础设施建设。检索出的 30 条地方信创产业政策中，共有 9 条政策提及基础设施建设，其中，《湖南省促进工业经济平稳增长的若干政策》指出，要"持续实施全省数字新型基础设施标志性项目，加快推进国家超算中心算力升级、长沙人工智能创新中心等项目建设，优化数据中心布局，提高算力基础设施支撑能力"①，旨在突出算力基础设施在自主可控科技创新方面发挥的重要作用。

相较于国家信创产业政策关键词，地方信创产业政策关键词中直接出现了"信创"一词，说明长沙市对于信创产业的概念内涵比较明晰。2023 年以来，湖南省/长沙市围绕"两芯一生态"战略布局，以系列政策举措奋力打造信创产业"长沙样板"。以麒麟操作系统为牵引，在全国率先打造 PK、鲲鹏两大生态共享互认的协同适配体系，完成 349 家企业、559 个产品适配工作。推动园区企业积极参与全市 191 个应用场景建设，飞腾、麒麟、景嘉微、国科微等国产替代产品在全市安可工程中的供应率达 90%。发动各龙头企业积极拓展市场，参与国内重大应用项目建设，促进企业自身加速成长。

同时迅速出台《网安园区产业发展规划》《长沙市软件和信息技术服务业发展三年（2020—2022 年）行动计划》等扶持政策，帮助 33 家企业获得直接资金补贴 5000 万元，产业扶持资金 3 年达到 2 亿元。长沙市省会先行，立足先进计算及信息安全产业链，正逐步形成以"点"到"链"、以"链"到"群"的信创产业生态。

四 推进长江中游城市群信创产业发展的对策建议

（一）加强多部门协同合作，推动各领域信创产业发展

从长江中游城市群地方政策描述性分析结果来看，信创产业政策大多来

---

① 《湖南省人民政府办公厅关于印发〈湖南省促进工业经济平稳增长的若干政策〉的通知》，湖南省人民政府网站，2022 年 3 月 28 日，https：//www.hunan.gov.cn/hnszf/xxgk/wjk/szfbgt/202203/t20220328_ 22724403. html。

自人民政府，说明长江中游城市群信创产业政策的制定主要集中在各级政府这些"条"上，较少下发到涉及信创产业的各个"块"（划分出的部门）中。进一步筛选出来自各个地方部门的信创产业政策，从广度上讲，长江中游城市群在交通、医疗、金融、科技等领域均已出现信创产业鼓励政策，在工业、军事、教育等领域也布局了信创产业，但在垂直领域信创产业政策上仍显不足。

行业应用是信创产业发展的动力，从切实的行业具体需求着手，以应用需求作为技术攻关的核心目标，长江中游城市群各省市多部门需进一步加大对各领域信创产业的支持力度。首先，加强政府部门之间的协同合作，打破各个部门之间的信息壁垒，促进政策的整合和优化，以此避免各个部门制定的政策重复或者冲突，形成政策的整体性和协同性。其次，加大对信创领域的投资力度，支持相关产业的创新和发展，特别是在交通、医疗、金融、科技等垂直领域，应制定更加具体和针对性的政策，鼓励企业加大研发投入力度，推动科技创新，培育一批具有核心竞争力的信创企业，以实现整体产业提质增效。最后，加强对各领域信创产业人才的引进和培养。信创产业的发展需要大量高素质的人才支持，包括技术人才、管理人才、创新人才等，通过落实更多人才引进政策和培养计划，吸引更多的优秀人才，推动长江中游城市群信创产业人才队伍建设。

（二）强化信创产业资源整合，发挥城市群优势

信创产业具有繁复庞大的生态，各省市需加强顶层设计，强化信创产业资源整合，发挥长江中游城市群空间优势，完善信创产业布局，形成开放协同的生态体系，构建信创产业高质量发展新格局。

一方面，长江中游城市群各省市需进一步发挥地方优势，加速突破"卡脖子"技术，将科技成果转化为生产力。各省市需梳理地方优势产业，布局信创产业体系，形成良好发展环境，加强高校、科研院所、企业等各类资源协同。推动产学研合作，在优势环节发力，促进产业发展与做大做优。围绕长江中游城市群地方信创产业战略布局，进一步加强各省市领先企业与

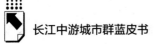

潜力企业的合作，推进移动互联网、云计算、大数据等技术与当地制造业等优势产业相融合，促进龙头企业从优化产品向优化服务的产业优化，持续推动地方优势信创品牌的打造、建设与交流互动。

另一方面，长江中游城市群需发挥地缘相近、人文相亲、经贸相融的区域优势，发挥省会城市的核心力量，借助政府力量，强化要素资源聚合、产业集群发展、城市互动合作，促进城市联结、产业协同。进一步促进城市群规划衔接互动，基础设施互联互通，信创产业跨省市合作，建立合作示范区，实现信创产业发展的互促互补。

（三）激发信创市场主体活力，做好信创产业监管

目前，信创产业发展仍存在市场较冷、功利性投资、核心技术突破不及预期等问题。因此，为促进长江中游城市群信创产业发展，激发市场活力，各省市需精准落地信创产业政策，保证政策制度的持续性。

在信创产业政策促进市场活力层面，需进一步加强信创产业标准的制定，推动信创产业标准落地与应用；因地制宜，提高信创产业政策的针对性和有效性，进一步推动各地信创产业技术研发、产权保护、产品推广、人才引进，全面激发信创市场主体活力。

在信创产业政策促进产业优化层面，需发挥政府对信创产业、企业的监管作用，规范市场行为，推动信创安全政策的建立，促进市场公平竞争，避免低水平恶性竞争。

B.4

长江中游城市群数字技术赋能
乡村振兴发展研究

卢新元 黄晓 孟华*

摘 要： 多部门已经对乡村振兴及数字乡村建设进行了统筹规划，从脱贫攻坚转向乡村振兴，党和国家高屋建瓴地完成了高质量发展的战略布局，陆续出台了多项重大政策，为新时期全面推进农业农村数字化发展提供了战略导向和工作指引。长江中游城市群是以武汉城市圈、环长株潭城市群、环鄱阳湖城市群为主体形成的特大型城市群，也是长江经济带三大跨区域城市群之一，是实施促进中部地区崛起战略、全方位深化改革开放和推进新型城镇化的重点区域，在我国区域发展格局中占有重要地位，对促进区域内乡村振兴及数字乡村发展也具有重要的意义。长江中游城市群中的湖北、湖南、江西三省人民政府推出了一系列适合本地区数字农业农村发展的相关政策措施和具体实施办法，积极推动数字乡村建设，并将其纳入农业农村工作重点，相继发布包括数字乡村发展规划、数字农业政策和农村电商支持政策等在内的重要文件，明确了数字乡村发展的目标和路线，为数字乡村建设提供了政策支持，并取得了显著成效。然而，对比东部地区数字乡村发展，长江中游城市群数字乡村发展仍然存在一些挑战，具体包括数据要素的赋能作用尚未充分发挥、数字环境基础对产业重构支撑不

---

* 卢新元，华中师范大学信息管理学院教授、博士生导师，主要研究方向为数字乡村、知识管理、用户行为、风险管理、决策理论与方法；黄晓，博士，华中师范大学信息管理学院讲师，主要研究方向为网络用户行为、社会仿真、数字乡村；孟华，华中师范大学信息管理学院博士研究生，主要研究方向为知识管理与智能决策。

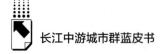

足、数字治理平台及共享机制尚不成熟。本报告对长江中游城市
群数字乡村发展提出了一些建议，包括：推进设施升级，夯实发
展基础；优化资源配置，推进协同发展；加强人才培养，强化智
力支撑。

关键词： 长江中游城市群　数字技术　数字乡村　乡村振兴

　　数字乡村是乡村振兴的战略方向，也是建设数字中国的重要内容。近年
来，随着物联网、云计算、大数据、人工智能等现代信息技术不断涌入乡
村，乡村获得了新的发展基础和动力机制①，数字技术赋能乡村振兴成为乡
村实现有序治理、促进产业发展、提升生活水平的可行方式。乡村发展是个
系统工程，技术支撑是全面实施乡村振兴的保障，数智化发展能激发乡村振
兴的内生动力②，是统筹推进城乡信息化融合发展和建设智慧绿色乡村十分
有效的途径。在乡村应用多种信息技术，如宽带互联网、物联网等，推动乡
村的信息化建设，能够实现乡村经济的发展，提高乡村人民的生活质量，缩
小城乡数字差距，促进城乡和谐发展。

　　城市群是城镇化发展的最新形态，也是数字经济发展的重要载体，
更是乡村振兴的主动力和区域协调发展的重要抓手。我国城乡关系由城
乡统筹、城乡一体化进入城乡融合发展新阶段，一个重要特征就是对城
市群作为推进主体的科学应用与整体把握。依托城市群促进城乡融合发
展是新时代区域协调发展的客观要求。党的二十大报告指出："以城市
群、都市圈为依托构建大中小城市协同发展格局。"2015 年 4 月，国务院
批复同意《长江中游城市群发展规划》，这是《国家新型城镇化规划

---

① 秦秋霞、郭红东、曾亿武：《乡村振兴中的数字赋能及实现途径》，《江苏大学学报》（社会
　　科学版）2021 年第 5 期。
② 沈费伟：《数字乡村的内生发展模式：实践逻辑、运作机理与优化策略》，《电子政务》
　　2021 年第 10 期。

（2014—2020 年）》出台后国家批复的第一个跨区域城市群规划，强调建立中心城市引领城市群发展、城市群带动区域发展新模式，推动区域板块之间融合互动发展。自《长江中游城市群发展规划》实施以来，长江中游城市群发展动能持续增强，综合实力显著提升，经济增速位居全国前列，地区生产总值占全国比重稳步提高，空间格局逐步优化，中心城市发展能级不断提升。

2022 年 2 月 6 日，国务院批复同意《长江中游城市群发展"十四五"实施方案》，该方案明确了建立"中心城市—都市圈—城市群"的空间动力机制。健全基础设施网络，共同提高内联外达能力。以提升互联互通效率为重点，统筹完善传统基础设施，加快建设新型基础设施，构建高效实用、安全可靠、智慧绿色的现代化基础设施体系。推动武汉、南昌国家级互联网骨干直联点建设，升级国家超级计算长沙中心，并完善武汉工业互联网标识解析国家顶级节点功能等。这意味着，区际合作不仅要重视传统基础设施的一体化建设，也要重视数字经济、信息网络、智慧应用等新型基础设施的一体化建设，实现新老融合和区际协同有机结合①。

目前，在全国 11 个国家级城市群中，长江中游城市群与粤港澳大湾区、长江三角洲城市群、京津冀城市群、成渝地区双城经济圈作为中国数字经济发展五大核心区，覆盖了全部数字经济一线城市及绝大部分数字经济新一线城市，是中国打造世界数字产业集群、参与国际数字经济竞争的重要载体。核心城市以数字经济核心产业寻求突破，以资源外溢带动周边城市协同跟进，最终实现高能级产业集聚与区域错位协同发展②。中央网信办、农业农村部等 10 部门印发的《数字乡村发展行动计划（2022—2025 年）》也明确指出，充分发挥数字经济的驱动作用，全面挖掘数字经济在打破产业空间束缚、优化要素布局、均衡基本公共服务等方面的优势，推动形成以城

---

① 《解码长江中游城市群："一体化"带动中部崛起，进击中国经济"第五极"》，搜狐网，2022 年 3 月 25 日，https://www.sohu.com/a/532699860_121255906。
② 《2022 数字经济百强市｜解读——中国城市群数字经济跃升路径分析》，搜狐网，2022 年 11 月 17 日，https://www.sohu.com/a/606572923_378413。

带乡、共建共享的数字城乡融合发展格局。长江中游城市群发展为加速区域内数字乡村建设注入了强大动能，湖北、湖南、江西三省数字乡村建设取得良好成效。《中国数字乡村发展报告（2022 年）》显示，2021 年全国数字乡村发展水平达到 39.1%，其中东部地区为 42.9%，中部地区为 42.5%，西部地区为 33.6%。湖北、湖南、江西数字乡村发展水平均高于全国平均水平，分别为 52.2%、45.2%、42.0%，分别位列全国第 5、第 7、第 10 名。

一 数字技术赋能乡村振兴政策

数字技术包括移动互联网、云计算、物联网、大数据、人工智能、区块链等，其关键作用在于有效降低信息搜寻、复制、传输、追踪和验证成本[①]。数字技术正加速向各行业、各领域融合渗透，推动产业的质量变革、效率变革和动力变革，从而深刻改变社会经济活动的具体形态，并呈现日新月异的形态[②]。近年来，新兴数字技术呈现集群式、交互式、"核聚变"式发展态势，推进了转换速度快、覆盖领域广的新产业革命系统性创新。不同的数字技术带来的变革力量各异。移动互联网带来了连接、协同和共享的能力，让业务随时在线；云计算使算力转变成社会化的计算能力，让计算触手可得；大数据使人们能够汇集并处理海量、实时的数据，不断推动创新；人工智能推动智能交互、智能感知和数据驱动的智能洞察与决策，让智能无所不及；物联网连接起周边的一切虚拟与现实，让连接无处不在；区块链开创了一种在竞争环境中低成本建立高可信度的新型范式和协作模式，凭借其独有的信任建立机制，实现了穿透式监管和信任逐级传递，让商业信任可

---

① 王亚华、李星光：《数字技术赋能乡村治理的制度分析与理论启示》，《中国农村经济》2022 年第 8 期；Askar Akaev, Viktor Sadovnichiy, "Information Models for Forecasting Nonlinear Economic Dynamics in the Digital Era," *Applied Mathematics* 12 (2021)。

② 何玉长、王伟：《数据要素市场化的理论阐释》，《当代经济研究》2021 年第 4 期；江小涓：《加强顶层设计 解决突出问题 协调推进数字政府建设与行政体制改革》，《中国行政管理》2021 年第 12 期。

运营。

数字技术为数字经济的崛起提供了坚实支撑。数字经济以数据资源为核心，以现代信息网络为主要载体，融合信息通信技术并实现全方位数字化转型，成为推动形成公平与效率更紧密结合的全新经济形态的重要引擎。数字技术激活农村要素资源、优化农业生产方式、提升农村经营效率，大大推动农业农村生产和生活的变革，拓宽了农民的增收渠道，成为新时期乡村振兴的重要引擎。

（一）我国数字技术赋能乡村振兴政策

习近平总书记在党的二十大报告中指出："全面建设社会主义现代化国家，最艰巨最繁重的任务仍然在农村。"[①] "三农"问题是关系国计民生的根本性问题，全面推进乡村振兴是新时代做好"三农"工作的总抓手。"五个振兴"是各地区各部门致力于推动乡村发展的重点任务，需要积极动员全党全社会各方力量参与，形成共商共建共治共享的强大合力，推动乡村振兴不断取得新成效。现阶段的乡村振兴政策正在稳步推进，乡村建设正如火如荼开展：智慧农业建设为国家粮食安全提供技术保障；数字乡村工程为城乡共同富裕奠定技术基础；职业农民培育为乡村全面振兴贡献技术主体[②]；乡村产业发展和基层治理取得了显著成效。

当前，我国数字化发展正处于由政府主导向市场化运营转型的阶段，政府、企业和乡村等多方主体结合自身优势协同发力，通过系统布局，用数字技术赋能实际应用，为我国数字化建设装上引擎，提供强大推动力，赋能乡村振兴。截至 2023 年 4 月，多部门已经对乡村振兴及数字乡村建设进行了统筹规划，从脱贫攻坚转向乡村振兴，党和国家高屋建瓴地完成了高质量发展的战略布局，陆续出台了多项重大政策，为新时期全面推进农业农村数字化发展提供了战略方向和执行指引。2018 年中央一号文件

---

① 《学习语 | 加快建设农业强国》，人民网，2022 年 12 月 26 日，http：//politics. people. com. cn/n1/2022/1226/c1001-32593953. html。

② 唐惠敏：《数字技术赋能乡村振兴的理论阐释与实践发展》，《农村经济》2022 年第 9 期。

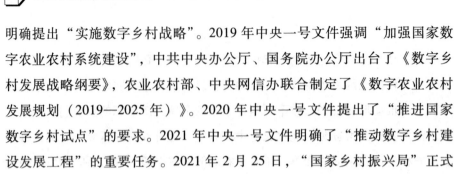

明确提出"实施数字乡村战略"。2019 年中央一号文件强调"加强国家数字农业农村系统建设",中共中央办公厅、国务院办公厅出台了《数字乡村发展战略纲要》,农业农村部、中央网信办联合制定了《数字农业农村发展规划(2019—2025 年)》。2020 年中央一号文件提出了"推进国家数字乡村试点"的要求。2021 年中央一号文件明确了"推动数字乡村建设发展工程"的重要任务。2021 年 2 月 25 日,"国家乡村振兴局"正式挂牌,表明中央层面通过乡村振兴开启城乡融合发展和现代化建设新局面。同时,各地方政府也积极响应中央的数字乡村政策,根据各自的实际情况制定并实施相关政策,进一步完善了数字乡村政策体系,初步建立了协调一体、整体推进的工作模式。

数字乡村政策为数字乡村建设提供了明确的指导思想和具体路径。这些政策涉及企业、高校、科研机构等众多主体,技术、资金、人才、数据等多种要素,覆盖农业、人才、金融、医疗等广泛领域。这些政策由不同级别、不同类型的政策主体颁布和执行,具有分层次的特点,既包括同级政策的协同合作,也包括中央和地方政策的协同推进。中央为地方政府提出了政策执行框架,并引导地方政府采取行动,在本地区的数字乡村建设中体现中央数字乡村政策的核心思想与目标,形成中央与地方政策的协同效应,提高政策执行效果。同时,中央政策的指导让地方政策实现了不同程度的创新和发展,地方政府将政策执行与当地发展要素、发展主体、发展环境相结合,形成多元良性互动治理格局,推动数字乡村政策落地。例如,中央一号文件作为新时代"三农"工作的总抓手,提出关于实施乡村振兴战略的总体要求、政策举措、目标任务和保障措施。地方政府据此编制出台符合当地实际的政策文件,细化工作重点和政策措施,部署各类工程、计划、行动,对当地乡村振兴工作做出部署。数字乡村政策体系持续完善,进一步健全了政府引导、全社会参与的数字乡村发展体制机制,对稳固数字乡村发展、发挥数字经济对"三农"发展的支撑作用具有重要意义。2018~2023 年国家级数字乡村相关政策见表 1。

表1　2018~2023年国家级数字乡村相关政策

年份	发布部门	政策名称	相关内容
2018	中共中央、国务院	《关于实施乡村振兴战略的意见》《乡村振兴战略规划（2018—2022年）》	实施数字乡村战略，大力发展数字农业
2019	中共中央办公厅、国务院办公厅	《数字乡村发展战略纲要》	明确将数字乡村作为乡村振兴的战略方向，加快信息化发展，整体带动农业农村现代化发展
2020	农业农村部、中央网信办	《数字农业农村发展规划（2019—2025年）》《关于开展国家数字乡村试点工作的通知》	对新时期推进数字农业农村建设的总体思路、发展目标、重点任务做出明确部署，部署开展国家数字乡村试点工作
2021	中央网信办、农业农村部、国家发展改革委、工业和信息化部、科技部、市场监管总局、国家乡村振兴局	《数字乡村建设指南1.0》	"国家乡村振兴局"正式挂牌成立，国家战略规划指导数字乡村建设
2022	中央网信办、农业农村部、国家发展改革委、工业和信息化部、国家乡村振兴局、市场监管总局	《2022年数字乡村发展工作要点》《数字乡村标准体系建设指南》	要求充分发挥信息化对乡村振兴的驱动赋能作用，加快构建引领乡村产业振兴的数字经济体系，构建适应城乡融合发展的数字治理体系，提出了数字乡村标准体系框架
2023	中共中央、国务院、中央网信办、农业农村部、国家发展改革委、工业和信息化部、国家乡村振兴局	《数字中国建设整体布局规划》《中国数字乡村发展报告（2022年）》《2023年数字乡村发展工作要点》	明确了"2522"整体框架布局，即"两大基础+五位一体+两大能力+两个环境"，部署了10个方面26项重点任务

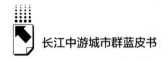

（二）长江中游城市群数字技术赋能乡村振兴政策

长江中游城市群是以武汉城市圈、环长株潭城市群、环鄱阳湖城市群为主体形成的特大型城市群，面积约为 31.7 万平方公里，承东启西、连南接北，是长江经济带三大跨区域城市群之一，也是实施促进中部地区崛起战略、全方位深化改革开放和推进新型城镇化的重点区域，在我国区域发展格局中占有重要地位，对促进区域内乡村振兴及数字乡村发展也具有重要的意义。

新基建是数字基础设施建设的表现形式，其通过在城乡间建设数字基础设施并实现资源的共享，推动城乡要素的自由交流，促进城乡融合，为乡村发展注入强大动力。早在 2015 年，国务院批准的《长江中游城市群发展规划》就明确指出，推进长江中游城市群发展，有利于跨区域整合优化资源要素，推进城乡区域协调发展与社会和谐进步，使城乡居民共享现代化建设成果。促进乡村发展及城乡融合互动是长江中游城市群发展目标的重要组成部分。长江中游城市群坚持城乡融合发展，创新城乡统筹发展机制，充分发挥中心城市辐射带动作用，推动城市组团融合发展，形成多中心、网络化发展格局。城乡融合与乡村振兴战略相辅相成，决定了乡村振兴战略的推进必须结合城乡融合，也必定会促进城乡融合。2022 年，国务院批复同意的《长江中游城市群发展"十四五"实施方案》提出，推动长江中游城市群共建新型基础设施，加快新型数字技术规模化部署和拓展应用，加快传统基础设施数字化改造，加强泛在感知、终端联网、智能调度体系建设。核心城市信息基础设施持续完善，同时引导资源布局优化并向周边辐射延伸，必然推动数字乡村建设。一方面，核心城市依托物联网、大数据、人工智能等新一代信息技术，将数字资源由城市向乡村扩散；另一方面，核心城市借助数字技术，打通城乡融合的断点与堵点，打破地域、交通等传统因素与乡村发展的限制，畅通城乡要素双向流动。

长江中游城市群发展背景下的区域一体化催生了县域数字经济新增长点，为数字乡村建设注入强劲动力。《长江中游城市群发展"十四五"实施方案》

提出，以科学分工、协同发展为导向，构建"三核三圈三带多节点"的空间格局，推动大中小城市和小城镇协调发展，形成一体化发展格局。在区域一体化背景下，县域将从"承接溢出""营造协同"逐步进入城市群数字经济分工网络，不断探索新的数字经济增长点。例如，充分利用劳动力资源，建立智能服务中心，提供图像及数据整理、标注和清洗等信息技术外包（ITO）服务；充分发挥得天独厚的生态环境优势，发展轻型研发中心和移动分时办公；围绕教育培训、产业孵化和会议赛事等领域，构建区域数字经济产教融合平台，实现前期投入与后期产出的协同发展模式。对于数字产业基础相对薄弱的县域，以政用引导民用，开展数字产业的应用示范，推动数字康养、数字文旅以及县域治理等领域的创新应用，进而形成当地数字生态的"前产后用"模式。

为落实党中央、国务院关于长江中游城市群发展的重大战略部署，推动数字乡村建设在长江中游城市群高质量发展中发挥更大作用，提升数字乡村建设效能，湖北、湖南、江西三省人民政府根据中共中央关于推动数字乡村建设、促进乡村振兴的总指导政策和方针，因地制宜地推出了一系列适合本地区数字农业农村发展的相关政策措施和具体实施办法（见表2），以夯实数字乡村转型基础，探索数字乡村地区产业创新路径，统筹地区数字乡村融合发展。各地根据不同乡村的特点，合理制定各类政策进行搭配，加强数字乡村建设模式的创新，提升政策工具赋能数字乡村建设的主体参与性，让数字带动乡村发展，从而促进乡村振兴，进一步推动了长江经济带发展、促进了中部地区崛起、巩固了"两横三纵"城镇化战略格局。

表2　长江中游城市群数字乡村相关政策

发布部门	发布时间	政策名称	相关内容
国家发展改革委	2015年4月13日	《长江中游城市群发展规划》	（1）创新城乡统筹发展机制：加大统筹城乡发展的力度，推进城乡统一要素市场建设和城乡规划、基础设施、公共服务一体化，加快完善城乡发展一体化体制机制，促进新型城镇化和新农村建设协调推进 （2）建设社会主义新农村：统筹安排农村基础设施建设和服务网络建设 （3）促进信息基础设施共享：共建信息网络设施，共享信息资源与服务，共保信息网络安全

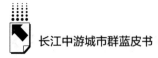
续表

发布部门	发布时间	政策名称	相关内容
国家发展改革委	2022年2月6日	《长江中游城市群发展"十四五"实施方案》	(1)共建新型基础设施:加快传统基础设施数字化改造,加强泛在感知、终端联网、智能调度体系建设 (2)健全城乡体系:推进以县城为重要载体的城镇化建设,推动产业配套设施、市政公用设施、公共服务设施、环境基础设施提级扩能 (3)大力发展定制农业、农耕体验、民宿经济等新业态和农村电子商务,推动农村一二三产业融合发展 (4)健全县乡村三级物流配送体系,推进农村客运、农村物流、邮政快递融合发展
湖北省人民政府办公厅	2022年5月13日	《长江中游城市群发展"十四五"实施方案湖北省主要目标和任务分工方案》	健全城乡融合发展体制机制,推动城镇基础设施向乡村延伸,公共服务和社会事业向乡村覆盖;提高农业产业化水平,大力发展定制农业、农耕体验、民宿经济等新业态和农村电子商务,推动农村一二三产业融合发展;健全县乡村三级物流配送体系,推进农村客运、农村物流、邮政快递融合发展
湖南省人民政府	2015年8月25日	《湖南省贯彻落实国家〈长江中游城市群发展规划〉实施方案》	全面实施中小城市基础网络完善工程和宽带乡村示范工程,全面扩大有线、无线宽带网络覆盖面;实施"互联网+"行动计划,重点围绕基础型、提升型、服务型"互联网+"行动,推动云计算与物联网、移动互联网等融合发展,加快新一代信息技术向制造业、服务业、农业等领域渗透,构建较为健全的互联网产业链条
江西省人民政府办公厅	2022年5月23日	《长江中游城市群发展"十四五"实施方案江西省分工方案》	充分发挥南昌国家级互联网骨干直联点的作用,加快推动数字经济产业能级跃迁。加快交通、水利、能源、市政等传统基础设施数字化改造,加强泛在感知、终端联网、智能调度体系建设。大力发展定制农业、农耕体验、民宿经济等新业态和农村电子商务,推动农村一二三产业融合发展
中共江西省委、江西省人民政府	2021年9月17日	《关于江西在新时代推动中部地区高质量发展中加快崛起的实施意见》	(1)以融合共进为路径,促进城乡区域协同发展,加强与武汉、长株潭都市圈融合互动,合力把长江中游城市群打造成全国高质量发展的重要增长极 (2)全面实施乡村振兴战略,加快建设数字乡村,推动城乡基础设施统一规划、建设和管护

二　长江中游城市群数字乡村发展成效

近年来，湖北、湖南和江西三省都积极推动数字乡村建设，并将其纳入农业农村工作重点，相继发布数字乡村发展规划、数字农业政策和农村电商支持政策等重要文件，明确了数字乡村发展的目标和路线，为数字乡村建设提供了政策支持，并取得了显著成效。

湖北、湖南、江西三省紧跟国家数字经济战略，大力推进数字乡村建设，为数字乡村发展提供技术、资金等支持与保障。湖北省出台《湖北省美丽乡村建设五年推进规划（2019—2023年）》《湖北省推进农业农村现代化"十四五"规划》等规划文件，积极实施乡村大数据建设，积极推进"信息进村"，完善支持数字乡村发展的基础设施；湖南省印发《湖南省数字乡村发展行动方案（2020—2022年）》《湖南省"十四五"农业农村现代化规划》《湖南省数字乡村发展行动方案（2023—2025年）》等政策文件，以信息网络为基础，构建涵盖数字转型、智能升级、融合创新等服务的基础设施体系；江西省出台《江西省数字农业农村建设三年行动计划》，编制《江西省数字乡村优秀案例工作方案》等工作方案，为数字乡村建设提供资金支持、技术支持及基础设施建设、人才培育相关资源。

（一）整体发展成效

从整体来看，湖北、湖南、江西三省已经在数字乡村基础设施建设与数字乡村新业态发展等方面取得了一定成效。

1. 数字乡村基础设施建设成效

湖北、湖南、江西三省数字乡村农业场景大幅增加，湖北省积极推进数字乡村基础设施建设，积极推进农业农村大数据建设、农业生产智能化应用等智能基础设施建设；湖南省创新乡村地区产业发展路径，积极改善乡村公共服务，为乡村居民提供邮政服务、基层公共服务等便利服务，提高居民生活水平，加快建设数字农业试点县、数字农业应用基地；江西省不断夯实数字乡村转型基础，统筹乡村公路、水利、电网等传统基础设施的数字化改造，实现数字乡村基础设施融合发展。

三省积极推进网络基础设施建设，湖北省4G移动宽带网络行政村覆盖率达99%，积极与电信等移动互联网公司合作，大力拓展物联网技术的应用场景，接续推进乡村数字化服务项目样板工程，助力治理能力现代化；湖南省建设NB-IoT（窄带物联网）基站、eMTC（增强机器类通信）基站，改造IPv6接入网，形成数据联通"一张网"，加快普及数字惠民服务，通过数字化服务项目的打造为乡村政务服务赋能，信息服务加快普及，实现多项高频服务事项"一网受理、一站办结"；江西省在网络基础设施建设上实现了5G网络"乡乡通"，大力推进乡村公路、水利、电网、农产品产地冷链物流基础设施的数字化改造，乡村基础设施转型促进了数字乡村的发展，提高了乡村产业和生活的数字化水平。

2. 数字乡村新业态发展成效

乡村数字经济新业态不断拓展，衍生了县域农业公共品牌、数字化农业和农村电商等新的发展模式，这些模式在湖北、湖南、江西三省中皆有落地。

首先，在县域农业公共品牌的建设发展中，三省皆取得了显著成效。湖北省注重块状特色产业集群培育，推进农业产业化，形成以特色产业为引领、产业深度融合、科技创新推动的县域经济格局；湖南省积极构建具有全国影响力的品牌，如"湘赣红""湘江源"等省级区域公用品牌，利用品牌强农，助力脱贫攻坚工作；江西省探索多种途径，通过举办农产品产销对接活动、创建乡村产业融合发展示范园等，在农产品深加工等领域形成了稳定的产业链，为农产品可持续发展保驾护航。

其次，三省致力于推动农业现代化，包括智能农机装备的研发和应用、农业物联网的应用、农产品品质的提升等。湖北省内多个龙头企业引入乡村产业，助力农产品深加工，联合高校、研究院等专业技术机构，推动乡村产业升级和转型；湖南省坚持三产融合发展，创建乡村旅游示范县、休闲农业示范点，"湘"字号农业品牌建设成果突出；江西省依托智慧农业建设 PPP 项目，启动农业农村数字平台建设，创新建立农业农村大数据总平台，实现数据共享，同时构建绿色食品产业链，产业产值突破千亿元。

最后，三省积极推进农村电商发展。在电商蓬勃发展的背景下，湖北省打造直播电商、生鲜电商、团购电商等新模式，为农产品找到更广泛的市场，既推动了农产品产业链的延伸，又带来了红利；湖南省则通过发展农村电商，帮助建档立卡贫困人口增收，带动建档立卡贫困人口就业，为乡村经济发展注入强大动力；江西省利用农村电商加快品牌构建，并强化物流园区、产地初加工设施、城乡冷链物流骨干网等供销集配体系的建设，打通了农村电商的"最后一公里"，实现乡村物流集中配送网络全覆盖。

（二）湖北省发展成效

根据中央网信办信息化发展局、农业农村部市场与信息化司发布的《中国数字乡村发展报告（2022 年）》，湖北省数字乡村建设颇具成效，数字乡村发展水平、农业生产信息化率等 7 项指标位居全国前五，"三务"网上公开行政村覆盖率、农技推广服务信息化率等 4 项指标位居全国前九。

1. 数字乡村政策持续发力

近年来，湖北省一直将数字乡村建设作为农业农村工作重点进行推进，对乡村产业数字化、生活数字化等数字化建设进行大力扶持，优先发展数字乡村产业，湖北省政府、湖北省农业农村厅等单位先后印发《湖北省数字农业发展"十四五"规划》《湖北省推进农业农村现代化"十四五"规划》等规划文件，对湖北省数字乡村的发展提出明确目标。针对"十四五"时期的数字乡村建设，湖北省政府给予重点关注，出台《湖北省数字农业发展"十四五"规划》，明确提出"十四五"时期将积极实施农业农村大数据建设、农业生产智能化应用、"互联网+"农产品出村进城等九大重点工程，目标是建设 10 个数字农业试点县和 100 个数字农业应用基地。《湖北省推进农业农村现代化"十四五"规划》也进一步指出要加快数字乡村建设，通过科学推进乡村规划建设改善乡村人居环境，加强乡村基础设施建设。同时，湖北省将数字乡村建设作为乡村振兴的重点工作内容，《关于做好 2022 年全面推进乡村振兴重点工作的意见》更是突出强调要进一步提升农业产业化水平，大力推进农业产业化，加快建设农业产业强省，同时鼓励各地根据自身特色优势，拓展农业多种功能，挖掘乡村多元价值，培育发展乡村旅游、休闲农业、文化体验、健康养生、民宿经济等新业态。2019~2022 年湖北省有关推进数字乡村建设的政策（部分）如表 3 所示。

表 3 2019~2022 年湖北省有关推进数字乡村建设的政策（部分）

发布时间	发布部门	政策名称	重点内容解读
2019 年 5 月	湖北省农业农村厅	《湖北省美丽乡村建设五年推进规划（2019—2023 年)》	积极推进信息进村，统筹推进互联网等信息基础设施建设，推进光纤覆盖从行政村向自然村延伸。到 2023 年，实现 20 户及以上集中居住自然村光纤通达率达 98%以上、示范村主要公共场所无线网络全覆盖的目标，同时实现广播电视直播卫星"户户通"、农村智能广播"村村响"，实现中央和本省广播电视节目无线数字化覆盖
2021 年 10 月	湖北省农业农村厅	《湖北省数字农业发展"十四五"规划》	积极实施农业农村大数据建设、农业生产智能化应用、"互联网+"农产品出村进城、农产品质量安全监管数字化、信息进村入户、美丽乡村数字化应用、数字农业产业园建设、数字农业技术创新、数字农业人才培育等九大重点工程，着力提升数字农业整体发展水平
2021 年 11 月	湖北省人民政府	《湖北省推进农业农村现代化"十四五"规划》	加快乡村建设行动。通过科学推进乡村规划建设，改善农村人居环境，加强乡村基础设施建设，逐步实现城乡基本公共服务均等化，推进农业农村现代化建设

续表

发布时间	发布部门	政策名称	重点内容解读
2021年11月	湖北省交通运输厅	《湖北省综合运输服务发展"十四五"规划》	创新农村物流运作模式,引导物流运输企业与大型商超、农产品批发市场、农民专业合作社、专业大户、家庭农场等建立稳定的业务合作关系,发展产运销一体化的物流供应链服务。推动农业数字化转型升级
2022年3月	湖北省人民政府	《关于做好2022年全面推进乡村振兴重点工作的意见》	大力推进农业产业化,加快建设农业产业强省。加快推进农村一二三产业深度融合。鼓励各地根据自身特色优势,拓展农业多种功能,挖掘乡村多元价值。加强县乡村三级联动,增强农村一二三产业梯次辐射效应,同时不断强化现代农业基础支撑,强化种业创新和农业科技支撑,推动农业机械化补短板,提升设施农业水平
2022年9月	湖北省人民政府	《湖北数字经济强省三年行动计划(2022—2024年)》	积极培育农业数字化应用,加快推进新一代信息技术在农业领域应用,在小龙虾、柑橘、茶叶、生猪、禽蛋、蔬菜(食用菌)等优势特色农业产业开展单品种全产业链数字赋能行动。鼓励有条件的县(市、区)开展国家数字乡村试点、"互联网+"农产品出村进城试点,培育一批省级试点地区

2. 数字乡村建设紧密布局

近年来,湖北省贯彻落实《数字乡村发展战略纲要》,不断加大数字乡村建设的投入力度。一方面,湖北省积极推进数字化基础设施建设,移动宽带 4G 网络行政村覆盖率达到 99%,5G 基站中部领先、全国靠前,尤其是乡村网络覆盖率显著提升,行政村光纤通达率达到 100%,乡村平均宽带速率达 100M,与城市宽带速率相当;另一方面,通信企业纷纷参与数字乡村建设,如中国电信湖北公司与湖北省乡村振兴局签署"全面推进数字乡村建设暨乡村振兴战略合作协议",该协议明确,"十四五"时期,中国电信湖北公司将持续加大乡村地区信息基础设施建设力度,总投入不低于 50 亿元,深入实施"数智乡村振兴计划"。2013~2021 年,湖北省农村宽度接入用户数量已经增长了超 3 倍,如图 1 所示。

除此之外,湖北省致力于打造乡村数字化服务项目样板工程,推进治理

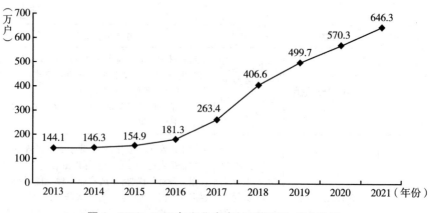

图1 2013~2021年湖北省农村宽带接入用户数量

资料来源：国家统计局网站。

能力现代化，通过数字化政务服务试点项目不断加快电子政务外网改造升级，建成纵向实现省、市、区（县）、乡镇（社区）、村五级全覆盖的政务服务网络，形成数字化建设与农业现代化协同布局，深入实施农村电商工程，搭建网络销售平台。持续推进"数字乡村点亮工程"，在乡村治理、乡村教育、乡村医疗、乡村文化、乡村金融等方面取得成果，建设了1.9万个"数字乡村"达标村，为150万名乡村用户提供服务。

3. 县域农产品品质提升

湖北省积极推动县域经济发展，以现有产业基础和资源优势为依托，加快农业产业化进程，构建具有地方特色的产业体系，促进一二三产业的深度融合和创新驱动。围绕农产品深加工等重点领域，精准开展产业链"补、延、强、稳"工作，借力打好特色牌、优势牌。一方面，加强园区载体建设，优化调整主导产业定位和空间布局；加快县域产业园区基础设施提档升级和循环化改造，提升产业园区承载能力。另一方面，大力发掘优势、放大优势，深入开展质量提升行动，实施品牌推动战略，形成潜江小龙虾、仙桃无纺布等具有全国影响力的特色产业品牌。

湖北省积极推动农村产业融合发展，以农村产业融合发展工作为重点，加大政策协调力度，强化试点示范，促进农业增长和农民增收。2022年，黄冈市英山县农村产业融合发展示范园等 4 地成功创建第三批国家农村产业融合发展示范园，湖北省国家农村产业融合发展示范园达到 13 家，梯次推进汉南区等 20 个省级农村产业融合发展示范园创建工作。省内不同地区特色品牌的影响力逐步提升，全省有效期内的"两品一标"品牌总数达到 2911 个，总量位居全国第三。潜江龙虾品牌估值达到 288.9 亿元，两年增长 26.8%，秭归脐橙、恩施玉露、随州香菇、洪湖莲藕等品牌在全国的影响力不断扩大。

湖北省根据各地实际情况，因地制宜地创新发展模式，探索出资源开发型、资产盘活型等各具特色的农村集体经济发展模式。2022 年，全省农村集体经济经营性收入达到 69.5 亿元，平均每村 29.91 万元。集体经营性收入在 10 万元以上的村占 67%。全省村级集体经济组织公益性基础设施建设投入 51.69 亿元，用于农户分配 4.9 亿元，村民福利费支出 2.36 亿元。先后指导武汉市江夏区等 4 个国家级、石首市等 11 个省级数字乡村试点地区打造示范样板，引领全省数字乡村建设发展。

宜昌市秭归县：挖掘脐橙特色产业

秭归县是中国脐橙之乡，地形多为高山陡坡，因此这里的橙子采摘并不容易。过去，农民们通常需要一筐一筐地将橙子从山上背下，十分辛苦。然而，现在的脐橙园采用了水肥一体化系统、数据采集、数据显示、物联网集成、田间轨道运输机和植保无人机等技术，彻底解决了农民们的采摘难题。数字化进程下，田间浇水、施肥不再只是看天看地，病虫防控也不再只是肉眼辨别。同时，秭归县通过数字乡村建设不断挖掘、发挥特色优势。脐橙全身是宝，秭归县现有果汁、橙茶、橙酒、橘粽、手工皂等 100 多种脐橙深加工产品，目前已形成完整的脐橙深加工链条，产品销售市场遍及全球，仅橘粽产品的年度销售额就突破亿元。不断壮大的脐橙产业成为秭归县推动县域产业发展的重要力量。秭归县 90% 的乡镇、80% 以上的行政村、70% 以上的人口从事脐橙产业，涌现脐橙产值"亿元村" 12 个，带动近 26 万人增收致富。

4.农业数字化持续推进

近年来，湖北省重点发展数字农业。2022年，湖北省全省十大产业链综合产值达到8027亿元；全省规模以上农产品加工产值达到1.33万亿元，同比增长10%，居全国第7位；龙头企业规模逐步壮大，全省规模以上农产品加工企业有5122家，占全省规模以上企业的29.2%；省级龙头企业有1236家，新增371家；国家级龙头企业有82家，新增20家，均创历史纪录。

科技支撑作用逐步强化，2022年湖北省农业科技进步贡献率达到了63%，相较于2014年提升近6%。湖北省级龙头企业中，有47家设立了院士工作站和博士后流动工作站；有451家建立了研发机构（其中省部级研发中心和分中心33家），占省级龙头企业的52.9%，研发投入达到32.2亿元，占主营业务收入的1.16%，拥有各类专利3401件，获得省级以上科技成果奖406项。联农带农效果逐步显现，省级龙头企业共带动43.89万人稳定就业，带动329万户农户实现订单生产；246个省级农业产业化联合体带动1931个农民专业合作社、家庭农场和160万户农户"抱团"发展，农户生产总成本降低10%以上。

襄阳市宜城市：探索特色鲜明、信息驱动的数字化乡村建设之路

宜城市大力转变农业生产经营方式、推动农村物流网建设、提升农民数字化水平、拓宽农民增收渠道，逐步探索特色鲜明、信息驱动的数字化乡村建设之路。在构建乡村数字化治理新模式上，宜城市政府与钉钉公司签订"数字县域"协议，利用钉钉平台的基础功能，为镇、村（社区）搭建数字化治理平台——"百姓通"，在数字化治理新模式上进行有效探索，为广大乡村群众打造了一个集生活、学习、文化交流于一体的数字化生活平台。宜城市"打造百姓通数字平台，探索乡村治理新模式"成功经验被纳入中央网信办《数字乡村建设指南1.0》。宜城市以成功入选"省级电子商务进农村综合示范市"为契机，积极激发数字经济新活力，不仅建设了本土电商平台，还打造了京东和淘宝宜城特产馆、宜城农特网、智慧农园小程序等多个特色平台，推动电商交易额突破 20 亿元。

5. 农村电商激发新红利

湖北省积极推进农村电商发展，通过电商平台销售农产品，拓展了农产品的销售渠道。农村电商的兴起为农民增加了收入，同时推动了农产品产业链的延伸，为农业总产值的增长提供了新动能。

湖北省农村电商发展态势良好。一方面，农村网络零售额呈整体增长态势。2019 年，全省农村网络零售额为 957 亿元，同比增长 26.7%。2020 年，尽管受到新冠疫情冲击，全省农村网络零售额仍达到 2019 年的九成以上。2021 年，在直播电商、生鲜电商、团购电商等模式的推动下，全省农村网络零售额继续保持高速增长。另一方面，农村电商带动农民就地就近就业增收。湖北省采取电商结对帮扶等方式，累计帮助建档立卡贫困人口增收 3.38 亿元，累计带动建档立卡贫困人口就业 15.2 万人。

同时，湖北省积极加快电商农人培训，协调农村电商发展，取得了一定的成效。截至 2022 年，全省已培训电商农人 33829 人次，活跃在全省各个乡村。全省农村电商服务站点累计达到 8248 个。湖北省农村电商约有 3 万家，其中仅 2021 年就新增注册 1.2 万家，占湖北省农村电商总量的 40%。相关企业如雨后春笋般不断进军农村电商领域，进一步加速了相关产业的集聚。截至 2021 年，湖北省拥有 54 个 "淘宝村"、39 个 "淘宝镇"。

武汉市江夏区："1+14" 新基建，助力江夏区试点打造升级版

江夏区通过建成智慧江夏大数据平台，形成了数据汇聚、治理、融合和共享开放的技术链条。凭借创新性的顶层架构、特色城市治理模式以及优质惠民服务，"智慧江夏" 一中心两平台荣获中国信息技术大会颁发的 "2021 年智慧城市优秀解决方案" 奖。江夏区已经实现包括区、街、村（社区）在内的三级 4G 网络和广电数字网络农村电子商务服务站以及农户农房田块资源地理信息化等 10 个领域的 14 项数据全覆盖。这些成果为江夏区推动数

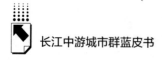

字赋农、科技兴农提供了坚实的基础和保障。2018~2020年，江夏区连续3年被农业农村部评为"全国县域数字农业农村发展水平评价先进区"。

（三）湖南省发展成效

湖南省位于长江中游地区，物产资源丰富，素有"鱼米之乡""有色金属之乡""非金属之乡""旅游胜地"之称。2019年，湖南省实现地区生产总值39752.12亿元，同比增长7.6%。2020年，全省实现地区生产总值4.18万亿元，出现了3个产值达到万亿元、14个产值达到千亿元的产业，其中服务业成为推动湖南省经济增长的关键产业。四大产业板块协同发展，使长沙市跻身"万亿元俱乐部"。同年，湖南省数字经济规模达1.15万亿元，总量居全国第12位，同比增长13.9%，发展增速排全国第四。2021年，湖南省实现地区生产总值4.6万亿元，同比增长7.7%，两年平均增长5.7%，高于全国平均水平0.6个百分点；粮食总产量达614.9亿斤，居2011年以来的高位。2022年，湖南省数字乡村发展态势良好，发展水平达到45.2%，高于全国平均水平6.1个百分点，位居全国前列。

1. 数字乡村政策层层深入

近年来，湖南省将数字乡村建设视为农业农村工作的重要任务，积极推动乡村产业数字化和生活数字化的发展。湖南省政府以及湖南省农业农村厅等相关单位纷纷发布了一系列政策文件，如《湖南省数字乡村发展行动方案（2020—2022年）》《湖南省"十四五"农业农村现代化规划》《湖南省数字乡村发展行动方案（2023—2025年）》等，这些政策文件致力于支持数字乡村产业的发展，通过推动乡村产业数字化，提高农产品的生产效率和质量，加强数字技术在农业生产中的应用。同时，湖南省积极推动乡村生活数字化，提高乡村居民的生活水平，促进数字科技在乡村中的应用，以促进全省数字乡村建设的全面发展。2018~2023年湖南省有关推进数字乡村建设的政策（部分）如表4所示。

表4　2018~2023年湖南省有关推进数字乡村建设的政策（部分）

发布时间	发布部门/会议	政策名称	重点内容解读
2018年9月	中共湖南省委、湖南省人民政府	《湖南省乡村振兴战略规划（2018—2022年)》	明确了湖南省实现乡村振兴战略的宏伟目标、主要任务和重大举措，部署了重大工程、重大计划、重大行动，确定了时间表、路线图、任务书，是指导各级各部门分类有序推进乡村振兴的重要依据
2020年7月	湖南省委办公厅、省政府办公厅	《湖南省数字乡村发展行动方案（2020—2022年)》	强调将重点抓好任务落实，包括完善支撑数字乡村发展的基础设施、加快布局农业农村现代化发展的先导产业、优化信息惠农的服务体系、进一步提升数字乡村的治理能力、激发乡村振兴的内生动力。要求到2022年，数字乡村建设取得明显成效
2020年12月	中共湖南省委	《关于制定湖南省国民经济和社会发展第十四个五年规划和二〇三五年远景目标的建议》	坚持农业农村优先发展，全面推进乡村振兴。坚持把解决好"三农"问题作为全省工作重中之重，以全面实施乡村振兴战略为总抓手，推进农业农村现代化
2021年1月	湖南省第十三届人民代表大会第四次会议	《湖南省国民经济和社会发展第十四个五年规划和二〇三五年远景目标纲要》	增强县域发展动能，实施新一轮特色县域经济强县工程，扶持一批有实力的县成为全国百强县。加快构建现代农业产业体系、生产体系、经营体系，全面提升农业规模化、科技化、市场化、国际化、信息化、标准化水平，大力发展精细农业，加快由农业大省向农业强省的跨越
2021年7月	湖南省人民政府办公厅	《关于加强村庄规划工作　服务全面推进乡村振兴的通知》	深入贯彻习近平总书记关于乡村振兴、村庄规划工作重要论述以及对湖南工作系列重要指示精神，要求加快编制满足"产业兴旺、生态宜居、乡风文明、治理有效、生活富裕"总要求的"多规合一"实用性村庄规划，全面推进乡村振兴、构建农村新发展格局
2021年9月	中共湖南省委网信办、省发展改革委	《湖南省"十四五"信息化发展规划》	提出农业数字化转型升级工程，推进数字乡村建设。要求加快乡村信息基础设施建设，完善乡村信息服务体系，推进乡村振兴信息化平台建设

续表

发布时间	发布部门/会议	政策名称	重点内容解读
2021年10月	湖南省人民政府办公厅	《湖南省"十四五"农业农村现代化规划》	到2025年,农业农村现代化取得重要进展,初步形成以设施化、园区化、融合化、绿色化、数字化为主要特征的农业现代化;到2035年,基本实现农业现代化,现代农业产业体系、生产体系、经营体系更加完善,绿色生产生活方式深入人心,农业科技和标准化、机械化、信息化达到国家先进水平
2022年3月	湖南省人民政府	《关于做好2022年"三农"工作 扎实推进乡村振兴的意见》	强调全域推进美丽乡村建设,创建一批省级美丽乡村示范村
2022年11月	中共湖南省委办公厅、省政府办公厅	《湖南省乡村建设行动实施方案》	贯彻落实中共中央办公厅、国务院办公厅印发的《乡村建设行动实施方案》精神,扎实推进全省乡村建设行动,强调坚持农业农村优先发展,把乡村建设摆在社会主义现代化建设的重要位置。要求到2025年,乡村建设取得明显成效,打造乡村建设湖南样板
2023年6月	中共湖南省委网信办、省农业农村厅、省发展改革委、省工业和信息化厅、省乡村振兴局、省通信管理局	《湖南省数字乡村发展行动方案(2023—2025年)》	要求全面贯彻落实《数字中国建设整体布局规划》《数字乡村发展战略纲要》《数字乡村发展行动计划(2022—2025年)》部署要求,加快推进数字乡村建设,充分发挥信息化对乡村振兴的驱动引领作用,整体带动和提升农业农村现代化发展,促进农业全面升级、农村全面进步、农民全面发展

2. 数字乡村建设持续推进

近年来,湖南省深入贯彻落实《关于加强村庄规划工作 服务全面推进乡村振兴的通知》,不断完善基础设施建设。

2019年,湖南省利用数字技术实现行政村党务、村务、财务公开的综合水平已经提升到65%,行政村"雪亮工程"覆盖率达到67%。信息服务加快普及,2019年行政村电商服务站点覆盖率为86%,全省建设县级运营中心122个、益农信息社超1.9万个。

2021年,长沙获批全国首批"千兆城市"。全省新建5G基站超3万个,累计建成 5G 基站 5.6 万个，14 个市级行政区主城区、所有县级行政区主城区全部实现 5G 网络覆盖，5G 基站数量居全国第 9 位；全省累计建成 4G 基站23.8 万个，居全国第 8 位。推进 IPv6 规模化部署，省内骨干网、城域网、接入网 IPv6 改造全面完成，IPv6 发展整体指数居全国第 6 位。2021 年电信普遍服务试点获中央财政补贴资金，全省自然村 4G 覆盖率达 97%，光纤通达率达85%，助力本省乡村振兴战略加快实施。与此同时，湖南省加快普及数字惠民服务。2021 年设在乡村的邮政局有 2179 家，乡村投递路线总长度达 210939 公里。推进基层公共服务"一门式"全覆盖。40 多项高频服务事项在村（社区）"一网受理、一站办结"，事项办理时间平均缩减 70% 以上，乡村地区"网络到校""终端到校"全覆盖，远程医疗应用不断推进。

截至 2023 年 7 月，全省行政村光纤和 4G 网络通达率均达 100%；5G 行政村通达率超过 80%。数字农业场景不断增多，全省农业生产信息化率达到 32.5%，乡村数字经济、数字治理、网络文化、信息便民服务等场景随处可见。

3. 农业现代化成效显著

2019 年，湖南省农业生产数字化水平达 23.8%，争取并批复了南县、雨湖区数字农业建设试点（园艺作物）、望城区数字农业建设试点（水产）等国家级智慧农业试点项目，数字乡村建设扎实推进。六大强农行动深入推进，精细农业架构逐步成形。2021 年，湖南省农业科技进步贡献率超过60%，主要农作物良种覆盖率达到 96%；农业社会化服务覆盖率达 31%，居全国第 3 位；家庭农场 19.4 万家，居全国第 5 位；农机总动力 6586.37 万千瓦，居全国第 5 位；多种形式土地适度规模经营面积占比达到 54.1%，居中部 6 省第 1 位；农产品质量安全例行监测合格率稳定在 98% 以上；创建"两茶两油两菜" 6 个省级区域公用品牌，"湘味农产品、香飘百姓家"品牌效应凸显；农业、工业、文旅等 60 个特色产业小镇加速发展，成为乡村经济新的增长点；农产品加工值达到 1.86 万亿元，居全国第 7 位；国家级、省级龙头企业分别达到 46 家、603 家。如表 5 所示，2020 年湖南省一些城市率先行动，打造了一批农业产业化省级龙头企业。

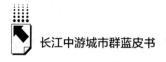

表5 2020年湖南省农业产业化省级龙头企业数量

单位：家

城市	长沙	株洲	湘潭	衡阳	邵阳	岳阳	常德	张家界	益阳	郴州	永州	怀化	娄底	湘西
数量	29	17	11	32	26	27	32	11	22	17	22	19	22	15

资料来源：湖南省农业农村厅网站。

　　湖南省坚持三产融合发展，积极发展农产品加工业，通过建设农业产业龙头企业，带动农产品加工业高质量发展，形成了以食品加工为主、其他农产品加工为辅的农产品加工体系。截至2020年底，湖南省农业产业化国家重点龙头企业达到60家，省级龙头企业达到920家，农产品加工企业达到50650家，农产品加工产值与农业产值比达到2.55：1。共创建了16个全国休闲农业与乡村旅游示范县、254个省级休闲农业示范点、100个省级休闲农业集聚发展示范村，"湘"字号农业品牌建设成果突出。同时，湖南省重视城镇产业联动，促进新老产业协调发展。

长沙市长沙县：加快智慧农业建设，争创国家数字农业试点县

　　2020年1月2日，《长沙县政府工作报告》明确指出，要加快长沙县智慧农业建设，争创国家数字农业试点县。长沙县作为农业生产大县，"三农"发展有序、稳定推进，农业现代化水平不断提高。长沙县"数字星沙"工程服务平台建设、农业信息网络建设、农作物病虫害监测与防治技术应用、灾害性天气信息监测应用、水利水情自动测报系统、可视化农业信息技术、电子商务及农产品预警平台等8个方面的工作均取得了显著的成效。全县信息进村入户服务构架完成并形成网络，通过"湖湘农事"App，上连省级信息进村入户公益平台，下接村级益农信息社，"政府+运营商+服务商""三位一体"推进机制进一步完善，公益服务、便民服务、电子商务、培训体验服务等服务内容延伸到村，信息精准到户。

　　长沙县依托本地电商运营商建设了1个县级运营中心、96家村级益农信息社。为提升全县益农信息社服务能力，已开展两期村级益农社信息员轮

训，合计培训117人次。在信息化产业方面，全县共有规模以上农产品加工企业47家，基于"互联网+"茶行业全信息化系统平台构建智能装备、智慧茶厂、智慧茶园和智慧服务四大模块，实现与智能设备、茶园的"无缝"对接，逐步从传统农业向智能化转变，为创建国家数字农业试点县提供基础。

4. 县域农产品品牌建设不断推进

湖南省积极推动"一县一特"品牌建设以及农产品"两品一标"工作，省农委、省林业厅、省财政厅等多个部门联合实施"品牌强农行动"。目前，湖南省已成功创建省级区域公用品牌，如"湘赣红"和"湘江源"，并通过向相关农业企业授权推动农产品高质量生产。此外，湖南省评选出的11个特色农产品品牌，包括"岳阳黄茶""汝城朝天椒""华容芥菜"和"邵阳茶油"等，已被列入中国农业品牌目录，共有2912个农产品获得了绿色食品、有机农产品和农产品地理标志的有效认证。相关农产品品牌如"茅岩莓茶"和"保靖黄金茶"已成为帮助脱贫乡村实现产业振兴的重要支撑。湖南省还建立了优质农产品展示展销中心，举办了农产品产销对接活动，不仅提升了本省农业品牌的知名度，也推动了农产品的销售与推广。

岳阳黄茶：全国黄茶的"领军品牌"

作为中国六大茶类之一，黄茶素有"茶中贵族，杯中黄金"之美誉，岳阳黄茶产量占全国的55.47%，2011年，岳阳被中国茶叶流通协会授予"中国黄茶之乡"的称号；2014年，原国家质检总局批准对"岳阳黄茶"实施地理标志产品保护；2019年11月15日，岳阳黄茶入选中国农业品牌目录；2020年，君山银针获评湖南省首批"一县一特"农产品优秀品牌；2021年，黄茶制作技艺（君山银针茶制作技艺）入选第五批国家级非物质文化遗产代表性项目名录。

近年来，岳阳乘势而上，立足自然和人文优势，让岳阳黄茶快速发展为与安化黑茶、湖南红茶并肩的省级重点建设的公用品牌，并成为全国性

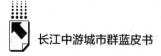
农产品区域公用品牌，一步步走出国门、走向世界，成长为全国黄茶的"领军品牌"。岳阳在发展黄茶产业上势如破竹。根据相关规划，到2025年，全市茶园面积将稳定在30万亩，总产量将达3.5万吨，一二三产业深度融合，茶叶产业综合产值将突破100亿元，力争把"岳阳黄茶"打造成全国驰名的公用品牌，实现由"产茶大市"向"产业强市"的转变。白石茶园被列为国家黄茶种植标准化示范区，幽吉、五星鸿两家茶企成功申报省特色产业园项目，胜峰茶业荣升省级龙头企业。截至2020年，岳阳已发展全国茶叶优势区域县3个、全省茶叶产业重点县6个、国家级标准茶园7个、省茶叶特色产业园12个、省级和市级茶叶龙头企业31家、茶叶专业合作社75家、茶叶经营主体574家，岳阳黄茶"产加研销"链条已初步形成。

5. 电子商务市场蓬勃发展

2019年，湖南省农产品网络零售额达188.91亿元，同比增长39.73%；其中，51个贫困县的农产品网络零售额达83.64亿元，同比增长76.83%，农产品网络零售额占农产品交易总额的比重已达30%。全省6920个贫困村线上线下销售农产品15.7亿元，培育了11533个扶贫示范网店，全年交易额达1.87亿元，带动超过100万户贫困户增收。湖南省长沙市浏阳市被列为全国获得国务院办公厅通报表扬的农村电商发展和产销对接效果显著的10个地区之一。

2020年，湖南省电子商务交易额超过1.5万亿元。其中，网络零售额超过3000亿元，网络购物成为居民消费重要渠道。截至2020年底，湖南省创建国家级电子商务示范城市3个、电子商务示范基地3家、电子商务示范企业14家、数字商务企业4家，创建省级电子商务示范基地12个、电子商务示范企业135家、电子商务重点培育项目185个，累计认定电子商务企业1441家。截至2021年8月，全省已有72个县市成功申报全国电子商务进农村综合示范县市，实现了40个原国家级脱贫县全覆盖。2022年全省通过电商销售的农产品零售额超过350亿元。2023年第一季度，全省网上零售额同比增长 18.5%，其中实物商品网上零售额增长 17.8%，快于社会消费品零售总额增速 11.9 个百分点。

湖南省洞口县："人+货+链"电商扶贫模式，构建农村电商可持续发展生态

2017 年，洞口县被确定为第四批国家电子商务进农村示范县。农村电商在洞口县快速发展，形成了"在村有人、进村有货、出村有路"的电商扶贫模式。通过电商人才培训体系，培育本土化的电商人才；基于当地优势农特产品、文旅资源实现农产品的标准化、品牌化、电商化，实现从农产品到商品的转变；通过平台提供的服务，将渠道、媒体、政策、仓储物流、加工等资源有机衔接，最终建立起一个可持续发展的农村电商生态，实现了"人+货+链"的协同发展。

洞口县与惠农网合作，积极拓展营销渠道，尝试了多种有益的方法，如线上网络营销推广和线下产销对接会等。2018 年 10 月，洞口县举办了"中国·洞口雪峰蜜橘旅游文化节暨首届洞口农民丰收节活动"，活动当日，通过电商渠道达成的雪峰蜜橘意向采购量突破 50 万件。2018 年 11 月，洞口县联合惠农网、今日头条官方号"山货上头条""字节跳动扶贫"以及全国各地的 496 位农产品"扶贫达人"共同助力洞口雪峰蜜橘"上头条"，活动累计传播量达 85 万人次。2018 年 12 月，洞口县参与 2018 天猫脱贫攻坚公益直播盛典，累计传播量突破 200 万人次，直播 10 分钟，洞口雪峰蜜橘销量就已达到 15000 斤。惠农网还利用自身平台优势，在其 App 上推出"中国·洞口扶贫产业带"，并帮助当地贫困户开设"扶贫小店"，为当地农产品销售增设渠道。洞口县的"人+货+链"电商扶贫模式先后被湖南卫视、CCTV-7《聚焦三农》、中国国际电视台报道，越来越多的贫困户通过电商脱贫增收，实现由"输血式"扶贫向"造血式"脱贫的转变。

（四）江西省发展成效

近年来，江西省高度重视农村电商发展，高标准建设乡村振兴电商中

心，开展当地农特产品的直播推广，积极对接知名电商平台，同时不断加大对农产品的质量监测力度；农业产业数字化加速发展，数字育种不断推进，智能农机装备在研发和应用方面取得重大进展，智慧大田农场多点突破，实现了畜禽养殖数字化、规模化、标准化，以数字技术为支撑的各类渔业养殖项目陆续投产；农村电商持续保持乡村数字经济"领头羊"地位，电商这一新兴业态不仅能推销农副产品、助力群众脱贫，还能促进乡村振兴、较好地保障农产品的有效供应。

1. 数字乡村发展体系逐步完善

江西省紧跟国家数字经济战略，不断完善政策规划体系，印发《关于深入推进数字经济做优做强"一号发展工程"的意见》《江西省"十四五"数字经济发展规划》《江西省"十四五"新型基础设施建设规划》等政策文件。

在数字乡村方面，江西省印发《江西省数字农业农村建设三年行动计划》，编制《江西省数字乡村试点工作方案》《江西省数字乡村优秀案例工作方案》等工作方案，不断强化数字乡村建设顶层设计，2020～2023年江西省有关推进数字乡村建设的政策（部分）如表6所示。组织开展江西省数字乡村试点县（市、区）遴选，选出南昌县、彭泽县等16个省级数字乡村试点县（市、区）。电信服务项目加快实施，2021年建设行政村4G基站1096个、5G基站131个。大力拓展物联网技术的应用场景，推动建设农村人居环境"5G+"长效管护平台，截至2021年底，全省11个设区市、70余个涉农县已经完成或正在建设该平台，已受理问题投诉近2万起，问题处理率、满意率分别达到94.33%、99.24%。

表6　2020～2023年江西省有关推进数字乡村建设的政策（部分）

发布时间	发布部门	政策名称	重点内容解读
2020年5月	中共江西省委办公厅	《江西省实施数字乡村发展战略的意见》	发挥信息化在推进乡村治理体系和治理能力现代化中的基础作用，繁荣发展乡村网络文化，构建乡村数字治理体系;弥合城乡"数字鸿沟"，发展物联时代新农业,建设信息时代新农村,培育网络时代新农民,奋力谱写新时代乡村振兴的新篇章

发布时间	发布部门	政策名称	重点内容解读
2021年9月	中共江西省委网信办、省农业农村厅	《江西省数字农业农村建设三年行动计划》	到2023年,完成19个省级以上数字乡村试点县、100个数字乡村小镇和30个数字乡村示范项目建设。实现全省农业农村数字经济占农林牧渔增加值比重的28%,规模达到700亿元以上;到2025年,规模达到1000亿元以上
2021年10月	江西省人民政府	《江西省"十四五"新型基础设施建设规划》	以新发展理念为引领,以技术创新为驱动,以信息网络为基础,面向高质量发展需要,构建提供数字转型、智能升级、融合创新等服务的基础设施体系
2022年3月	中共江西省委、江西省人民政府	《关于深入推进数字经济做优做强"一号发展工程"的意见》	明确了数字经济今后5年的发展目标,提出实施八大工程、创新制度供给、加强组织保障等举措,为深入推进全省数字经济做优做强"一号发展工程"指明了方向
2022年6月	江西省人民政府	《江西省"十四五"数字经济发展规划》	强调要按照实施数字经济做优做强"一号发展工程"部署要求,着力强化产业赛道能级、赋能实体经济发展、提升公共服务水平、营造良好发展环境,加快打造全国数字经济发展新高地
2022年12月	江西省农业农村厅	《江西省"十四五"农业农村信息化发展规划》	全面贯彻落实相关法律、规划部署要求,推动江西省"十四五"时期现代信息技术与农业农村各领域全面融合应用
2023年3月	江西省农业农村厅	《江西省农业产业化省级龙头企业认定和运行监测管理办法》	进一步规范农业产业化省级龙头企业的认定和运行监测工作,加强对龙头企业的管理,培育壮大龙头企业,增强带动能力
2023年3月	江西省农业农村厅	《江西省"十四五"乡村产业发展规划》	坚持农业农村优先发展,以全面推进乡村振兴、加快建设农业强省为总抓手,以一二三产业融合发展为路径,延长产业链、提升价值链、融通供应链,全力推动乡村产业高质量发展
2023年7月	中共江西省委网信办	《关于开展2023年江西省数字乡村创新发展优秀案例评选工作的通知》	围绕农业创新发展、科技赋能数字乡村建设、推动数字农业与传统农业深度融合等方面的创新实践,形成特色化、个性化的综合案例

2. 数字基础设施建设加快推进

乡村网络基础设施实现全覆盖，截至 2020 年底，江西省数字经济总量达 8354 亿元，占地区生产总值的比重达 32.5%。数字基础设施建设水平持续提升，已累计开通 3.4 万个 5G 基站，实现了各设区市主城区的连续覆盖和所有县城核心区的覆盖，高速光纤网和 4G 网络在城乡全面覆盖，在中部地区率先完成了光网的建设。5G 网络覆盖能力持续增强，全省移动电话基站总数达 31.4 万个，同比增长 11.5%。其中，5G 基站总数达 6.5 万个，实现了 5G 网络"乡乡通"。南昌国家级互联网直连点已建成，上饶和九江已开通国际互联网数据专用通道；3 个工业互联网标识解析二级节点已建成，已累计标识解析 5000 次；一批重要的数据中心已投入运行，为我国经济和社会的发展提供了有力的算力支持。

江西省有关部门积极推动乡村道路、水利、电网、农产品产地冷链物流基础设施的数字化改造，基础设施建设水平得到显著提升。截至 2022 年末，全省铁路营业里程达 4822 公里，还编制了专项地图，以全景的方式直观地展示了乡村道路网络的分布状况。数字孪生流域建设在重点水利工程先行先试，"智慧水利"建设已经全面展开，截至 2021 年末，江西省建成覆盖省、市、县、乡四级 1690 个节点的水利骨干网络，建设水库自动测报站 9800 处，自动测报覆盖率达 92%，建设水文（流量）站 251 处、水位站 1326 处、雨量站 4322 处、视频监控站 4400 处，基本实现水位、流量、降雨量等要素自动监测。乡村电网巩固提升工程深入推进，截至 2022 年，全省乡村电力供应可靠性达 99.8%，全省累计培育农民合作社 7.43 万家、家庭农场 9.2 万家，建设 6.9 万个产地冷藏保鲜设施，新增库容 1800 万吨以上。

3. 农产品数字化进程持续加快

2023 年以来，江西省加快推动农业产业化发展和电商平台对接，推动优质农产品线上销售，全省农产品网络零售额快速增长，成效初显。2023 年上半年，江西省通过电商平台销售农产品 69.9 亿元，在全国排第 16 名，同比增长 48.9%，高于全国 19.0 个百分点，农产品网络零售额保持良好的增长趋势。江西省统计局数据显示，2021 年，全省粮食产量达到 2192.33

万吨，自2013年来连续9年稳定在430亿斤以上；蔬菜、水果、肉类等生鲜农产品产量保持稳定增长，2021年蔬菜产量为1713.22万吨，水果产量为226.28万吨，肉类产量为344.96万吨，水产品产量为269.51万吨，禽蛋产量为63.60万吨，牛奶产量为8.32万吨。

在保障重要农产品有效供给的同时，江西省持续加大农产品质量监管力度，以重点地区、重点品种为抓手，推动农产品质量安全追溯体系建设，农产品质量安全追溯系统入库生产经营主体超7.6万家、益农信息社14800家，覆盖全省近88%的行政村，数字农业服务能力不断增强。2023年上半年，江西省组织开展2023年第一次省级监督抽查，共573批次，总体合格率达97.7%，全省农产品质量安全水平稳定提升。

江西省宜春市铜鼓县富硒农产品

江西省宜春市铜鼓县富硒土壤丰富、生态条件优越，是国家级生态县、国家重点生态功能区、首批国家全域旅游示范创建县和江西省首个"中国长寿之乡"。截至2021年5月，全县共确认富硒土壤面积70.73平方公里，占全县总面积的9.13%，建立富硒产业示范基地15900亩，检测出达到富硒标准的农产品61个，有机富硒农业产业发展欣欣向荣。铜鼓县是获农业农村部认证的国家有机食品生产基地，也是"中国茶业百强县""中国黄精之乡"。铜鼓县突出农产品绿色有机富硒化发展定位，形成了有机茶叶、有机蔬果、有机稻、蜂蜜、竹笋、黑山羊、中药材（黄精）、食用菌等特色农业。铜鼓宁红茶、铜鼓黄精获评国家地理标志保护产品。同时，铜鼓县大力发展订单富硒农业，积极与中州米业、红一优粮等企业签订富硒订单，有力促进了富硒农业发展。

4. 农业产业智慧化建设迈出坚实步伐

江西省有关部门积极开展农业物联网推广应用，截至2021年底，全省农业物联网示范基地和示范企业达200家，新增4家国家农业农村信息化示范基地；农业科技进步贡献率达60.2%，主要农作物综合机械化水平达

75.99%，水稻耕种收综合机械化水平达 81.31%。江西省邓家埠水稻原种场通过建设"两网一中心"（水稻区域试验大田物联网、设施大棚物联网、远程指挥调度中心），实现对水稻田和大棚的环境监测以及对农业生产的远程调度。

江西省相关部门依托江西智慧农业建设 PPP 项目启动农业农村数字平台建设，智慧农业"123+N"平台平稳运行，信息进村入户工程整体推进，并为省市县政府、农业农村部门提供数据开放服务，同时面向公众提供涉农业务数据化服务。截至 2021 年底，新的农业云中心数据机房已经建成并投入使用，31 个业务系统进行了初验，江西农业农村大数据总平台、数据资源库、大数据治理子系统和数据运营平台已初步建成。农业信息综合服务平台创新发展。12316 综合服务平台全年受理各类咨询超 9.1 万人次，转接受理农村人居环境整治、假劣农资、农产品质量安全等投诉举报 2.1 万次，办结率达 95%，好评率达 99%，挽回农民直接经济损失超 100 万元。

江西省大力实施农业结构调整九大工程和农产品加工七大行动，创新开展绿色食品产业链建设，着力打好加工升级、产业融合"组合拳"，重点打造了稻米、生猪、水果、蔬菜、小龙虾等优势特色产业链，粮食、畜牧、水产、果蔬产业产值突破千亿元，茶叶、中药材、油茶产值均超百亿元。全省粮食总产量连续多年稳定在 430 亿斤以上，粮食主产区地位进一步巩固。有效应对非洲猪瘟严重冲击，生猪生产实现快速恢复，2020 年末生猪存栏量恢复到 1569.9 万头，出栏量恢复到 2218.3 万头，继续位列全国第十；生猪外调 653 万头，外调量持续稳定在全国前列。2020 年末蔬菜面积产量稳步提升，设施蔬菜总面积 86 万亩，蔬菜年产量达到 1834 万吨，比 2015 年增长了 39.8%。水果、茶叶、水产品、禽蛋、牛羊肉年产量分别达 525.4 万吨、8.0 万吨、262.8 万吨、61.2 万吨、17.8 万吨，与 2015 年相比均有不同幅度增长，"米袋子""菜篮子"量足价稳，满足了城乡居民对农产品的多样化需求。2020 年末农产品加工业总产值突破 6000 亿元，休闲农业和乡村旅游综合收入突破 900 亿元，农林牧渔业总产值达 3820.7 亿元，比 2015 年增加 961.6 亿元，增幅为 33.6%。

赣州市农业农村数字经济发展获全省"双第一"

2022年12月16日,《江西省农业农村数字经济发展白皮书(2022)》发布。白皮书显示,全省农业农村数字经济发展指数平均得分为81.83分,赣州市以96.55分领跑全省;赣州市农业农村数字经济规模达65.39亿元,名列全省第一。赣州市以实施乡村振兴战略为总抓手,以数字平台建设为引领,以农业数字化转型为重点,加快推进农业农村基础数据资源体系建设,大力推广农业物联网和智能化农机运用,全面提升农业农村生产智能化、经营网格化、管理精准化、服务便民化水平。截至2022年底,已建成赣州市农业(渔业)指挥调度中心、全国蔬菜质量标准中心(赣州)分中心、赣南脐橙大数据中心、"万村码上通""5G+"长效管护平台、智慧粮库等数字农业平台;在全省率先推广并高效使用农村集体"三资"信息化管理平台,建成18个县级农产品运营中心、3000个益农信息社,覆盖全部行政村,农业社会化服务蓬勃发展。2022年,全市分别新增21个省级、40个市级农业物联网示范基地(企业),27个"赣鄱正品"。安远县、信丰县分别被评为全国数字乡村试点地区和全国"互联网+"农产品出村进城试点县,赣县区、信丰县实施全国数字农业试点项目,中新云农、信明公司被认定为全国农业农村信息化示范基地。

5.农村电商保持良好发展势头

农村电商助力培育"赣鄱正品",江西"生态鄱阳湖、绿色农产品"品牌的全国知名度显著提升。电子商务企业积极面向农村地区建立特色农产品网上销售平台,打通农产品出村进城流通渠道,形成新型农村电商体系。截至2021年底,赣南脐橙网络销售占比超1/4,增长强劲,赣南脐橙品牌强度不断上升,品牌价值达681.85亿元;"四绿一红"茶叶品牌价值140.07亿元,比2019年增长27.8%。在由新华社、经济日报社等主办的中国品牌价值评价信息发布会上,赣南脐橙位列全国区域品牌(地理标志产品)第六,并蝉联水果类产品第一,南丰蜜橘、赣南茶油、庐山云雾茶、狗牯脑茶也相继上榜。

"互联网+"农产品出村进城工程、"数商兴农"工程的深入实施，以及"数商兴农"专场促销活动的扎实推进，有力地推动了产销对接，促进了农村电商的发展。2021~2022年，江西省电子商务示范基地共有30个。2021年，江西省支持县级电商公共服务中心和物流园区、产地初加工设施、城乡冷链物流骨干网、"互联网+第四方物流"供销集配体系建设，实现乡村物流集中配送网络全覆盖。2022~2023年，江西省共评选出120家电子商务示范企业，其中以电子商务为主体的农产品加工企业营业收入同比增长10.8%。电商促进了贫困地区的农产品销售，对预防大规模返贫起到了积极作用。

赣南脐橙：插上电商翅膀　助力乡村振兴

在坐拥160多万亩脐橙果林、脐橙种植面积位居世界第一的赣州市，漫山遍野的农户在忙碌地摘果；在往来于全国最大脐橙集散地赣州市安远县的高速公路上，载满脐橙的卡车穿梭如织。与此同时，当地多家脐橙经销企业也开启了电商人才的"招兵买马"季。赣南脐橙作为中国最具影响力的水果之一，在当地政府的引导和拼多多等电商平台的帮助下，正逐步向线上延伸，开拓新的消费市场。在这场赣南脐橙掀起的"新电商风暴"里，既屹立着来自食品巨头农夫山泉打造的品牌，也涌现了一批新农人创立的产地直发新品牌。无论是销售额达千万元级的新农人，还是市场份额以亿元计的食品巨头，赣南脐橙对国内柑橘产业链的探索可谓独树一帜。从脐橙分拣线的线上线下共享，到电商品牌的二维码溯源，再到高效触达全国消费者的产地直发机制，赣南脐橙已经形成一个集种植、生产、仓储物流和精深加工于一体、规模超过百亿元的产业集群，引导中国现代农业走上了一条探索之路。

三　数字技术赋能乡村振兴路径分析

（一）中部地区案例分析

位于中部地区的湖北省宜昌市秭归县是首批数字乡村试点地区，相较于浙江省全面推进数字乡村建设的"大刀阔斧"，秭归县以"小步快跑"的形式全面布局、重点突破。秭归县政府和华维物流等企业针对当地特色产业秭归脐橙进行了一些数字化应用开发和推广，以政府主导、企业实施的方式开发了秭归脐橙数据库和农业大数据平台，平台主要用于观察天气和土壤变化、观察市场价格走向、监测原料采买以及后续农产品的售卖情况等；在农业机械方面，相关企业配备了脐橙标准化管理光电一体机，用于脐橙采摘后的质检和分拣环节。

1. 特色农业发展现状

秭归脐橙现有 120 多个品种在基因库保存，而且有伦晚、夏橙等标志性品种，为秭归脐橙品牌建设带来内生动力。"电商大数据服务平台及追溯体系建设运营"项目则有针对性地为秭归县打造了符合地方农产品特色的追溯体系，将秭归脐橙的生产、流通信息上传至农产品质量追溯平台，实现全程监管和精准查询。湖北省秭归县在特色农产品种植、加工、销售、物流全产业链中都搭建了智慧管理平台，在 12 个乡镇建设了 16 个物联网运维基地。针对龙头产业脐橙，秭归县与人民网合作搭建了三峡柑橘产业大脑数据驾驶舱，目前已经建成秭归脐橙数据库和农业大数据平台，可以在一定程度上整合农产品的供销信息，利用信息可视化等技术辅助农民增产增收、企业科学决策、政府统筹规划。

秭归县大力引进高新农学技术，通过物联网基地的运营，配套微型气象站，利用龙抬头智慧微平台实时监测气象条件，在一定程度上为农业生产提供了保障。同时，依托数字监测、传感技术打造的各式农田自动化生产系统已投入运营；宜城市积极试验打造高标准农田，推广农田数字化检测和控制；邀请相关农业专家录制教学视频，优化村民农田种植管理模式。位于宜城市的楚大鸭业也积极用数字化赋能养殖，根据每只鸭子的生长状况、个性特点进行数字化统筹管理，从而定制科学的养殖方式，提升产品质量和产量。秭归县长期与华中农业大学合作，在县内建立试验田，并邀请相关农业专家、教授指导农业生产，如华农的张文才院士在秭归县的村子里长期做柑橘的品种实验、病虫害实验与水肥管理实验，帮助秭归县把控柑橘种植资源。

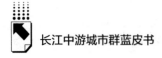
2. 农村电商发展现状

随着以淘宝为代表的国内电商平台的快速发展，农村电商在全国范围内持续发展。农村电商的本质是用农村丰富的产品资源满足城市的消费需求，通过平台渠道销售，实现"带货出村"。秭归县从 2000 年开始集中发展电子商务，每年投入 500 万~700 万元，分别在央视广告和农村电商上发力。同时，秭归县作为国家级电子商务进农村综合示范县，在国家项目的支持下开展农村电商培训，每年培训人员的规模约为 2000 人次。秭归县充分借助"互联网+"赋能农业，实现产业链"跨越式"变革发展。开发培育互联网市场创新平台，建立农产品电子商务协会，加快农业电子商务培训与业务指导，鼓励各类新型农业经营主体与京东、阿里巴巴等专业网站深度合作，拓展特色农产品营销渠道，促进农业特色产业电商做大做强。

随着快递"进村入户"，乡村消费的"最后一公里"和农产品进城的"最先一公里"正在加速打通。位于秭归县的华维物流从 2014 年开始发展农村物流业务，探索客户联盟模式，成功打造了秭归县农村三级物流网络体系，打通了秭归县农村物流"最后一公里"，如图 2 所示。同时，秭归县的各个乡镇都有物流服务中心，通过与顺丰、邮政等快递公司合作拉低邮费，进而便利农产销售；宜城市现已搭建村级电商服务网点 169 个，大力促进物流发展，带动特色农产品"走出去"。

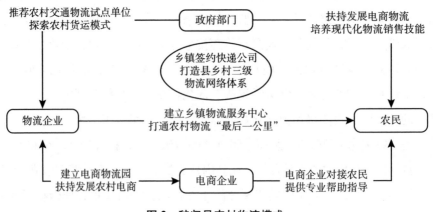

图 2 秭归县农村物流模式

3. 数字乡村应用现状

近年来，秭归县加快推进大数据技术在基层工作场景的应用，数字乡村一体化平台是其显著成果之一，该平台包括道路监控、找工作、纠纷调处、村务公开、智慧党建等功能，还有"云喇叭"应急广播，可向村民及时传达最新政策、紧急通知等，共汇集 20 多项服务，提高村民办事效率。2022年 6 月，秭归县已全面启动全县 179 个村务网上信息公开工作。秭归县村务网上信息公开以秭归县政府网站为依托，在网站首页开辟村务公开专栏，共设置乡村振兴、便民告示、惠民补贴、公共法律服务等 9 个栏目，同时严格执行三级审核制度，确保网上信息公开规范，维护村民切身利益。宜城市"百姓钉"特设有"宜汇说"板块，包含公告、村务公开、财务公开、民情反映等通知公示事项，在村务与村民之间开辟了数字通路。

在传统乡村，村民主要通过信箱、短信、面对面等方式反馈需求，而近年来数字技术的应用有效拓宽了民意反映渠道，为村民提供了更加便捷的反馈方式。针对农技的培训具有多层次、多元化、多主体参与的特点，秭归县政府专门设有农业科技服务中心，定期开展农技培训，目前已形成政府培训、专家视频教学、运营商 IP 宣传的有机格局，还有部分"乡土专家"在自己的抖音号分享种植经验，营造了较为良好的电商学习气氛，社会参与度达到较高的水平。秭归县推广"幸福村落"，打造"村落夜话"，针对农村产业结构难调、矛盾纠纷难解等社会问题，在村级层面成立议事协商委员会，在村落层面成立村落党小组和村落理事会，并在湖北省通用平台"鄂汇办"开辟民意反馈专区，提供诉求表达途径，激发村民参与乡村治理的内生动力。在基层治理上，宜城市"百姓钉"通过强化干群沟通纽带，运用多种在线互动应用如微信群投票、在线会议等数字化方式提升基层干部服务群众的能力和水平，充分发挥基层自治共建共治共享作用。

总之，秭归县围绕县域一二三产深度融合，大力发展种植、深加工及旅游服务业，拓展农业产业发展新思路。除了打造精品果园示范区、橘园景区外，秭归县还建立了多个农旅休闲采摘基地和体验中心，形成了农旅休闲一体化产业链。通过线上线下、虚实互联等多种途径，秭归县在数字经济融合发展中催生了休闲农业、农商直销、个人定制等大量新业态，还在认养农业、创意农业等领域开展了积极探索，为农业农村新产业新业态注入活力。

（二）东部地区案例分析

2022年，北京大学新农村发展研究院联合阿里研究院发布《县域数字乡村指数报告》。该报告以农业及相关产业增加值在地区生产总值中的占比大于3%的2481个县区为研究对象，将设施、经济、治理、生活4个领域作为一级指标，对2481个县区2019年和2020年的数字乡村发展水平开展实证评估。该报告呈现了数字乡村建设百强县，其中浙江省独占鳌头，以32个百强县占据榜首，表现出全面领先、全域均衡的特点，浙江省湖州市德清县以122.1分占据百强县榜首。浙江省的数字化之路已经探索多年。2003年，时任浙江省委书记的习近平同志以极具前瞻性的战略眼光提出"数字浙江"建设[1]。2020年，在习近平总书记赋予浙江打造"重要窗口"[2]的新目标新定位后，浙江省委十四届八次全会提出以数字化改革撬动各领域各方面改革。2021年，浙江省委召开全省数字化改革大会，全面部署浙江省数字化改革工作。"数字浙江"建设推动着浙江省政府工作理念、模式、方法、手段的深刻变革。习近平总书记在浙江考察时指出，既要有城市现代化，也要有农业农村现代化，要在推动乡村全面振兴上下更大功夫[3]。随着数字乡村概念被正式提出，浙江省加快了数字乡村建设步伐，在全国范围内形成了试点示范效应。

① 《浙江打造"全域数字法院"的实践与思考》，"中国长安网"百家号，2022年9月20日，https：//baijiahao.baidu.com/s？id=17444511154434696333&wfr=spider&for=pc。
② 《践行"八八战略"，打造"重要窗口"——浙江省委书记袁家军描绘"首位战略"新图景》，"新华网"百家号，2021年1月14日，https：//baijiahao.baidu.com/s？id=1688833327076090086&wfr=spider&for=pc。
③ 《不断满足人民群众对美好生活的需要（经济新方位）》，"海外网"百家号，2020年11月8日，https：//baijiahao.baidu.com/s？id=1682753565052918013&wfr=spider&for=pc。

1. 特色农业智慧管理

在我国东部地区浙江省安吉县，安吉白茶产业大脑是突出的农业智慧管理平台应用。以"产业地图+全产业链+产业应用+数据中心"为基础，安吉白茶产业大脑具有白茶产业资源分析、病虫害预警管理分析、市场管理分析等多方面功能，从产业概览、品牌保护、产业服务、产业监管和未来茶场五大板块发力，实现全县茶园土地面积和产量数据的信息化整合与实时更新，助力白茶产业科学发展。安吉白茶产业大脑通过农户茶园面积预估产量，根据实际产量发放品牌包装和防伪码标识，应用"浙农码"进行产品信息追溯，实现品牌保护。同时，安吉县的知名茶企运用独立的数字化管理平台对生产、包装等各个环节进行溯源，并通过市场销量分析市场需求，以数字化方式进行营销推广。有着"中国白茶第一村"之称的安吉县黄杜村建有数字化平台，通过山顶的环境监测装置实时监测土壤温度、湿度、酸碱度等，将实时环境信息发送至茶农手机信箱，帮助茶农进行生产决策。

以休闲农业、乡村旅游和农村电商为代表的农业农村新产业新业态正在加快发展，不断为农业增效、农民增收注入新的动能。安吉县茶企、家庭农场等以安吉白茶为依托，通过打通一二三产业，实现资源的集约利用，拓宽增收渠道、构建现代农业产业体系。宋茗白茶在茶旅融合方面走出了独特的道路，将种植加工、品牌销售、研学旅游等统一在茶博园，建设集白茶文化推广、科技研发、教学展示、休闲度假于一体的综合园区。盈元农场一路发展创新，成为一家集茶叶种植、加工、研发、销售及茶文化传播、研学、培训于一体的综合性家庭农场。

乡村独特的农业资源优势近年来持续吸引周边高校在当地设立农业技术试点基地，并与当地政府、企业建立合作关系。目前，安吉县政府已经与浙江大学、中国农业大学、浙江农林大学等多所知名高校达成合作，各行政村和涉农企事业单位也与高校各学院合作建立各式各样的产学研基地。浙江安吉宋茗白茶有限公司与多所高校的茶学、农学、环境科学等学科团队合作，为团队提供教学、研究的实践基地，应用先进的农业技术为白茶种植、加工、生产保驾护航。

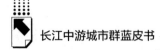

"数字鸿沟"问题是数字乡村建设面临的重大问题,各乡镇基层政府认识到数字技术推广的重要性,积极调动社会资源,为村民们开展种类丰富的网络技能培训。安吉县天荒坪镇余村作为安吉未来乡村建设的样板,在积极推进数字化建设进程的同时聚焦村民与现代化农村的适配程度。一方面,建设村民能用爱用的数字化基础设施,为智慧健康驿站等高科技服务站点配备专业人员,指导村民使用;另一方面,通过定期举办智能手机使用等方便村民生活的相关技能培训,帮助村民提升网络素养、融入信息社会。同时,在黄杜村、鲁家村等行政村,村干部会借助当地政府的政策扶持,结合实际需求,为大量以种植茶叶等作物为生的村民提供网上交易、"直播带货"等各种技能培训,帮助农民打开农产品的销路,通过提升农民网络素养实现增产增收。

2. 数字乡村整体"智治"

数字乡村平台已在安吉县各乡镇全面建成,基本实现各村镇管理数据的采集、汇总和传达,大大方便了各级管理人员对乡村治理中各项数据的记录和监管。目前,安吉县数字乡村平台已覆盖全县各村镇,主要通过人工输入和自动读取两种方式采集乡村治理数据。安吉乡村数字大脑汇集村镇数字乡村平台,实现各级各类乡村治理数据的统一储存,大大提高了各乡村治理主体之间的信息传达效率,能够有效消除各乡村治理主体之间的信息差,真正实现信息共享。政务公开网络化、信息化是数字乡村建设的重要环节,也是提升基层政府透明度,充分保障村民知情权、参与权、监督权的重要手段。目前,安吉县各村镇已基本建立起网上政务公开渠道以及完善的政务公开机制。大部分乡村主要使用"浙里办"App的"三务公开"栏目进行政务公开,也有小部分乡村使用自己设计开发的网页、App、小程序进行政务公开。另外,每个村的数字乡村平台都嵌入了"智慧村务"模块,方便上级政府部门对各村的村务公开情况进行监督。

德清县围绕乡村振兴,结合地理信息产业优势,以"数字乡村一张图"为重点,叠加设置个性化模块,针对乡村的基础条件、产业环境、人员特性定制服务模块，为乡村提供基于数据资源整合的个性化治理服务。德清县深化"我德清"小程序建设，畅通村民意见反馈渠道，促进事务办理进度可视化，体现办结率等指标，充分尊重村民的知情权和监督权。

总的来说，在乡村治理数字化成为"数字中国""智慧乡村"建设的重要驱动力的背景下，浙江省积极探索"乡村智治"，积极尝试将数字技术应用于乡村治理，适配多样的乡村治理应用场景。从顶层设计到贯彻落实，德清县把握住了重要机遇，借助自身坚定的改革和创新理念、科学的项目规划和布局、坚实的产业和技术基础以及契合"理念—制度—技术"互嵌的赋能逻辑，在深入贯彻习近平总书记关于全面深化改革和推动数字中国建设的重要论述精神、大力推进全省数字化改革及治理体系和治理能力现代化的背景下，自上而下地完成了打造数字化改革先行示范区的关键探索，并取得了一定成效，有效推动了乡村治理数字化发展。

（三）西部地区案例分析

四川省宜宾市筠连县在农产品加工园区成立乌蒙山片区电商直播基地，并开展了"直播+"特产销售、"领导+"产品代言等线下展示和线上直播系列活动，宣传本地特色农产品黄牛、红茶等。筠连县广泛汲取基层智慧，投入资金协助企业搭建智慧平台，实行数字化工农业管理，对于本地特色产业的数字化转型发展秉持着支持的态度。然而，筠连县的数字乡村建设指导方向较为分散，茶农加入数字化平台的意愿不强，筠连县在具备数字化赋能的多样性的同时，在找准数字乡村建设定位、实现乡村各个方面的高质量发展上仍有较大的提升空间。

四　长江中游城市群数字乡村发展挑战与建议

随着数字技术的不断发展，乡村振兴正面临一系列难点与挑战。通过对长江中游城市群相关城市的案例分析，同时与东部地区的浙江省湖州市安吉县及德清县、西部地区的四川省宜宾市筠连县等案例进行对比分析,本报告总结了长江中游城市群数字乡村发展面临的挑战,并提出相应的建议。

(一)长江中游城市群数字乡村发展挑战

长江中游城市群数字乡村发展面临的挑战主要包括数据要素的赋能作用尚未充分发挥、数字环境基础对产业重构支撑不足、数字治理平台及共享机制尚不成熟。

1. 数据要素的赋能作用尚未充分发挥

数字技术赋能要素升级的难点在于乡村"数字鸿沟"仍然存在,"数字鸿沟"体现在三个方面:一是硬件设施方面,虽然乡村已实现网络基础设施全覆盖,但长江中游城市群的乡村数字化设施基础仍相对薄弱,难以实现大规模数字化应用;二是软件应用方面,乡村数字资源体系建设刚刚起步,数据应用场景开发不足,数据未能充分集成并发挥价值;三是技术接受方面,东部沿海发达地区乡村的数智化进程几乎与城市同步,而中部地区乡村的数字化发展进程缓慢,甚至在乡村内部可能也存在"数字鸿沟",部分年轻人以及受教育程度较高的村民更容易成为数字技术赋能的受益者,而不善于或者不乐意运用数字技术的村民则容易被排除在外,"数字鸿沟"的存在不仅让他们无法享受数字化服务的便利,而且还会影响他们的参与程度,削减甚至剥夺了他们的参与机会。

此外,政府、企业和乡村应共同实现对乡村振兴的结构赋能、资源赋能和心理赋能。在结构赋能方面,现阶段仍以政府自上而下推动为主,长江中游城市群未能充分发挥数字技术和数据要素本身的驱动作用;在资源赋能方面,现阶段中部地区仍依赖政府财政投入,数字化发展水平与财政资金所撬动的社会资本投入呈正相关关系,而在技术方面存在供给不足的问题,各地数字化发展水平不均衡,数字化人才稀缺,影响资源赋能效果;在心理赋能方面,主要体现为技术接受需要政府、企业等社会力量的有效引导和介入,数字技术应用场景及其知识体系可能难以被村干部和村民所接受,甚至可能引发政府与居民、村干部与村民之间的对立情绪,导致中部地区的数字技术难以快速融入乡村。这些可能出现的问题都会影响村民对于数字技术的接受程度，影响数字技术赋能乡村振兴的实际效果。

2. 数字环境基础对产业重构支撑不足

虽然长江中游城市群农业生产信息化已经取得了长足进步，但总体来看，相比工业和服务业等领域，农业数字化基础仍相对薄弱，农村数字化发展明显滞后，城乡"数字素养鸿沟"阻碍数字技术在农业农村的推广应用，这导致长江中游城市群农业产业升级重构缺乏强有力的数字环境支撑。

一是前沿技术应用不足。农业产业升级重构需要数字技术的支撑，但我国数字技术在乡村中的应用仍处于相对落后的状态。以数字农业领域为例，我国虽然是农业大国，但2021年农业生产信息化率仅为25.4%，这在中西部地区体现得较为明显。我国农业数字化相关技术研发水平明显落后于发达国家，精准农业传感器的自主研发占比不足10%。此外，由于关键技术供应不足、科技基础薄弱、企业自主创新能力缺乏以及用户数据素养不足，农业产业数字技术适应性较差，不能充分挖掘数据资源的潜在价值。

二是场景开发深度不够。数据要素未充分与传统生产要素实现融合，在农业应用开发上，长江中游城市群尚未实现基于地理条件、气候差异等因素的个性化应用，存在技术与市场需求不对称、科研与产业脱节的情况。同时，数据采集机制缺失，数字技术在不同地区的应用不平衡。大部分地区缺乏成熟的基层数据采集渠道，缺乏数字农村服务大数据平台，尚未建立统一的基层信息共享机制。任务分工和总体协调难度较大，长江中游城市群农业技术推广工作需要加强。

三是专业领域人才稀缺。我国乡村教育、医疗等资源配套不足，很难将数字化领域的技术人才留在乡村。在数字技术赋能乡村振兴的过程中，需要参与者对所用技术和应用逻辑有较好的理解和掌握，在后续的生产经营过程中，更需要经营者能够熟练操作数字应用，让数字技术的价值得以发挥。然而实际上，我国农民群体的数字素养相对较低，学习和操作数字应用对他们而言是较大挑战，影响了数字技术的赋能效果。

3. 数字治理平台及共享机制尚不成熟

乡村数字治理的实现过程是数字技术与治理理念、治理模式、治理能力相协调的过程。目前，长江中游城市群乡村数字治理理念和治理模式依然对传统的行政治理模式存在依赖性，仅仅将数字治理平台作为工具，没有对乡村基层组织结构做出适应性调整。同时，数字信息的低流动性和封闭性无法带动更多资源的流动与共享，阻碍了乡村数字治理平台及共享机制的建设。

一是实现整合但挖掘不足。数字技术应用于乡村治理促进形成了智慧治理，在宏观层面已经形成政府规划、多部门协同、从上到下统筹一体化建设的战略格局，以及"管理平台+运营中心+多领域应用"的系统架构，但在实际运营中，仍存在大量沉睡数据无法产生价值的困境。仅以我国东部地区浙江省德清县政务服务数据为例，每年可产生约10亿条数据，但庞大的数据量仅存储于数据库中，并没有合适的数据模型用于挖掘数据价值。

二是实现应用但实用不足。目前，乡村数字治理化主要体现在基层监督、政务服务、网格治理、村级事务管理和应急管理5个方面。从当前已经建成的乡村数字治理平台来看，乡村数字治理确实提高了政府统筹基层事务的掌控力，方便了村干部通过系统线上处理村务，展示了数字技术在政务公开、服务跟进、应急处置等事项上的应用效果。但是，现阶段数字技术赋能乡村治理仍存在问题，平台系统功能得不到更新、数据收集和处理不规范导致系统对于村干部和村民来说不好用。同时，数字技术对乡村治理的变革和转型与内生秩序之间可能存在逻辑冲突，村民更倾向于选择传统的方式反馈问题，而不愿意重新学习和使用新的技术。

三是实现宣传但内涵不足。数字技术应用为长江中游城市群乡村提供了丰富的内容传播渠道，还可以通过乡村资源整合和资源挖掘构筑乡村特色文化，有助于增强村民对乡村价值的认同感。虽然新媒体、VR等数字技术有助于实现乡村文化的网络传播，但文化的根基和内涵仍在于乡村本身。目前，乡村发展同质化现象明显，乡村文化内容丰富度不足，在此基础上推广使用数字技术，对于乡村文化的传播和弘扬效果不佳，不利于长江中游城市群保护和传承传统文化。

（二）长江中游城市群数字乡村发展建议

长江中游城市群数字乡村发展建议主要包括以下三个方面。

1. 推进设施升级，夯实发展基础

信息基础设施是数字乡村建设的数字底座，建设内容包括网络基础设施、信息服务基础设施以及传统基础设施数字化升级。乡村信息基础设施建设要优先布局数字基础设施，坚持共建共用的原则，加强平台互通和数据共享，夯实数字乡村发展基础。

一是完善长江中游城市群乡村信息基础设施建设。充分考虑长江中游城市群乡村发展的实际需求及数字化发展现状，加大乡村信息基础设施建设的资金投入力度，以不断提升长江中游城市群农业农村信息化的支持能力。政府应积极增加投入，同时充分发挥财政资金的杠杆效应，鼓励社会资本的参与，形成多元化资金支持体系，确保乡村信息基础设施得到充分建设。

二是加强长江中游城市群乡村信息资源建设。在数字技术赋能长江中游城市群乡村振兴的背景下，持续推进乡村传统基础设施朝数字化方向改造升级，坚持全面协调、循序渐进、数据互联互通等原则。同时，鼓励长江中游城市群企业在创新方面发挥引领作用，根据不同地区的需求，结合"天空地"一体化信息网络特征，积极建立农业农村大数据平台。通过充分收集和整合农业农村数据资源，挖掘农村特色资源，逐步提升对高端要素的集聚能力，进一步提高要素资源的配置效率。

三是丰富长江中游城市群乡村数字化应用场景。不断推进乡村治理的精准化、高效化和智能化，优化乡村信息服务，挖掘和利用乡村特色资源，促进乡村产业数字化升级，培育乡村数字经济。长江中游城市群作为中国农业生产的重要基地之一，应以数字化技术为引领，将数字农业、电子商务、网络营销等作为数字乡村发展的关键产业和领域加以重点推进，推广数字化农业生产技术和管理模式，加强农业科技的创新和应用，发展数字乡村旅游等新业态，拓展乡村数字化应用领域，通过对生产生活以及治理方式的革新，全面提升数字乡村发展水平。

2. 优化资源配置，推进协同发展

数字乡村建设的核心是利用数字技术优化人才、技术、市场、数据等要素的城乡配置，推进要素在城乡之间高效协同。通过充分发挥数字技术的赋能作用优化城乡要素配置、促进城乡要素流动，从而推动城乡要素的均衡配置和城乡产业的协同发展。

一是推进集约化平台化一体化发展。基于长江中游城市群资源整合、数据共享的途径，不断推进数据采集、分析与应用的一体化发展，充分发挥数据驱动作用，实现数字乡村业务协同。利用数字技术创新性地解决乡村发展中的难题，实现乡村资源要素的数字化管理和精准调度，把握市场需求和发展趋势，帮助乡村产业经营者做出更明智的决策，推动数字乡村产业新业态新模式的发展，提高村民的幸福感和满足感。

二是从多方位释放数据要素价值。长江中游城市群的政府、企业和乡村等多元主体有不同的数据源和数据使用需求，为了更好地推进数据要素价值化机制创新，需要构建数据要素价值化的基本框架，解决数据要素价值化过程中涉及的数据权属界定、主体责任界定、机制协同共创等问题，激发多元主体深度参与、协同联动的活力，厘清"权属—主体—角色"互动关系，建设高效可信的数据要素市场化共创体系，加快数据要素价值化、市场化配置，充分释放数据要素价值，做强乡村数字经济。

三是强化科技创新体系。突破一批制约农业农村信息化发展的关键核心技术，推动长江中游城市群信息化与农业农村发展深度融合，推动农业全产业链的数字化转型。以乡村振兴战略为导向，集聚力量面向落地应用进行科技攻关，增强企业自主创新能力。营造有利于乡村企业成长的良好环境，推动创新链、产业链、资金链、人才链向乡村延伸，实现城乡深度融合。这将进一步推动长江中游城市群的数字化转型，为长江中游城市群乡村振兴注入强劲动力。

3. 加强人才培养，强化智力支撑

人才是数字乡村建设的关键。要形成共建共治共享的长江中游城市群新型治理格局，既需要从外引入数字化建设人才，又需要在长江中游城市群乡村内部培育适应数字化发展的人才，提高涉农主体数字素养，弥合乡村发展"人才鸿沟"，强化数字乡村智力支撑。

一要积极推动数字科技人才投入乡村数字化建设。优化人才引进、培养和激励机制，加强政府引导和支持，促进数字科技人才在乡村的集聚和发展，增加乡村数字人才供给，推动乡村数字化建设的加速发展。通过选派第一书记、定向选调生等途径，将具有数字化意识和知识的人才引入乡村，优化乡村公共服务人才队伍结构。通过人才共享和挂职等方式，充分利用企业、科研院所、事业单位的数字化专业人才资源。发展订单制、联合培养、实习基地等多元化数字技术人才培养模式，鼓励高等院校毕业生返乡就业创业。对于已经引进的数字科技人才，应提供持续的培训和发展机会，以帮助他们不断提高技能。建立有效的激励机制，包括提供良好的工作环境、合理的薪酬待遇和职业发展机会等，吸引和留住数字科技人才。政府应积极引导和支持乡村数字化建设，提供必要的政策和资金支持，以促进数字科技人才在乡村的引进和培养。

二要培育本地数字科技人才，在产业治理上实现技术应用。乡村干部和农业经营主体是数字乡村建设的践行者，提高乡村干部和农业经营主体的数字素养和技能水平，培养一批具备信息化管理能力和农业科技知识的复合型人才，能够推动长江中游城市群乡村数字化建设顺利开展。加强数字化技能培训，确保培训内容符合乡村需求和实际情况，同时确保培训的连续性和系统性。提升公共数字资源的开放程度，为乡村干部和农业经营主体提供更多的数字化资源和服务，全面提高他们的数字技术接受能力和应用能力，并提升他们的管理水平和生产效率。鼓励更多的利益相关者参与数字乡村建设，这将有助于扩大数字乡村建设的范围和影响力，共同推动乡村的数字化发展。

三要提升农民应用数字技术的能力。提高长江中游城市群农民的数字素养与技能，使其能够主动应用5G、大数据等新兴数字技术，提升农业生产效率，促进乡村公共服务行动的开展。开展数字技术普及、数字化技能培训、数字化新媒介终端使用等一系列数字素养与技能培训，帮助农民了解和掌握基本的数字技术，包括计算机基础知识、互联网应用技能、数字化设备操作等。结合农业特点，开展农业大数据、智能农技、数字农机等专业技能培训，提高农民在农业生产中应用数字技术的能力。选拔和培养一批掌握数字化新媒介终端技术的农业人才，通过直播、短视频等形式推广现代农业技术，增强农民参与乡村公共服务行动的意识和能力。长江中游城市群乡村可以组织、动员村民和企业进行合作，对村民加以培训，鼓励更多村民掌握"直播+电商"技术，让手机成为农民的"新农具"，让电商直播成为农民的"新农技"，甚至可以引导农民分析销售数据并进行前瞻性生产规划，消除城乡之间的"数字鸿沟"，让更多人掌握数字技术，改善自身生活。

参考文献

秦秋霞、郭红东、曾亿武：《乡村振兴中的数字赋能及实现途径》，《江苏大学学报》（社会科学版）2021 年第 5 期。

沈费伟：《数字乡村的内生发展模式：实践逻辑、运作机理与优化策略》，《电子政务》2021 年第 10 期。

王亚华、李星光：《数字技术赋能乡村治理的制度分析与理论启示》，《中国农村经济》2022 年第 8 期。

何玉长、王伟：《数据要素市场化的理论阐释》，《当代经济研究》2021 年第 4 期。

江小涓：《加强顶层设计 解决突出问题 协调推进数字政府建设与行政体制改革》，《中国行政管理》2021 年第 12 期。

唐惠敏：《数字技术赋能乡村振兴的理论阐释与实践发展》，《农村经济》2022 年第 9 期。

《解码长江中游城市群："一体化"带动中部崛起，进击中国经济"第五极"》，搜狐网，2022 年 3 月 25 日，https：//www.sohu.com/a/532699860_121255906。

《2022 数字经济百强市丨解读——中国城市群数字经济跃升路径分析》，搜狐网，2022 年 11 月 17 日，https：//www.sohu.com/a/606572923_378413。

《中共中央 国务院关于实施乡村振兴战略的意见》，中国政府网，2018 年 2 月 4 日，http：//www.gov.cn/zhengce/2018-02/04/content_5263807.htm。

《中共中央 国务院印发〈乡村振兴战略规划（2018—2022 年）〉》，中国政府网，2018 年 9 月 26 日，http：//www.gov.cn/zhengce/2018-09/26/content_5325534.htm。

《中共中央办公厅　国务院办公厅印发〈数字乡村发展战略纲要〉》，中国政府网，2019 年 5 月 16 日，http：//www. gov. cn/zhengce/2019−05/16/content_5392269. htm。

《农业农村部　中央网络安全和信息化委员会办公室关于印发〈数字农业农村发展规划（2019—2025 年）〉的通知》，中国政府网，2020 年 1 月 20 日，http：//www. gov. cn/zhengce/zhengceku/2020−01/20/content_5470944. htm。

《中央网信办等七部门联合印发〈关于开展国家数字乡村试点工作的通知〉》，中国政府网，2020 年 7 月 18 日，http：//www. gov. cn/xinwen/2020−07/18/content_5528067. htm。

《数字乡村建设指南 1. 0》，中央网信办网站，2021 年 9 月 3 日，http：//www. cac. gov. cn/2021−09/03/c_1632256398120331. htm。

《2022 年数字乡村发展工作要点》，国家乡村振兴局网站，2022 年 4 月 27 日，https：//nrra. gov. cn/art/2022/4/27/art_46_194990. html。

《中央网信办等四部门关于印发〈数字乡村标准体系建设指南〉的通知》，中国政府网，2022 年 9 月 4 日，http：//www. gov. cn/xinwen/2022−09/04/content_5708228. htm。

《中共中央　国务院印发〈数字中国建设整体布局规划〉》，中国政府网，2023 年 2 月 27 日，http：//www. gov. cn/zhengce/2023−02/27/content_5743484. htm。

《中国数字乡村发展报告（2022 年）》，中国政府网，2023 年 3 月 1 日，http：//www. gov. cn/xinwen/2023−03/01/content_5743969. htm。

《五部门印发〈2023 年数字乡村发展工作要点〉》，中国政府网，2023 年 4 月 13 日，http：//www. gov. cn/lianbo/2023−04/13/content_5751294. htm。

《国家发展改革委关于印发长江中游城市群发展规划的通知》，国家发展改革委网站，2015 年 4 月 13 日，https：//www. ndrc. gov. cn/xxgk/zcfb/tz/201504/t20150416_963800. html。

《江西省人民政府办公厅关于印发长江中游城市群发展"十四五"实施方案江西省分工方案的通知》，江西省人民政府网站，2022 年 5 月 23 日，http：//www. jiangxi. gov. cn/art/2022/6/3/art_4969_3981929. html。

《关于江西在新时代推动中部地区高质量发展中加快崛起的实施意见》，江西省人民政府网站，2021 年 9 月 17 日，http：//www. jiangxi. gov. cn/art/2021/9/16/art_396_3589580. html？xxgkhide＝1。

《省人民政府办公厅关于印发长江中游城市群发展"十四五"实施方案湖北省主要目标和任务分工方案的通知》，湖北省人民政府网站，2022 年 5 月 13 日，http：//www. hubei. gov. cn/zfwj/ezbf/202205/t20220513_4127839. shtml。

《湖南省贯彻落实国家〈长江中游城市群发展规划〉实施方案》，湖南省人民政府网站。2015 年 8 月 25 日，http：//hunan. gov. cn/hnszf/szf/hnzb/2015/2015nd17q/szfwj_99076/201711/t201711 18_4701492. html。

《浙江打造"全域数字法院"的实践与思考》，"中国长安网"百家号，2022 年 9 月 20 日，https：//baijiahao. baidu. com/s？id＝1744451154434696333&wfr＝spider&for＝pc。

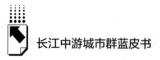
《践行"八八战略",打造"重要窗口"——浙江省委书记袁家军描绘"首位战略"新图景》,"新华网"百家号,2021年1月14日,https://baijiahao.baidu.com/s?id=1688833327076090086&wfr=spider&for=pc。

《不断满足人民群众对美好生活的需要(经济新方位)》,"海外网"百家号,2020年11月8日,https://baijiahao.baidu.com/s?id=1682753565052918013&wfr=spider&for=pc。

Askar Akaev, Viktor Sadovnichiy, "Information Models for Forecasting Nonlinear Economic Dynamics in the Digital Era," *Applied Mathematics* 12 (2021).

B.5
长江中游城市群协同创新机制
与效能提升策略*

董克 吴佳纯 向闯**

摘　要: 党的二十大报告明确提出,要坚持创新在我国现代化建设全局中的核心地位。长江中游城市群协同创新发展作为加快构建新发展格局、着力推动高质量发展的重要内容,在长江中游地区经济崛起中发挥重要作用。长江中游城市群协同创新是一个复杂的开放系统,实质是区域内政产学研多方主体协同创新的系统,通过促进城市群内人才、技术、资金、管理等多种创新要素的合理调配,充分释放创新要素活力。近年来,长江中游城市群协同创新政策不断完善、创新产业集群不断壮大、创新型企业不断涌现,协同创新呈现新格局。2013~2021年,长江中游城市群协同创新能力复合系统协同度均为正,平均值为0.0241,处于低度协同区间,虽然区域整体处于协同状态,但是协同发展程度相对较低。同时,长江中游城市群仍面临协同创新政策引领效应不足、经济发展基础不平衡、产业同构化、制度性跨区域协同创新合作机制不健全的挑战。长江中游城市群协同创新的各方必须在充分认识协同创新合作的基本规律以及当前合作中存在的问题的基础上,确定协同创新战略,找准

---

* 本文系湖北省技术创新专项(软科学研究类)"鄂湘赣三省协同创新机制与效能提升策略研究"(项目编号:2023EDA029)研究成果。

** 董克,南京大学数据管理创新研究中心研究员,博士生导师,主要研究方向为科学学、科技情报、创新产业发展评价;吴佳纯,南京大学数据管理创新研究中心博士研究生,主要研究方向为创新产业发展评价、数据要素;向闯,植物学硕士,湖北技术交易所战略规划部主任、助理研究员,主要研究方向为科技服务与技术市场。

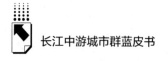
自身定位，完善各项共同措施，寻找突破口，充分发挥区域内各省的本体优势，不断健全各项协同创新合作机制，提升协同创新效能。

关键词： 长江中游城市群　协同创新机制　效能提升

　　长江中游城市群是长江经济带发展和中部地区崛起的重要支撑、全国高质量发展的重要增长极。2015 年 4 月，国务院批复了《长江中游城市群发展规划》（以下简称《规划》），提出以武汉城市圈、环长株潭城市群、环鄱阳湖城市群三大城市群为主体，覆盖鄂湘赣三省范围，把长江中游城市群建设成为全国重要的创新基地，并特别强调了协同创新对区域一体化发展、加快中部地区全面崛起的重要意义。区域协调发展成为优化城市群新发展格局的重要内容，党的二十大报告明确提出，要完善科技创新体系，坚持创新在我国现代化建设全局中的核心地位，区域协同创新将在其中发挥重要作用。近年来，长江中游城市群在发展基础、创新体制机制、政策环境方面已经逐步完善，区域协同创新已经成为长江中游城市群发展的重要出路，能够促进长江中游城市群在发展过程中实现创新资源的高效流通和互补，从而加速长江中游城市群经济结构调整和产业转型，实现高质量发展。

　　当前长江中游城市群发展正处于由政府主导的阶段，政府通过系统整体布局，用协同创新规划指导实践，为我国城市群的创新发展建设装上引擎，提供强大推动力，赋能区域协同创新。自 2015 年开始，各地方政府和相关部门先后出台《武汉共识》《长沙宣言》《南昌行动》《长江中游城市群省会城市新区发展合作框架协议》《长江中游城市群省会城市共建科技服务资源共享平台合作协议》《长江中游城市群省会城市高质量协同发展行动方案》等一系列重要框架协议和具体合作文件。2021 年 7 月，党中央、国务院印发《关于新时代推动中部地区高质量发展的意见》，长江中游城市群协同创新与发展进入全面提升阶段；同年 9 月，《长江中游三省协同推动高质量发展行动计划》发布，共同组建了推动长江中游城市群一体化发展联合办公厅并建立常态化工作机制。特别需要指出的是，长江中游城市群在科技创新和产业协同方面致力于打造有全球影响力的创新策源地和产业创新发展高地，为此成立了长江中游科技服务联盟、签订落实了《长江中游城市群科技合作框架协议》。长江中游城市群协同创新发展向纵深推进，目前已形成"三区"（东湖国家自主创新示范区、长株潭国家自主创新示范区、鄱阳湖国家自主创新示范区）、"三走廊"（光谷科技创新大走廊、长株潭科技创新走廊、赣江两岸科创大走廊）和"三谷"（武汉光谷、长沙麓谷、南昌药谷）的协同创新发展新格局。

上述协同创新发展成绩的取得，表明长江中游城市群正在构建有效的协同创新机制，但现实中依旧存在区域发展不平衡、不充分，"开放融合、分工协作、优势互补"的跨城市协同创新网络体系不完善，区域创新能力较低，创新资源匮乏及创新动力不足等问题。在国家大力推进形成政产学研高效协同深度融合创新体系的大背景下，围绕长江中游城市群经济社会高质量发展总体目标，立足长江中游城市群科技资源、产业基础和发展需求，是实现科技资源共享、优势互补、协同创新、合作共赢的重要途径。

一　区域协同创新机制分析

区域协同创新是多主体参与的协同，受多方因素制约。长江中游城市群协同创新主体在遵循市场化机制变革和产业发展规律的前提下进行资源流动、信息沟通和合作互动的创新活动。其中，创新参与主体主要包括政府、企业、高校、科研机构等。本文从整合和互动两个维度对当前区域协同创新机制进行探索，获得基于"沟通—协调—合作—协同"的区域协同创新行动框架。其中，整合维度包括知识、资源、行动和绩效，而互动维度则涉及知识共享、资源配置、行动同步、系统匹配（见图1）。

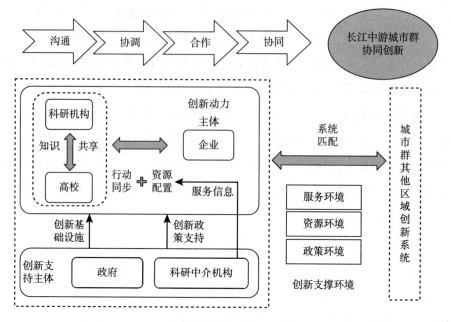

图1 区域协同创新的行动框架

（一）区域协同创新机制的作用机理

区域协同创新是企业、政府、知识生产机构和中介机构等多个创新主体，为实现重大科技创新而开展大跨度的创新资源和要素的有效汇聚，打破各创新主体间的壁垒，充分释放彼此间人才、技术、资金、管理等多种创新要素的活力。机制的形成需要基础要素的驱动，其作用机理包括科技进步、市场需求、文化认同等。协同创新需要驱动力，其中科技进步、市场需求、文化认同是协同创新三大基本驱动力。

1. 科技进步

首先科学技术的发展使得高校、科研院所和企业合作，科学技术的融合和技术的多元性共同驱动了协同创新。如具有技术集群的重大科研专项带动单项创新，从而形成有竞争力的产品和产业，组织创新单体紧紧围绕共同目标制定联合战略和科学研发计划等，形成相互支撑、相互依存的协同创新关系，最终形成跨边界、跨区域、跨领域、跨组织的科研攻关力量。为达成区域协同创新的共识目标和满足整合创新资源的效益最大化要求，需要加强创新主体间的信息沟通和合作协商，并提供有效的协同创新机制保障，以确保区域协同创新合作形成更大合力。此外，通过进一步落实协同创新的计划、项目和活动，推进创新主体的行为主动性和持续性，是实现可持续的区域创新高质量发展的必经之路。科技进步通过从外部获得智力资源使企业从"单打独斗"向"协同创新"转化，并跨越基础科技走向技术创新，使科技实现市场化和商业化。

2. 市场需求

区域协同创新系统以市场需求为导向，提升区域协同创新能力。聚焦产业发展需求，着力搭建协同创新的中介服务和信息交流平台，通过推动创新资源集聚，优化协同创新合作的体制机制，以市场化配置为主导驱动创新主体合作。作为创新动力主体，在市场竞争中企业往往可以直接从创新成果转化和应用中获得更多经济效益，因而企业在技术创新和协同创新发展上有更为迫切的需求，只有通过不断自主创新，开放企业边界以及构建与外部创新资源的联系，与科研机构进行产品、技术和服务的合作创新，才能满足人们日益增长和多元化的消费需求，并促进当代产业创新发展。

区域协同创新发展不可脱离当时当地的市场化发展背景。为推动区域协同创新在城市群中的良好发展，必须将加强市场一体化建设和增强市场活力作为持续的基础任务。为把握好区域一体化建设中的市场体系建设，需要正确处理产业结构布局中的长期效益和短期效益、社会效应和经济效益的权衡，以区域创新发展为目标共识，坚持社会效益和长期效益优先的原则，通过优化风险分担和效益分配等制度标准，完善市场法规体系，营造竞争有度、公正有序的区域协同创新市场环境。在区域各级政府与市场关系的处理中，既要考虑政府政策在协同创新中的引领和宏观调控作用，如完善多层次的创新中介服务体系，也要充分发挥市场对创新资源的导向作用，在协同创新良好有序发展的阶段，政府主管部门可以适当地简政放权，促进创新资源应市场化需求自由调配和应用。

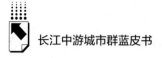
3. 文化认同

区域协同创新体系的建设离不开文化领域的建设，包容的观念、文化是协同创新活动开展的重要推手。在科技进步、市场需求作为硬驱动推进区域协同创新发展的同时，文化认同建设在其中发挥了无形的软驱动作用。为确保协同创新获得多元创新主体的认可并凝聚合作共识，需要在效益分配、价值共筑、权责分担等方面建立一致性认识，从而促进区域协同创新精神内核的形成。

文化认同对区域协同创新的驱动主要通过宏观维度和微观维度实现。在宏观维度，文化认同驱动建立于多元主体在区域协同创新上的共同追求，包括创新主体对协同创新管理实践、共同承担的公共创新使命形成统一的科学认识，并以此指导主体间的协同合作行动。在微观维度，文化认同驱动建立于多元主体在区域协同创新上的共同利益。在自发市场机制导向下，共同利益诉求成为创新主体的合作基础，创新主体间通过协同实现专业分工、能力互补，在提高创新速度、降本增效的同时实现更大规模的经济效益和长期效益。

创新主体存在自身发展目标、创新任务和基础创新资源差异，且协同创新的利益溢出具有风险性、不可确定性等特点。此时，是否参与协同创新主要取决于各主体的主观判断，而这种主观判断会受到观念和价值文化的影响。其中，观念、文化通过理性、价值等影响协同创新合作的动机和深度，制度文化中的法规、市场等变化也会影响主体能否合作以形成利益共同体。

（二）长江中游城市群协同创新机制

现今，长江中游城市群协同创新模式的发展得益于：区域政府主导建立和不断完善的长江中游城市群区域科技协作创新体系的政策环境；高校、企业资源带来的内外部创新动力；城市群为建设集成提升型区域创新体系所推行的沟通、激励和风险应对手段。长江中游城市群协同创新机制分析框架围绕城市群经济社会高质量发展总体目标，反映区域协同创新平台与系统外部需求、投入和产出的互动（见图2）。平台内部机制的探讨如下。

1. 政策导向机制

为保障区域协同创新的运转，需要由政府制定政策对区域协同创新中的问题和风险进行应对和修正，以保障协同创新顺利运行。从宏观来说，政府采用政策倾斜的手段从市场机制、法律法规完善、产业布局规划等出发，对产业创新活动的开展起到积极的推动作用；从中观来看，区域协同创新平台可以设立协同创新合作理事会，负责科学技术和创新成果产业化的总体发展路线，对区域的责权和资源、成果、知识产权归属进行明确。在财税方面，政府通过设立专项基金、增加财政补贴等方式奖励协同创新主体，并建立合理的利益分配机制。另外，对于关键技术攻关所需资金数额巨大的项目，可借助协同创新平台引入风险投资等社会资本，推动协同创新研发。政策导向机制促使优质资源向协同创新系统汇聚，协同创新需求持续得到满足，创新投入不断增加，一定程度上弥补了动力机制的不足。

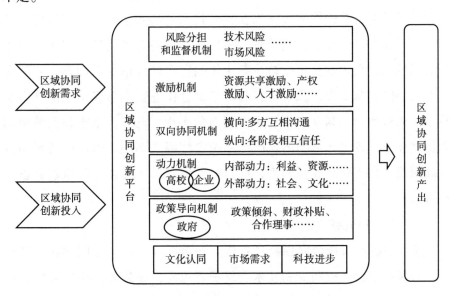

图2　长江中游城市群协同创新的机制分析框架

2.动力机制

区域协同创新的动力机制，是体系内外各主体与创新要素的交互作用。不同区域协同创新系统中各主体有不同的价值追求，因此创新主体具有个性特点，也具有区域共同体的共性特征。基于主体的内部性和外部性特征，将动力机制中的动力分为推动协同创新系统内部形成因果关系的内部动力以及改善外部环境的外部动力。[①]

首先，利益驱动是内部动力机制建立的基础。企业为获取更多的经济和社会效益，选择通过协同创新来提高自身新产品、新技术的开发与创新能力，并以利益为纽带，将高校的科研培育规律、科研机构的科学发展规律及企业生产规律有机结合。参与协同创新的利益结合点在于人才培养和科学研究，使人才培养和科学研究成为协同创新长期、稳定发展的动力保障，可以确保协同创新有序进行。

外部动力主要表现为科技投入、文化融合、市场需求、政府政策支持等。科技对社会的渗透和大众对科技要求的提高，促使科技投入不断加大，以促进科技的快速发展以及科学技术的高效融合。为加速协同创新过程，政府以财政、税收等政策为外部动力提高协同创新主体参与创新的积极性。文化融合可以减少各主体间存在的价值观念冲突，刺激主体参与协同创新实现共赢，并在政产学研合作进程中形成特定的制度文化，以期从观念、制度上推动协同创新的实现。此外，由于在区域协同创新过程中，各主体承担的风险、不确定性因素不同，因此应遵循高投入高回报、高风险高收益原则，综合各种因素，使利益分配机制真正合理有效。

3.双向协同机制

长江中游城市群协同创新过程中，各跨区域合作主体间存在个体理性，为保护知识产权和专利技术、维护资源等，导致各主体在合作过程

---

① 丁晨辉：《"一带一路"倡议下山东省高新技术产业创新效率评价与协同创新机制研究》，硕士学位论文，济南大学，2020。

中产生成本，所以协同创新发生的基础和前提是沟通和信任。沟通和信任能够促进协同创新平台横向和纵向的拓展，减少创新资源流动、交易成本。首先，横向协作作为一种水平型合作，各创新主体在协同创新过程中组织地位基本相同，可通过确认准入标准和评估实力，建立信任评级体系。同时，建立信息沟通渠道，对创新过程进行多方协商，对于协作中的具体问题，多方协调统一意见。为强化信任沟通机制，需借用市场手段规范信任沟通过程中各创新主体的协作行为，以达到降低沉没成本的目的。信任机制贯穿区域协同创新的各个阶段，可降低协同创新的成本，抑制协同创新过程中的机会主义行为，促进协同创新主体之间资源共享，增强各主体的适应能力。建立信任机制，能够降低协同创新各主体间的交易成本，抑制机会主义行为，提高协同创新质量。

4. 激励机制

长江中游城市群协同创新平台需要建设引入激励机制，以促进区域内高校、企业和科研院所的协同创新，提高区域整体的创新能力。

第一，区域内各地政府应合作商讨，对协同创新平台各主体创新资源进行引导和安排，通过整合各方产学研优势和集聚创新资源，拓宽和丰富组织间的资源共享渠道和方式，并形成切实可行的资源共享激励机制。如高校和科研院所将所创造的知识与企业共享，企业将市场的新需求及时反馈给高校和科研院所。此外，高校、企业和科研院所在人力资源、信息资源、设备资源等方面进行共享，促进组织间的相互借鉴与学习，实现协同创新。第二，可以通过确立创新成果的所有权，即产权激励来推动创新活动开展。第三，为参与区域协同创新的高素质人才，完善医疗保险、养老保险等基本保障制度，并完善以创新人才资本价值实现为导向的分配制度和创新人才终身学习培养制度，建立以能力与贡献大小为导向的人才评价机制。第四，坚持遵循市场规律的优胜劣汰原则，形成淘汰激励机制，让所有协同创新成员产生危机感，在面向市场努力创新获得竞争优势的同时实现自身的发展。第五，建立政府激励机制，政府牵头建立产权保护体系，明确创新成果产权归属，加强对创新者产权开发与成果的保护。第六，文化激励机制可以形成协同创新文化，由此构建的协同创新网络信息共享平台，可以营造尊重协同创新个体、容忍失败、开放包容的协同创新环境。

5.风险分担和监督机制

城市群在协同创新实践过程中可能出现创新主体不履行契约的情况，使得协同创新受到额外风险威胁。因此，需要考虑如何将风险在多个风险分担主体之间进行合理的分配。风险分担和监督机制可规范创新主体的行为，避免在协同创新过程中出现"搭便车"行为。区域协同创新可能存在的风险包括技术风险、市场风险等，其中技术风险的应对方法是针对技术创新构建风险防范机制、强化各协同主体的风险共担意识，在寻找协同创新伙伴时，建立准入机制，通过评估准入标准，审核协同创新伙伴的资质，提升中介机构的专业化水平，及时发现组织在自我调节、优化过程中遇到的难题，并将其反馈给协同创新系统。而面对市场风险则需要提前做好市场调查和市场预测。对于资金风险则需要加大政府的监管力度，对于信用风险则需要完善法律制度，避免信息不对称，鼓励各协同创新主体诚信合作。总体而言，就是及时建立规范的制度准则，监控协同创新主体的行为与结果，降低研发风险，弱化市场风险带来的不确定性，反馈协同创新过程中出现的问题，对风险进行合理把控。

二 长江中游城市群协同创新现状

（一）宏观政策层面区域协同创新现状

1.长江中游城市群协同创新政策现状

研究推进长江中游城市群协同创新发展的政策文本内容，将有助于理解和把握当前区域协同创新的宏观发展目标与方向、政策建设思路。本文以"创新""协同创新""区域创新""消化吸收""成果转化""技术""外资""知识产权"等在内涵与外延上与区域协同创新高度相关的概念为线索，在长江中游城市群各地各级政府、科技厅网站，北大法宝数据库进行全面检索，选取现行有效、发布时间截至 2023 年 7 月、与长江中游城市群科技创新发展相关的政策文件。为具体明确长江中游城市群协同创新的政策着力点，本文按照以下条件对政策文件进行进一步的筛选：一是选取在长江中游城市群协同创新上明确表现各省的宏观发力点，且与长江中游城市群协同创新发展高度相关的政策文件；二是在政策制定主体层次上选取由中央及长江中游城市群省一级政府或省会城市政府部门发布的政策文件。经人工筛选，最后获得 41 份政策文件，包含中央政策文件 7 份、湖北省政策文件 13 份、湖南省政策文件 10 份、江西省政策文件 11 份（见表 1）。

表 1 中央及相关省份长江中游城市群协同创新政策文件

主体	标题	制定机关	公布时间
中央	长江中游城市群发展规划	国家发展改革委	2015 年 4 月
	国家发展改革委关于进一步加强区域合作工作的指导意见	国家发展改革委	2015 年 12 月
	促进中部地区崛起"十三五"规划	国家发展改革委	2016 年 12 月
	中共中央 国务院关于建立更加有效的区域协调发展新机制的意见	国家发展改革委	2018 年 11 月
	中共中央 国务院关于新时代推动中部地区高质量发展的意见	国家发展改革委	2021 年 4 月
	湘赣边区域合作示范区建设总体方案	国家发展改革委	2021 年 10 月
	长江中游城市群发展"十四五"实施方案	国家发展改革委	2022 年 3 月
湖北省	湖北省人民政府关于国家长江经济带发展战略的实施意见	湖北省人民政府	2015 年 5 月
	武汉城市圈构建开放型经济新体制综合试点试验实施方案	湖北省人民政府	2016 年 11 月
	湖北省促进中部地区崛起"十三五"规划实施方案	湖北省人民政府	2017 年 9 月
	中共湖北省委关于落实促进中部地区崛起战略推动高质量发展的意见	中共湖北省委	2019 年 8 月
	湖北省发展改革委关于落实促进中部地区崛起战略推动高质量发展意见工作的通知	湖北省发展改革委	2019 年 11 月

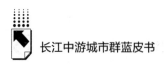
续表

主体	标题	制定机关	公布时间
湖北省	湖北省科技厅关于深入推进创新型产业集群发展若干措施的通知	湖北省科学技术厅	2020 年 12 月
	湖北省人民代表大会常务委员会关于推进长江保护法贯彻实施 守护长江母亲河 促进我省长江经济带高质量发展的决定	湖北省人大(含常委会)	2021 年 2 月
	中共湖北省委、湖北省人民政府关于新时代推动湖北高质量发展加快建成中部地区崛起重要战略支点的实施意见	中共湖北省委、湖北省人民政府	2021 年 6 月
	关于促进文化和科技深度融合的实施意见	湖北省科学技术厅、湖北省委宣传部、湖北省委网络安全和信息化委员会办公室等	2021 年 12 月
	湖北省创新型产业集群管理办法(试行)	湖北省科学技术厅	2022 年 3 月
	关于推进湖北省产业技术创新联合体建设的指导意见(试行)	湖北省科学技术厅	2022 年 4 月
	长江中游城市群发展"十四五"实施方案湖北省主要目标和任务分工方案	湖北省人民政府办公厅	2022 年 4 月
	湖北省国际科技合作基地管理办法	湖北省科学技术厅	2022 年 8 月
湖南省	湖南省贯彻落实国家《长江中游城市群发展规划》实施方案	湖南省人民政府	2015 年 8 月
	湖南省人民政府关于加快建设"一核三极"辐射联动"四带多点"增强区域发展新动能的实施意见	湖南省人民政府	2016 年 10 月
	中共湖南省委关于坚持生态优先绿色发展深入实施长江经济带发展战略大力推动湖南高质量发展的决议	中共湖南省委	2018 年 5 月
	湖南省推进湘赣边区域合作示范区建设三年行动计划(2020—2022 年)	湖南省人民政府	2020 年 7 月
	长株潭区域一体化发展规划纲要	中共湖南省委、湖南省人民政府	2020 年 1 月
	湖南省国际科技创新合作基地管理办法	湖南省科学技术厅	2021 年 2 月
	长株潭一体化发展资金管理办法	湖南省财政厅、湖南省发展改革委	2021 年 6 月

续表

主体	标题	制定机关	公布时间
湖南省	中共湖南省委、湖南省人民政府关于贯彻落实《中共中央 国务院关于新时代推动中部地区高质量发展的意见》的实施意见	中共湖南省委、湖南省人民政府	2021 年 7 月
	湖南省"十四五"加大全社会研发经费投入行动计划	湖南省人民政府办公厅	2022 年 3 月
	湖南省落实区域全面经济伙伴关系协定（RCEP）行动计划（2022—2025 年）	湖南省发展开放型经济领导小组办公室	2022 年 5 月
江西省	支持昌九一体化发展的若干政策措施	江西省人民政府办公厅	2015 年 5 月
	2015 年江西省参与长江经济带发展工作要点	江西省人民政府办公厅	2015 年 4 月
	江西省 2016 年推动长江经济带发展工作要点	江西省人民政府办公厅	2016 年 8 月
	赣东北扩大开放合作十三五发展规划	江西省发展改革委	2016 年 10 月
	江西省加大全社会研发投入攻坚行动方案	江西省人民政府办公厅	2016 年 12 月
	江西省 2017 年推动长江经济带发展工作要点	江西省发展改革委	2017 年 5 月
	江西省贯彻落实促进中部地区崛起"十三五"规划实施方案	江西省人民政府办公厅	2017 年 9 月
	大南昌都市圈发展规划（2019 — 2025 年）	江西省人民政府	2019 年 7 月
	江西省高铁经济带发展规划（2019 — 2025 年）	江西省人民政府	2019 年 9 月
	关于推进文化和科技深度融合发展的实施意见	江西省科学技术厅	2020 年 5 月
	江西省文化和科技融合示范基地认定管理办法（试行）	江西省科学技术厅、中共江西省委宣传部、中共江西省委网信办等	2021 年 1 月

进一步，本文借用 Rothwell 和 Zegveld 的三维政策工具①，结合协同创新实际，规定供给侧政策工具表现为协同创新的政策推力，政府通过科技、人才、技术、信息、资金、基建等创新要素的供给，直接促进协同创新持续深化；需求侧政策工具表现为促进协同创新的政策拉力，政府通过释放对协同创新的需求，减少外部干扰，拉动协同创新，如直接购买创新产品与服务，培育龙头企业、打造示范区为发展标杆的试点建设等活动，吸引更多主

---

① R. Rothwell, W. Zegveld, *Reindusdalization and Technology*, Logman Group Limited（1985）：82-104.

体参与协同创新，提升创新发展活力；环境侧政策工具则为协同创新提供政策支撑力，政府通过制定目标和规划、管理机制、税收优惠政策等措施减少协同创新过程中遇到的阻碍，提供有利于长江中游城市群深度融合发展与协同创新的政策大环境，间接促进协同创新。依据上述理论构建具体编码规则（见表2），对41份政策文件中有关长江中游城市群协同创新的政策文件进行编码量化分析。

表2 政策工具编码规则

一级节点	二级节点	解释
供给侧	科技支持	政府支持协同创新发展的科技政策、知识与技术的供给。如政策体系、平台、孵化器、众创空间、实验室、研究机构与项目等的支持；智能制造、数字技术融合创新
	产业培育	一二三产业的培育与发展；培育新兴产业、推进产业链现代化、产业升级转型改造、创新产业发展
	人才支持	政府各类支持创新的人力资源管理政策，如引留用人政策、人才称号、创新团队培育、人才强市、教育培训、人才引进
	数据与信息支持	政府完善信息沟通渠道，提升信息沟通效率的政策。如信息平台、数据资料库、图书馆、大数据管理、信息科技服务、信息基础设施建设
	财政支持	政府支持创新建设的财政政策、对创新型产品与服务提供购买补贴。如财政拨款、科学基金、创新创业基金、研发投入，各类新产品的购买补贴、新服务的购买补贴
	公共服务	就业引导、民生保障、惠民工程、文化协同发展等
	基础设施	政府完善公共组织及机构建设、公共服务与基础设施的政策。如公共组织领导引导、改革创新、基础设施建设、率先使用新技术、提供便利化服务、交通路线和航运干道、港口枢纽、油气管道的基础设施政策
需求侧	服务外包	政府向从事创新生产的机构外包公共服务的政策。如第三方中介机构、金融组织、行业协会、咨询企业、社会团体等非政府组织的培育和发展，发挥服务功能
	标杆建设	发挥中心城市、示范城市引领带动作用的政策；试点工作、示范工程的开展
	提振消费	促进消费提质升级，发展服务业，扩大需求
	跨域管制	跨域管制手段、刺激和引导协同创新发展的政策。如自贸区建设、贸易协定、支持企业入驻、开放口岸建设、共建模式与管理
	交流合作	支持协同创新跨域交流、寻求发展机会的政策，如设立分支机构、参与国际合作与国际组织、参与全球经济一体化、参与区域间创新合作、交流协商

一级节点	二级节点	解释
环境侧	目标规划	政府有关协同创新宏观布局规划的政策。如指导思想与原则、经验借鉴、城区布局、开发区与园区布局
	组织环境	政府作为管理机构,内部组织结构的改革与更新;协同组织领导与建设;放管服改革、工作机制
	法制监管	政府通过颁布实施一系列法规条款、目标规划,保障创新环境的政策。如各项法规制度、条例、奖惩措施;体制机制改革;监管与评估政策;标准体系的建立与改革
	经济环境	政府借助经济手段创建良好创新环境的政策。如税收优惠与减免、创业补贴、风险投融资、贷款、特许经营、融资政策、市场准入机制、投资环境
	宣传引导	政府通过宣传推广等手段在社会文化等方面营造出的创新支持风气、众创氛围等;协同创新带来的社会文化方面的成果;思想学习
	生态环境	自然资源、环境保护、生态恢复、污染物联防联治、低碳、资源节约、绿色发展

结果显示，中央及相关省份长江中游城市群协同创新发展政策工具整体上呈现供给推动>环境支持>需求拉动的局面，环境侧和需求侧政策工具使用情况相差不大（见图3）。在各协同创新发展政策工具的使用情况上，各级均注重多种政策工具的综合应用。具体来说，中央政策更加注重法制监管与公共服务，使用偏好符合以人民为中心的发展思想；湖北省更加重视领导机构组织环境建设及对协同发展的宣传引导；湖南省聚焦于交流合作、标杆建设；江西省则偏好标杆建设及产业培育（见图4）。在这些政策工具的使用上，未出现明显引领作用，总体上需求侧政策工具出现一定程度缺位，主要表现在提振消费动力不足。

此外，政策工具使用结构情况显示，以中央的基本政策为基础，各省的政策落实程度存在差异，但整体使用结构在趋势上与中央政策相同，表明中央政策文件起到了一定程度的引领作用（见图5）。

基于政策编码结果和对文本内容的挖掘，既有的协同创新政策工具在供给侧、需求侧、环境侧呈现较为明显的多样化使用偏好。

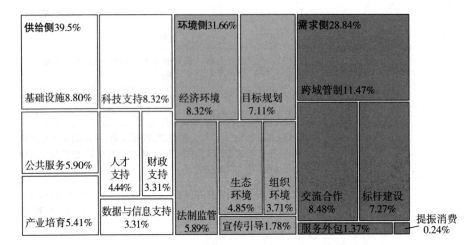

图3　中央及相关省份长江中游城市群协同创新发展政策工具整体使用情况

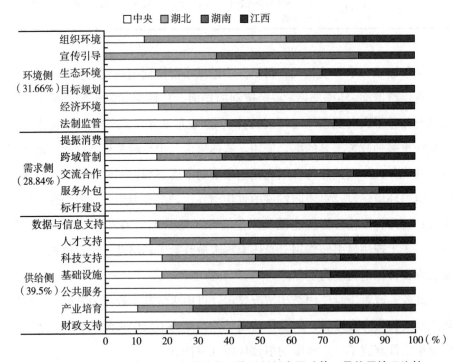

图4　中央及相关省份长江中游城市群协同创新发展政策工具使用情况比较

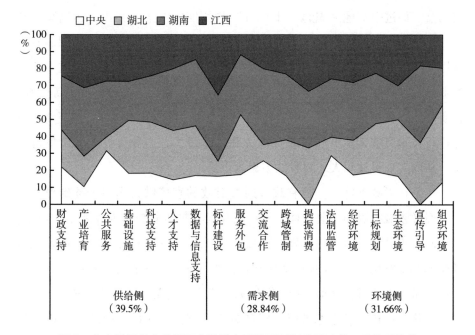

图 5 中央及相关省份长江中游城市群协同创新发展政策工具使用结构

（1）供给侧政策工具

一是最大供给着力于加强协同创新的基础设施建设。《长江中游城市群发展"十四五"实施方案湖北省主要目标和任务分工方案》《江西省2017年推动长江经济带发展工作要点》《长江中游城市群发展"十四五"实施方案》《长江中游城市群发展规划》《长株潭区域一体化发展规划纲要》等政策文件提出不断推进基础设施建设，既包含传统基础设施建设，即公路、铁路、航运、机场等交通设施的建设和综合运输体系、联运网络的构建，也包含新一代信息基础设施（5G、WLAN、智慧物流等）的推广和覆盖，推动布局合理、功能完善、衔接紧密的现代化基础设施网络体系的形成。

二是重视科技和人才供给对协同创新发展的持续推动作用，不断释放创新活力。一方面，利用科技加快新旧产业动能转换；另一方面，注重发挥人才的智力优势和"学""研"的科研中坚作用以实现持续发展。《长江中游城市群发展"十四五"实施方案湖北省主要目标和任务分工方案》《江西省贯彻落实促进中部地区崛起"十三五"规划实施方案》指出，运用高新技术、先进适用技术和信息技术对传统行业升级改造和提质增效；《湖北省科技厅关于深入推进创新型产业集群发展若干措施的通知》《关于推进湖北省产业技术创新联合体建设的指导意见（试行）》指出，综合发挥高等院校、科研院所、在鄂央企的科研中坚作用，加强产业前沿技术研究，围绕新兴行业进行技术突破，注重开展联合攻关和技术研发，引导科技人员向集群集聚，从而实现科技和人才要素的集聚与供给。

三是在财政支持上，既有政策通过财政的直接供给作用于基础设施建设、引导领域投资和产业转移、以市场化运作推进科技和人才要素的集聚，呈现政策工具交叉运用的态势。《湖北省人民政府关于国家长江经济带发展战略的实施意见》《关于促进文化和科技深度融合的实施意见》指出，深化长江中游城市群省会互动合作，共同研究设立城市基础设施建设基金，优化现有文化、科技、产业等领域投资基金支持方向；《长江中游城市群发展"十四五"实施方案湖北省主要目标和任务分工方案》探索推进由政府引导的科创基金在长江中游城市群范围内互投，并鼓励以市场化方式互设创投基金；《湖北省促进中部地区崛起"十三五"规划实施方案》指出，长江中游城市群共建市场化运作的产业转移引导基金；《江西省加大全社会研发投入攻坚行动方案》指出，各类财政扶持资金优先支持研发投入强度大的企业。

四是在数据与信息支持上，既有政策偏好以平台建设畅通多主体沟通渠道，推进数据开放共享，提升合作效率。《湖北省科技厅关于深入推进创新型产业集群发展若干措施的通知》强调建设产业创新公共服务平台，集聚优质服务资源，推进创新产业集群高质量发展；湖北省、江西省分别印发《关于促进文化和科技深度融合的实施意见》《关于推进文化和科技深度融合发展的实施意见》强调全面参与、积极参与国家文化大数据体系工程建设，推动文化大数据开放共享；湖北省《关于推进湖北省产业技术创新联合体建设的指导意见（试行）》强调建立公共技术平台、资源共享平台和信息交流平台对于技术协同创新的重要性；《长株潭区域一体化发展规划纲要》支持长株潭联合建设科技资源共享服务平台，以实现知识产权信息共享互动、技术成果交易及金融服务无缝对接，展现出信息和数据对科创和金融交易发展的重要作用。

（2）需求侧政策工具

一是通过跨域管制与地区间的交流合作释放协同创新需求，主要表现为对自贸区和口岸的建设与发展的管理、跨区域交流合作的探索实践等。此外，服务外包和提振消费存在较为明显的缺位现象。《武汉城市圈构建开放型经济新体制综合试点试验实施方案》指出，加强政府间交流，提升展会商会服务水平，搭建高标准国际化交流大平台，通过跨区域多主体之间的交流合作推进开放建设；江西省指出加强与长江中游城市群协作融合，推进科技创新联盟建设。《中共湖北省委关于落实促进中部地区崛起战略 推动高质量发展的意见》鼓励高校、科研院所设立技术转移机构、聘用技术经理人，推进构建成果转化中介服务体系；江西省的《大南昌都市圈发展规划（2019—2025年）》也重视发挥行业协会、商会和产业联盟作用；《湖南省落实区域全面经济伙伴关系协定（RCEP）行动计划（2022—2025年）》强调深化服务贸易合作，拓展加强多领域服务外包合作，推进服务外包转型升级。而提振消费在政策文件中主要表现在壮大服务业市场、打造中高端消费载体、开拓文化消费领域、加快消费扩容提质等方面，相关政策仅作为协同发展的补充部分，应用不足。

二是偏好建设协同创新、区域创新发展标杆，充分发挥标杆的引领辐射、支撑带动作用，以点带面刺激需求，提升区域、产业整体运行和发展效率。《湖北省科技厅关于深入推进创新型产业集群发展若干措施的通知》指出，通过强化头部企业带动集群建链、强链、延链、补链，提升新型产业集群产业链的稳定性和竞争力；江西省在《2015年江西省参与长江经济带发展工作要点》中提出，启动赣鄂皖长江两岸合作发展试验区建设；湖南省在《湖南省人民政府关于加快建设"一核三极"辐射联动"四带多点"增强区域发展新动能的实施意见》中也指出了贯彻点面结合、整体联动的发展思想，建设"一核三极"，辐射和推动既有经济带及若干新增长点的联动发展。

（3）环境侧政策工具

一是内外部环境共同优化，具体表现为整体目标引领、组织内部环境优化、外部经济环境优化、法律法规监督及宣传引导等方面的多措并举，协力保障协同创新的顺利推进。湖北省意在于 2025 年培育建成具有全国、全省引领作用的创新型产业集群，旨在依托产业集群的支点作用，攻克关键技术问题、推进产学研协同创新、促进大中小企业融通发展、在国内国际价值链分工中承担枢纽作用，这一明晰的目标规划推动政策精准发挥实效。在组织内部环境优化上，长江中游城市群强化组织领导，成立推动长江经济带发展领导小组、创新型省份建设领导小组、创新驱动"5511"工程推进小组等领导机构，推进计划制订、组织协调、细化分解任务并进行考核评价等工作，实现有组织、有秩序的发展。在外部经济环境优化上，《江西省贯彻落实促进中部地区崛起"十三五"规划实施方案》指出，发挥民间资本作用，放宽其可进入的行业和领域，促进民营经济公平参与市场竞争；《武汉城市圈构建开放型经济新体制综合试点试验实施方案》指出，要加强事中事后监管，强化监管合力；《湖南省"十四五"加大全社会研发经费投入行动计划》强调发挥各级媒体的宣传作用，加强政策、工作成效的宣传和解读；湖北省也指出加强对外资政策和成效的宣传引导，增强外商投资信心，这些举措营造了良好的社会氛围，畅通了政策扩散渠道，保障了公平有序的区域发展。

二是基于长江中游城市群位于长江中游这一特殊地理区位条件，政策较为关注生态环境保护及绿色协同发展。《湖北省人民政府关于国家长江经济带发展战略的实施意见》《长江中游城市群发展"十四五"实施方案湖北省主要目标和任务分工方案》《江西省 2017 年推动长江经济带发展工作要点》《湖南省人民政府关于加快建设"一核三极"辐射联动"四带多点"增强区域发展新动能的实施意见》等政策文件均指出，应坚持基础先行、生态优先的思想，推进区域环境联防共治，构建生态协同保护制度，建设全国生态文明建设先行区，推进绿色能源开发利用，进而实现沿江地区绿色发展。这些举措既是环境侧政策工具的应用，也有助于推进长江中游城市群可持续发展与合作这一政策目标的实现。

2. 长江中游城市群协同创新综合基础现状

（1）经济规模

长江中游城市群总面积占国土面积的 5.85%，地理位置优越，资源禀赋良好,具有得天独厚的区位优势。在整体经济上,长江中游城市群地区生产总值(GDP)占全国比重稳定在 11% 左右,超过京津冀(比重稳定在 8%~9%)等区域发展较优城市,是我国重要的经济增长极之一。长江中游城市群 GDP 分布呈现湖北省(占全国 4.5% 左右)>湖南省(占全国 4% 左右)>江西省(占全国 2.5% 左右)的阶梯式格局,湖北省在引领发展上具有显著的优势。

2013~2022 年,长江中游城市群的经济建设取得长足进步。长江中游城市群 GDP 由 2013 年的 63223.4 亿元跃升至 2022 年的 134480 亿元,于 2018 年突破了 100000 亿元大关。人均 GDP 则由 2013 年的 37499.3 元上升至 2022 年的 79234.15 元,增长一倍有余,但从未超越全国人均 GDP。从长江中游城市群三省 GDP 全国位次变化情况看,湖北省基本稳定在第 7 位,湖南省基本稳定在第 9 位,江西省则基本稳定在第 16 位(见表 3)。

表 3　2013~2022 年长江中游城市群三省 GDP 全国位次变化情况

省份	2013 年	2014 年	2015 年	2016 年	2017 年	2018 年	2019 年	2020 年	2021 年	2022 年
湖北	7	7	6	6	7	7	7	8	7	7
湖南	9	8	8	8	9	9	9	9	9	9
江西	16	16	16	16	16	16	16	15	15	15

资料来源:国家统计局。

在发展速度上,除湖北省 GDP 增速受新冠疫情影响在 2020 年出现短暂回落外,长江中游城市群三省 GDP 整体上呈现稳定增长局面。在整体趋势上,长江中游城市群三省 GDP 增速与全国 GDP 增速发展趋势基本相同,分为平稳、回落、反弹上升三个阶段,经济总量整体增长。2016 年以前,长江中游城市群三省 GDP 增速均高于全国。2016 年以后,全国 GDP 增速超越湖南省和江西省,但仍然低于湖北省。至 2020 年,受新冠疫情影响,各省经济受到了不同程度的冲击。疫情风波后,湖北省展现出强劲的发展动力和创新能力,主动作为、重整旗鼓,经济发展重回主赛道,GDP 增速再次引领长江中游城市群(见图 6)。

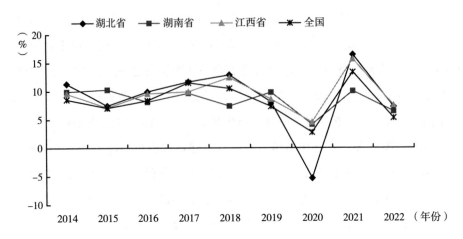

图6 2014~2022年长江中游城市群三省与全国GDP增速对比

资料来源：中经网统计数据库。

（2）科技创新基础与环境

长江中游城市群既有的科技创新基础较好、科教资源丰富，拥有众多科技创新平台及产业基地、高新技术企业等，创新生态不断优化，具有加强协同创新合作的强大动力。

在科教资源与众创环境上，长江中游城市群是全国重要的科教和智力资源集聚区，研发实力雄厚，在区域内集聚了众多高等院校、科研院所、高层次人才，并辅以政策支持、实验设施支持等，推进技术协同创新合作的突破式发展。截至2023年7月，长江中游城市群有以武汉大学、华中科技大学、中南大学、南昌大学等为代表的高等院校300余所，高层次人才数量较多。例如湖南省实施"三尖"创新人才工程，拥有在湘院士43名，国家级、省级高层次科技人才突破3900名。2021年，长江中游城市群高等院校科技成果丰硕，湖北省高等院校发表科技论文近9万篇，位列全国第五；湖南省高等院校在专利所有权转让及许可收入上大大领先，达到38771.1万元，在全国范围内仅次于江苏；江西省高等院校科技成果较少，各项指标均低于全国平均水平（见表4）。

表4　2021年长江中游城市群三省高等院校科技成果

	发表科技论文		出版科技著作		有效发明专利		专利所有权转让及许可数		专利所有权转让及许可收入		形成国家或行业标准数	
	数量（篇）	全国名次	数量（种）	全国名次	数量（件）	全国名次	数量（件）	全国名次	数量（万元）	全国名次	数量（项）	全国名次
湖北	87310	5	2804	3	31959	8	742	7	22344.3	8	30	12
湖南	61478	10	1961	10	23420	10	395	16	38771.1	2	81	7
江西	29249	20	998	18	4768	23	118	22	1903.8	21	29	13
全国平均	50901	—	1420	—	19375	—	525	—	11139	—	49	—

资料来源：《中国科技统计年鉴2022》。

　　此外，长江中游城市群规划建成众多的高新技术企业和重点研发实验室，区域内整体的创新生态良好。截至2023年7月3日，湖北省有高新技术企业20145家，科技平台3363个（包含国家重点实验室30个，其中29个位于武汉、1个位于襄阳；拥有湖北省重点实验室182个，其中142个位于武汉），科技奖项6857项，国家级高新区12个（武汉1个），省级高新区20个（黄冈5个、武汉无），国家科技型中小企业19496家；拥有国家众创空间93个（武汉61个），湖北省众创空间314个（武汉139个），同时积极推动落实"聚商育商工程""城市合伙人""创谷"等建设计划，鼓励支持国内外大学生在武汉创新创业。① 湖南省高新技术企业达14022家，科技型中小企业达19476家，高新技术产业增加值达11897.34亿元，建有国家重点实验室25个、国家工程技术研究中心14个，技术合同成交额达2544.64亿元，增速居全国第4位、中部第1位。② 江西省发展稍有滞后，首个省实验室于2023年4月启动建设。

　　在科研投入上，近年来长江中游城市群研究与试验发展（R&D）经费投入不断增加，R&D经费投入强度持续提升，经费使用结构不断调整。具

① 《湖北科技一网通——创新型企业》，湖北省科技厅网站，2023年7月3日，https：//kjt.hubei.gov.cn/ywt/kjzy.shtml。

② 《科技这十年·湖南》，湖南省科技厅网站，2022年8月16日，https：//kjt.hunan.gov.cn//kjt/xhtml/20230427/mobile/index.html#p=1。

体来说，湖北省、湖南省 R&D 经费投入稳定增长，2021 年均已超过千亿，分别达到了 1160.2 亿元、1028.9 亿元，位列全国第 8、第 9，而江西省 R&D 经费投入 502.2 亿元，位列全国第 17（见表 5）。

表 5 2021 年全国及长江中游城市群三省研究与试验发展（R&D）经费情况

单位：亿元，%

	R&D 经费	R&D 经费同比增速	R&D 经费投入全国位次	R&D 经费投入强度
全国	27956.3	14.60	—	2.44
湖北	1160.2	15.41	8	2.32
湖南	1028.9	14.49	9	2.23
江西	502.2	16.60	17	1.7

资料来源：《中国科技统计年鉴 2022》。

2012~2021 年长江中游城市群三省的 R&D 经费投入强度整体上呈上升趋势，10 年间有明显提升但从未超过全国平均水平（见图 7）。

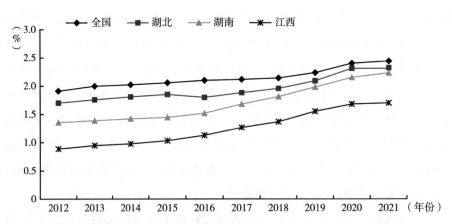

图 7 2012~2021 年全国及长江中游城市群三省 R&D 经费投入强度

资料来源：相关年份《中国科技统计年鉴》。

从研发经费使用结构来看，2019~2021 年长江中游城市群三省研发经费使用的整体格局没有较大改变，呈现基础研究<应用研究<试验发展的局面，

以试验发展为主，其各年占比均在 80% 左右。值得说明的是，基础研究支撑原始创新驱动的作用发挥不明显，城市群基础研究投入均在 4% 左右，湖北省占比趋于稳定，湖南、江西则呈现波动趋势，没有明显突破（见表 6）。

表 6 2019~2021 年长江中游城市群三省研发经费使用结构

单位：%

省份	年份	基础研究占比	应用研究占比	试验发展占比
湖北	2019	4.51	12.46	83.02
	2020	4.53	12.15	83.32
	2021	4.54	15.59	79.87
湖南	2019	4.00	11.05	84.95
	2020	3.84	12.37	83.80
	2021	5.02	11.02	83.96
江西	2019	3.99	5.57	90.44
	2020	3.85	8.84	87.31
	2021	4.18	8.48	87.34

资料来源：相关年份《中国科技统计年鉴》。

（3）典型协同发展组织形式

长江中游城市群积极搭建合作交流平台，以共建合作联盟、每年举办会商活动等为依托，协同商讨并签署了一系列重要框架协议和具体合作文件（见表 7）。在这些实践中，长江中游城市群心往一处想、力朝一处使，综合发挥长江中游城市群资源能力，更有针对性地持续推进了长江中游城市群在科技合作、产业发展、人才共享、基建共造、公共服务等方面的省际协同发展，推进长江中游城市群互联互通。

表 7 2012~2023 年长江中游城市群协同发展大事记

时间	主体	协同事件
2023 年 2 月	武汉、长沙、合肥、南昌 4 个省会城市	签署《长江中游城市群省会城市合作行动计划（2023—2025 年）》《长江中游城市群省会城市"一码通域"合作框架协议》等文件

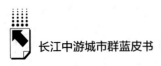

续表

时间	主体	协同事件
2022年12月	长江中游城市群	签订《长江中游三省畅通产业链供应链合作协议》《长江中游三省区域协同立法合作框架协议》《长江中游三省大气污染防治联防联控合作协议》《长江中游三省住房公积金区域合作协议》《长江中游三省打通省际瓶颈路(含航道)合作协议》《长江中游三省推进"一江两湖"系统治理合作协议》《长江中游三省知识产权保护协作协议书》《长江中游三省推进能源重点项目建设及供应互济合作协议》《长江中游三省省会城市重点合作事项》《推动长江中游三省新区联合创新行动合作框架协议》《湘鄂赣经济强县产业合作框架协议》《通平修共建长江中游城市群生态屏障合作协议》《长江中游三省畅通商品流通合作协议》《发挥西部陆海新通道及中老铁路作用,融入共建"一带一路"新格局的协议》共14项合作协议
2022年5月	武汉海关、南昌海关、长沙海关	共同签署《推进长江中游地区高水平开放高质量发展 鄂、赣、湘三地海关协同工作机制框架协议》
2021年9月	长江中游城市群	成立长江中游三省旅游合作发展联盟;湖北分别与江西、湖南签署《战略合作框架协议》,制定《长江中游三省文化旅游深化合作方案》
2021年9月	长江中游城市群	在长江中游三省协同推动高质量发展座谈会上,长江中游城市群协同发展联合办公室揭牌成立,确立了三省主要领导座谈会和常务副省长联席会常态化工作机制;审议通过《深化协同发展加快绿色崛起——长江中游三省战略合作总体构想》,审议并签署了《长江中游三省协同推动高质量发展行动计划》《长江中游三省省会城市深化合作方案》《长江中游三省"通平修"绿色发展先行区建设框架协议》《长江中游三省文化旅游深化合作方案》
2021年7月	长江中游城市群医疗保障局	共同签署《长江中游城市群医疗保障部门省际协商合作备忘录》
2021年6月	长江中游城市群高院	签署《关于构建长江中游城市群审判工作协作机制的框架协议》
2021年	长江中游城市群	长江中游三省联合印发《长江中游三省协同发展工作机制》
2021年6月	长江中游城市群科技部门	共同签署《长江中游城市群科技合作框架协议》

时间	主体	协同事件
2019 年 12 月	武汉、长沙、南昌、合肥	协商制定《长江中游城市群省会城市高质量协同发展行动方案》
2018 年 9 月	长江中游城市群	长江中游城市群省会城市第六届会商,签署《长江中游城市群建设近期合作重点事项》《长江中游城市群省会城市共建科技服务资源共享平台合作协议》《长江中游城市群省会城市新区发展合作框架协议》
2017 年 4 月	长沙、合肥、南昌、武汉	举办长江中游城市群人才发展高峰论坛,签署《长江中游四省会城市人才发展合作框架协议》
2018 年 4 月	长江中游城市群	签署《长江中游地区省际协商合作行动宣言》
2016 年 12 月	长江中游城市群	共同签署《关于建立长江中游地区省际协商合作机制的协议》
2016 年 3 月	长沙、合肥、南昌、武汉	在南昌会商并签署《南昌行动》
2015 年 4 月	国务院	批复同意《长江中游城市群发展规划》,长江中游城市群战略上升为国家战略
2015 年 4 月	长江中游城市群	湖北省政府分别与湖南省政府、江西省政府签署《长江中游城市群战略合作协议》
2014 年 12 月	长沙、合肥、南昌、武汉	长江中下游城市群省会城市长沙、合肥、南昌、武汉住房公积金管理中心主任会议,签署了《长江中游城市群暨长沙、合肥、南昌、武汉住房公积金异地使用合作协议》
2014 年 7 月	长沙、合肥、南昌、武汉	长江中游城市群四省会城市人社一体化发展首届会商,四省会达成共识并签署合作协议,将在社会保障、就业等领域开展合作,四市居民社保将实现互通
2014 年 2 月	长江中游城市群	在长沙会商并发布《长沙宣言》
2013 年 6 月	长江中游城市群	签署《长江中游城市群卫生事业发展武汉共识》
2013 年 2 月	长江中游城市群	在武汉会商达成《武汉共识》
2012 年 3 月	长江中游城市群科技厅	《长江中游城市群科技合作框架协议》
2012 年 2 月	长江中游城市群四省	签订《推进设立长江中游城市群综合交通运输示范区合作意向书》
2012 年 2 月	长江中游城市群	签署《加快构建长江中游城市集群战略合作框架协议》,开启了省际协商合作的大门

资料来源:根据公开资料整理。

319

（二）中观产业层面区域协同创新现状

1. 长江中游城市群产业结构概况

（1）长江中游城市群整体产业结构概况

在产业整体发展方面，长江中游城市群第一、第二、第三产业发展呈现稳中有序的局面，2013年以第二产业为主导，2016年第三产业产值超越第二产业，成为主导产业并保持至今（见表8）。

表8　2013~2022年长江中游城市群主要国民经济指标

单位：亿元，%，元

年份	GDP	GDP占全国比重	生产总值			长江中游城市群人均GDP	全国人均GDP
			第一产业	第二产业	第三产业		
2013	63223.4	13.77	7013.6	30422	25788	37499.3	43497
2014	69791.2	14.01	7299.5	33071.7	29420.1	41319.62	46912
2015	75663.5	14.13	7572.3	34602.9	33488.4	44695.58	49922
2016	82595.1	14.21	8116.2	36201.5	38277.4	48648.22	53783
2017	91273.9	14.09	8362.7	38618.3	44293	53605.19	59592
2018	101068.2	14.16	8509.7	41559.2	50999.3	59254.98	65534
2019	109990.4	14.32	9514.3	44945	55531	64419.65	70078
2020	110329.1	13.91	10617.7	42990.9	56720.5	64910.95	71828
2021	125632.5	14.10	11292.3	50415.3	63924.8	74167.68	81370
2022	134480	14.28	12040.9	54782.8	67656.4	79234.15	85698

注：GDP及各产业产值均按当年价格计算。

资料来源：国家统计局。

与全国相比，长江中游城市群的三产结构存在一定差异。2013~2022年，长江中游城市群第一、第二产业的比重总体呈现下降趋势，但始终高于全国水平，占比差距总体缩小。与此相反，长江中游城市群的第三产业比重总体上升，但始终低于全国水平，占比逐渐向全国看齐（见表9、图8）。可以看出，近年来长江中游城市群在维持第一、第二产业相对优势的情况下，不断调整产业结构，在打造第三产业新发展优势上具有一定成效。

表9　2013~2022年长江中游城市群及全国三产结构

单位：%

年份	第一产业		第二产业		第三产业	
	长江中游城市群	全国	长江中游城市群	全国	长江中游城市群	全国
2013	11.09	8.94	48.12	44.18	40.79	46.88
2014	10.46	8.64	47.39	43.09	42.15	48.27
2015	10.01	8.39	45.73	40.84	44.26	50.77
2016	9.83	8.06	43.83	39.58	46.34	52.36
2017	9.16	7.46	42.31	39.85	48.53	52.68
2018	8.42	7.04	41.12	39.69	50.46	53.27
2019	8.65	7.14	40.86	38.59	50.49	54.27
2020	9.62	7.70	38.97	37.84	51.41	54.46
2021	8.99	7.24	40.13	39.29	50.88	53.47
2022	8.95	7.30	40.74	39.92	50.31	52.78

注：三产结构按当年价格计算。

资料来源：国家统计局。

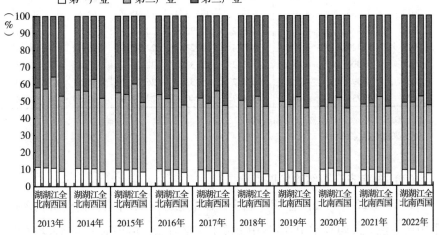

图8　2013~2022年长江中游城市群三省及全国三产结构比较

说明：三产结构按当年价格计算。

资料来源：国家统计局。

（2）湖北省产业结构发展现状

2013~2022 年，湖北省 GDP 占全国比重稳定在 4.5% 左右，人均 GDP 高于全国，人民生活水平较高，在长江中游城市群中具有显著发展优势。在产业结构上，2015 年以前，湖北省第二、第三产业产值差距不大，占据核心地位的是第二产业。2015 年及以后，房地产业、营利性服务业、金融业的快速增长推动第三产业对全省经济的支撑作用提升，湖北省实现了第三产业产值对第二产业的超越，第三产业成为主导产业并保持至今（见表 10）。

表 10　2013~2022 年湖北省主要国民经济指标

单位：亿元，%，元

年份	GDP	GDP占全国比重	生产总值			人均GDP	全国人均GDP
			第一产业	第二产业	第三产业		
2013	25378	4.28	2883.7	11846.3	10648	43835	43497
2014	28242.1	4.39	3001.6	13007.9	12232.6	48635	46912
2015	30344	4.40	3109.9	13569.5	13664.6	52021	49922
2016	33353	4.47	3406.5	14527	15419.5	56844	53783
2017	37235	4.48	3529	15713.9	17992.2	63169	59592
2018	42022	4.57	3548.2	17573.9	20899.9	71097	65534
2019	45429	4.60	3809.4	18723	22896.5	76712	70078
2020	43004.5	4.24	4133.2	15933.8	22937.6	73687	71828
2021	50091.2	4.36	4635.2	19332.1	26123.9	86551	81370
2022	53734.9	4.44	4986.7	21240.6	27507.6	92059	85698

注：GDP 及各产业产值按当年价格计算。
资料来源：国家统计局。

（3）湖南省产业结构发展现状

2013~2022 年，湖南省 GDP 占全国比重稳定在 4% 左右，在长江中游城市群中居中位。人均 GDP 在 10 年中上涨了一倍有余，但仍低于全国人均 GDP。在产业结构上，2015 年以前，湖南省产业部门中占据核心地位的是第二产业，但第二、第三产业产值相差很小。2015 年及之后，湖南省也实现了第三产业产值对第二产业的超越，第三产业成为主导产业并保持至今（见表 11）。

表 11 2013~2022 年湖南省主要国民经济指标

单位：亿元，%，元

年份	GDP	GDP 占全国比重	生产总值			人均 GDP	全国人均 GDP
			第一产业	第二产业	第三产业		
2013	23545.2	3.97	2589.2	10913.8	10042.3	35702	43497
2014	25881.3	4.02	2671	11825.1	11385.2	39181	46912
2015	28538.6	4.14	2747.9	12665.7	13125	43155	49922
2016	30853.5	4.13	2915.6	12942	14995.9	46606	53783
2017	33828.1	4.07	2998.4	13459.8	17369.9	51030	59592
2018	36329.7	3.95	3084.2	13904.1	19341.4	54763	65534
2019	39894.1	4.04	3647.2	15401.7	20845.2	60104	70078
2020	41542.6	4.10	4240.7	15949.2	21352.7	62537	71828
2021	45713.5	3.98	4323	17852.5	23537.9	68913	81370
2022	48670.4	4.02	4602.7	19182.6	24885.1	73598	85698

注：GDP 及各产业产值按当年价格计算。

资料来源：国家统计局。

（4）江西省产业结构发展现状

2013~2022 年，江西省 GDP 占全国比重稳定在 2.5% 左右，在长江中游城市群中排名最末。人均 GDP 在 10 年中上涨了一倍有余，但仍低于全国人均 GDP。在产业结构上，江西省与鄂、湘两省不同的是，第二产业占据核心地位的状态一直持续到 2017 年。2018 年，江西省实现第三产业产值对第二产业的超越，第三产业成为主导产业并保持至今，但发展较慢，第二、第三产业产值一直未拉开差距（见表 12）。

表 12 2013~2022 年江西省主要国民经济指标

单位：亿元，%，元

年份	GDP	GDP 占全国比重	生产总值			人均 GDP	全国人均 GDP
			第一产业	第二产业	第三产业		
2013	14300.2	2.41	1540.7	7661.9	5097.7	31952	43497
2014	15667.8	2.43	1626.9	8238.7	5802.3	34988	46912
2015	16780.9	2.44	1714.5	8367.7	6698.8	37436	49922

年份	GDP	GDP占全国比重	生产总值			人均GDP	全国人均GDP
			第一产业	第二产业	第三产业		
2016	18388.6	2.46	1794.1	8732.5	7862	40950	53783
2017	20210.8	2.43	1835.3	9444.6	8930.9	44878	59592
2018	22716.5	2.47	1877.3	10081.2	10758	50347	65534
2019	24667.3	2.50	2057.7	10820.3	11789.3	54640	70078
2020	25782	2.54	2243.8	11107.9	12430.2	57065	71828
2021	29827.8	2.60	2334.1	13230.7	14263	66020	81370
2022	32074.7	2.65	2451.5	14359.6	15263.7	70923	85698

注：GDP 及各产业产值按当年价格计算。
资料来源：国家统计局。

（5）长江中游城市群三省产业结构对比

长江中游城市群三省在 GDP 水平上呈现湖北省>湖南省>江西省的阶梯状格局，湖北省呈现领先发展态势，但与湖南省差值并不算大，江西省则明显动力不足，GDP 增速较为落后。在产业结构的变化上，三省均经历了第二产业占主导、第三产业反超的过程。近年来，长江中游城市群整体产业结构趋于稳定，均以第三产业为主导，湖北省、湖南省在产业结构上比值稳定在 1∶4∶5 左右，江西省的第二、第三产业差值更小，呈现均衡发展的态势（见表13、图9）。

表13　长江中游城市群三省 GDP 占比及三产比值

单位：%

省份	2013~2022年GDP 占全国比重均值	长江中游城市群位次	全国位次	2022年三产比值
湖北	4.42	1	7	1∶4.26∶5.52
湖南	4.04	2	9	1∶4.17∶5.41
江西	2.49	3	16	1∶5.86∶6.23

资料来源：国家统计局。

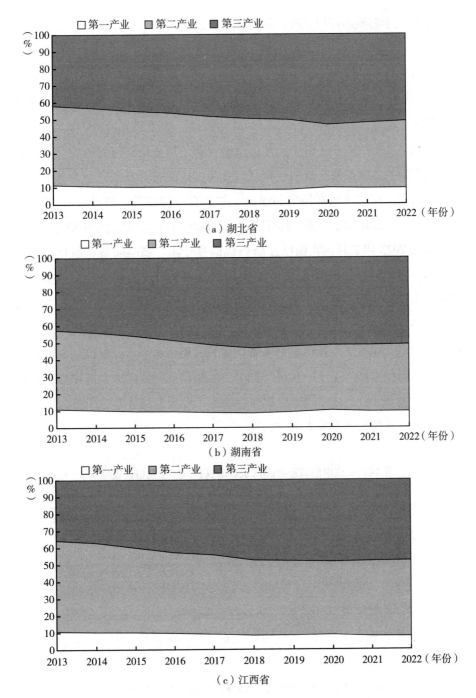

图9　2013~2022年长江中游城市群三省产业结构变化

2. 长江中游城市群代表性产业集群发展概况

产业集群是指由一批高度集聚于某一特定区位、在产业上有交互关联的企业与机构组成的综合体。一般来说，一个产业集群内往往集聚了众多产业链上下游企业，能够实现供需的精准有效对接，同时由于集聚带来的协调成本降低等，能够高效地进行分工合作与协同创新，具有良好的协同发展基础。

在众多类型的产业集群中，尤以战略性新兴产业集群与创新型产业集群对协同创新的要求最高。战略性新兴产业集群以战略性新兴产业为核心，其他机构为辅，相互之间在横向和纵向上均具有密切联系，知识溢出效应大，产业自我升级强化的能力强，具有强劲的创新驱动力和区域经济带动能力。[①]

截至 2023 年 7 月，我国已在新一代信息技术、高端装备、新材料、生物医药、节能环保领域部署了 66 个国家级战略性新兴产业集群，其中长江中游城市群有 8 个。具体来说，武汉市在集成电路、新型显示器件、下一代信息网络、生物医药 4 个领域各有 1 个国家级战略性新兴产业集群，湖南的长沙和湘潭各建有 1 个智能制造装备国家级战略性新兴产业集群，而江西鹰潭、赣州则分别部署了下一代信息网络、新型功能材料国家级战略性新兴产业集群（见表 14）。这些国家级战略性新兴产业集群优势效应明显，发展势头强劲，已成为高质量发展的主力军。

表 14　长江中游城市群国家级战略性新兴产业集群建设情况

单位：个

领域		全国总数	长江中游城市群域内情况
新一代信息技术领域	集成电路	5	武汉市集成电路产业集群
	新型显示器件	3	武汉市新型显示器件产业集群
	下一代信息网络	3	武汉市下一代信息网络产业集群
			鹰潭市下一代信息网络产业集群
	信息技术服务	7	—
	网络信息安全产品和服务	1	—
	人工智能	4	—

[①] 《战略性新兴产业集群创新发展路径及对策建议》，国家信息中心网站，2023 年 1 月 31 日，http：//www.sic.gov.cn/News/459/11799.htm。

续表

领域		全国总数	长江中游城市群域内情况
高端装备领域	智能制造装备	7	湘潭市智能制造装备产业集群
			长沙市智能制造装备产业集群
	轨道交通装备	2	—
新材料领域	新型功能材料	9	赣州市新型功能材料产业集群
	先进结构材料	5	—
生物医药领域		17	武汉市生物医药产业集群
节能环保领域		3	—

资料来源：国家发展改革委文件。

以湖北省为例，其4个国家级战略性新兴产业集群以东湖高新区为核心承载区。① 2019年上半年，各产业集群营收同比增长明显，最高增长超70%，同时实现了链上企业的高度集聚，其中生物医药产业集群已集聚近3000家企业，规模优势与效益明显（见表15）。

表15　2019年上半年武汉战略性新兴产业产业集群发展情况

单位：亿元，%，家

产业集群	营收	同比增长	集聚企业数量
集成电路	210.23	49.50	200+（规上21）
新型显示器件	562.83	72.60	400+（规上40）
下一代信息网络	620.28	44.00	3600+（规上44）
生物医药	184.13	14.30	2800+（规上144）

整体上看，长江中游城市群国家级战略性新兴产业集群数量占比不大，在信息技术服务、人工智能、轨道交通装备等领域未能发挥现有科教资源与地理区位优势，存在战略发展缺位的现象。长江中游城市群在国家级战略性新兴产业集群的部署上同质化不明显，湖北省聚焦新一代信息技术领域和生

① 《武汉四大国家战略性新兴产业集群集聚7000家企业》，"武汉发布"百家号，2021年8月17日，https：//baijiahao.baidu.com/s？id=1708354594923578213&wfr=spider&for=pc。

物医药领域，湖南省聚焦高端装备领域，江西省则在下一代信息网络和新材料领域有所发展，各省在战略上的差异化优势明显，具有多层次、多样化的发展空间。

此外，创新型产业集群作为现代产业发展的重要组织形式，内部以知识或技术密集型产业为核心，在强化优质科技资源汇聚、带动跨行业跨区域全产业链创新发展、提升区域竞争力、激发创新动能方面起到载体作用。① 近年来，长江中游城市群产业化集群特征明显，创新型产业集群蓬勃发展，具有较高的创新资源集聚动能。2022 年，为打造经济高质量发展新引擎，引导创新型产业集群聚焦重大战略需求，提升产业创新能力，我国新确定 46 个国家创新型产业集群，其中湖北 6 个、湖南 3 个、江西 2 个（见表 16），湖北的带动效应明显。截至 2023 年 7 月，湖北省已培育 16 个国家创新型产业集群，湖南省拥有 10 个，江西集群数量位列长江中游城市群最末。

表 16　2022 年长江中游城市群三省新增国家创新型产业集群情况

省份	区位	集群名称	发展现状
湖北	武汉东湖高新区	武汉东湖高新区新型电子元器件及设备制造创新型产业集群	全球最大的光纤光缆基地、全国最大的光电器件和设备基地、全国最大的中小尺寸显示面板基地
	黄石大冶湖高新区	黄石大冶湖高新区高效节能通用设备制造创新型产业集群	主要产品高效节能压缩机销量居全国第 1 位、世界第 3 位
	荆州高新区	荆州高新区重大成套设备制造创新型产业集群	以中石化四机公司和四机赛瓦公司为龙头，拥有配套企业 200 余家，供应链"本土化"趋势明显
	咸宁高新区	咸宁高新区先进无机非金属材料创新型产业集群	涉及电子信息材料、云母制品材料、涂附磨具材料、新型建筑材料等细分领域，其中平安电工是全球云母绝缘行业最具影响力的企业之一，玉立砂带是亚洲生产规模最大、品种最全的磨料磨具企业。

---

① 《一季度湖北省 10 家国家级创新型产业集群实现工业总产值 844.07 亿元　同比增长 11.84%》，科技部网站，2022 年 5 月 27 日，https：//www. most. gov. cn/dfkj/hub/zxdt/2022 05/t20220527_ 180830. html。

省份	区位	集群名称	发展现状
湖北	襄阳高新区	襄阳高新区航空装备制造创新型产业集群	具有影响力的区域性航空研发制造中心和全国航空航天产业基地
	孝感高新区	孝感高新区（应城）生物农业创新型产业集群	以回盛生物、富邦科技等上市公司为领军企业，打造生物兽药制造、生物肥料制造、生物农药制造3条产业链，形成具有跨行业、跨区域带动作用的产业示范群
湖南	长沙高新区	长沙高新区下一代信息网络创新型产业集群	关注集群内的技术创新和产业升级优化，聚焦"芯、软、安、端"四大领域技术创新，重点在CPU、GPU、SSD、操作系统等领域联合攻关
	郴州高新区	郴州高新区先进有色金属材料创新型产业集群	持续优化有色金属新材料精深加工产业链，形成以"钨精矿—APT—氧化钨"和"钼精矿—氧化钼"等为代表的结构层次较高的循环经济产业链
	衡阳高新区	衡阳高新区下一代信息网络创新型产业集群	打造电子元器件及零配件、智能终端、计算机信息系统集成、互联网内容及产品产业
江西	南昌高新区	南昌高新区新型计算机及信息终端设备制造创新型产业集群	重点培育引进以半导体、芯片、传感器等为主的上游领域企业30余家；以显示屏模组、镜头与摄像头模组、照明模组等为主的中游领域企业90余家；以ODM终端、VR应用等为主的下游领域企业80余家，形成了完整的产业链条
	赣州高新区	赣州高新区稀土新材料制造创新型产业集群	围绕稀土新材料及应用、钨精深加工及应用、新能源动力电池、永磁电机及智能装备制造4条产业链发展

资料来源：《关于公布2022年创新型产业集群的通知》，科技部火炬中心，2023年2月17日，http：//www.chinatorch.gov.cn/kjb/tzgg/202302/d8f9752e9ef04cccb34b34f0d2c4693c.shtml。

在国家级产业集群高质量发展的持续引导下，各省产业集群规划发展跟随效应强，建设成效明显。湖北省规划了"一芯两带三区"的产业布局，同时按"全产业链、全地域、全要素"精准谋划并发布了关于集成电路产业、地理空间信息产业、新一代信息技术产业、智能制造产业、汽车产业、数字产业、生物产业、康养产业、新能源与新材料产业、航空航天产业十大重点产业的全省产业地图。[①] 湖南省已规划建成"3+3+2"产业集群,即包含工程机械、先进轨道交通装备、中小航空发动机及航空航天装备的三大世界级产业集群,包含电子信息、新材料、新能源与节能的三大国家级产业集群,包含衣食住行、健康养老的传统产业升级产业集群。江西省也围绕航空、电子信息、生物医药等七大新兴产业制定了产业链图和区域分布图。各省产业发展规划在促进省内产业协调、错位、有序发展上占据重要引导地位,为产业集群发展提供科学指导和依据,助力各省产业在高质量发展的竞争中抢占制高点。

(三)微观企业层面区域协同创新现状

高新区是以技术创新、产品创新为目标,旨在推进某一地区科技、经济、社会协同发展的智力密集型综合基地。通常来说,各地区的高新园区集成发挥了政产学研的力量,本身就是协同创新的微观个案,由数个企业构成。观察既有高新区的发展模式,可以为协同创新的宏观涌现提供思路与借鉴。

1. 产业优化整合:动力协同

企业是创新的重要主体,是推进持续创新的重要动力。为破除"一企独大"的企业压制、产业结构单一局面对地区创新发展环境的负面影响,湖南长沙高新区在原有产业的基础上,打造了先进储能及新能源汽车、网络安全及软件、工程机械、生物医药、功率芯片五大基地,通过同类企业集聚、异质企业互补,培育龙头企业领跑、优势产业倍增、低效产能转型升

---

① 《湖北发布"产业地图" 直观呈现未来高质量发展产业布局》,湖北省人民政府网站,2019 年 9 月 4 日,http://www.hubei.gov.cn/zwgk/hbyw/hbywqb/201909/t20190904_ 1410571. shtml。

级、高新技术产业再出发，协同夯实高质量发展底盘。[1] 湖北黄冈高新区在原有的食品饮料、医用纺织、现代家居、纸浆四大主导产业基础上，推进新一轮重大技术改造与升级，同时依托主导产业，聚焦相关产业链，即现代家居、智能家电、新材料、食品深加工 4 条产业链的专业招商，积极培育发展新动能。江西南昌高新区通过建设科创城、建成高层次人才产业园、培育潜在独角兽企业和瞪羚企业等方式，推动航空制造、电子信息、数字经济、医药健康等主导产业的结构优化、链条加长、产量总量积累，为协同创新发展提质增效。[2]

2. 发展生态优化：数据协同

当前，数据已成为新时代生产要素，掌握数据是推进经济发展的有力抓手之一。创新平台建设、科技项目攻关等的需要不断对数据协同提出更高层次的要求，推进数据协同可以有效减少不必要的资源浪费，加速创新进程。湖南长沙高新区推进企业创新积分制建设，完成园区内 4227 家科技型企业的数据集成，整合并盘活各部门、各企业的数据资源，将数据转化为资源和服务，同时上线百强榜单发布、创新积分查询、政策精准推送等七大应用场景，创建良好发展生态。江西九江共青城高新区根据产业创新发展需要，搭建了双创孵化平台、产学研融合平台、科技创新服务中心、科技企业平台等，依托平台不断推进数据集成，从根本上提升平台服务水平。

3. 管理政策改革：流程协同

协同管理涉及不同部门、不同层级、不同群体之间的资源配置问题，由于其所涉及主体、环节复杂，往往出现管理不畅、效率较低的问题。在此过程中，资源得不到合理配置和利用，产生了非生产带来的不必要浪费。为破除此恶性发展惯性，湖南长沙高新区深化"放管服"改革，形成了承诺审

---

① 《国家高新区高质量发展在行动——长沙高新区：锚定"两区"定位吹响发展新号角》，科技部火炬中心，2022 年 1 月 10 日，http：//www.chinatorch.gov.cn/kjb/hjdt/202201/afa48e53b81f44f7acd691ed7298b8cc.shtml。

② 《国家高新区高质量发展在行动——南昌高新区：打造区域创新生态增长极》，科技部火炬中心，2022 年 2 月 22 日，http：//www.chinatorch.gov.cn/gxqgzlfz/wenzhang/202202/46252fea816848fb99bd4f768c64cf77.shtml。

批、并联审批等快速反馈机制，实现管理机构工作流程的协同。同时，该园区打造了集天使投资、金融业发展、信贷支持、科技风补、科技保险、上市挂牌于一体的科技金融政策及服务体系，精准对接创新企业需求，通过集成服务推进流程协同，提升服务效率。该举措有力提升园区吸引力，已吸引和汇聚金融投资机构973家，总注册资金超过1600亿元，持续为长沙科技创新注入活力。江西九江共青城高新区也针对项目落户和项目联审、企业服务、政策兑现联审等方面，建立了工作联动机制，在内部推动流程优化，有效提升工作效率、减少资源浪费。

4. 寻求外部突破：跨区协同

地理边界对资源要素的自由流通和配置产生一定阻碍，为摆脱所属区域资源禀赋的缺陷，已有高新园区通过"飞地"建设寻求突破。江西九江共青城高新区摒弃了单打独斗的发展思路，与江苏昆山高新区结对共建，围绕招商、资本、人才、科技等领域深入开展交流合作，打破了区域壁垒，将科技成果与产业实现精准链接，协同打造发展新高地。湖北咸宁高新区积极推进光谷科技创新大走廊咸宁功能区建设，实现武汉研发与孵化、咸宁转化的联动发展新格局，同时积极承接光谷产业和科技成果外溢，纾解武汉资源发展压力，产生良好的协同效益。

5. 综合智力资源：产学研协同

高等院校和科研院所是智力密集型场所。推进产业、高等院校、科研院所的科技协同，能综合运用智力资源，以点带面深入开展科技创新、实现科技攻关。湖南长沙高新区构建"智慧人才"服务体系，与北京大学合作共建计算与数字经济研究院、人工智能创新中心。该中心依托北京大学智力优势，围绕先进计算、大数据、数字经济与数字化转型等新兴领域的核心科学技术问题和重大应用难题进行攻关。湖北黄冈高新区高标准推进"百城百园"、教授回乡"千人计划"等活动，同时与中国科学院武汉分院、黄冈师范学院共建湖北省级产业技术研究院。江西九江共青城高新区积极发挥科教城高校资源优势、人力资源服务产业园作用，探索出一条以"院士+研究院+产业园"驱动科技创新发展的新路径。通过借力院士智力资源、资本资源和人力资源，园区引进了中国科学院无人机组网产业园、南昌大学光氢储研究院暨泛半导体装备产业园等项目，以新项目、新成果、新技术促活产业园区发展。湖北咸宁高新区探索"平台+项目+活动"产学研服务模式，通过举办创新挑战赛、开展科学家和企业家"互进双促"专项行动，已达成初步对接意向70余项，并与20家企业、20所高校和科研院所达成技术合作，以智力资源集聚推动园区创新发展。

6.国内国际双循环：开放协同

在利用国内市场和资源、坚持扩大内需的同时，国外市场和资源同样值得关注。促进国内外市场和资源的协同发展，以更广大的市场需求、更丰厚的资源要素、更顺畅的流通速度，形成经济良性循环，有利于实现强劲可持续的发展。江西宜春丰城高新区在聚焦产业发展的同时，从外部寻求发展突破。该园区在提高承接技术转移能力的基础上，积极与国外先进制造业企业对接，通过签约外资企业、外资注入带动园区发展。2021年，该园区新签约外资企业3家，总投资1.65亿美元；1~9月实际利用外资9051万美元，同比增长81.2%；进出口累计完成20.3亿元，同比增长46.77%。其间，园区创新优势不断积累，开放协同新高地已然建成。

（四）区域协同创新问题分析

长江中游城市群协同创新发展实践已有一定成果，但仍存在协同创新政策引领效应不足、经济发展基础不平衡、产业同构化、制度性跨区域协同创新合作机制未建立等问题，阻碍协同创新效益的可持续生成。

1.协同创新政策引领效应不足

长江中游城市群协同创新发展由来已久，各省紧随国家政策的引领出台了较多相关政策。政策编码结果显示，在协同创新政策上整体呈现供给推动>环境支持>需求拉动的局面，环境侧和需求侧政策工具使用情况相差不大，缺位现象不明显。这种使用现状一方面说明了政策工具的应用没有明显的短板，另一方面体现出没有亮眼的突破，政策的引领效应没有得到充分发挥。此外，根据各省政策工具的使用情况，各项工具占比相当，政策内容偏好较为相似，这直接导致了各省协同创新实践使用相似模式推进，不利于异质化竞争局面的形成。

2.经济发展基础不平衡

统计数据显示，长江中游城市群 GDP 占全国比重稳定在 11% 左右，超过京津冀等区域发展较优城市，具体呈现湖北省（4.5%左右）>湖南省（4%左右）>江西省（2.5%左右）的阶梯式发展格局，在经济总量上呈现湖北省和湖南省经济基础显著优于江西省的情形。除此之外，各省的 GDP 主要由省会城市拉动，但省会城市之间的发展差距较大，省会城市之外的子城市群发展差距也较为明显。这种经济发展水平不平衡的现状，一方面造成了创新要素的不对等，容易在资源、要素、人才、市场等方面产生虹吸效应，大城市的虹吸效应若大于辐射效应，则不利于区域协同创新发展的推进；另一方面是现阶段协同创新能力与发展状况不佳的印证。除此之外，长江中游城市群三省中，湖北省引领发展的"标杆"效应明显，发展最为完善，而"协同"辐射效应不够强劲，应设法将"标杆"转为"协同"。

3.产业同构化

从各省产业结构上看，近年来，长江中游城市群三省产业结构趋于稳定，三省均以第三产业引领发展，结构较为相似，湖北省、湖南省三产比值稳定在 1∶4∶5 左右，江西省的第二、第三产业差值更小，呈现均衡发展的态势。在各省内部，产业集群错位发展规划清晰，而三省整体产业集群规划同质化明显，均注重生物医药、新能源与新材料、航空航天等产业集群的发展，在源头的产业布局上就存在同质化现象。这种产业布局上的同质化，一方面是长江中游城市群在行政区位毗邻、资源禀赋差异不大、产业发展基础条件要素相似等背景下的必然选择，是推进新兴产业、战略产业优势积累的必然选择，从根本上无法实现绝对的错位发展；另一方面行政区划的绝对分割导致行政权力无法外溢，使得对同质化产业及其资源的调整和配置成为困难，产业同构局面无法得到较为合理的优化和调整。这种现象使得各省内部产业呈现协调、错位、有序发展态势，而整体上产业发展无秩序和恶性竞争的现象明显，进一步影响资源的有效分配，不利于协同效益可持续生成。

4.制度性跨区域协同创新合作机制未建立

长江中游城市群三省均已在省内实现了一定程度的协同创新，武汉城市圈、长株潭一体化、大南昌都市圈等积累了创新要素协同配置的经验，而长江中游城市群三省之间的协同不存在省内协同的领导与被领导关系，它以横向协商驱动合作，长江中游城市群三省之间是平等的合作伙伴关系。这种没有绝对主导力量的合作，对资源的绝对配置能力受限，同时由于空间区位所带来的要素流动阻力，更加需要依靠跨区域协同创新合作机制的制约来推进创新要素和创新资源的汇聚。已实现一定程度协同发展的局部区域各有特色，而既有模式打破重组又面临着较大阻碍，想要联合多个拥有既定模式的局部区域协同发展也并非易事。

现阶段，长江中游城市群主要通过共建合作联盟、会商活动、签署框架协议等载体形式推进协同创新合作。这种合作模式在一定程度上解决了跨区域协商的沟通问题，但仍然由于非制度性的机构特性而具有不稳定、不规范、不科学的缺陷，在创造协同创新效益时容易出现重复建设、秩序混乱的问题。

三 长江中游城市群协同创新能力评价

（一）长江中游城市群协同创新能力影响因素

长江中游城市群协同创新的影响因素具有时变性、多方位性特点。本文从协同创新的方式出发，围绕区域协同创新环境配置能力、创新知识技术创造能力、知识技术的创新和转化能力三个维度，对长江中游城市群协同创新能力进行进一步分析。[1]

---

[1] 夏丽娟、谢富纪、付丙海：《邻近性视角下的跨区域产学协同创新网络及影响因素分析》，《管理学报》2017年第12期。

区域协同创新环境配置能力是长江中游城市群协同创新能力发展所需的前置条件；创新知识技术创造能力是拉动协同创新能力提升的"动力引擎"；知识技术的创新和转化则是实现区域协同创新的必要路径。

长江中游城市群在实施创新驱动发展战略的同时，需要对创新资源要素进行创造、重组，并在区域内实现要素的合理调配。这都需要通过区域创新协同环境的配置、知识的创造与获取、技术创新和转化体现。区域协同创新环境配置能力能反映区域协同创新的建设强度，本文将科技活动参与人数、科技经费投入情况和技术市场背景情况等作为其子要素；为反映区域内知识创造和获取能力，本文将年度科研投入强度、区域专利数量、区域科技成果等现实数据视作反映区域内部知识创造和获取能力的基本要素。一个区域如果拥有的科技成果数量多、专利产出高，并且科研投入强度比较高，则该区域的知识创造和获取能力较强，反映出较强的创新发展能力。

技术创新和转化能力作为长江中游城市群协同创新的重要一环，主要反映地区完成知识创造并将其转化为新产品、新技术的能力，其核心是促进区域创新组织的协同互动，最终表现为推动区域经济发展。本文将企业 R&D 项目数、企业新产品研发和转化情况作为反映长江中游城市群技术创新和转化能力的子要素。当城市群的各区域表现出较强的技术创新和转化能力时，说明区域对创新能力培养的重视，区域运用了多种手段以加强创新能力建设，这有利于区域整体的协同创新能力发展。

立足于长江中游城市群协同创新发展的实际情况，本文从协同创新能力培养和发展视角出发，借鉴现有国内外区域协同创新能力相关研究中的评价体系①，基于区域协同创新环境配置能力、技术创新和转化能力、知识创造和获取能力三个视角的多项要素构建长江中游城市群协同创新能力评价指标体系（见表17）。

---

① 鲁继通：《京津冀区域协同创新能力测度与评价——基于复合系统协同度模型》，《科技管理研究》2015 年第 24 期。

表 17　长江中游城市群协同创新能力评价指标体系

指标体系	影响要素	子要素
长江中游城市群 协同创新能力	区域协同创新环境配置能力	科技活动参与人数
		科技经费投入情况
		技术市场背景情况
	技术创新和转化能力	企业 R&D 项目数
		企业新产品研发情况
		企业新产品转化情况
	知识创造和获取能力	年度研发投入强度
		区域专利数量
		区域科技成果

（二）长江中游城市群协同创新能力评价指标体系构建原则

构建长江中游城市群协同创新能力评价指标体系，需把握协同创新能力评价多层次要素的时变性和多方位性特点。针对长江中游城市群协同创新能力评价内部具有的协同互动特点，本文在遵循科学性、动态性等传统评价指标选取原则的基础上，考虑从区域创新协同环境配置能力、知识创造和获取能力、技术创新和转化能力三个角度设置指标。[①]

1. 科学性原则

科学性原则主要是指通过结合主流理论与实践现状，运用系统科学的方法使评价结果更加科学客观。当前，长江中游城市群协同创新能力评价指标体系的建立需考虑区域协同创新系统内核，并要满足区域协同创新和经济发展的现实实践。本文通过多维度的基础研究成果、多渠道的数据来源、多层次和多方位的地方实践，构建以协同效应为核心的大评价指标体系，以反映评价对象的真实情况，使得评价结果更具科学性。

[①] 于丽英、冯之浚：《城市循环经济评价指标体系的设计》，《中国软科学》2005 年第 12 期。

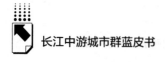
2. 代表性原则

代表性原则的提出是为解决一个评价指标体系内部指标存在的重叠相似问题。因此，在长江中游城市群协同创新能力的测度中，本文在代表性原则的指导下，严格筛选独立的、有针对性的基础指标和关键指标，以构建具有高代表性的评价指标体系。

3. 全面性原则

全面性原则要求所选取评价指标在科学、具有一定代表性的前提下，能够综合、完整和多层次地反映长江中游城市群协同创新能力的实际情况。

4. 动态性原则

由于长江中游城市群协同创新在不断发展，相关评价指标具有较为强烈的时变性特点，评价指标对评价对象的参考性会随着时间和外部环境的变化而弱化，过去时的指标体系将无法准确对当前评价对象展开准确、合理的评价。因此，本文在构建评价指标体系过程中从长江中游城市群现实实践出发，把握指标体系的动态性、适用性调整。

5. 可行性原则

可行性原则在长江中游城市群协同创新能力评价指标体系中主要控制的是指标的合理性和实用性。指标的合理性主要考虑指标的可靠性、可用性、可操作性；而实用性则包括评价指标在选取时需满足一定的实践指导意义，在一定程度上可以被用于具体问题的应对和解决。

在长江中游城市群协同创新能力评价指标体系构建中，本文依据现有长江中游城市群的行政区划分标准，将长江中游城市群视作一个包含湖北、湖南和江西三个子系统的协同创新能力复合系统。进一步基于以上原则，立足于长江中游城市群研究理论基础和现状，从创新环境、知识创造和技术转化三个维度出发，为每个子系统选取10个二级指标，最终整理为相对科学、可施行的长江中游城市群协同创新能力复合系统（见表18）。

表 18　长江中游城市群协同创新能力复合系统及指标

复合系统	子系统	指标
长江中游城市群协同创新能力复合系统	湖北/湖南/江西	R&D 经费内部支出(亿元) R&D 经费投资强度(%) 规模以上工业企业 R&D 人员折合全时当量(人年) 规模以上工业企业 R&D 项目数(项) 国内专利申请受理量(项) 国内专利申请授权量(项) 科技成果登记数(项) 规模以上工业企业新产品项目数(项) 规模以上工业企业新产品销售收入(亿元) 技术市场成交额(亿元)

（三）长江中游城市群协同度评价模型构建

最早对协同度概念进行探索的是美国学者 H. I. Ansoff，1965 年他首次在论文中提出"协同"是指在资源共享的背景环境下，多个主体在其中完成正向互动，实现共赢。[①] 德国学者哈肯在 1971 年进一步提出了"系统协同理论"，解释了系统内部子系统的协同合作将促进系统有序化的运行规律。[②] 随着社会发展，协同理论被不同领域的专家学者所关注并被广泛应用于众多领域，衍生出更多研究方法，形成各具特色的观念，但协同的本质仍是"1+1>2"。

复合系统协同度模型被广泛应用于跨区域研究，通过对研究对象的协同程度进行较为合理和准确的测算，帮助学者了解区域协同发展现状并提出有利于协同发展的针对性建议。[③] 为实现该模型在长江中游城市群协同创新能力评价中的应用，本文通过系统梳理复合系统协同研究内涵

---

① H. I. Ansoff, *Corporate Strategy: An Analytic Approach to Business Policy for Growth and Expansion*, New York : McGraw-Hill（1965）: 227-236.

② 哈肯:《高等协同学》，郭治安译，科学出版社，1989。

③ 刘英基:《高技术产业技术创新、制度创新与产业高端化协同发展研究——基于复合系统协同度模型的实证分析》,《科技进步与对策》2015 年第 2 期。

与实践应用，选取以协同学系统理论的序参和役使原理为理论框架的复合系统协同度模型。[①] 因此，本文以包含湖北、湖南和江西子系统的长江中游城市群协同创新能力复合系统为研究对象，对系统内部各个子系统要素的有序度以及复合系统的协同度进行较为有效的测度和评价。

1.长江中游城市群协同创新能力子系统有序度模型设计

在协同度计算中，长江中游城市群协同创新能力复合系统被视作一个整体，由湖北、湖南和江西三个子系统组成，协同度计算公式见式（1）。子系统包括多种要素（参序量），计算公式见式（2）。协同效应产生于子系统间存在的互动，而子系统间在互动程度与效应作用上存在的差别，最终塑造了城市群协同创新能力复合系统。

$$S = g(S_1, S_2, S_3, \cdots, S_n) \tag{1}$$

式中，g 指城市群协同创新能力复合系统中的复合因子。

$$\alpha_j = (\alpha_{j1}, \alpha_{j2}, \alpha_{j3}, \cdots, \alpha_{jn}), n_j \geq 1, \beta_{ji} \leq \alpha_{ji} \leq \gamma_{ji}, i \in [1, n_j] \tag{2}$$

式中，α_j 为各个指标序参量，γ 和 β 表示 α_j 值的上限和下限。其中，指标的序参量分量 α_{ji} 有两类，一类是与子系统有序度和复合系统协同度呈正相关的分量 α_{j1}, α_{j2}, α_{j3}, $\cdots$, α_{jk}；一类则是与子系统有序度和复合系统协同度呈负相关的分量 α_{jk+1}, α_{jk+2}, α_{jk+3}, $\cdots$, α_{jn}。依据子系统序参量分量的不同情况，对整个系统 S 的有序度和协同度的影响作用可用 $u_j(\alpha_{ji})$ 来表示［见式（3）］。

$$u_j(\alpha_{ji}) = \begin{cases} \dfrac{\alpha_{ji} - \beta_{ji}}{\gamma_{ji} - \beta_{ji}}, i \in [1, k_1] \\ \dfrac{\gamma_{ji} - \alpha_{ji}}{\gamma_{ji} - \beta_{ji}}, i \in [k_1 + 1, n_j] \end{cases} \tag{3}$$

由式（3）可知，序参量的分量有序度介于 0~1，且数值越大，对子系统有序度和复合系统协同度的正向作用越明显。有序度的计算主要通过线性加权法和几何平均法实现，两种方法的计算步骤分别见式（4）和（5）。

---

① 孟庆松、韩文秀：《复合系统协调度模型研究》，《天津大学学报》2000 年第 4 期。

$$u_j(\alpha_j) = \sum_{j=1}^{n} \varepsilon_j u_j(\alpha_{ji}) \ , \varepsilon_j \geq 0, \sum_{j=1}^{n} \varepsilon_j = 1 \tag{4}$$

$$u_j(e_j) = \sqrt[n]{\prod_{i=1}^{n} u_j(e_{ji})} \tag{5}$$

其中，ε_j 指的是序参量 α_j 的权重系数，由于 $u_j(\alpha_j) \in [0, 1]$，ε_j 与复合系统的协同度成正比。

2. 长江中游城市群协同创新能力复合系统协同度模型设计

在长江中游城市群协同创新能力复合系统中，本文将初始时间设定为 T_0，此时子系统的有序度可表示为 $u_j^0(e_j)$；假设经过一段时间到 T_1，有序度变为 $u_j^1(e_j)$，则本文的复合系统协同度可用式（6）表示。

$$LC = \sqrt[\theta_n]{\prod_{i=1}^{n} [u_j^1(e_j) - u_j^0(e_j)]} \ , LC \in [-1, 1] \tag{6}$$

其中，

$$\theta = \frac{\min[u_j^1(e_j) - u_j^0(e_j)]}{|\min[u_j^1(e_j) - u_j^0(e_j)]|} \tag{7}$$

由式（6）、式（7）可知，协同度的数值与协同创新能力复合系统的协同发展程度成正比。数值越大，协同发展程度越高。

四 长江中游城市群协同创新能力复合系统协同度测算

（一）数据来源

本文的数据来源为长江中游鄂湘赣三省统计年鉴及三省科技厅官网等。本文使用长江中游城市群协同创新能力复合系统模型，以 2011 年为初始时刻，测算 2011~2021 年长江中游城市群协同创新能力复合系统协同度。测算采用的部分原始数据见表 19。

表 19　长江中游城市群协同创新能力复合系统协同度测算部分原始数据

指标	湖北省			湖南省			江西省		
	2019 年	2020 年	2021 年	2019 年	2020 年	2021 年	2019 年	2020 年	2021 年
规模以上工业企业 R&D 人员折合全时当量（人年）	115743	125066	147504	106946	121470	143908	85032	100473	97497
规模以上工业企业 R&D 项目数（项）	17424	20626	22613	21212	25510	35517	18645	23056	24316
R&D 经费内部支出（亿元）	957.88	1005.28	1160.22	787.16	898.70	1028.91	384.31	430.72	502.17
R&D 经费投资强度（%）	2.09	2.31	2.32	1.98	2.16	2.23	1.55	1.68	1.7
技术市场成交额（亿元）	1429.84	1665.81	2090.78	490.69	735.95	1261.26	148.61	233.41	409.38
国内专利申请受理量（项）	141321	163613	175312	106113	128573	114167	91474	109738	100930
国内专利申请授权量（项）	73940	110102	155169	54685	78723	98936	59140	80239	97372
科技成果登记数（项）	1580	1729	2096	814	532	929	756	1070	1218
规模以上工业企业新产品项目数（项）	17737	20290	24783	21343	26253	36852	20589	23138	29613
规模以上工业企业新产品品销售收入（亿元）	9707.67	9596.88	13695.56	8105.36	8387.90	12169.23	6328.15	7221.34	9575.04

资料来源：国家统计局网站、三省历年统计年鉴、三省科技厅官网等。

（二）基于熵值法确定子系统权重

本文基于熵值法确定湖北子系统、湖南子系统及江西子系统各项指标的权重。熵值法被广泛应用于评价指标的权重计算，[①] 具体计算步骤如下。

首先，将现有数据标准化，由于协同创新能力评价指标的原始数据存在量纲差异，本文选取 0~1 标准化方法进行原始数据的预处理，获取分布于 [0，1] 的第 i 年第 j 个指标实验数据，记为 p_{ij}；其次，计算指标的信息熵，如式（8）所示，其中 n 表示年份数量；最后，依据信息熵计算各指标权重，具体见式（9），其中 m 表示指标数量。

$$E_j = \begin{cases} -\ln(n)^{-1} \sum_{i=1}^{n} p_{ij} \ln^{p_{ij}}, p_{ij} \neq 0 \\ 0, p_{ij} = 0 \end{cases} \tag{8}$$

$$\omega_j = \frac{1 - E_j}{\sum_{j=1}^{m} (1 - E_j)} \tag{9}$$

通过上述步骤获得计算结果如表 20 所示。

表 20　长江中游城市群协同创新能力复合系统指标权重

指标	湖北省	湖南省	江西省
规模以上工业企业 R&D 人员折合全时当量	0.0112	0.0093	0.0424
规模以上工业企业 R&D 项目数	0.0338	0.0424	0.0408
R&D 经费内部支出	0.0299	0.0242	0.0290
R&D 经费投资强度	0.0050	0.0145	0.0262
技术市场成交额	0.0679	0.1131	0.0485

[①] 林珍、王武林：《长三角创新能力评价及其时空格局演化》，《科技管理研究》2022 年第 22 期。

续表

指标	湖北省	湖南省	江西省
国内专利申请受理量	0.0387	0.0223	0.0271
国内专利申请授权量	0.0761	0.0295	0.0331
科技成果登记数	0.0076	0.0251	0.0158
规模以上工业企业新产品项目数	0.0291	0.0440	0.0385
规模以上工业企业新产品销售收入	0.0342	0.0089	0.0321

由于鄂湘赣三省在经济状况和发展水平上的差异，为在确定子系统的权重时更贴合动态性原则，使测算结果更加真实且有参考价值，将三省的GDP占全国比重作为各省权重确定的依据，历年的权重随GDP变化而改变（见表21）。

表21　长江中游城市群协同创新能力复合系统子系统权重

省份	2011年	2012年	2013年	2014年	2015年	2016年	2017年	2018年	2019年	2020年	2021年
湖北	0.3954	0.3880	0.3884	0.3903	0.3903	0.3943	0.3973	0.4026	0.4153	0.3917	0.3979
湖南	0.3750	0.3863	0.3858	0.3857	0.3857	0.3815	0.3763	0.3725	0.3603	0.3767	0.3665
江西	0.2297	0.2258	0.2258	0.2240	0.2240	0.2242	0.2265	0.2248	0.2244	0.2316	0.2356

（三）长江中游城市群协同创新能力复合系统协同度测算

本文选取长江中游城市群协同创新能力复合系统和鄂湘赣三省子系统作为研究对象，并运用复合系统协同度模型进行协同度测算。首先，构建长江中游城市群协同创新能力复合系统，确定影响因素；其次，基于评价指标与权重设定，计算历年子系统的有序度；最后，基于鄂湘赣三省子系统有序度测度长江中游城市群协同创新能力复合系统的协同度。

1. 长江中游城市群协同创新能力复合系统子系统有序度模型构建

本文将长江中游城市群协同创新能力视为一个复合系统，表示为 $X=$

$\{x_1, x_2, x_3\}$，子系统分别为湖北子系统、湖南子系统以及江西子系统。依据模型，各个子系统 x_i（$i \in [1, 3]$）所对应的各个指标的序参量为 x_{ik}（$k \in [1, n]$，其中 $n \geq 1$），k 代表的是各个子系统内部序参量的数量；$\alpha_{ik} \leq x_{ik} \leq \beta_{ik}$，$\alpha_{ik}$、$\beta_{ik}$ 分别为子系统各个指标内部序参量的上限值与下限值，以数据中特定年份的最大值、特定年份的最小值确定各指标序参量的上下限值。[①]

在测算过程中，为防止正负指标在方向上对结果的干扰，采用式（10）来处理指标方向。

$$\delta(x_{ik}) = \begin{cases} \dfrac{x_{ik} - \alpha_{ik}}{\beta_{ik} - \alpha_{ik}}, k \in [1, m] \\ \dfrac{\beta_{ik} - x_{ik}}{\beta_{ik} - \alpha_{ik}}, k \in [m+1, n] \end{cases} \tag{10}$$

序参量 $x_{i1}, x_{i2}, \cdots, x_{im}$ 表示正向指标，即该序参量的取值越大则子系统的有序度越高，其中，$m \in [1, n]$；序参量 $x_{im+1}, x_{im+2}, \cdots, x_{in}$ 表示负向指标，即该序参量的取值越小则子系统的有序度越高。

本文采用线性加权法计算鄂湘赣三省子系统的有序度，公式如下。

$$\delta(x_i) = \sum_{k=1}^{n} W_k \delta(x_{ik}) \tag{11}$$

其中，W_k 表示序参量的权重，在前文已经通过熵值法计算得出。

2. 长江中游城市群协同创新能力复合系统协同度模型构建

结合子系统有序度模型，长江中游城市群协同创新能力复合系统的协同度 C 计算公式如下。

$$C = \theta \sum_{i}^{j} \beta_i (|\delta_i^1(S_i) - \delta_i^0(S_i)|), \theta = \frac{\min_i [\delta_i^1(S_i) - \delta_i^0(S_i)]}{|\min_i [\delta_i^1(S_i) - \delta_i^0(S_i)]|} \tag{12}$$

由上式可知，长江中游城市群协同创新能力复合系统协同度 $C \in [-1, 1]$，

① 刘志迎、谭敏：《纵向视角下中国技术转移系统演变的协同度研究——基于复合系统协同度模型的测度》，《科学学研究》2012 年第 4 期。

数值与整个复合系统及各个子系统的协同度呈正向关系。式中的 θ 被用于判断子系统有序度的正负协同方向，若数值为正则表明子系统有序度上升，反之则表示有序度下降。式中 β_i 表示各个子系统的权重。现有研究通过表22表示复合系统协同度数值与协同程度的关系。

表22 复合系统协同度数值与协同程度关系

C 值	协同程度
[-1,0]	不协同
(0,0.3]	低度协同
(0.3,0.7]	一般协同
(0.7,1)	高度协同
1	协同一致

（四）长江中游城市群协同创新能力复合系统协同度评价结果

1. 长江中游城市群协同创新能力复合系统子系统有序度评价结果

将2011~2021年的评价指标数据代入子系统有序度模型，测算获得三省子系统有序度结果（见表23）。

表23 长江中游城市群协同创新能力复合系统子系统有序度测算结果

年份	湖北子系统有序度	湖南子系统有序度	江西子系统有序度
2011	0.0807	0.1334	0.0111
2012	0.0761	0.1216	0.0652
2013	0.0634	0.1277	0.0891
2014	0.0807	0.1307	0.0729
2015	0.0827	0.0984	0.1002
2016	0.0877	0.1002	0.0922
2017	0.1425	0.1071	0.1018
2018	0.1491	0.1413	0.1292

年份	湖北子系统有序度	湖南子系统有序度	江西子系统有序度
2019	0.1800	0.1429	0.1541
2020	0.1813	0.2184	0.1658
2021	0.3262	0.2355	0.1411

2011~2021 年，湖北、湖南、江西三个子系统的有序度均为正值，三省有序度平均值分别为：0.1319、0.1416、0.1021。截至 2021 年，三省有序度测算结果平均值表现为湖南省>湖北省>江西省，这说明湖南省自身创新资源创造、转化和协同周边区域资源的能力较强，三省仍需要加快协同创新的脚步。进一步通过折线图将历年三省子系统有序度数值可视化（见图 10）。

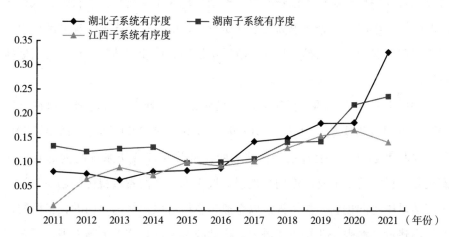

图 10　2011~2021 年长江中游城市群协同创新能力复合系统子系统有序度变化趋势

2011~2021 年，长江中游城市群协同创新能力复合系统子系统有序度整体呈现上升趋势，这表明长江中游各地区在协同创新上稳中有进，但其中也出现一些波动变化。湖北子系统有序度于 2013 年略有回落，但总体呈现大幅上升趋势，整体有序度增幅相对较高。这表明，湖北子系统通体上是有序状态，创新发展态势较为显著。2022 年 6 月，习近平总书记在武汉考察时强调，"我们必须完整、准确、全面贯彻新发展理念，深入实施创新驱动发展战略，把科技的命脉牢牢掌握在自己手中，在科技自立自强上取得更大进展"。① 湖北深入贯彻落实习近平总书记重要讲话精神，坚持问题导向，聚焦关键技术，深化科技体制改革，在实现科技自立自强上不断开拓进取。当前，湖北省在长江中游城市群协同创新发展过程中，通过有效整合现有科技创新要素，在众多科研院所的创新推动下，积极推动区域内科技创新要素的创造、获取，促进区域间创新要素的合理流动和调配，未来湖北省在创新驱动长江中游城市群高质量发展方面还有很大提升空间。

湖南子系统有序度在 2012 年及 2015 年有明显回落现象，2016~2021 年总体呈现上升趋势。这表明，湖南子系统的内部有序状态是波动的，相对不稳定。近年来，湖南省愈发重视科技协同创新，2018 年以来为进一步支持科技创新，提高企业技术创新能力，推动实现高水平科技自立自强，颁布多项新政策，用以鼓励企业提高对创新研发项目的重视与投入、提升区域内外的协同创新能力，全面推进长江中游城市群高新产业与项目合作的协同创新发展。

2011 年以来，江西子系统有序度虽然整体上处于上升趋势，但在三省中增长速度最为缓慢，其中，2014 年、2016 年和 2021 年略有回落，2017年~2020 年呈现持续上升趋势。这表明，近几年江西子系统的内部有序状态是基本稳定的，但有序度增长缓慢。近年来，江西省重视协同创新，为推进产学研用协同创新，加快推进以企业为主体、以市场为导向的技术协同创新体系建设，增强企业核心竞争力，推动战略性新兴产业创新发展，颁布多项政策，如《江西省科技协同创新体研发引导扶持管理办法》《江西省科技专项资金管理暂行办法》等，进一步推进长江中游城市群协同创新发展。

2. 长江中游城市群协同创新能力复合系统协同度评价结果

在测算长江中游城市群协同创新能力复合系统子系统有序度及研究历年

---

① 《把科技的命脉牢牢掌握在自己手中　不断提升我国发展独立性自主性安全性》，《人民日报》2022 年 6 月 30 日，第 1 版。

发展趋势的基础上，进一步运用复合系统协同度模型测算长江中游城市群协同创新能力复合系统协同度（见表24）。

表24　2011~2021年长江中游城市群协同创新能力复合系统协同度

年份	复合系统协同度	年份	复合系统协同度
2011	—	2017	0.0265
2012	-0.0186	2018	0.0216
2013	0.0127	2019	0.0190
2014	0.0115	2020	0.0317
2015	0.0194	2021	0.0697
2016	0.0045		

2012年长江中游城市群协同创新能力复合系统协同度为负，说明当时长江中游城市群的各区域协同创新处于不协同状态；2013~2021年，长江中游城市群协同创新能力复合系统协同度均为正值，平均数为0.0241，处于（0，0.3］区间，说明长江中游城市群整体处于协同状态，但是协同程度相对较低。

进一步从时间维度看，运用折线图将历年长江中游城市群协同创新能力复合系统协同度变化趋势可视化（见图11）。长江中游城市群协同创新能力复合系统协同度经历了短期为负、波动变化、平缓上升、快速上升多个过程，说明长江中游城市群各省间创新能力的协同程度处于相对不稳定的状态，三省在区域间协同创新合作上尚存在不可弥合的分歧和问题。

纵观近年来长江中游城市群协同创新能力复合系统协同度变化趋势，可大致分为四个阶段。

第一个阶段是2012~2015年，长江中游城市群协同创新能力复合系统协同度先由负转正，而后总体上升，协同度由-0.0186上升至0.0194。2011年，国家"十二五"规划将长江中游城市群纳入"两横三纵"城市化战略格局，作为全国重点开发区域和促进中部地区崛起的增长极等，促使2012~2015年长江中游城市群协同度总体上升。

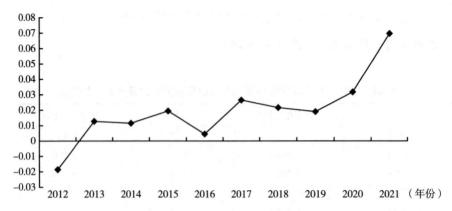

图11　2012~2021年长江中游城市群协同创新能力复合系统协同度变化趋势

第二个阶段是2016~2017年，相比于上一阶段，该阶段协同度经历了短期下降后的显著上升，2016年，长江中游城市群协同创新能力复合系统协同度由2015年的0.0194降至0.0045，但在2017年升至0.0265。2015年4月，国务院批复了《长江中游城市群发展规划》，提出以武汉城市圈、环长株潭城市群、环鄱阳湖城市群三大城市群为主体，覆盖长江中游城市群范围，把长江中游城市群建设成为全国重要的创新基地。该规划特别强调了协同创新对区域一体化发展、加快中部地区全面崛起的重要意义。2016年协同度经历的短期下降，可能是由于相关政策实施的初期存在一定的适应期。区域协同创新发展涉及多方利益，协调的难度较大，这导致政策绩效的显现存在滞后效应。

第三个阶段是2018~2019年，该阶段长江中游城市群协同创新能力复合系统协同度较上一阶段略有下降，由2017年的0.0265连续降至2019年的0.0190。2017年4月，长江中游城市群省会城市武汉、长沙、南昌共同签署《长江中游城市群省会城市合作行动计划（2017—2020年）》，计划为推动长江中游城市群成为国家经济新增长极开展深度交流；2018年11月18日，《中共中央　国务院关于建立更加有效的区域协调发展新机制的意见》明确要求，以武汉为中心引领长江中游城市群发展。近年来，长江中游城市群在发展基础、创新体制机制、政策环境方面已经逐步完善，表明长江中游城市群正在构建有效的协同创新机制，但现实中依旧存在区域发展不平衡、不充分等问题。

第四个阶段是 2020～2021 年，该阶段长江中游城市群协同创新能力复合系统协同度较上一阶段显著上升，由 2019 年的 0.0190 连续快速上升至 2021 年 0.0697。2019 年 12 月，长江中游城市群省会城市第七届会商会在合肥召开。会议围绕"对接长三角一体化发展国家战略，推动长江中游城市群高质量协同发展"主题展开会商对话，武汉、长沙、南昌、合肥共同发布《长江中游城市群省会城市高质量协同发展行动方案》，参会各市联合签署包括《长江中游城市群建设 2020 年合作重点事项》在内的一系列相关合作文件。2021 年 7 月，党中央、国务院印发《关于新时代推动中部地区高质量发展的意见》，长江中游城市群协同创新与发展进入全面提升阶段。2021 年 9 月，《长江中游三省协同推动高质量发展行动计划》发布，长江中游三省共同组建长江中游城市群一体化发展联合办公厅并将建立常态化工作机制纳入规划。需要特别指出的是，长江中游城市群在科技创新和产业协同方面致力于打造有全球影响力的创新策源地和产业创新发展高地，先后出台了多项政策举措。由此，长江中游城市群在促进区域经济融合、产业优化升级、区域科技合作创新等多方面取得丰硕成果。

通过对长江中游城市群协同创新能力复合系统子系统有序度及复合系统协同度的测度发现，长江中游地区的整体协同创新能力较低，协同关系不稳定。近年来，区域协同一体化虽在三省政策实践的推动下发展，但增速依旧较为缓慢。结合长江中游城市群发展现状，造成以上结果的主要原因是长江中游城市群三省在地区创新资金投入，创新环境营造，政府、企业与高校创新意识培养，整体协同创新续航资源整合等多方面都存在差异化、不协调状况，这从根本上导致长江中游城市群协同创新能力不高、协同发展效果不明显。

五　长江中游城市群协同创新与效能提升对策

目前，长江中游城市群协同创新发展进入深化阶段，对推动长江中游城市群创新资源优化配置、提高协同创新能力、引领与支撑区域发展具有巨大作用。本文围绕长江中游城市群协同创新机制优化路径和效能提升策略提出针对性建议。

（一）长江中游城市群协同创新机制优化路径

长江中游城市群协同创新指向知识创新、科技交流、资源调配等多维度、多方位，是一项综合、复杂的系统工程，其实质是建设区域政产学研多方主体互动合作的长江中游城市群协同创新共同体。在推进区域协同创新时，必须从整体上把握创新动力主体、创新支持主体、创新支撑环境及其创新机制的构建和运行。在这个跨区域协同创新系统中，实现重大科技创新而开展大跨度的创新资源和要素有效汇聚，需要打破企业、政府、知识生产机构和中介机构等多个创新主体间的壁垒，充分释放彼此间人才、技术、资金、管理等多种要素的创新潜能，激发整体创新活力，在公共政策创新推动下充分运用科技和知识创新要素，严格运行责任风险共担、利益共享等机制，促进区域协同创新系统内部的人、组织、环境等资源跨区域合理流动，促进创新协作的完成，产生"1+1+1>3"的协同效应。

长江中游城市群协同创新机制优化要求各参与主体在充分认识技术、市场、人才、政策等多方面协同创新规律，了解长江中游城市群协同创新合作中现存分歧、矛盾和问题的基础上，谋定区域内部共同的协同创新目标，找准各省在协同创新中的功能定位，推动总体战略和各项共同措施的完善，在寻找区域协同创新发展突破口的同时，不断健全包括科技进步、市场需求、文化认同等基础要素在内的驱动机制，最终充分发挥区域协同创新的溢出效应。

1. 建设多元主体的长江中游城市群协同创新运营体系

现如今，长江中游城市群协同创新合作主要依托政策支持，市场在协同创新合作机制中失灵，建设政府、科研院所、企业主体参与的协同创新运营体系，发挥多元主体功能势在必行。

第一，要充分发挥政府的引领作用。由于长江中游城市群协同创新发展仍属于早期的政府引领阶段，政产学研合作中遇到具体的难题时，各主体仍需要政府的支持。而政府作为第一主体，在其中发挥政策创新引领、统筹多层次组织沟通、协调创新资源流动等作用。当前，长江中游城市群协同创新发展要打破跨区域壁垒及行政困境，需要以政府为主要推动力量，在现有的行政合作框架基础上坚持从"一盘棋"角度出发，建设统一的跨区域职能机构，锚定地方功能性定位和优势所在，推动人才、资金和资源的合理投入。

第二，要发挥科研机构的创新动力作用。高校和科研院所在区域协同创新中扮演了创新动力主体的角色，其优势在于机构内集成了多层次、多方位人才队伍，拥有丰富的学科门类、先进的实验器材和前沿技术，是知识创新的发源地。此外，高校承担了培养青年人才的重任，使青年人才成为科技创新的中坚力量。因此，科研机构作为科技创新重要力量需要充分协调各方关系，整合社会和市场创新资源，围绕长江中游城市群协同创新发展提供创新支持。科研机构可通过知识和技术创新引领，推动区域人才培养、技术创新、知识生产等，成为区域科技创新的骨干力量以及区域协同创新的中坚力量，为区域协同创新之车持续提供燃料。

第三，要发挥企业在区域协同创新中的创新驱动作用。企业作为区域协同创新发展的主体和区域协同创新政策的重要客体，需要鼓励企业加强技术创新和在生产运营等环节的转化应用能力，加强与行业头部企业的创新合作，以进一步提高企业自身的创新能力和专业化水平。当前，推动区域产业链深度合作成为区域协同创新的发展趋势，区域内企业间的联动合作则成为区域创新知识创造、技术转化和应用的主要内容。企业参与合作的意愿和内驱力与区域创新政策、物理和市场环境都有着紧密联系。在供需市场环境的调节下，企业完成跨区域的创新资源调配、流动和利用，促进区域培育创新产业链和产业升级，打造基于产业链的企业创新协同、产能共享、互惠共赢的区域协同创新体系。

第四，要深刻认识科技创新中介组织在区域协同创新中的纽带作用。科技创新中介组织作为促进科技成果流动和转化的要素，是区域协同创新体系的重要组成部分。依托现有长江中游城市群区域科技资源，鼓励发展科技中介服务联盟等组织，有效发挥高校与企业的对接作用，进一步规范当前科技创新市场运行，充分发挥中介组织在科研机构和企业合作发展过程中的桥梁纽带作用，提高多元主体在区域协同创新中的参与度，促进战略性新兴产业的创新融合，增强长江中游地区创新产业抗风险能力，推动经济高质量发展。

2. 完善长江中游城市群协同创新相关服务体系

长江中游城市群的协同创新需获得多方支持，而协同服务机制优化需以打破城市群行政壁垒为突破口，进一步依托城市群区域科技创新资源平台建设，提升区域创新基础设施服务水平。

第一，要完善跨区域协同创新资源平台服务体系。为优化长江中游城市群创新要素的高效流动和调配，跨区域政府部门需要就城市群区域层级的联合科技创新资源平台建设、开放和共享开展集体行动，以促进长江中游城市群创新要素的获取、转化和应用能力提升，保障创新资源有序向企业、高校和科研机构自由流转和集聚，促进政产学研在整合区域资源基础上实现创新利益最大化和参与主体的共享共赢。创新资源统一、信息交互的平台建设应具有一定的大局观，遵循科学规划、合理布局的原则，从湖北省、湖南省和江西省现有科技平台入手，通过平台合作、平台整合和平台升级等手段，在充分考虑现有地区创新资源内容的前提下，承担国家和地方多层次部门的信息沟通、区域间资源统筹、区域协同创新资金投入和产出的监管等功能，提高创新资源使用和转化效率，促进长江中游城市群更高质量的协同发展。

第二，要健全长江中游城市群市场一体化发展机制。长江中游城市群的创新资源除了科研院所、企业及公共部门等主体拥有的人才、基础设施等有形资源，还包括长江中游地区整体的地理优势及各省的创新资金、政策支持等无形资源。创新资源的调度是城市群构建协同创新环境、创造创新知识技术、开展协同创新活动的动力源泉。为加快打破城市群的创新资源跨区域调配行政壁垒，突破地域约束，实现区域资源整合，提升科技人才、资金和技术的利用效率，需要长江中游城市群各级政府基于现有规划和政策基础，通过健全长江中游城市群区域市场一体化发展机制，推动资源自由流向创新生态优越的高地。

第三，要强化长江中游城市群协同创新的府院联动机制。由于长江中游城市群协同创新发展涉及多层级政府部门，当前仍面临省际协商合作机制尚未健全、区域一体化发展进程滞缓、创新动力不强等突出问题。长江中游城市群协同创新发展亟待治理体系创新以增进协同创新的繁荣，而孕育良好的府院联动机制在推动城市群政产学研协同合作、各层级主管部门会商沟通中发挥了重要作用。在具体实践中，可通过借鉴国内外区域协同创新的经验，采用"多级联动、多方参与"的协同模式。长江中游地区多层级政府可通过与立法机关合作，获取政策创新、法规制定、保障推行等专业性的建议，并将政策实践现状进行反馈，从而正向促进协同创新政策的制定修改和实施开展，优化长江中游城市群协同创新发展环境。在相关政策的施行过程中，通过组织高等院校、企业和科技创新中介等多方主体参与协同创新环境建设，通过响应政策号召、组建创新资源平台、举办学术论坛、提升自身协同创新能力等方式共同描绘长江中游城市群协同创新蓝图。

3. 采用协同创新成果分配和利益共享的协同创新动因模式

尽管长江中游城市群的协同创新能力呈上升趋势，科研经费投入、专利产出稳步提升，但一个明显的现象是区域内整体创新产出仍低于全国平均水平，在城市群内呈现显著的地区差异性。因此，为实现跨地区科技人才、资金等重要创新资源的流动调配，需要充分认识统一市场化机制，探索建立具有长江中游城市群特色的区域内横向创新成果分配和利益共享机制，将成为促进区域创新主体合作、城市群协同创新的内在动力。

第一，形成规范合理的政策安排与制度设计。长江中游城市群协同创新尚处于起步阶段，虽然各层级政府部门在沟通洽谈、共商合作后签署了多方合作协议，但在实践执行中仍存在行政边界约束等问题。为加强城市群区域合作，实现创新资源优势的互补，需要妥善认识和借鉴长三角地区、京津冀地区在政策引领和制度建设上的特色模式和经验方案，针对区域级公共创新项目的成果分配、项目跨区域流转的利益成果交接、跨地区合作的创新奖励机制等，认真思考多元自主创新主体在创新协同和利益分享上的协调关系，并研究制定长江中游城市群协同创新合作成果分配和创新利益共享机制。

第二，打造风险共担的区域协同创新制度。长江中游城市群缺乏引领创新的城市，区域间创新水平存在一定差异，且由于城市群尚未形成跨区域合力和影响力，部分创新发展相对落后的地区在创新资源获取、转化和应用等的起步阶段无法仅靠自身开展周期长、风险高的创新活动。长江中游城市群协同创新离不开战略性新兴产业建设、重大前沿项目攻关和先进技术革新，对于这些极具挑战的创新项目活动，仅依靠市场机制及地区优势配置创新资源会引发各地区在活动人才、资金、技术等多方面投入比例的争议，衍生出"囚徒困境"风险，导致创新资源投入不足，不利于城市群的协同创新进步。因而，在长江中游城市群协同创新合作中，需要构建风险分担分割机制，在梳理创新资源投入规范的同时，围绕创新收益最大化来确定多方合作主体的权责。

第三，健全长江中游城市群协同创新利益分享机制。长江中游城市群协同创新涉及多个区域利益，各地创新资源、投入、经济、产业等存在的较大差异，导致协同创新受到地缘制约，利益冲突逐渐成为影响长江中游城市群协同创新发展的关键因素之一。为有效推动城市群内政产学研各方力量发挥各自资源优势形成协同创新合力，需要进行区域协同创新利益分享机制的改革创新。各级政府可以通过积极引导的方式，逐步突破创新资源流动的地缘壁垒，协调构建以满足创新合作主体利益为核心，利益自主分配和共享的新区域协同创新模式。

第四，促进创新资源在长江中游城市群更大范围调配。由于长江中游城市群区域内各地的资源禀赋和创新水平尚存差异，构建统一的市场化机制需要城市群内各区域子系统的协同合作、稳中求进。为推动创新资源跨区域调配和加快打通区域创新资源高效、有序流动的关键堵点，首先各级政府部门要尽快消除行政区划监管壁垒和制度性障碍；其次企业等创新动力主体需要在充分认识知识、技术创新市场需求的前提下，与科研院所跨区域合作共同培育创新技术、科技人才，推动科技成果转化、应用等，形成发展目的明确，各类资源、产品和服务按需调配的区域协同创新发展体系。

4. 打造长江中游城市群协同创新支撑体系

长江中游城市群作为中部地区协同创新发展的广阔腹地，从区域协同创新链打造的现实需要考量，深入探析与之匹配耦合的城市群协同创新服务体系是应有之义。长江中游地区创新资源较为富集，协同创新服务需求广泛，打造长江中游城市群协同创新服务体系是我国区域协同创新体系建设的重要内容，对于协调区域产业布局、促进创新主体合作、完善区域协同创新生态具有重要意义。

第一，强化以科研机构为区域协同创新原动力的创新合作支撑体系。长江中游城市群是国内知识和技术创新集聚区域之一，城市群内包括一所综合性国家科学中心和上百所科研院校，拥有丰富的科教资源、创新资源。为推动区域内创新资源在产学研各环节的顺畅调配、产出和协同创新利益最大化，科研机构及管理部门应支持科研人员与域内企业开展多层次、多形式的信息沟通和创新合作，针对协同创新不同阶段的问题提供意见建议，促进行业科技创新效率提升、领域知识创造提质、技术成果转化时间缩短和成本降低。此外，通过加强高校人才体制建设，在深度挖掘现今市场需求的同时，加快对接引入新兴行业领域专业创新人才，鼓励高校大学生主动面向企业经营和产业需求，促进创新人才培育、创新资源输送实现正向循环。

第二，建立区域协同创新中介机构常态化、长效化合作支撑体系。区域协同创新推动长江中游城市群将建设目标定为具有强核心竞争力的创新高地，这是新时代赋予的重大历史使命。长江中游城市群各地各级政府部门要从机构对协同创新作用、所处创新环节及功能定位出发，加强与中介机构的沟通交流，肯定协同创新中介机构在创新链中的重要地位和价值，提供税收优惠、信贷优惠等利好政策环境支撑，提供创新政策引领支持，扶植中介机构的自主经营。协同创新中介机构则需要突破行政壁垒获取更多自主权，优化服务管理体系，加强相关从业人员的培训，提高机构整体素质和服务质量，服务长江中游城市群协同创新发展。

第三，强化政府主导的区域协同创新硬件设施支撑体系。长江中游城市群的知识创新、技术发现离不开硬件设备的支撑，但部分相对落后地区基础硬件设施不够完善，区域整体基础设施建设存在欠缺和失衡的问题，且现有设施的运行和效益转化有待完善。以上问题已逐步成为制约城市群创新发展的瓶颈。新时代，在区域协同创新模式的实践探索过程中，AIGC等新兴大模型和生物医药检测等创新活动的开展不仅需要大量的数据资源，还需要配套完善的大型计算处理设备、高精尖检测仪器等。为系统性优化地区创新硬件设施的配置，基础设施协同建设成为加大技术创新发展力度，推动区域协同创新资源高效对接、获取及应用的有效手段。

5. 健全长江中游城市群协同创新机制的保障措施

区域协同创新机制在长江中游城市群发展中的有力推行，促进了创新驱动发展协同体系发挥区域创新的带动效应、合力效应和成果利益的溢出效应。相关机制的高效运行离不开规范的程序流程、充分的前置条件和适宜的环境保障。从当前长江中游地区加快推进区域协同创新战略需要出发，本文提出以下措施建议。

一是完善政府政策保障体系。政府在长江中游城市群协同创新发展的不同阶段需要不断调整自身定位，经历创新的参与者、管理者和协调者等角色转变。当前城市群各区域已出台多项协同创新合作框架文件，但缺乏与协同创新相对应的法律规制。政府在政策层面的改进，首先，可以通过供需政策工具调整、给予税收优惠等发挥增加创新主体机会、减轻经济压力的作用；其次，可以探索建立多层级政府部门的沟通机制，推动创新资源共享、成果转化等平台成为科研机构与企业合作的桥梁；最后，政府可以逐步减少不必要的行政干预，通过简政放权营造长江中游城市群协同创新文化氛围，以及创新文化浓郁的和谐市场环境。

二是构建评价标准统一的区域协同创新平台运行机制。长江中游城市群通过整合和调配优质的创新资源、促进新兴技术成果转化效率提高，最终满足现实市场生产力的需要，其内部机制的有序运行需要适应社会需求、灵活变通、效益性强的统一评价标准作为保障。其中，适应社会需求是指，机制的运行需充分考虑区域协同创新在长江中游地区的实践需要，使机制更好服务于社会发展，促进区域协同创新体系建设；灵活变通是指，区域内创新主体结合自身特质，在充分考虑不确定因素后，以协同创新的长足发展为目标，以自身条件基础为出发点，选择最优机制路径；效益性强是指，率先考虑主体对协同创新目标的要求，并通过整体成果和利益最大化来实现各创新活动参与者的经济和社会效益最大化。企业要逐步形成以技术创新进步为长期效益，以降低创新成本为经济效益，以节能减排为社会效益的目标战略；科研机构要通过推动创新技术人才培育、产学研合作进步逐步实现社会效益的提升。

三是解决创新成果归属与转化难题。让科技成果符合市场需求，是创新主体首先应该思考的问题。科研团队要高度重视知识产权保护和科技成果转化，组建能深入科研一线的专业知识产权人才队伍。要做到从转化运用的角度进行体系化知识产权布局，同时，要把知识产权保护工作融入科技创新的全过程，提高整体创新和转化效率。保护知识产权就是为了保护创新，并最终实现创新价值，但当前仍有一些高校缺乏面向转化运用的系统性布局。建议以知识产权试点示范高校建设为抓手，加强政策和制度引导，推动高校知识产权工作尽快转变理念，从偏重管理转向强化运营，将转化应用作为知识产权管理的出发点，促进知识产权工作和科技成果转化工作深度融合，通过打通知识产权保护全流程，更好地促进科技成果转化。科技型企业同样是高价值专利的输出方。高价值专利本身就是运用的基础，科技企业特别是创业型企业，一定要利用知识产权将自身技术成果保护好。前沿研究型企业应利用专门的评价手段评估自身产出的知识产权价值，管理部门应允许知识产权有一定溢价，促使这些企业加大对更前沿技术的研发投入。

四是统一区域协同创新信息管理流程。区域协同创新运行机制是长江中游城市群管理和组织创新活动、提高资源使用效率、优化区域协同创新资源调配流程不可或缺的机制，但在实践过程中仍面临流程尚不完整、欠缺规范操作、信息管理成果不尽如人意等诸多挑战。由于平台在协同创新过程中扮演了促进信息沟通的角色，因此平台需要在考虑不同创新主体所面临的差异化挑战和困境后提供特定的信息支撑。在政产学研协同合作中，政府为充分满足科研机构在政策引领、技术难题应对、产品市场信息等方面的需求，需要基于云计算、大模型等技术建立支持多层次信息传递、智能判误、信息辨伪、政策公布、创新资源监测等功能的公共服务信息交流平台，加强科研机构与企业在技术创新服务提供、协同创新合作方面的互动，以及在双向合作选择和信息共享方面的互通。

（二）长江中游城市群协同创新效能提升对策

为促进长江中游城市群协同创新效能提升，有力推动实现协同创新发展各项目标任务，本文基于长江中游城市群协同创新机制建设的实际情况，提出如下针对性建议。

1. 统筹长江中游城市群协同创新资金支持体系

创新作为推动长江中游城市群经济高质量发展的关键引擎，协同创新活动的有力有序开展需要持续且充足的资金投入。区域协同创新的资金支持体系主要包括创新资金的募集和使用规划两方面，由于城市群协同创新活动开展具有长期性特征和一定的风险挑战，政府主导的资金拨款和筹措是创新资金的重要来源，如税收优惠、财政拨款等，其他资金筹集渠道还包括私募基金、商业贷款、风险创投等。党的二十大明确提出，为推动科技创新体系完善，将加大政府在科技活动上的资金投入，可见政府资助已成为区域协同创新的重要助力。在资金的筹集上，长江中游城市群各级政府要从下好"一盘棋"出发，通过经济政策引导，鼓励社会资金注入，以强化对区域协同创新活动的金融支持。在企业层面，给予参与创新活动的企业更多的税收和贷款优惠政策，从供给侧发力引导金融资本与创新企业深度融合，鼓励富有潜力的科创企业通过上市融资获取创新资金支持。在科研机构层面，可以加大对重点创新实验室的资金支持力度，遴选和支持区域协同创新和成果转化的专项项目，给予科技人才进驻补贴奖励。在各管理部门层面，研究制定跨区域的长江中游城市群协同创新专项资金筹集、分配和使用细则，努力在市场化机制配置体系下，建立以政府为主导，科研机构与企业为执行主体，中介机构提供服务支撑的多元化区域协同创新资金支持体系。

在创新资金使用上，长江中游城市群各地各级政府及主管部门应针对现有创新基础设施不足、重点创新领域受重视不足、企业创新活力欠缺、资金流动存在地缘壁垒等问题，结合长江中游城市群区域创新发展战略，公开、有层次、合理地规划创新资金去向，以实现创新资源效益的最大化。首先，在区域协同创新项目资金使用上，应关注重点行业、学科和"卡脖子"技术挑战，提供政产学研协同合作经费支持，组织解决企业正面临的市场需求挑战和技术发展难题。其次，侧重扶持中小型、民生等项目，以盘活整体协同创新活动的市场氛围。最后，资金支持体系需建构完善的投入使用考核标准，对项目实施的状况、资金管理等开展验收反馈，以支撑创新资金的正反馈走向，保障资金流向真正需要的地方。

2. 明晰协同创新中介机构的功能定位

当前长江中游城市群在技术创新呈高回报发展趋势的同时，也面临市场对科技创新的速度与质量要求提高的问题，技术创新风险与资金投入的加大提高了创新主体独立进行重大科技创新和知识发现的难度，区域协同创新挑战升级。在此背景下，协同创新参与主体对"外生"资源的索求增加，提升了中介机构在其中发挥的资源调配、管理继承和行为主体协调等作用的重要性。由于城市群内企业主体都从自身利益出发，在充分认识各自创新资源优势的前提下参与区域协同创新，中介机构在其中承担了沟通、协调和纽带作用，以大大提高地区的资源配置效率。对此，长江中游城市群需要设立可跨区域服务的中介机构，功能定位为企业孵化的加速器、科技成果转化交易的协调者、知识成果的推广者和创新评估的参与者。政府以成立专项扶持资金的形式支持中介机构的运营，并通过简政放权适应市场经济发展，释放中介机构服务活力，支持中介机构获取独立的社会地位，并借鉴国内外中介机构先进管理经验、从业人员培养及专业化运作模式，在不断完善机构内部运行机制的同时更好服务区域内的协同创新主体。此外，政府应放宽对中介机构的体制约束，在社会监督和机构自律前提下开展对中介机构的有效监管。

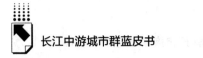

3.完善长江中游城市群协同创新的政策环境

长江中游城市群各地各级政府需要在把握创新客观规律的基础上，联合多方主体调配创新资源，制定涉及产业、财政和税收等领域的整体规划，并在积极引导外部供需发展的同时提升协同创新内生动力，完善协同创新有序发展的政策环境。

在政策设计方面，长江中游城市群需基于国家区域协同创新政策支持的大框架，力求打破行政壁垒以推动各地政府依托自身优势主动发力推动协同创新发展，因地制宜地建立各地区的协同创新体系。实践中，对于城市群区域政策施行时仍存在的交叉、空白和限制管理区域，各地各级政府需加以关注、破除和优化，通过科技部门、人力部门和财政部门等联合制定实施细则，保障政策的全方位、多层次实践落实。

在政策的制定方向上，要体现政府、科研机构及企业等多方主体的协同，以应对创新发展的挑战和难题。为有效推动创新成果的转化和应用，各区域可适当调整和转变高校在重大创新项目考核中的唯论文评价方式，注重创新产出的产业化过程和所产生的社会效益。面对创新企业始终保持鼓励态度，通过营造创新创业的良好氛围带动协同创新的可持续发展。

在政策的推行上，各地各级政府需要加强政策在长江中游城市群内的推广，改变地方政府守旧的观念，通过在企业层面加大政策宣传力度，帮助企业了解国家的区域协同创新促进政策，使企业充分了解长江中游城市群协同创新的长远意义。税收优惠、财政支持等政策的施行可以帮助中小企业参与协同创新实践，获得可以提升自身核心竞争力的创新产品、新兴技术，并以缴税和带动其他企业创新发展等形式反哺区域协同创新。

4.打造多方联动的长江中游城市群协同创新中心

长江中游城市群协同创新发展战略既是区域协同战略性顶层设计，也是跨区域、多层级联合行动的系统性工程，涉及政产学研多方创新主体，需要形成多方联动的合作体系。区域协同创新需要跨区域的全面规划管理，因此，建议长江中游城市群成立专门的跨区域协同创新中心。

该中心应主动融入长江中游城市群协同创新发展战略，加强国家和各地政府对区域协同创新中心的政策支持与保障。在遵循创新发展和市场规律的前提下，提升协同创新中心在区域发展目标、资源配置方案、实施环节、考核评价等方面的整体规划能力，加强中心的专业化运营管理。

中心在功能定位上应服务于区域协同创新发展，主动融入长江经济带和中部崛起等国家战略。立足城市群创新资源、优势产业集群等基础，联合多部门开展协同创新试点试行工作，将多方联动会议、跨区域政策协商、资金筹措等事项落实到区域计划和部门联动方案中。

中心在建设目标上，要坚持长江中游城市群协同创新改革发展先行。面对创新资金筹措困境、创新技术攻关瓶颈等挑战，要加强改革，优化创新资源配置，加强技术创新策源，建立功能完善、跨域统筹的区域创新发展格局，激发创新资源活力，大力优化长江中游城市群的整体创新氛围。

5.优化区域协同创新利益分配

区域政产学研协同创新成果的非竞争性是长江中游城市群利益溢出优势之外的又一特点。区域协同创新利益分配的关键在于协调多方参与主体的利益布局并实现利益的合理分配，这就要求政产学研多方主体均事先确认各自利益范围与责任边界，并据此进行风险投资的判定。但从现今长江中游城市群的政产学研协同创新态势看，各方主体在面对协同创新选择时尚未实现主体自主意愿的体现，若要达到较高水准和持续发展的协同创新，势必需要在政府引导下推动实现主体自主意愿的表达。

在市场化竞争激烈的当代社会，创新代表更多的不确定性和风险，长江中游城市群协同创新发展过程中各主体所扮演的角色差异导致各自所承担的风险不同，主体间处于博弈状态，因此简单的利益平均分配不利于组织的长期发展。合理分配的前提是充分考虑各主体承担风险的时间长短、影响大小等问题，此时可聘请专业的第三方机构对协同创新参与主体的经济效益进行评估，并对未来开展类似的创新项目提供针对性建议。

此外，可以在长江中游城市群构建优化的协同创新风险分摊机制和公平公开公正的收益分享机制，进一步优化区域协同创新中个人和组织的利益分配，依据所承担风险适当调整利益分配比重，通过利益均衡激发区域协同创新参与主体的主动性和积极性，从而促进长江中游城市群协同创新合作效益的最大化。

6. 搭建区域协同创新人才培育体系

长江中游城市群协同创新正处于跨越式发展的新时期，已成为中国经济发展中的关键节点，而这也带来了对区域科技创新专业人才的巨大需求。构建完备的、多层次的人才培育体系对长江中游城市群高质量发展意义重大。创新人才是区域协同创新能力的承载者、运用者和发展者，优秀的协同创新人才能够对协同绩效产生极大的影响，是跨区域协同创新可持续发展的智力资本支撑。

在人才培育目标上，长江中游城市群各地各级政府部门应在结合自身区位优势、产业发展情况的基础上，以创新市场发展的需求为导向，借助科研机构、政府和头部企业的支持，构建同新发展格局相适应的人才培育体系，指导高校学生成为专业基础扎实、实操技能熟练、充满创新精神的综合型人才。

在人才培育方式上，为提升人才培养层次与质量要率先通过组建政产学研各领域专家学者队伍，支持和完善多元化的创新人才培养和考核模式，推动多部门联合的先进协同创新实验室、创新创业基地、协同人才培训中心等建设。长江中游城市群的高校可通过与企业对接，共建产学研模式，将现有的课程与现实生产实践联动，在理论与实践融合的基础上推动创新人才培育。

7. 营造和谐发展的多层次沟通协调体系

长江中游城市群协同创新是一个沟通协调、合作创新的过程。其中，沟通协调作为区域协同创新的关键环节，需要得到各级政府的充分重视。一方面，湖北、湖南、江西三省资源类似、区位相近、产业同构，在整体规划和发展转型方面存在很大的相似性；另一方面，湖北、湖南的创新体系建设水平和实践效能要高于江西，三省区域创新水平存在的较大差异，会阻碍区域协同创新的开展。因此，长江中游城市群应当加强地区间经验交流与分享，创新区域发展的新思路，制定符合跨区域协同创新发展要求的新规划，促进长江中游城市群协同创新高质量发展。

区域协同创新作为一项长效性复合系统工程，创新主体间有效的沟通协调保障了城市群创新主体开展高效有序的协同合作。长江中游城市群各地各级政府要为协同创新主体之间的信息沟通提供协调服务，在服务过程中做到明晰责任分工、规范流程、统一标准，在充分考虑沟通需求的同时，确保协调工作不越位。在区域欠缺的创新资源供给服务上，坚持以市场机制为导向，通过组建专业化创新人才团队和发展跨区域中介机构等方式，为长江中游城市群高质量发展提供创新技术信息咨询、创新成果转化和应用等服务，强化各级政府部门、创新平台和中介机构的服务意识，提升区域整体协同创新效率。

参考文献

丁晨辉：《"一带一路"倡议下山东省高新技术产业创新效率评价与协同创新机制研究》，硕士学位论文，济南大学，2020。

夏丽娟、谢富纪、付丙海：《邻近性视角下的跨区域产学协同创新网络及影响因素分析》，《管理学报》2017年第12期。

鲁继通：《京津冀区域协同创新能力测度与评价——基于复合系统协同度模型》，《科技管理研究》2015年第24期。

于丽英、冯之浚：《城市循环经济评价指标体系的设计》，《中国软科学》2005年第12期。

哈肯、郭治安：《高等协同学》，郭治安译，科学出版社，1989。

刘英基：《高技术产业技术创新、制度创新与产业高端化协同发展研究——基于复合系统协同度模型的实证分析》，《科技进步与对策》2015年第2期。

孟庆松、韩文秀：《复合系统协调度模型研究》，《天津大学学报》2000年第4期。

林珍、王武林：《长三角创新能力评价及其时空格局演化》，《科技管理研究》2022年第22期。

刘志迎、谭敏：《纵向视角下中国技术转移系统演变的协同度研究——基于复合系统协同度模型的测度》，《科学学研究》2012年第4期。

《湖北推进产学研用协同创新》，湖北省人民政府网站，2022年7月7日，http：//

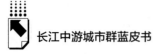
www. hubei. gov. cn/zwgk/hbyw/hbywqb/202207/t20220707_ 4210020. shtml。

《湖北科技一网通——创新型企业》，湖北省科技厅网站，2023 年 7 月 3 日，https：//kjt. hubei. gov. cn/ywt/kjzy. shtml。

《科技这十年·湖南》，湖南省科技厅网站，2022 年 8 月 16 日，https：//kjt. hunan. gov. cn/kjt/xhtml/20230427/mobile/index. html#p = 1。

《战略性新兴产业集群创新发展路径及对策建议》，国家信息中心网站，2023 年 1 月 31 日，http：//www. sic. gov. cn/News/459/11799. htm。

《武汉四大国家战略性新兴产业集群集聚 7000 家企业》，"武汉发布"百家号，2021 年 8 月 17 日，https：//baijiahao. baidu. com/s？id=1708354594923578213&wfr=spider&for=pc。

《一季度湖北省 10 家国家级创新型产业集群实现工业总产值 844. 07 亿元 同比增长 11. 84%》，科技部网站，2022 年 5 月 27 日，https：//www. most. gov. cn/dfkj/hub/zxdt/202205/t20220527_ 180830. html。

《关于公布 2022 年创新型产业集群的通知》，科技部火炬中心，2023 年 2 月 17 日，http：//www. chinatorch. gov. cn/kjb/tzgg/202302/d8f9752e9ef04cccb34b34f0d2c4693c. shtml。

《湖北发布"产业地图" 直观呈现未来高质量发展产业布局》，湖北省人民政府网站，2019 年 9 月 4 日，http：//www. hubei. gov. cn/zwgk/hbyw/hbywqb/201909/t20190904_ 1410571. shtml。

《国家高新区高质量发展在行动——长沙高新区：锚定"两区"定位吹响发展新号角》，科技部火炬中心，2022 年 1 月 10 日，http：//www. innofund. gov. cn/kjb/hjdt/202201/afa48e53b81f44f7acd691ed7298b8cc. shtml。

《国家高新区高质量发展在行动——南昌高新区：打造区域创新生态增长极》，科技部火炬中心，2022 年 2 月 22 日，http：//www. chinatorch. gov. cn/gxqgzlfz/wenzhang/202202/46252fea816848fb99bd4f768c64cf77. shtml。

R. Rothwell, W. Zegveld, *Reindusdalization and Technology*, Logman Group Limited (1985)：82-104.

H. I. Ansoff, *Corporate Strategy：An Analytic Approach to Business Policy For Growth and Expansion*, New York：McGraw-Hill (1965)：227-236.

后　记

　　党的二十大指出，高质量发展是全面建设社会主义现代化国家的首要任务。促进区域协调发展是加快构建新发展格局，着力推动高质量发展的重点任务，也是全面建设社会主义现代化国家的重要目标。长江中游城市群是推动长江经济带发展、促进中部地区崛起的重点区域。为加快推进长江中游城市群高质量发展，国家相继出台了《长江中游城市群发展规划》《长江中游城市群发展"十四五"实施方案》等一系列重大文件，相继实施了一系列重大政策，长江中游三省抢抓战略机遇，充分发挥比较优势，着力破解发展难题，协同发展取得显著成效。

　　技术进步已成为推动经济增长的主要因素，创新活动的水平和质量是影响区域经济增长的重要方面。新一轮科技革命和产业变革的深入发展，显著加速了长江中游城市群生产要素变革，长江中游城市群高质量发展将迎来新的机遇，也将会实现更高水平的协同。本书立足高质量发展的主题，全面分析了长江中游城市群高质量发展取得的成效、面临的问题，提出了发展的思路和政策建议，从协同创新效能、信息技术应用创新政策、数字技术赋能乡村振兴、区域协同创新机制等方面，阐释了加快推进长江中游城市群高质量发展的具体举措与政策，对于服务全国构建新发展格局、支撑全国经济高质量发展具有重要的现实意义。

　　本书在写作的过程中，得到了诸多学者的指导和支持。感谢武汉大学人文社科资深教授马费成先生为本书撰写的序言，感谢聂一鸣、杨云、鲍远瑾等同学在资料收集、文稿撰写、审修编校中付出的辛勤努力，感谢社会科学文献出版社编辑高水平的指导和帮助，也真诚希望广大读者批评指正，提出宝贵的建议。

李　纲

2023 年 9 月 15 日

Abstract

The urban agglomeration in the middle reaches of the Yangtze River is a major area for promoting the development of the Yangtze River Economic Belt and the rise of the central region. Since the 18th National Congress of the Communist Party of China (CPC), the State Council has successively approved the "Development Plan for the Urban Agglomeration in the Middle Reaches of the Yangtze River" and the "14th Five-Year Plan for the Development of the Urban Agglomeration in the Middle Reaches of the Yangtze River", which provide a fundamental guideline for the promotion of the high-quality development of the urban agglomeration in the middle reaches of the Yangtze River. The provinces in the middle reaches of the Yangtze River have conscientiously implemented the national major regional strategies, and have held nine provincial capital city meetings and two symposiums on the synergistic promotion of highquality development of the three provinces in the middle reaches of the Yangtze River, which have effectively promoted the synergistic development of the middle reaches of the Yangtze River by continuously enhancing the synergistic nature of the regional integration and development, the synergistic development of industries, the deepening of reforms, the expanding of opening-up, and the common governance of the ecological environment.

With the in-depth development of the new round of scientific and technological revolution and industrial change, the urban agglomeration in the middle reaches of the Yangtze River has achieved remarkable results in scientific and technological innovation, the development of the Information Technology Application Innovation Industry, the construction of the digital countryside, and the improvement of the mechanism of collaborative innovation, etc. The development environment of the urban agglomeration in the middle reaches of the Yangtze River has significantly improved, the development mode has been transformed at an accelerated pace, the development kinetic energy has been continuously strengthened, and the quality of development has been significantly improved. 2015 − 2022 the average GDP growth rate of the urban agglomeration in the middle reaches of the Yangtze River is 7. 39%, higher than that of the central region by 0. 77 percentage points; the total economic volume grows from 6. 1 trillion yuan in 2015 to 10. 43 trillion yuan in 2022, and the total economic volume accounts for 18. 63% and 8. 62% of the Yangtze River Economic Belt and the whole country respectively. The overall economic strength of the urban agglomeration in the middle reaches of the Yangtze River has been significantly improved, the integration process has been gradually accelerated, and the radiation-driven capacity has been continuously enhanced, which has become an important engine for the economic development of the central region. However, from a practical point of view, further promoting the high-quality development of the urban agglomeration in the middle reaches of the Yangtze River is also facing a number of problems, such as the value and potential of data elements have not yet been fully unleashed, the digital governance platform and the sharing mechanism are still immature, the mechanism of cross-regional collaborative innovation and cooperation is not sound, and the development of the region is unbalanced.

In the new era of comprehensively building a modern socialist country, to further promote the high-quality development of the urban agglomeration in the middle reaches of the Yangtze River, it is necessary to completely, accurately and comprehensively implement the new development concept, insist on the integration of development and security, accelerate digital technological innovation, deepen the in-depth integration of digitization and the real economy, focus on strengthening the new advantages of innovation drive, focus on optimizing the spatial pattern of the urban agglomeration, focus on deepening the reform and expanding the opening-up, focus on promoting green low-carbon development, strive to enhance the supply of high-quality public goods, and improve the new mechanism of regional cooperative innovation and cooperation, so as to build an important urban agglomeration with international influence, and contribute more to serving

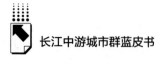

the country in constructing a new development pattern, supporting the high-quality development of the national economy, and accelerating the modernization of the Chinese style.

Keywords: Agglomeration in the Middle Reaches Urban of the Yangtze River; Digital Countryside; Information Technology Application Innovation Industry; Collaborative Innovation Mechanism; High-quality Development

Contents

I General Report

Abstract: The urban agglomeration in the middle reaches of the Yangtze River is a key area for promoting the Yangtze River Economic Belt development and central China's rising. Since implementing the Plan for the Development of the Urban Agglomeration in the Middle Reaches of the Yangtze River, the Urban Agglomeration in the Middle Reaches of the Yangtze River has comprehensively pushed forward the integrated urban and rural development, infrastructure interconnection and interoperability, industrial synergistic development, ecological and environmental protection and common governance, and the common construction and sharing of public services, and other key tasks, which have resulted in significant improvement of the development environment, accelerated transformation of the development mode, and sustained enhancement of the development dynamic energy. At present, with the new round of scientific and technological revolution and industrial change in-depth development, digital tech-nology and digital elements penetrate and integrate to a deeper level and in a wider field, accelerating the regional elements transformation, and profoundly affecting the realization path of regional high-quality development. The micro foundation for high-quality development of the urban agglomeration in the middle reaches of the Yangtze River has been continuously built up, the development environment has been continuously optimized, the integration process has been accelerated, and a new development pattern has been presented. In the new development stage, the three provinces in the middle reaches of the Yangtze River should collaborate to promote the high-quality development of urban agglomerations in the middle reaches of the Yangtze River, adhere to the development and security in an integrated manner, focus on enhancing the new advantages of the innovation drive, strive to optimize the spatial pattern of the urban agglomerations, make efforts to deepen the reform and expand the opening-up, promote the green and low-carbon development, and strengthen the high-quality supply of public goods, etc., so as to create an important urban agglomerations with international influence, and make a greater contribution to the service for the whole country to build a new pattern of development, support the national economy's high-quality development, and accelerate the modernization of the Chinese style.

Keywords: Urban Agglomeration in the Middle Reaches of the Yangtze River; High Quality Development; Innovation of Coordination Mechanism

Ⅱ　Sub-report

B.2　Research on Science and Technology Innovation Development in the Yangtze River Middle Reaches City Cluster

Huang Ying, Yu Yifei, Shu Xin and Zhang Lin / 040

Abstract: As globalization continues to advance, international competition is increasingly emphasizing the developmental impetus brought about by innovation. Urban cluster development, exemplified by the integration of innovative elements from diverse cities, is gradually becoming a pivotal means for nations to achieve regional synergy and collaborative innovation. In light of the new mission to comprehensively advance towards a socialist modernized nation and facilitate collaborative growth within the Yangtze River Middle Reaches City Cluster during the 14th Five-Year Plan, this report focuses on a research cohort comprising 31 cities within this cluster. Leveraging two key sources of scientific and technological information, academic literature and patent documents, this study systematically delineates the science and technology innovation landscape within the Yangtze River Middle Reaches City Cluster. The objective is to offer decision-makers valuable insights for achieving a higher level of collaborative development within the cluster. The research indicates that in recent years, the science and technology innovation development within the Yangtze River Middle Reaches City Cluster has entered a new phase marked by enhanced quality and efficiency. However, regional development disparities persist, with Hubei Province exhibiting a significant lead in comprehensive science and technology innovation capabilities. Furthermore, despite notable accomplishments in technological innovation within the cluster, overall momentum towards high-quality development remains insufficient, and the envisioned new development paradigm characterized by mutual promotion between domestic and international circulations has yet to fully materialize. Concerning technological innovation cooperation, provincial capitals hold a prominent central role, yet their ability to radiate and catalyze surrounding cities is wanting. This deficiency has led to comparatively sluggish development in secondary cities, necessitating a search for innovative strategies to promote interprovincial collaborative innovation. Hence, the Yangtze River Middle Reaches City Cluster must not only foster the synergistic development of regional advantage industries, promoting horizontal diversification and vertical division of labor, thereby creating a high-quality development framework characterized by complementary strengths, but also reinforce the central city status of Wuhan, Changsha, and Nanchang. These cities should fully exploit their roles as provincial capitals, actively transforming provincial strengths into regional ones. Building upon this foundation, the cluster should continually broaden its international outlook and uphold a strategy that combines attracting foreign resources and expanding global outreach, serving as a guiding beacon in shaping a dual-cycle development pattern spanning both domestic and

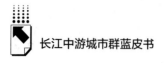

international spheres.

Keywords: Science and Tech-nology Innovation; Innovation Cooperation
Network; Regional Collaboration; Yangtze River Middle Reaches City Cluster

B.3　Research on Innovation Industry Policy of Information

　　Technology Application of City Cluster in Middle Reaches

　　of Yangtze River　*Wu Jiang, He Chaocheng and Huang Qian* / 200

Abstract: The Yangtze River Midstream City Cluster spans three provinces in
China: Hubei, Hunan, and Jiangxi. It is one of the largest city clusters in terms of
geographical extent in our country. This city cluster plays a crucial role in driving the
development of the Yangtze River Economic Belt, promoting the rise of the central
region, and consolidating the strategic urbanization pattern of "Two Horizontal and
Three Vertical" (referring to major transportation corridors) in China. Not only
does it possess extensive market space and developmental potential, but it also holds
a pivotal strategic position in China's new development paradigm. On the one hand,
this city cluster is closely located at the core of the Yangtze River Economic Belt,
which is an important engine for China to promote the rise of the central region and
promote economic development. On the other hand, the urban agglomeration in
the middle reaches of the Yangtze River has also made important achievements in
promoting scientific and technological innovation cooperation in the information and
innovation industry region, especially in the industrial innovation synergy has
formed a good foundation for cooperation. The construction of Wuhan-Nanchang,
Wuhan-Changsha, Changsha-Nanchang and other scientific and technological inno-
vation corridors has effectively promoted the resource integration and cooperative
innovation among cities along the routes, which is not only conducive to the
accelerated transformation of scientific and technological achievements, but also
promotes the flow of innovative talents, and builds a solid foundation for the
coordinated development of the national information and innovation indus-

try. Therefore, the development of the information and innovation industry in the middle reaches of the Yangtze River city cluster not only has regional significance, but also has a far-reaching impact on the development of the information and innovation industry in the whole country. Under such background and policy guidance, the research on information technology application innovation policies in the middle reaches of the Yangtze River City cluster, especially the development status of information technology application innovation policies in Hubei, Hunan and Jiangxi provinces, aims to provide a window for observing the development of information technology application innovation industries in local provinces in China, and help provide experience reference for the formulation and introduction of information technology application innovation policies across the country from the aspects of infrastructure, scientific and technological innovation cooperation and industrial upgrading. It will inject strong impetus into the sustainable development of the national information and innovation industry, and make important contributions to China's development into a leading country in scientific and technological innovation.

Keywords: Yangtze River Midstream City Cluster; Information Technology Application Innovation Industries; Research on Information Technology Application Innovation Policies

B.4 Research on Digital Technology Empowering Rural Revitalization in City Clusters Along the Middle Reaches of the Yangtze River　　*Lu Xinyuan, Huang Xiao and Meng Hua* / 243

Abstract: Multiple departments have already conducted comprehensive planning for rural revitalization and the development of digital rural areas. The Party and the state have strategically laid out high-quality development, transitioning from poverty alleviation to rural revitalization. They have successively issued significant policies, providing strategic guidance and work instructions for advancing the digital development of agriculture and rural areas in the new era. The Middle Reaches of the Yangtze River Urban Cluster, consisting of the Wuhan City Circle, the Changsha-Zhuzhou-Xiangtan Urban Agglomeration, and the Poyang Lake Urban Agglomeration, is a super-large urban cluster and one of the three key cross-regional urban clusters supporting the Yangtze River Economic Belt. It occupies an important position in China's regional development pattern and plays a significant role in promoting rural revitalization and digital rural development within the region. The provincial governments of Hubei, Hunan, and Jiangxi in the Middle Reaches of the Yangtze River Urban Cluster have launched a series of policies and measures suitable for local digital agriculture and rural development. They actively promote the construction of digital rural areas and have made it a key focus of agricultural and rural work. They have issued important documents, including digital rural development plans, digital agriculture policies, and rural e-commerce support policies, clarifying the goals and routes of digital rural development, providing policy support, and achieving significant results. However, compared with the digital rural development in eastern regions, there are still challenges in the digital rural development of the Middle Reaches of the Yangtze River Urban Cluster, including the insufficient release of the empowering role of data elements, inadequate support from digital environmental infrastructure for industrial restructuring, and immature digital governance platforms and sharing mechanisms. Finally, this article proposes some suggestions for the digital rural development in the Middle Reaches of the Yangtze River Urban Cluster, including upgrading facilities and consolidating development foundations, optimizing resource allocation and promoting coordinated development, and strengthening talent training and enhancing intellectual support.

Keywords: Agglomeration in the Middle Reaches Urban of the Yangtze River; Digital Technology; Digital Rural Areas; Rural Revitalization

B.5　A Study on Collaborative Innovation Mechanism and
　　　 Efficiency Enhancement Strategy of Yangtze River
　　　 Middle Reaches Megalopolis

Dong Ke, Wu Jiachun and Xiang Wei / 293

Abstract: The report to the 20th National Congress of the Communist Party of China clearly puts forward the need to insist on the central position of innovation in the overall situation of China's modernisation. The coordinated innovation development of the city cluster in the middle reaches of the Yangtze River plays an essential role in the economic rise of the middle reaches of the Yangtze River as an important element in accelerating the construction of a new development pattern and endeavouring to promote high-quality develo-pment. Regional collaborative innovation in the city cluster in the middle reaches of the Yangtze River is a complex open system, which is essentially a system of collaborative innovation among multiple subjects in the region's internal affairs, industry, academia and research, and fully releases the vitality of innovation factors by promoting the reasonable deployment of various innovation factors such as talents, technology, capital and management among the city clusters. In recent years, the city cluster in the middle reaches of the Yangtze River has been continuously improving the collaborative innovation policy, the innovation industry clusters have been growing, the innovative enterprises have been emerging, and the collaborative innovation has shown a new pattern. During the period of 2013 to 2021, the overall degree of synergy of the regional collaborative innovation capacity of the city cluster in the middle reaches of the Yangtze River is positive, with the average of 0.0241, within the low synergy range, the regional innovation capacity is in a synergistic state as a whole, but the degree of synergistic development is relatively low. However, the degree of synergistic development is relatively low. Meanwhile, the city clusters in the middle reaches of the Yangtze River still face the challenges of insufficient leading effect of collaborative innovation policies, unbalanced economic development basis, industrial isomor-phism of city clusters in the middle reaches of the Yangtze River, and unsound

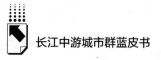

institutional cross-regional collaborative innovation cooperation mech-anism. The parties of collaborative innovation in the city cluster in the middle reaches of the Yangtze River must, on the basis of a full understanding of the basic law of collaborative innovation cooperation and the problems existing in the current cooperation, determine the strategy of collaborative innovation, find their own positioning, improve the common measures, look for breakthroughs, give full play to the ontological advantages of the provinces in the region, and constantly improve the mechanism of collaborative innovation cooperation and enhance the effectiveness of collaborative innovation.

Keywords: Agglomeration in the Middle Reaches Urban of the Yangtze River; Synergetic Innovation Mechanism; Efficiency Enhancement

Postscript

权威报告·连续出版·独家资源

皮书数据库
ANNUAL REPORT(YEARBOOK)
DATABASE

分析解读当下中国发展变迁的高端智库平台

所获荣誉

● 2020年，入选全国新闻出版深度融合发展创新案例

● 2019年，入选国家新闻出版署数字出版精品遴选推荐计划

● 2016年，入选"十三五"国家重点电子出版物出版规划骨干工程

● 2013年，荣获"中国出版政府奖·网络出版物奖"提名奖

● 连续多年荣获中国数字出版博览会"数字出版·优秀品牌"奖

皮书数据库

"社科数托邦"
微信公众号

成为用户

登录网址www.pishu.com.cn访问皮书数据库网站或下载皮书数据库APP，通过手机号码验证或邮箱验证即可成为皮书数据库用户。

用户福利

● 已注册用户购书后可免费获赠100元皮书数据库充值卡。刮开充值卡涂层获取充值密码，登录并进入"会员中心"—"在线充值"—"充值卡充值"，充值成功即可购买和查看数据库内容。

● 用户福利最终解释权归社会科学文献出版社所有。

数据库服务热线：400-008-6695

数据库服务QQ：2475522410

数据库服务邮箱：database@ssap.cn

图书销售热线：010-59367070/7028

图书服务QQ：1265056568

图书服务邮箱：duzhe@ssap.cn

S 基本子库
UB DATABASE

中国社会发展数据库（下设 12 个专题子库）

紧扣人口、政治、外交、法律、教育、医疗卫生、资源环境等 12 个社会发展领域的前沿和热点，全面整合专业著作、智库报告、学术资讯、调研数据等类型资源，帮助用户追踪中国社会发展动态、研究社会发展战略与政策、了解社会热点问题、分析社会发展趋势。

中国经济发展数据库（下设 12 专题子库）

内容涵盖宏观经济、产业经济、工业经济、农业经济、财政金融、房地产经济、城市经济、商业贸易等 12 个重点经济领域，为把握经济运行态势、洞察经济发展规律、研判经济发展趋势、进行经济调控决策提供参考和依据。

中国行业发展数据库（下设 17 个专题子库）

以中国国民经济行业分类为依据，覆盖金融业、旅游业、交通运输业、能源矿产业、制造业等 100 多个行业，跟踪分析国民经济相关行业市场运行状况和政策导向，汇集行业发展前沿资讯，为投资、从业及各种经济决策提供理论支撑和实践指导。

中国区域发展数据库（下设 4 个专题子库）

对中国特定区域内的经济、社会、文化等领域现状与发展情况进行深度分析和预测，涉及省级行政区、城市群、城市、农村等不同维度，研究层级至县及县以下行政区，为学者研究地方经济社会宏观态势、经验模式、发展案例提供支撑，为地方政府决策提供参考。

中国文化传媒数据库（下设 18 个专题子库）

内容覆盖文化产业、新闻传播、电影娱乐、文学艺术、群众文化、图书情报等 18 个重点研究领域，聚焦文化传媒领域发展前沿、热点话题、行业实践，服务用户的教学科研、文化投资、企业规划等需要。

世界经济与国际关系数据库（下设 6 个专题子库）

整合世界经济、国际政治、世界文化与科技、全球性问题、国际组织与国际法、区域研究 6 大领域研究成果，对世界经济形势、国际形势进行连续性深度分析，对年度热点问题进行专题解读，为研判全球发展趋势提供事实和数据支持。

法律声明

"皮书系列"（含蓝皮书、绿皮书、黄皮书）之品牌由社会科学文献出版社最早使用并持续至今，现已被中国图书行业所熟知。"皮书系列"的相关商标已在国家商标管理部门商标局注册，包括但不限于LOGO（　）、皮书、Pishu、经济蓝皮书、社会蓝皮书等。"皮书系列"图书的注册商标专用权及封面设计、版式设计的著作权均为社会科学文献出版社所有。未经社会科学文献出版社书面授权许可，任何使用与"皮书系列"图书注册商标、封面设计、版式设计相同或者近似的文字、图形或其组合的行为均系侵权行为。

经作者授权，本书的专有出版权及信息网络传播权等为社会科学文献出版社享有。未经社会科学文献出版社书面授权许可，任何就本书内容的复制、发行或以数字形式进行网络传播的行为均系侵权行为。

社会科学文献出版社将通过法律途径追究上述侵权行为的法律责任，维护自身合法权益。

欢迎社会各界人士对侵犯社会科学文献出版社上述权利的侵权行为进行举报。电话：010-59367121，电子邮箱：fawubu@ssap.cn。

社会科学文献出版社